黃旺成的林投帽

近代臺灣的物、日常生活與世界

蔣竹山——著

推薦序

劉士永
上海交通大學特聘教授暨美國匹茲堡大學亞洲研究中心歷史教授

帽子——一個連結多重事物與現象的神祕空間；從童書《魔法師的帽子》、《哈利波特》裡的霍格華茲分類帽，乃至於卜正民的歷史大作《維梅爾的帽子》，許多讀者各自通過帽子的隱喻，窺探了有形的花花世界及錯綜複雜的無形連結。本書作者蔣竹山在〈導論〉中自承借鏡《維梅爾的帽子》，從物質文化與感官體認出發，以全球視野的角度書寫臺灣的日常生活史。作者從黃旺成的林投帽簷下開展，一步步地把臺灣生活，從日治到戰後社會的點點滴滴，化成連結彼時世界的層巒疊嶂。如同魔術師手中變化無窮的高禮帽般，作者在書中為讀者參透的不僅是臺灣的生活史，還有著身為大眾史學工作者對於物質文化史及感官史的體認和應用。

跨學科文化研究的興起，無疑地是近年來史學研究主題轉向的亮點之一。基於對此史學風潮的熟稔，蔣竹山在書中探討物質世界如何被表現和感知時，所展現的除了物質本身之功能如何操作外，更兼顧了使用或觀看者情感上的體驗與感受。作者注意到物質的風格有時比形式或內容更具有重要性，因此無論是通過文字描述還是旁觀所見之感知，從日治時期的自轉車、味素到戰後的大學復校與金絲雀，作者都能呼喚出臺灣不同族群及年齡層的「歷史滋味」。然而作者並未以物質文化史畫地自限，蔣竹山也注意到作為意義和物質之間的仲介，感官具有模糊卻又主觀的特性。通過書中主人翁的感官體驗以及與特定歷史環境的互動，作者帶領讀者重回主人翁身處的歷史時空感受，又不時地以史家的側寫手法，提醒讀者主人翁當下臺灣所處之全球脈絡及影響。蔣竹山對於物質文化與感官的敏銳感觸，或許來自於他作為一名大眾史學家的特質，但也應該和他近十年來關注大量西方史學新浪潮的興趣有關。於是為了平衡物質文化與感官認知的兩端，作者書寫各個專題時並不預設心理優先於物質，而是從現象學的角度理解主觀認知的歷史價值，因為身體感知正是塑造個人世界體驗與集體存在的根源。細心的讀者不難發現，本書的每一主題都隱含著一種假設，即社會關係與物質世界之間都存在著某種藕斷絲連的「相互性」。就是這種相互性使得南京蟲既是讓黃旺成搔癢難耐的禍首，又是大眾史家蔣竹山筆下與南京蟲有關的各種故事和研究的源頭。正因為蔣竹山將感官視為通向世界的窗戶，因此才能從黃旺成的搔癢小處入手，窺探當時整個東亞世界的歷史萬花筒。

卜正民的《維梅爾的帽子》無庸置疑地影響了蔣竹山寫作時的構思與布局，但兩人之間仍有些許的不同。卜正民撰寫《維梅爾的帽子》時還僅能算是大眾史學的新手，這使得他討論繪畫時不免更偏向於觀眾或非藝術史專業的角度，以便能把圖像的解釋融入全球史與大眾史的書寫當中。蔣竹山則不然，他顯然是大眾史學與文化史的老手，因此不論是林投帽還是金絲雀，都只是用來延伸臺灣史進入全球脈絡的楔子，因此得以避開某些與本書主旨不必要的專業細節，讓全書的邏輯與故事性更顯緊扣相連。借用一個醫學史的主題來說，本書討論臺灣歷史經驗與全球脈絡的關係，像是應用了生物代謝循環概念的社會文化史或知識史，作者對於客觀物質和主觀感官之間的互相詮釋筆法，彷彿經濟社會和文化認知、歷史客體及史家主體間物質現象和思想能量的衝撞及互利關係。要言之，本書回顧的不僅是臺灣歷史在全球脈絡下的演進，也是引領當代讀者走向特定歷史氛圍的魔法，這本《黃旺成的林投帽》比起卜正民的著作，更像是魔術師的帽子——層出不窮、應接不暇，卻也物物相連、事事有序；從讀者的角度來說，不論是一氣呵成讀完還是分章品韻，都各有風情也值得再三咀嚼玩味。

〔目次〕

第四章 感官：物的日常影響

第五章 移動：戰時體制與戰後日常

結語

國家、制度與日常生活：近代世界中的臺灣

導論

近代臺灣史研究的「文化轉向」與全球視野

一、楔子：黃旺成的林投帽

一九二四年二月二十日，黃旺成從臺中坐火車至苑裡訪友，同庄役場助役在郭子燕帽蓆店買了大甲蓆三張、煙袋四個。下午又從苑裡坐到清水，買了一打林投帽。日記如此記載：

> 午前十時，臺中發宛〔苑〕裡行，正午著。即至庄役場訪助役鄭第君，有會計役鄭其中亦舊相識也，仝第君至郭子燕之帽蓆店，買大甲蓆三領、烟袋四個畢，受第君招待午餐於其家瓦磘。途逢莊金和〔河〕君，仝至役場談待時間，三時五十分宛〔苑〕裡發清水行。憩敏庭君家，買林投帽一打。夜因洪仔、朱老妓要請年亨、惠如，予亦與敏庭、肇嘉、年駿吡〔叨〕陪末席。有妓女阿娥，可人也。八時半清水發，九時著臺中。適有陳朔方與四奶絮々談君曜之非。[1]

黃旺成買的林投帽又稱淡水帽或巴拿馬帽，和大甲帽一樣，甚至超越大甲帽的名聲，是當時地方菁英很喜歡戴的帽子款式，這從當時報紙上的寫真合照中可以看出。當時不僅臺灣的地方人士喜歡，也是出口到內地、中國及歐美國家的帽子類大宗。就連各式各樣的國內外博覽會、共進會都可以看見林投帽的身影。

黃旺成不僅喜歡戴林投帽，他對這個產業也相當感到興趣。一九一七年的日記說：「如常授業，彰化一教諭來參觀，授業後與李相談事業，是欲經營林投帽，李自任欲往內地。三時退校，本日生意熱鬧，故在樓上看《詩話》數節。」[2]就連黃旺成的家中女性，也像是當時的許多女性，知道如何編織，很熱心地在學製作林投帽。[3]由於地方菁英很喜歡戴這款帽子，因此形成一股風潮，所以黃旺成有時也會收到朋友寄來的林投帽。[4]一直到戰時，黃旺成日記中都還有買林投帽的記載。[5]一九四九年之後，其外銷風潮逐漸減弱，就連建設廳都發布關於獎勵本省滯銷產品外銷辦法的

0-1　日治臺灣的地方菁英習慣戴林投帽

1 《黃旺成先生日記》，一九二四．二．二十。
2 《黃旺成先生日記》，一九一七．一．十五。
3 《黃旺成先生日記》，一九一七．三．二十三。
4 《黃旺成先生日記》，一九二四．五．一。
5 《黃旺成先生日記》，一九四一．五．七。「上瀧汎檢察官長去月中旬轉任來臺中，他對余頗懇切，十時半金荃同往法院訪之，遇楊居〔基〕先，導余入會，略談片刻即辭出。次到吉安買林投帽，次到柳屋午餐，乘十二時餘之急行車往臺北」。

訊息：「業經省府轉奉竹政院核定，定於今日公告實施，其辦法如下：本辦法所稱滯銷產品暫以下列二十種為限：蓪草紙、林投帽、大甲帽、大甲蓆、檜木帽、竹竿（包括竹製品）、釣魚竿、丸籐、割籐（包括籐製品），桶柑、桔柑、西瓜、龍眼、龍眼乾、橄欖乾、柑餅、梅乾、李鹹、話梅、筍乾。」[6]蓪草紙、林投帽、大甲帽及大甲蓆通通上榜。

一九〇五年的《臺灣日日新報》有篇文章〈淡水帽近況〉，將林投帽的初期發展做了詳細的介紹：

本島製造林投帽，係起於臺中監獄高屋典獄，熱心研究原料、晒法及編織法而成。其時臺北玉井某，與嘉義武川監獄支監長，亦從事研究，漸積改良之功，製極精緻，遂不讓於外洋運來之巴拿馬帽，兒玉總督命其名為淡水帽。當第五回內國博覽會，蒙賜天覽之榮，一時御採取十數頂，身價頗高，爾來大喚起東京縉紳及中流以上之需要。其後臺北、臺中、臺南各製造者，合同集資本金五萬圓，創立臺灣製帽合資會社，盛興製造販賣。其運赴外國，係三美路商會攀覽氏為特約販賣者，自去年辦往各國，今年遂有陸續來購，就在濠洲及南亞地方，銷售頗暢。美國則於巴拿馬帽原產地，與該地製帽家巴拿馬製產者特約，價格非常低廉，夫淡水帽輸出該地方，亦意想所不到也。又印度、支那、暹羅、比律賓等，亦是大有厚望之販賣市。在內地下等人，多購買本島大甲帽，中流以上，則喜戴淡水帽。今年神戶美加道帽子會社，亦起而與臺灣製帽合資會社，特約為內地一手販賣。本年一月以來，已賣出八千餘頂。雖該社尚陸續前來訂購，然現時製造力，一年不能及二萬頂以上。而其製作全是手

> 工，縱中外有好販路，亦必難充供給也。通常零賣價值，在臺灣自美麗特等品八九圓，至五等品二圓五十錢。在內地亦價格較廉，恰當巴拿馬帽之半價。近今巴拿馬帽輸入殆絕，蓋巴拿馬帽之需要者，盡移於淡水帽云。[7]

這篇文章作者不詳，有可能就是一位內部記者，一位做了相當仔細調查工作的記者。若以《臺灣日日新報》第一篇有關林投帽的製造文章的時間一九〇二年來看，這篇文章也不過才間隔三年而已，但可以看出林投帽已經成功地擄獲日本的中間階層菁英的青睞。[8]〈淡水帽近況〉這篇文章有幾個重點：第一，林投帽就是淡水帽；第二，林投帽的製作源起是來自於臺中監獄，然後臺北與嘉義監獄也同時在開發這項技藝；第三，在林投帽走紅之前，流行的是外國進口的「巴拿馬帽」；[9]第四，林投帽也叫淡水帽，這是拜兒玉源太郎總督之賜；第五，林投帽在大阪博覽

6 《聯合報》，一九五二．一．十七。

7 〈淡水帽近況〉，《臺灣日日新報》，一九〇五．五．一。

8 〈臺中林投帽の製造〉，《臺灣日日新報》，一九〇二．十二．三。

9 Martine Buchet, John Doherty (Translator), Bernard Hœpffner (Translator), *Panama: A Legendary Hat* (Assouline Publishing, 2004)。本書內容講述：自十九世紀以來，巴拿馬帽一直是優雅的象徵。現在它終於有了自己的書。從羅斯福到邱吉爾，從拿破崙到溫莎公爵，世界上一些最傑出的人物都曾戴過巴拿馬草帽。在此過程中，創造了巴拿馬神話。這本書帶領我們超越了神話，首次審視了帽子的非凡歷史、生產過程和各種形狀，同時喚起了厄瓜多國家的優雅生活。巴拿馬尋求向草帽貴族致以適當的敬意。

會，也就是第五次國內勸業博覽會因為皇族採購而在日本中上階層闖出名號。第六，臺灣製帽會社的集資成立；第七，林投帽起先銷售至中國、南亞，再擴散至巴拿馬帽的原產地美國，此外印度、泰國、菲律賓也是未來可能的拓展市場；第八，日本內地的下層民眾多買大甲帽，中產階層以上者多買林投帽；第九，日本已經有帽子會社與臺灣製帽會社合作，進行特約販賣；第十，林投帽為純手工，一年產量有限，最高兩萬頂，就算訂單再多，也消化不了；第十一，由於林投帽價格在日本並不算高，較巴拿馬帽便宜一半，致使取代了原來巴拿馬帽的生意。

順著上述這篇文章的論點，我們可以進一步延伸探討以下幾個課題。有關林投帽的報導，目前所見最早一篇是來自於一九〇二年《臺灣日日新報》的〈臺中林投帽の製造〉。[10]新聞提到林投帽最早的製作是起於臺中監獄的囚犯的製作。文中只提到是在實業家的調查研究下開始受到關注。透過另外一篇報導的說明，才知道這位實業家指的是安土直次郎。[11]這家監獄的受刑人所製造的帽子成績亮眼，每個月可以出產兩千頂以上，其品質及色澤相當優異，銷售的對象經由橫濱及神戶的貿易商，可以外銷到美國，每頂單價從兩圓到五圓不等。[12]一九〇三年時，臺北監獄起初的受刑人的林投帽製作，剛屬於商人玉井金次郎的草創初期，雖然尚未成功，但已經有顯著的進步。起初這樣的林投帽，是由艋舺的工廠婦人所製作，但這些女工的技巧並不熟練且品質不穩定，最後才委託由監獄中的獄友來作業。前後進行已經有一百多天，直到一九〇三年年初才稍微有點成績。[13]其製作方式為先由新竹及宜蘭支監——林投樹種植產量最多的兩個地方——提供原始的粗製品，再將林投葉送到艋舺的工廠交由女工處理其纖維。處理過程為以藥水煮沸林投葉之後會剩下纖維，再進行曝晒，晒乾之後色澤會轉白。最後將這些數量龐大的纖維作為一綑綁在一起，之後就一把一把往臺北監獄送，作為製作林投帽的原料進行編織。這些受刑人的手工相當熟練，上等的帽子要花費十五、六天的製程，而普通的帽子需要十天，平均一頂要十二、三天，從創業至一九〇三年初的三個多月時間，一百多個受刑人一共製作了四百頂左右的林投帽。這些由監獄所製作的林投帽經外銷管道賣到國外之後，市場價格相當不錯，比大甲帽還有優勢。例如上等的山高帽要六十圓；中等的四十七、八圓；下等的三十六、七圓。而中割帽則是上等的要三十圓；中等的十七、八圓。[14]

當時有製作林投帽的監獄主要是臺中監獄、臺北監獄，還有臺南監獄，而新竹、嘉義及宜蘭監獄是支社。這些監獄中設有林投帽製作所，負責受刑人的勞役事務。就有臺北監獄的受刑人郭

---

https://www.goodreads.com/book/show/2424021.Panama。瀏覽日期，二〇二三・十二・一。維基的說明是：巴拿馬帽（Panama hat）是一種使用巴拿馬草的葉子製作的帽子。巴拿馬帽並非起源自巴拿馬，而是起源自厄瓜多。巴拿馬帽為何名為巴拿馬仍不得而知，牛津英語詞典中的說法是因為「一九〇四年美國總統西奧多・羅斯福訪問巴拿馬運河時曾戴過這種帽子，因而普及」。https://zh.wikipedia.org/wiki/%E5%B7%B4%E6%8B%BF%E9%A6%AC%E5%B8%BD，瀏覽日期，二〇二三・十二・一。

10 〈臺中林投帽の製造〉，《臺灣日日新報》，一九〇二・十二・三。

11 〈林投帽合資會社〉，《臺灣日日新報》，一九〇三・七・二十一。

12 〈臺中林投帽の製造〉，《臺灣日日新報》，一九〇二・十二・三。

13 〈林投帽製造の近況〉，《臺灣日日新報》，一九〇三・一・二十一。

14 〈林投帽製造の近況〉，《臺灣日日新報》，一九〇三・一・二十一。

友，一九〇三年四月十一日七點三十分，於第九號工場的林投帽製作所進行勞役，突然失控搶奪看守兒玉氏的配劍，最後看守頭部中創受傷，逞凶的郭友最後在其餘看守人員的協力抵抗後才予以制伏。[15]

監獄裡頭的林投帽製作不僅為地方的商人帶來商機，也提供了受刑人一技之長，在出獄之後能具備出社會的工作能力。一九〇三年六月十九日的報刊就記載新竹支監在監獄中教導獄友熟悉製作林投帽的技能，經過一年的訓練，出獄者中有此技能的有五位，這五人共同出資若干，開設一間林投帽製作所，將林投葉賣給新竹地區的鄉民，自行製作林投帽，一洗過往的惡行，這舉動不僅提升了新竹地區的工藝技術，也是一種對新竹支監教導的感念。[16]

有關受刑人有多少人參與製作林投帽？嘉義支監有較詳細的資料。一九〇三年時，這間監獄共有七十五名囚犯參與製作，平均一人一個月是製作兩頂，一年僅一千八百頂。而與嘉義支監簽訂契約的林投帽商人會另外與通路簽約，像是與東京丸善商店簽一千頂的訂單。若回溯日本於明治三十三年至三十四年（一九〇〇至一九〇一）的帽子需求，特別是來自外國進口的「巴拿馬帽」，一年有八百至一千打的數量。一九〇二年時，也還有四百六、七十打的需求量。[17]因此林投帽若只製作出兩、三千頂，仍有很大的開拓市場，對當時的商人而言，這是一塊很大的商機，絕對可以取代外來的巴拿馬帽。

監獄在進行林投帽製作時，會將受刑人予以編組，臺南監獄就是一例。一九〇四年時，該監獄從事林投帽製作的有兩百三十八名，其中，從事剝皮的有三十三名，割葉的有十六名，熟練編織組有百名。[18]製作過程中，在晒水這一步驟時，需要用到監獄空間內的井水，由於鹽分甚少，較市區街的井水還要品質優良。這兒的林投葉也較臺中大很多，而且長度長，量又多，故價格比臺中低廉。從一九〇四年四月到八月，一共製作了七百九十個，平均一個月有一百五十八個的產量。[19]這樣的數量並不算多，由於創業之初，受刑人參與的還不算多，熟練度不足，等到上軌道之後才有明顯提升。

林投帽也叫「淡水帽」，據說這是拜兒玉源太郎總督之賜。這樣的說法的確在新聞中找到一些來源。林投帽與大甲帽不同，不是以產地或原料地區當作帽子名。林投帽是以本島的樹種林投樹為原料，資料中頂多提到纖維，都完全不提所利用的是林投葉。這種樹葉的葉緣有刺，必須先處理掉，再加工才能製成原料進行編織。資料中還透露出林投帽的營業者玉井金次郎向兒玉總督懇請為林投帽命名，但最後兒玉為什麼取名為淡水帽？因為訊息量過少，目前暫時沒有答案。[20]

林投帽之所以可以很快速地取代原本流行的大甲帽，這與參加一九〇三的大阪博覽會一戰成名有關，再加上有臺灣總督的命名及皇族的認可與採購，都促使林投帽的愛好者提升至中產階級

15 〈囚徒斬殺〉，《臺灣日日新報》，一九〇三・四・十六。
16 〈教民得藝〉，《臺灣日日新報》，一九〇三・六・十九。
17 〈南部兩誌〉，《臺灣日日新報》，一九〇三・八・八。
18 〈臺南監獄林投帽業〉，《臺灣日日新報》，一九〇四・九・十八。
19 〈臺南監獄林投帽業〉，《臺灣日日新報》，一九〇四・九・十八。
20 〈林投帽の命名〉，《臺灣日日新報》，一九〇三・二・二十六。

以上者。當時的報紙提到臺灣製造草帽，以往只講求速效，價值有限。有新竹的紳商吳朝宗，趁著參加大阪博覽會之時，仔細觀察各種展覽商品的細節，發現以往的臺灣製帽大多不夠細緻，因此獲利較低。他回臺後就聯繫會社同仁，從員工中挑選手巧、編織能力較佳者，除了製造大甲帽之外，也投資製作林投帽，希望能增加獲利。[21]在另外一篇報導中，可以進一步得知這位新竹的紳商吳朝宗是「甲苑蓆帽會社」的一員。他在博覽會時觀察到一些現場的購買習慣，像是官紳光顧的較多；多購買林投帽中質地較細較輕盈的品項；這些訂單中有來自日本，也有非洲的，都預定許多數量。因此，面對大量的訂單，吳朝宗感覺有製作時程的壓力，所以趕緊回臺，並將日本觀察到的新工藝及新顏色帶回臺灣給製作者參考。和以往的林投帽相較，舊時的設計潔白度不夠，因此吳親自監督工人，加工漂白原料。不僅顏色要講究，吳朝宗也開始學做高頂草帽，好方便購買者適用於官場會議上，可以通用。[22]

一九〇三年七月十五日，報載各監獄的林投帽製作必須中止，因為危害了專利權。事件經過大致如下：原本臺灣林投帽的製作，大多是在監獄中由獄友完成。其中像是臺中監獄的受刑人就負責製造林投帽的原料，這使得一九〇三年四月時，有位須田次郎先生，因為與同監獄負責製造林投帽的近藤先生有所嫌隙，遂在四月時申請商品的專利權，並向日本橫濱裁判所對於上述的監獄申請「侵害特許權」。臺中法院收到橫濱裁判所開出的裁判單後，開始成案受理。查驗程序是首先將臺中監獄內所有林投帽的原料全數查封，再令全監獄中約三分之二的受刑人休業暫停製作。受到臺中監獄的影響，其餘臺北、臺南監獄，以及嘉義、宜蘭支監，也都暫停製作林投帽。報紙對此處理方式相當不以為然，認為林投帽的專利權是否屬於須田次郎，值得存疑。由於這事關重大，林投帽的專利權應該無效。[23]

當時的報紙是如此評論這起侵權事件：

以林投樹之纖緯為原料，而製造帽子之事業。目下在本島內，大有發達之望，固為眾人所注目者，如前報之記載，該原料製造有特許權者須田氏，以侵害特許權呈訴，斯業前途大足憂慮，當道乃於該氏得特許權之性質範圍等所關，一一照會之。從來特許事業，在出特種之製法。若以林投樹之纖緯為原料，眾所共明，而亦特許之，則為公益上計，殆必抹消其權。但未聞何等回答，此件尚覺不詳，近日間應得解決之矣。[24]

所以原告所提出的專利權訴訟，指的是以林投葉纖維為原料的部分，而不是編織成林投帽的部分。但反對訴訟意見者所持的態度，在於以林投樹的纖維為原料，是大家都知道的技術。若要以此申請專利，則不符合常理。另外一則新聞對此特許的內容也有所批評。[25]文中提到：「蓋其

21 〈草帽改良〉，《臺灣日日新報》，一九〇三．六．二十。
22 〈林投帽廣銷〉，《臺灣日日新報》，一九〇三．六．二十。
23 〈林投帽製造の休止〉，《臺灣日日新報》，一九〇三．七．十五。
24 〈林投帽製造業〉，《臺灣日日新報》，一九〇三．七．二十四。
25 〈林投帽子原料特許の內容〉，《臺灣日日新報》，一九〇三．八．十一。

受夫特許，在乎本年四月，顧徒以林投帽固可以無庸特許；又徒割林投為細條煮沸之而漂白，亦無庸特許。惟漂白後浸膠與澱料之汁而使之乾，實似為該特許之主眼，然此方法亦製林投帽者均必採用。故彼特許者，非有特出之見解，則必將該特許全至抹消。」[26]這則資料很清楚地將林投葉製成編帽原來的幾道程序，這些屬於技術層面的工法，從漂白、浸膠水到沉澱原料再進行晾乾，對於這些業者而言，都不算是特別的見解，因此針對這些來提出侵害專利權是不可思議的事情。

更有報紙評論直指提告者所提出的林投葉製作的特許權，指的是以林投葉的細條浸泡澱粉與膠水溶液，並使之乾燥。這樣的方法並沒有特殊之處，且這方法會使葉片一接觸到日光就讓產品有變成赤褐色的缺點，後來的製帽企業，也開始不採取這樣的製程。若要以此來禁止全臺的製帽產業，不能用林投葉製成帽子，或強迫要求這樣的方法有其特優之處，需要所有人都效法，這樣的特許權的範圍未免過於無限上綱，根本就是錯誤的見解。[27]

林投帽專利權侵權事件的影響，或許與幾家請監獄代工的業者共同合作成立「林投帽合資會社」有關，也可能是同時期一起發生的事情，目前沒有直接證據，但兩者的時間有所重疊。[28]林投帽合資會社成立於一九〇三年，除了上述的原因之外，另外一個外在的原因就是受到第五回內國勸業博覽會，也就是同年的大阪博覽會的影響。到了一九〇三年（明治三十六年），日本在大阪舉辦第五屆國內博覽會，除了展覽商品外，也開始凸顯消費和遊戲特色，例如場內的遊樂場地讓觀眾享受玩樂的快感。以往日本的博覽會只是強調文明開化和發展產業，但這次的大阪博覽會則呈現另一種意義——從生產時代蛻變到消費時代。當時知名的百貨公司高島屋、松阪屋，也開始利用博覽會的機會在各地會場設立自己的展覽館，以拓展知名度。[29]受到博覽會的影響，原先在臺灣與各監獄合作製作林投帽的企業家開始嗅到商機，開始結盟。其中有臺北監獄的荒井泰治、玉井金次郎；臺中監獄的安土直次郎；嘉義監獄的小松繁藏，這四人合作出資，以五萬圓的資金籌組合資會社。本社設在臺北，臺中、臺南、新竹、嘉義及宜蘭分別設支社和工廠。[30]

當臺灣的監獄受到訴訟影響停止林投帽編織作業的時候，日本的監獄則趁機而起，高屋監獄就是一例。該監獄署長因為此事，決定製作大甲帽，因此找來受刑人兩百多人，以仿效林投帽編織的方式，而不是按照傳統大甲帽製法，卻意外獲得好評。製成後的大甲帽，每頂定價七十錢到一圓二十錢左右。[31]

有關這件侵權訴訟事件，並沒有延續太久時間，一九〇三年八月似乎就已經快落幕。[32]報載鈴木卯兵衛、濱田兩人對宮山悌山、神戶近藤庄衛、臺中貿易商近藤重次郎及販賣陸軍軍用品

---

26 〈林投帽子原料特許之內規〉，《臺灣日日新報》，一九〇三・八・十二。
27 〈林投帽子原料之特許〉，《臺灣日日新報》，一九〇三・八・十六。
28 〈林投帽合資會社〉，《臺灣日日新報》，一九〇三・七・二十一。
29 https://www.thenewslens.com/article/73659。瀏覽日期，二〇二三・十一・十四。
30 〈林投帽合資會社〉，《臺灣日日新報》，一九〇三・七・二十一。
31 〈監囚製帽〉，《臺灣日日新報》，一九〇三・八・二。
32 〈林投帽事件免訴〉，《臺灣日日新報》，一九〇三・八・十六。〈林投帽子特許侵害事件の免訴〉，《臺灣日日新報》，一九〇三・八・十四。

的業者安土直次郎四人提出的侵權告訴，經過神戶地方裁判所的審理，到八月十二日時，這幾人最後根據刑事訴訟法第一百六十五條，因控方證據不足，皆被判無罪。[33]

相較於林投帽，大甲帽的產量多，但產值較低。一九〇三年九月十一日，《臺灣日日新報》記載，大甲帽一年的生產數量是兩萬頂，產值是兩萬圓，其依據是靠當局的調查資料。若是由苗栗苑裡業者的自行統計來算，則數額過低。實際上，光就苗栗二堡、三堡的產量，一年就有四十五萬頂，產值有二十多萬圓。而大甲帽蓆會社自行統計的數量，當年四月開業之後，也有十萬頂之多。因此官方與業者的統計有出入。[34]由於帽子的市場相當大，帽子的販賣也成為熱門的行業，報刊中就曾報導販賣帽子已成為島都的新興行業，街頭常可見到專賣帽子的小攤車。[35]

一九一一年十二月十日，報載新竹產業界的重點有水產、製帽、蓪草、製茶四種。其中談到林投帽及大甲帽，認為當下有些悲觀，但因為是婦女的重要副業，所以仍需要大力提振。當月三日，新竹市場樓上，開設有帽子傳習所，練習生無不在認真練習編織技術，練習生有四十五名，比預計的多十七名。上一年度新竹的製帽產額是二十萬圓，當年應該可以提升到二十五萬圓以上。文中提到蓪草是總督府獎勵種植的物產，臺灣各地山區已經開始增加種植，但培養蓪草需要資本，對輸出海

0-2 《臺灣日日新報》中的臺北街頭賣帽子的攤車照

外大有益處，可惜那時買家與賣家常因為價格沒有共識，而引起紛爭。藺草是另外一個在日治時期外銷國外的大宗商品，這在之後會進一步討論。[36]

黃旺成的帽子，特別是林投帽就是一個很好的窗口，引領我們進入那個時代。上述黃旺成買帽子的一九二〇年代臺灣是個怎樣的年代，過往談論的比較多的是文協青年們所開創的臺灣文化啟蒙與自覺的年代。[37]這在前兩年文協百年紀念時全臺所辦的各種研討會、展覽或講座等活動可以看出這個臺灣新文化運動的年代特色。但卻少有人以物及物質文化探討這個時代前後的臺灣的日常生活與近代世界的關聯。在這個時代，像是黃旺成這樣的文青的一天是怎麼過的？下列一九二〇至一九三〇年代的臺灣日常生活史大事，他可能多少會經歷過。像是：北投泡湯，搭萬新線火車到新店踏青，到總督府附近的新高堂書店買書，參加當時臺北正在風行的樂鳩會玩賽鴿，在報紙上看到一九二五年的巴黎世界工藝美術博覽會，到中部臺灣共進會的展覽會場參觀，參加日本皇族行啟臺灣的活動，買到一小棵當時正流行的基隆紅珊瑚，到大溪角板山行旅，看到街道上的各式各樣的銅像，在臺北街道感受到椰子樹的南國風情，在公學校看到奉安庫或教育敕語，被

33 〈林投帽特許侵害事件〉，《臺灣日日新報》，一九〇三・九・十八。
34 〈大甲帽製造額〉，《臺灣日日新報》，一九〇三・九・十一。
35 〈島都の新職業〉，《臺灣日日新報》，一九三二・十・十二。
36 〈新竹之產業界〉，《臺灣日日新報》，一九一一・十二・十。
37 李明璁策畫，《百年＋1：延續臺灣新文化運動的當代推手》（臺北：臺北市政府，二〇二二）。

臭蟲（南京蟲）所咬，生病時可能會服用朝鮮人參，擁有一台自轉車，遇到臺北停電，吃過料理店所添加的味素，以及經歷過一九三五年新竹、臺中州大地震等等。

總之，要理解黃旺成所處的時代，或許放在一個物、日常生活與近代世界的歷史脈絡是一種方式，這一種新文化史的研究方式，也可以說是「全球微觀史」的研究方式，這些物或多或少都與東亞甚至全球產生各種連結、互動、分流與合流。

二、文化轉向與新文化史

如何研究物與日常生活史，這需要先回顧近年來的臺灣史的「文化轉向」。[38]近年來，臺灣史研究相較於其他史學領域的世界史及中國史研究，文化史的比例明顯有增加，無論是新史料或新方法都有長足的進步，這從每兩年底召開的臺灣史研究回顧可以一窺究竟。以下從幾個方面來探討臺灣史研究的「文化轉向」。首先新文化史可關注的課題有：帝國與展示、空間／休閒與大眾文化、城市生活與消費文化、食物與飲食文化、醫療與身體、性別。以下分別介紹近來的成果。

帝國之眼與展示臺灣

有關日治臺灣新文化史研究的方法論的文章相當少見，目前較為類似的課題為「殖民現代性

38 有關臺灣史的研究回顧，可見若林正丈、家永真幸，《臺灣研究入門》（東京都：東京大學出版社，二〇二〇）。這本書還是以政治史文章居多，涉及文化史的有性別、日常生活、流行歌曲等主題。

分析與臺灣近代史研究」，這方面最好的研究當屬中研院臺史所的副研究員張隆志。〈後殖民觀點與臺灣史研究〉一文，對日治臺灣新文化史研究的方法論有相當多的啟發。張隆志文中從後殖民史學的觀點，評介了四本代表性臺灣論著，並說明後殖民史學在時間深度、空間架構、政治經濟與文化再現等方面，對於臺灣本土歷史閱讀及書寫的可能貢獻。[39]

日治時期出現許多鳥瞰臺灣的新方式，像是透過博覽會、鳥瞰圖及島都臺北來觀看日常生活。在展示臺灣方面，當時很多民眾的生活，是在帝國的視線下進行的。像是臺灣民眾常有被動員去奉迎日本皇族的經驗；民眾會透過輪船去日本內地旅行，體驗現代化的建設；學生會利用課餘，進行另類的戶外教學「修學旅行」；殖民政府習慣透過「始政紀念日」塑造國家認同。這方面較為突出的研究是呂紹理的《展示臺灣：權力、空間與殖民統治的形象表述》，作者研究日治時期的博覽會，探討殖民者如何透過各種展示活動，建構臺灣的形象。[40]〈日治時期臺灣旅遊活動與地理景象的建構〉是作者《展示臺灣》的先期成果。本文探討旅行的制度化，如旅遊組織的生成過程與旅遊活動的普遍化。後者則表現在媒介的普及與導引，例如旅遊手冊的編輯發行、風景明信片的問世、報刊媒介的宣傳，以及鐵道交通的普及。作者特別以新文化史的研究視角如「觀看」來探討上述課題，相當具有新意。[41]

此外，知識的建構也是新文化史研究的重要課題，陳偉智的〈自然史、人類學與臺灣近代「種族」知識的建構〉一文，即探討近代種族知識在臺灣的展開。作者提出臺灣在十九世紀末到二十世紀初，透過西方博物學家、傳教士、日本人類學家，將地方社會紛雜的人類社群現象，分類編入種族的全球普遍性知識架構中。[42]無論從博物學史或知識史來看，這部分都給我們很大的啟發。

空間、休閒與展演

地景與記憶是新文化史研究的重要課題。許多文章探討新式空間對大眾文化的形塑及歷史記憶的影響。例如，透過一座地方廟宇可以看出市區改正的影響力；日本曾透過行道樹打造都市新景觀與南島風情；日治臺灣已經有了三座國家公園的規劃；公會堂是民眾集會的新空間；民眾票選新八景可是各州廳大力動員而成的；原來一九三〇年代有過史蹟及天然紀念物的調查活動；花蓮吉野移民村是官營移民的最佳範例；以及臺灣早就有大地震的集體記憶。〈戰爭與動物：臺北圓山動物園的社會文化史〉則將新式休閒空間圓山動物園放在政治文化的角度探討。鄭麗榕透過

39 張隆志，〈後殖民觀點與臺灣史研究：關於臺灣本土史學的方法論反思〉，收入柳書琴、邱貴芬主編，《後殖民的東亞在地化思考：臺灣文學場域》（臺南：國家臺灣文學館籌備處，二〇〇六），頁三五八－三八三。

40 呂紹理，《展示臺灣：權力、空間與殖民統治的形象表述》（臺北：麥田，二〇〇五）。

41 呂紹理，〈日治時期臺灣旅遊活動與地理景象的建構〉，收入黃克武編，《畫中有話：近代中國的視覺表述與文化構圖》（臺北：中央研究院近代史研究所，二〇〇三）。

42 陳偉智，〈自然史、人類學與臺灣近代「種族」知識的建構：一個全球概念的地方歷史分析〉，《臺灣史研究所》，十六卷四期（二〇〇九．十二），頁一－三五。

圓山動物園，探討戰爭時期動物園如何納入軍事動員，作為官方所欲形塑的「戰爭道德」的場所，成為精神動員工具。此外動物展覽、愛護與追悼都是愛國活動的展演。[43]

新文化史的研究課題中，空間、休閒與大眾文化的關係也相當重要。像是臺北鐵道旅館與制度化旅遊的關係；珈琲店不是喝咖啡的場所，而是喝酒及有女給作陪，提供顧客找尋摩登與戀愛感覺的新式消費空間；納涼會有點像是現在的夜市或移動市集；飼養傳書鳩成為民眾新嗜好，甚至與戰爭有關；文青的最愛是進行方城之戰「打麻雀」；古倫美亞的唱片業，曾紅到市場上有過仿冒唱針十萬支的案例。或者是像競馬、映畫、體育、廣告、跳舞及海水浴場，都是值得探討的課題。

運動如何不只是體育運動史的研究，而是從新文化史的視角來探討，謝仕淵的專書《國球誕生前記：日治時期臺灣棒球史》是個代表。[44]作者透過「三民族」合作的嘉農棒球的探討，論述就算嘉農在甲子園如何傑出，都僅能看做是生活在臺灣島上的「島民的共同成就」，如此也消解了棒球勝利對在日本帝國下的臺灣人，對於既有統治階序關係的衝擊。此外，臺灣棒球運動的發展，讓臺灣島內的「三民族」，透過運動競賽的衝突、協調，最終達成一種以認同臺灣為前提的共識。

最後，休閒活動的日常生活史研究，可參考陳文松的〈日治臺灣麻雀的流行、「流毒」及其對應〉，本文探討源自清光緒晚期中國的麻雀，如何在一九二〇年代中期風行日本及美國之際，以「室內社交娛樂」的姿態，再度迂迴流傳至殖民地臺灣，對社會造成重大衝擊與影響。

城市生活與消費文化

觀察近代臺灣的城市文化發展，消費文化是一項相當重要的指標。早在一九九九年，研究廣告史著稱的山本武利就編了《百貨店の文化史》論文集，[45]透過百貨公司的出現探討消費社會的展開。近來更有學者進一步指出近代日本消費社會的特色。像是二〇一六年出版的日文新書《歴史のなか消費者：日本における消費と暮らし，1850-2000》（日本的消費與日常生活，一八五〇－二〇〇〇）。[46]本書二〇一二年時先以英文本出版，參與計畫的為日英學者，受到英國日本研究協會及大和英日基金的資助，開始以比較視角及世界史脈絡，研究日本近現代的消費史。

該書導論寫得相當精采，引用了中國史方面的研究成果，特別是提到卜正民（Timothy Brook）、柯律格（Craig Clunas）這幾位史家的著作。這已經不是以往經濟史、社會史所能單獨

43 鄭麗榕，〈戰爭與動物：臺北圓山動物園的社會文化史〉，《師大臺灣史學報》，七期（二〇一四年十二月），頁七七－一一二。

44 謝仕淵，〈「嘉農」棒球與「三民族」的運動競合〉，《國球誕生前記：日治時期臺灣棒球史》（臺南：國立臺灣歷史博物館，二〇一二），頁一五〇－一八七。

45 山本武利，《百貨店の文化史》（京都：世界思想社，一九九九）。

46 Penelope Francks, Janet Hunter，《歴史のなか消費者：日本における消費と暮らし，1850-2000》（法政大學出版社，二〇一六）。

處理的課題，其中包含許多文化史及全球史的新視角。這裡頭文章主題都相當有意思，涉及的課題有：家事勞動、家庭用品與女性、消費生活、砂糖消費、纖維產業、和漢藥業、鐵道旅客、郵務與消費、通信販售及消費主義。我這本書所進行的各種個案研究，應該可以提供不同的對照。

在解讀消費文化的過程，物質文化的歷史，提供了我們重要的依據。伊藤るり、坂元ひろ子等學者合編的《モダンガルと植民地的近代》，[47]雖然出版超過十年，但很多文章仍深具啟發性。內容不僅涉及性別，還有物質文化、消費社會、感官、視覺文化、廣告、政治、殖民地及帝國。書中洪郁如的殖民地臺灣的摩登女性與流行服飾的研究，就指出在一九二〇年代後期，接受新式教育的新女性，因身處上流階層，受西式教育影響而開始穿著洋服，形成「モダンガル」（摩登女性）的風潮。這些文章中，我最喜歡的是足立真理子的資生堂與香料石鹼的研究，既有企業史的關注，也將商品與現代性氣味、嗅覺感官結合在一起探討。但這部分文章仍然是少數，未來若要進一步發展感官史的研究，有關香料的株式會社史料，如《長谷川香料八十年史》、《高砂香料八十年史》，則需有系統地蒐集與整理。

食物、飲食文化與健康

食物史是近來史學界研究的新趨勢，像是《拉麵：一麵入魂的國民料理發展史》[48]及《帝國與料理》，既關注文化轉向也有全球視野。日治臺灣史方面近來也頗有成果，關注課題提到了江山樓是臺灣料理的首選；菓子業的出現帶來民眾味覺的新感受；喫茶店是臺灣茶聞名國外的大功臣。味素的發明改變了許多家庭關係。

在這些研究中，以曾品滄與陳玉箴的研究最具代表性。曾品滄的〈日式料理在臺灣：鋤燒（スキヤキ）與臺灣智識階層的社群生活（一八九五－一九六〇年代）〉延續過往對殖民統治時期日本飲食文化與餐館在臺灣的發展情況研究，擺脫現代 vs. 傳統與外來 vs. 在地的既有論述模式，改著重討論鋤燒消費活動在臺灣日常生活脈絡的滲透過程、發生的作用，及其反映的社會意義。[49]作者認為鋤燒成功滲入臺灣人日常飲食，不僅是因為其作為殖民統治階層的食物，是臺灣人學習「日本化生活」的重要部分；也在於這些食物的口味與烹調方式與臺灣人的既有食物有相似性，容易與本地飲食傳統相融合。到了戰後，對於臺灣人智識分子而言，鋤燒蘊含他們年輕時的各種社群經驗、意識與情感，比起其他食物，更容易成為彼此慰藉、溫存往日情誼的媒介，甚至成為尋求認同的工具，這些都與這群特殊階層的消費意識有密切關聯。我們在本書的吳新榮例子中也可以見到這樣的經驗。

相較於曾品滄談的日本料理，陳玉箴比較多的文章在談西洋料理。〈日本化的西洋味：日治時期臺灣的西洋料理及臺人的消費實踐〉一文從供應西洋料理的消費場所出發，探究臺灣在日治

---

47 伊藤るり、坂元ひろ子等編，《モダンガルと植民地的近代》（東京都：岩波書店，二〇一〇）。

48 喬治・索爾特，《拉麵：一麵入魂的國民料理發展史》（新北：八旗文化，二〇一六）。

49 曾品滄，〈日式料理在臺灣：鋤燒（スキヤキ）與臺灣智識階層的社群生活（一八九五－一九六〇年代）〉，《臺灣史研究》，二十二卷四期（二〇一五年十二月），頁一－三四。

時期西洋料理業的發展及臺灣人的消費實踐，分析在物質面、認知面及相關文化論述與意義系統上的變化，以及西洋料理進入臺灣社會的脈絡。[50]陳玉箴認為不同社會中「西方文明」與「現代化」的連結與獲得接受，會與其社會結構、權力關係而有不同發展。臺灣社會在殖民結構的限制下，消費與文化實踐的學習，一方面來自於日本對西方社會的折射，另一方面也反映出既有的階層性。她的《「臺灣菜」的文化史：食物消費中的國家體現》可說是她食物史研究的集大成。[51]

近來研究者漸漸開始思考近代帝國的發展對國家的日常生活、社會組織及社會運動史的影響。有關日本帝國統治下的臺灣，可以從比較的觀點來探討殖民地的統治特色，例如技術、觀光及博覽會的課題。更可以從帝國的框架來探討技術與近代東亞發展的關係，例如：牛乳的使用、母乳甚至代用品豆漿的出現；日本帝國殖民地的蔗糖技術發展；又或者是肥皂、味素、農藥製造與在東亞的流通與近代日本化學工業也有密切關係。其中，飲食與健康的課題也可以放在商品與消費文化的脈絡下來思考。

郭婷玉的〈一九三〇年代葡萄酒廣告的健康訴求與臺灣社會〉即透過葡萄酒廣告在日治臺灣廣告機制運作方式，以及廣告論述策略的健康觀進行分析，呈現出一九三〇年代葡萄酒廣告健康訴求的社會意義。[52]作者的問題意識來自閱讀《臺灣日日新報》廣告欄時，注意到葡萄酒廣告為有效推銷產品，相當注意國家政經政策轉變與社會潮流，某種程度地集中於傳遞健康相關醫學訊息，將葡萄酒商品和「健康」畫上等號。這種關注廣告圖像的研究方式特別強調形象（image）的解讀，是新文化史常見到的研究視角。她認為一九三〇年代臺灣社會受日本重視保健概念的影響，使得整體社會越加偏重健康形象，酒商於是透過廣告將葡萄酒塑造為「營養聖品」，目的在於趕上大眾消費熱潮，增加商品消量。獨特的是，臺灣民眾原本就有將葡萄酒當治病、安產的習慣，才能如此快速地就接受廣告手法。

李力庸的〈食物與維他命〉則透過日記史料探討臺灣人的營養知識與運用。[53]作者早在〈殖民、營養與風尚：日治時期臺灣的大眾畜產飲食文化〉就指出臺灣的畜產開發背後，隱含著新時代的營養觀。〈食物與維他命〉一文則以日記為研究對象，這也是近年來臺灣史研究的重點。探討的日記有《水竹居主人日記》、《灌園先生日記》、《簡吉獄中日記》、《黃旺成先生日記》、《呂赫若日記》及《楊基振日記》，關注的範圍從上層社會到一般家庭，展現了臺日不同身分、階層與生活場域的飲食內涵。透過這些日記，李力庸歸納出幾點可以探討的飲食與健康的課題，像是飲食與疾病的時代、地域性；被揭開的營養真相；帝國競賽影響下，臺灣人營養觀念的變化；時人對營養的運用與習慣變化。以腳氣病為例，從一九三〇年代日記來看，當時民眾

50 陳玉箴，〈日本化的西洋味：日治時期臺灣的西洋料理及臺人的消費實踐〉，《臺灣史研究》，二十卷一期（二〇一三年三月），頁七九－一二五。

51 陳玉箴，《「臺灣菜」的文化史：食物消費中的國家體現》（新北：聯經，二〇二〇）。

52 郭婷玉，〈一九三〇年代葡萄酒廣告的健康訴求與臺灣社會〉，收入范燕秋編，《多元鑲嵌與創造轉化：臺灣公共衛生百年史》（臺北：遠流，二〇一一）。

53 李力庸，〈食物與維他命：日記史料中的臺灣人營養知識與運用〉，收入李力庸、張素玢、陳鴻圖、林蘭芳主編，《新眼光：臺灣史研究面面觀》（臺北：稻鄉，二〇一三）。

對此疾病以及醫生的診治已經有正確的認識。例如醫生會以穀皮治療豐原的地方菁英張麗俊，而簡吉在患腳氣病之後，不僅對糙米有好感，還覺得特別有風味。在營養知識的傳布上，透過林獻堂的日記可以看出。對於不識字的大眾，要接觸營養學的科學知識不容易，演講提供了吸取新知的機會。這種向大眾宣導營養的講座要從一九三〇年代開始才較多舉行，舉凡愛國婦人會、同風會、役場與霧峰一新會都曾舉辦過相關講座。從講座內容來看，婦女與兒童營養的重要性已經被強調。文中還提到維他命如何成為藥商開發的商品，並在主流報紙宣傳促銷維他命治病的功效。像是一九二五年，《臺灣日日新報》就刊載一則「滋養強壯料中第一位」的丸兒屋商店肝油廣告，標榜肝油是生活中不可缺少的維他命，對營養不足、虛弱及結核病特別有效。

除了維他命的研究，牛乳與健康的關係，也是學者關注的焦點。這部分可參考陳玉箴的〈乳業發展與營養論述：日治時期臺灣牛乳消費文化的普及〉，文章主要從飲食文化的角度探討，提到牛乳的特性、乳業的生產經營、牛乳的消費與文明意義，及牛乳的營養價值。[54]

整體來看，這部分飲食、健康與醫療的課題仍有許多待開展的題目。像是目前學界對於日治臺灣營養知識的推廣認識不夠，有必要增加對日本食物史的新理解。日本很早就在這一塊有深入的研究，像是荻原弘道的《日本營養學史》（一九六〇）及昭和女子大學食物學研究室編的《近代日本食物史》（一九七一）。[55]後者近九百頁，是目前所見近代日本食物史書寫最詳盡的一本著作，裡頭提到營養學的基礎研究、食物的衛生與公眾衛生及營養改善的實踐。分別觸及了以下課題：生化學與農藝化學、熱量代謝的研究、維他命的抽取與分析、食物添加物、經口傳染病與環境衛生、食物中毒、寄生蟲、小孩飲食、學校營養午餐、日本營養學會的成立、營養士的誕生及營養學研究的體制。

醫療與身體

新文化史研究中有關「文化相遇」（cultural encounters）的概念是近來研究文化交流常被討論的觀點。有關這個課題，臺大歷史系陳慧宏教授有深入的討論。在〈「文化相遇的方法論」：評析中歐文化交流研究的新視野〉一文中，[56]她提出文化史研究的理論，認為近年來蓬勃發展的中歐文化相遇的研究，在過去與未來如何讓跨文化的研究豐富歷史學的方法論，不可避免地要從西方歷史學方法論的轉向文化史之取徑來作理解。例如二〇〇七年彼得・柏克（Peter Burke）與夏伯嘉合編的近代早期歐洲文化史著作《歐洲近代早期的文化轉譯》（*Cultural Translation in Early Modern Europe*）便是將焦點集中在「轉譯」（translation）的課題上。在交往互動與溝通妥協的概念下，「交流」（exchange）一詞退居到較不顯著的位置。此外，她還提醒我們，在某

---

54 陳玉箴，〈乳業發展與營養論述：日治時期臺灣牛乳消費文化的普及〉，《臺灣師大歷史學報》，五十四期（二〇一五年十二月），頁九五－一四八。

55 昭和女子大學食物學研究室編，《近代日本食物史》（東京都：近代文化研究所，一九七一）。

56 陳慧宏，〈「文化相遇的方法論」：評析中歐文化交流研究的新視野〉，《臺大歷史學報》，四十期（二〇〇七年十二月），頁二三九－二七八。

種意義上，文化結構的定義是以文本為指標，但我們應當要參考法國年鑑學派書籍史學者夏提葉（Roger Chartier）的研究，要特別留意「文化產品」如書籍、圖畫和觀念等物質文化的材料。

上述觀點可以用來討論近代東亞醫療史的跨文化接觸的課題，這不僅是涉及文化史的研究，也與全球史有關。全球史的概念如何對醫療史的寫作產生影響，柯浩德（Harold J. Cook）在〈全球醫學史會是什麼樣子？〉一文中提出了他的看法。柯浩德認為如果我們借鑑全球史研究的一些方法，或許會開始思考應該從不同的角度來看醫學史這個課題。他認為關於植物學和醫學的資料，以及針灸醫術，都像商品一樣，也會沿著貿易路線從亞洲傳入歐洲。透過貿易公司和傳教機構促使人員、技術、訊息、商品甚至疾病的相互流通，這充分說明了史學全球觀的重要性，對其來說，國家與「文明」並非主角。[57]全球史或者說新全球史的挑戰不僅讓我們開始留心那些距離遙遠的人們是如何相聯繫，它也要求我們注意到小區域的人們在不同文化與語言的條件下是如何相互影響。最後，柯浩德提到：「如果我們要嘗試在醫療史研究中應用這樣的方法該怎麼辦呢？」這或許會使我們看到一個比我們想像中統一的醫學文化觀更複雜的健康和疾病相互作用的模式。柯浩德進而認為，醫學上的哪些元素是具有傳播性的？哪些沒有傳播性呢？這才是我們研究的進程。[58]柯浩德的新全球史與醫療史的觀點對東亞醫療史有全新的啟發，這種研究取向或許是日後東亞醫療史研究者可以參考的地方。

在日治臺灣史的公共衛生方面，歷來大多從醫療制度的變革或對疾病的防治，來看殖民政府的公共衛生政策，以往所做的癩病、瘧疾、種痘都是很重要的課題。或者是嘗試從物質文化的角度來看，像是藥劑、肥皂與藥房，這些可能更貼近民眾的日常生活。例如南京蟲曾是日治臺灣人人喊打的害蟲；化學肥皂影響臺灣民眾的日常生活；屈臣氏原來最早是間藥房。

以下與醫療相關的兩篇文章已有上述的研究特色。范燕秋歷來對日治時期的癩病有深入的研究，這篇〈癩病療養所與患者身分的建構：日治時代臺灣的癩病社會史〉雖名為癩病社會史，但所處理的視角基本上是新文化史的取徑。作者關注癩病這種身體的疾病，為何及如何成為個人自我認同與社會身分的重要來源，作者採取疾病的「社會建構論」的觀點，考察形塑癩病患者身分的社會環境，諸如西方醫學體制、衛生政策、教會醫療及癩病療養所等多重因素。[59] 劉士永的〈醫學、商業與社會想像：日治臺灣的漢藥科學化與科學中藥〉則研究日治臺灣的漢藥科學化與

---

57 王淑民、羅維前編，《形象中醫：中醫歷史圖像研究》（人民衛生出版社，二〇〇七），頁四－五。

58 《形象中醫：中醫歷史圖像研究》，頁七。近來澳洲的科學史家 Pols Hans 就撰文討論十九世紀及二十世紀初期在荷屬東印度公司工作的歐洲醫生及植物學家展現了對印尼的原住民的草藥醫學或 *Jamu* 的高度興趣。在這兩者之間，具有印歐血統的婦女扮演了調解者及引介者的角色，她們使得原住民醫學對研究者而言變得更容易理解。Hans Pols, "European Physicians and Botanists, Indigenous Herbal Medicine in the Dutch East Indies, and Colonial Networks of Mediation", in *East Asia Science, Technology and Society: an International Journal,* (2009) 3: 173-208. James H. Mills的一九〇〇至一九三〇年代的殖民地印度作為藥物的古柯鹼的消費與供應的研究也值得一讀。見 "Drugs, Consumption, and Supply in Asia: The Case of Cocaine in Colonial India", in *The Journal of Asian Studies,* 66:2 (2007), pp.345-362。

59 范燕秋，〈癩病療養所與患者身分的建構：日治時代臺灣的癩病社會史〉，《臺灣史研究》，十五卷四期（二〇〇八年十二月），頁八七－一二〇。

科學中藥，作者不再僅是從傳統醫療史的研究脈絡上思考，而是放在近來新文化史學界常探討的消費文化概念，從醫學、商業與社會想像的角度來探討漢藥得以科學化成為常民醫療體系的一環，而漢醫卻被西方醫學體制排斥及邊緣化的原因。[60]

性別

近來學術界研究近代東亞性別史的學者紛紛將研究的目光集中在「摩登新女性」身上。這些所謂的東亞的摩登新女性，大多是年輕女子，受西方文化影響，喜歡新奇事物，服裝時尚，展現自我，她們一般會與共同喜好的「摩登男子」結伴，但社會的眼光幾乎集中在這群女性。一般研究的重點大致有三個面向，一是稱為「摩登新女性」的實際女性主體；二是把一些女性視為性的觀看對象，用好奇及揶揄的眼神觀看，這些大多是男性評論家與畫家透過言論所構築的社會印象；第三是引起男女問題的摩登新女性印象。[61]

在以往，較活躍的研究團體有華盛頓大學的「世界摩登新女性研究會」，這個社群於二〇〇〇年時曾發表過研究成果《世界摩登新女性：消費／近代／全球化》。這書透過各種視覺圖像與物質文化說明摩登新女性在近代是個全球化的現象。透過連結與比較的視角，《世界摩登新女性》探討與新女性有關的日用商品（口紅、齒磨）消費所看出的近代女性的形成，國際企業在各地販賣相關商品時的市場開拓與販賣策略，以及廣告與電影中有關摩登新女性的形象再現等問題。

近來的幾本摩登新女性的研究則延續上述成果的取向，並在幾個方面做進一步的探討。第一，透過語言與表象來探討女性主體性的問題；第二，將焦點集中在東亞；第三，重點放在殖民地時期，探討一九二〇至一九三〇年代東亞世界中的資本、帝國與性別間的相互關係。這些書的重點有：所描述的女性主體的容貌是近代殖民地的時代表徵；摩登新女性是該時期的商業資本的象徵；近代殖民地不僅是分析的概念，也是了解近代的方法。近代性帶來許多能動性，移居勞動者與殖民冒險家在時間與空間上相遇，人群與資本的流動帶來新的近代日常生活，像是工業化的生產所帶來的香水消費與石鹼肥皂的使用，促使日常生活進入競合關係的時尚政治體系。此外的日常生活變化還有：個人寫真照片的拍攝、強調性別差異的圖畫與漫畫製作、廣告印象給予近代商品的使用價值、品味追求，以及自由戀愛等等。

然而，這些研究所關注的新女性圖像不是在論述一個鮮明存在的新女性的實際面貌，而是根據各種資料，探討這些女性如何在近代殖民地的社會關係中，面對複雜的政治事實，並在此種環境中採取什麼樣的策略。因此我們得以看到在帝國主義的戰爭的時代背景下，平民女性、上層婦女如何開發新生活、創造新生活，或者是勞動階級女性如何找出些許生活樂趣。

從性別角度來看，女學生的確是個特別的群體。歷來研究的課題像是：女學生的理想對象的

60 劉士永，〈醫學、商業與社會想像：日治臺灣的漢藥科學化與科學中藥〉，《科技、醫療與社會》，十一期（二〇一〇年十一月），頁一四九－一九七。

61 洪郁如，《近代臺灣女性史：日治時期新女性的誕生》（臺北：國立臺灣大學出版中心，二〇一七）。

問卷；女學生登新高山和培養新國民身體；一九三〇年代的改良式旗袍流行風。以下這兩篇文章，既有個人也有群體，既談服裝、性別與身體，也涉及到女性在日本帝國擴張中扮演的角色。顏杏如歷來擅長以新文化史的取徑研究日本時代的節日，這篇〈與帝國的腳步俱進——高橋鏡子的跨界、外地經驗與國家意識〉則以一位中層女子高橋鏡子為例，論述這位女子在帝國時期日本的移動，不僅是地理疆界的移動與跨界，也是社會階層的流動、男性／女性社會規範的跨界；同時，也顯現出國家與家庭間的連結、兩難與界線的游移。[62]

服裝的研究既是身體，也與消費文化、物質文化及認同有關，像是《什麼是文化史》書中提到的丹尼爾．羅什（Daniel Roche）的研究《服飾文化》，或者是臺大歷史系教授林美香所強調的觀念史研究著作《身體的身體：歐洲近代早期服飾觀念史》。[63]日治臺灣的服裝文化，涉入最深的是吳奇浩，〈洋服、和服、臺灣服——日治時期臺灣多元的服裝文化〉在其博士論文的基礎上改寫而成。一反過去後殖民論述的殖民霸權與反抗至上的框架，透過具有現代性的洋服、在地性的臺灣服，以及殖民性的和服與改良服，探討日治臺人的服裝文化，作者提出一方面可見到日本政府的控制力不如想像中的強大，實際上臺人仍擁有自主空間；另一方面臺人所擁有的自主性不全然是反抗殖民的象徵，其產生有不同的層次與對象。[64]

三、借鏡《維梅爾的帽子》

眼尖的讀者應該發現本書的主標題似曾相似，這必須要感謝卜正民教授的名著《維梅爾的帽子》（*Vermeer's Hat*）給我的啟發，會取名「黃旺成的林投帽」多少有點向前輩學者致敬的意味。他在書末再次強調，撰寫這本書的動機之一，就是讓身為萬物的我們了解過去歷史之全球化的方式。雖然前面幾章都是在談十七世紀人與物品的流動與流通的歷史，少有談到國家在這之中的角色，但卜正民也補充說：「但在世界和一般人之間有國家，而國家既深受貿易史的影響，反過來也大大影響了貿易史。」此時的歐洲，原有的封建領主效忠的君主，已開始將私人王國轉向

---

62 顏杏如，〈與帝國的腳步俱進——高橋鏡子的跨界、外地經驗與國家意識〉，《臺大歷史學報》，五十二期（二〇一三年十二月），頁二四三－二九四。另外可見洪郁如，《近代臺灣女性史：日治時期新女性的誕生》（臺北：國立臺灣大學出版中心，二〇一七）。

63 林美香，《身體的身體：歐洲近代早期服飾觀念史》（新北：聯經，二〇一七）。

64 吳奇浩，〈洋服、和服、臺灣服——日治時期臺灣多元的服裝文化〉，《新史學》，二十六卷三期（二〇一五年九月），頁七七－一四四。

為替商行的利益而服務，由賺取私人錢財的公民組成的公共實體。荷蘭共和國的組成就是轉變的例子之一。

卜正民所探求的問題不在於一邦一國的國別史或區域史，而是將視野擴及幾個大陸間的物品流通。為了要描述十七世紀的全球貿易網絡的概念，他提出了十七世紀的物品流通的現象就如同佛教所說的「因陀羅網」（Indra's net）。佛教使用這樣的意象來描述世間所有現象的相互關聯，因陀羅在創造世界時，把世界做成像一張網，網的每個打結處繫有一顆珠寶。因陀羅網上的每樣東西，都暗示了網上的其他所有東西。卜正民相當擅長用比喻，在結論時，他進一步引用十七世紀的英格蘭詩人兼神學家約翰．鄧恩（John Donne）的名言「人非孤島，無人可以自全」，來說明十七世紀的世界觀。鄧恩所使用的語言是地理學的語言，而地理學是當時日新月異、快速變動的新研究領域之一。在一六二三年鄧恩寫下那首詩之前，世界是一個個彼此隔離的地方，以致某地發生的事，完全不會影響其他地方情勢，但在那之後，人性共通這個觀念開始出現，共同歷史的存在成為可能。鄧恩對十七世紀大陸的比喻，一如佛教的因陀羅網的比喻：每個泥塊、每個珠寶，每個喪失與死亡，每個誕生與生成，都影響了與之共存的每一泥塊和珠寶。這種世界觀要到十七世紀才得以想像。

《維梅爾的帽子》一書雖然不具有專業史學那種每段話都有詳細注腳及扎實史料依據的寫作規範，但仍透露了當前史學研究的兩個重要走向的訊息。一是物質文化史的研究，二是全球史的研究取向。有關物質文化史的研究取向，近來紛紛引起關心史學理論的史家的注意，他們認為物質文化史的研究可以平衡以往過度強調新文化史而忽略社會史的侷限。史家喬伊斯（Partrick

Joyce）曾在一個訪談錄中提到，為了要彌補新文化史研究中對於社會過程的關注的缺乏，一些強調文化與社會兼顧的歷史學者開始強調物質文化史的研究。

臺灣的史學界多少也受到這股風潮的影響，尤其以明清史研究最為明顯。有關這點，讀者可以參考中研院史語所歷來由李孝悌教授所主持的江南城市的社會與生活的研究計畫。此外，我們從耶魯大學藝術史系及清華大學人社中心所辦的物質文化國際論壇可嗅出箇中端倪。然而，卜正民所呈現的物質文化的圖像，主要是集中在十七世紀的這幾種物品的流通過程，比較少談論到這些物品在不同地區的交流及文化移轉的面向。

第二個走向是全球史的研究取向。全球史的概念是近來史學的重要走向之一。讀者也可以透過以下幾本著作了解全球史的寫作特色。第一本是世界史的重量級人物威廉·麥克尼爾（William H. Mcneill）和他那以環境史擅長的兒子小麥克尼爾（J. R. Mcneill）合著的《文明之網：無國界的人類進化史》（*The Human Web: A Bird's Eye View of World History*）。[65]第六章的「編織全球網路：一四五〇－一八〇〇」就是我們理解《維梅爾的帽子》時的重要參考文章。第二本是美國加州學派重要學者彭慕蘭（Kenneth Pomeranz）及同校拉丁美洲學者史蒂夫·托皮克（Steven Topik）合著的《貿易打造的世界：社會、文化、世界經濟，從一四〇〇年到現在》（*The World That Trade Created: Society, Culture, and the World Economic, 1400 to the Present* [2006]），這本書的數十篇文章原是這兩位作者替《世界貿易》（*World Trade Magazine*）中專欄

---

65 William H. McNeill、Robert McNeill，《文明之網：無國界的人類進化史》（臺北：書林，二〇〇七）。

所寫的短文，經修改後集結成書。這本書從新的經濟角度探討世界史，運筆生動活潑。[66]第三本是彭慕蘭的成名著《大分流：現代世界經濟的形成，中國與歐洲為何走上不同道路？》（*The Great Divergence: China, Europe, and the Making of the Modern World Economy* [2000]），本書從比較的觀點，探討歐亞在經歷十六至十八世紀三百年間相似的發展歷程之後，歐洲經濟為何會在十九世紀之後超越亞洲？[67]

學術通常與世變密不可分，在今日全球化的趨勢下，《維梅爾的帽子》這本書有三層意義，一是從中國來看十七世紀的世界史；其次是十七世紀開始，歐洲與中國之間的巨大隔閡首度開始消弭；第三是全球化的概念不僅是當代才有的現象，我們有必要將視野往前推到十七世紀全球化的初期，兩者的差別僅在於規模而已。這些對於我研究近代臺灣的物、日常生活與世界有相當大的啟發。

四、物、感官、全球視野與日常生活史

二〇一五年在黃寬重及呂妙芬教授的主持下，我們進行了科技部人社中心所委託的近五年的歷史學門的前瞻計畫調查，透過國內外相關資料的蒐集與分析結果，我們提出以下十個議題是目前較熱門且具前瞻性的議題：全球視野、帝國、跨文化交流、環境、技術與醫療、歷史記憶、情感史、出版文化、大眾史、新史料與歷史書寫。

近來史學界繼「文化轉向」之後，掀起一波對全球史的關注，有學者形容為史學界的「全球轉向」（global turn）。全球史的視野提供史家跨越民族國家的疆界取向，在課題上涉及了分流、合流、跨文化貿易、物種傳播與交流、文化碰撞、帝國主義與殖民、移民與離散社群、疾病與傳染、環境變遷等。全球史的研究取向並未否認民族國家的重要。相反地，它強調透過探索跨越邊界滲透至國家結構的行動者與活動，全球史跨越了國家、地方及區域。然而，全球史或全球

66 彭慕蘭、史蒂夫．托皮克，《貿易打造的世界：社會、文化、世界經濟，從一四〇〇年到現在（最新增修版）》（臺北：如果，二〇一九）。

67 彭慕蘭，《大分流：現代世界經濟的形成，中國與歐洲為何走上不同道路？》（新北：衛城，二〇一九）。

轉向不應該只是提供給學者們一種更廣的歷史研究視野，還必須提供一種更好的研究視野。雖然全球史在研究課題上是跨國的，但國家研究不該被拋棄，國家史值得根據全球化的力量如何影響民族國家進行再探。

全球史不意味著就是要以全球為研究單位，而是該思考如何在既有的研究課題中，帶入全球視野。在研究方法上，可以採取以下幾種模式，例如：（一）描述人類歷史上曾經存在的各種類型的「交往網絡」；（二）論述產生於某個地區的發明創造如何在世界範圍內引起反應；（三）探討不同人群相遇之後，文化影響的相互性；（四）探究「小地方」與「大世界」的關係；（五）地方史全球化；（六）全球範圍的專題比較。在研究課題上，研究者可以透過全球視野，探討上述計畫的十個主題，也可以就以下幾個子題來思考其他議題。例如帝國、國際關係、跨國組織、物的流通、公司、人權、離散社群、個人、技術、戰爭、海洋史、性別與種族。

十大議題中的情感史或感覺史的開展則將歷史研究的重點，首次從理性轉到感性（愛情、憤怒、激情、嫉妒、感官等）的層面，有學者認為這代表「歷史研究的一個嶄新方向」。舉例而言，性別史的研究很自然地引起史家對愛情和婚姻的研究興趣，成為情感史的一個重點。當今史家更關心的是如何在各個單一的文化中，將情感的種種表現「深度描寫」，找出其中的文化含義，而不是居高臨下、評頭論足。更有學者注意「情感的團體」，探討人們在家庭、教會、學校和單位等場合，情感表現差異。

有關情感史的研究可參考《美國歷史評論》（*American Historical Review*）在二〇一二年十一月號，「情感的歷史研究」的對話專號。學界關注的課題有心理疼痛、抑制疼痛的阿斯匹靈與情感，及近代生產的產育之痛。有的學者則以跨學科的方式討論如何透過物質文化來理解情感史，例如紡織品、肥皂或繪畫，這部分可以參考二〇一三年舉辦的國際研討會「情感之物：歐洲的情感接觸，一六〇〇－一九〇〇」（Emotional Objects: Touching Emotions in Europe, 1600-1900）。此外，戰爭與情感也是學界關注的重點，透過愛、悲傷、憎恨與恐懼等情感，探討與戰爭的修辭、經驗與記憶的聯繫。

此外，可以探討的重點包括：日常生活中的情感、電影與藝術中的情感再現、情感與記憶、情感與資本主義市場、身體與空間中的情感。這部分可以參考蓋伊（Peter Gay）的十九世紀資產階級的五卷本研究，特別是《感官的教育》這一冊。研究者也可從情感延伸至感覺的文化史，例如嗅覺、味覺與聽覺的感官歷史，可參照法國史家柯爾本（Alain Corbin）的氣味的文化史名著《惡臭與芬芳》（*The Foul and the Fragrant*）。[68]在中國史方面，已有學者開始從歷史角度，描述一個以情感為中心的都市群體如何從一九三〇年代的媒體事件中獲得巨大的道德力量。[69]為什麼「情」在三〇年代中國的公眾的形成中發揮作用？情感、家庭美德及性愛等私人領域在國族、城市公眾、現代公義理念、性別化的主體的建構中扮演什麼樣的角色？不只在近代，有關情的討論可上溯傳統帝制時期中國，例如明清帝國崇尚貞節，透過四處為節婦立牌坊、撰寫傳記、封賞

---

68 阿蘭．柯爾本，《惡臭與芬芳：感官、衛生與實踐，近代法國氣味的想像與社會空間》（臺北：臺灣商務印書館，二〇二一）。

69 林郁沁，《施劍翹復仇案：民國時期公眾同情的興起與影響》（上海：江蘇人民出版社，二〇二三）。

家屬鄉親的方式，來紀念和弘揚婦女的貞節美德。而朝廷也透過對忠臣孝子的獎賞有效地表明，男性為孝而引起的悲傷和哀悼之情被認定是可敬的情感形式。

從上述當代史學研究的新趨勢來看，日治時期的日記與報刊資料提供了我們觀看這個時期「物」的臺灣文化史的絕好例證。無論是全球史、感官史或城市日常生活與消費文化，過往所關注的大多是世界史或中國史，透過以上日治臺灣史的實際例子，我們可以看出如何書寫物的臺灣文化史仍有許多可以深入探討的地方。正是這種強調跨界、跨區域、全球史及物質文化的視角，提供我們很好的方法論基礎去思考物的臺灣文化史的寫作。在此研究脈絡上，無論處理的是鐵道、博物館、[70]旅館、料理店，或是腳踏車、味素或收音機，[71]都不再只是單純的日治臺灣物的文化史書寫，背後還隱含東亞的消費社會發展下的帝國、商業、技術與各種人群移動。

近年來，臺灣新文化史的研究，已經逐漸受到重視，但若和其餘領域如區域史、經濟史、產業史、開發史、醫療史、文學史、族群史、教育史、政治史相比較，至今並未有文化史的研究回顧，頂多是放在社會史或是休閒文化的類別來看。透過科技部前瞻計畫，我們

0-3 「日治臺灣的物質文化史研究工作坊」海報

曾在二〇一五年的秋天辦過「當代臺灣史研究的文化轉向」工作坊。[72]與會的學者有呂紹理、張隆志、許佩賢、陳文松、鄭麗榕、謝仕淵、曾品滄教授，分別從時間的社會文化史、學院史學到公共史學、日記與日常生活、[73]動物的文化史、運動史及食物史等面向觀看日治臺灣新文化史的書寫。

若以現有的成果來看，目前學界關注的課題多為政治文化、地景空間與記憶、行旅、異文化接觸、休閒、博物學與殖民調查。但若細究每兩年舉辦一次的臺灣史研究回顧的討論會，其實會發現是沒有「文化史」這個領域，只有區域史／經濟史／產業史／開發史／醫療史／文學史／族群史／政治史／宗教史／教育史／原住民史等等。如何在既有的研究成果上，對「物」的臺灣史書寫有更多元的關注，[74]本書所提到的幾點思考，無論從帝國、全球史、感官或日常生活，或許是下一步近代臺灣史可以關注的面向。如何將文化史與全球史進行連結，我覺得全球微觀史是個

70 石井正己編，《博物館という装置》（東京都：勉城出版，二〇一六）。
71 貴志俊彥、川島真、孫安石編，《戰争・ラジオ・記憶》（東京都：勉城出版，二〇一五）。
72 本次工作坊由科技部人社中心「歷史學門熱門及前瞻學術議題調查計畫（二〇一〇–二〇一四）」贊助，臺灣師範大學臺灣史研究所協辦，舉辦時間為二〇一五年九月二十五日，地點在國立臺灣師範大學文學院。
73 陳文松，〈一套日記庫、一本「趣味帳」領風騷：日治時期日常生活史研究回顧與展望〉，《漢學研究通訊》，三十六卷三期（二〇一七年八月），頁一–一〇。
74 侯嘉星主編，《物種與人類世：二十世紀的動植物知識》（臺北：前衛，二〇二三）。

不錯的視角，既有宏觀也有微觀。我們覺得未來的可發展方向為：閱讀史、書籍史、物質文化、視覺文化、日常生活史、[75]文化相遇、感覺文化史（氣味、嗅覺、聲音）、城市史、大眾文化、環境及全球視野。物與物質文化則是探討以上課題的重要元素，透過物、日常生活與世界的連結與互動，我們或許可以看到一幅更完整也更立體的近代臺灣社會變遷中的日常生活圖像。[76]

本書的研究主要奠基在過往的東亞人參知識交流的成果基礎上，再根據這十年來的四項國科會計畫的執行，主題分別有「藥物、商業與文化相遇：明清時期《燕行錄》中的中朝醫學交流」（二〇一四）、「『味の素』在東亞的生產、流通與消費（一九〇八－一九四五）：一種全球史的取向」（二〇一五）、「移動、感官與日常生活：日治臺灣腳踏車的物質文化研究」（二〇一七）、「帝國、害蟲與環境衛生：日治臺灣的南京蟲研究」（二〇二〇）。書中所謂的近代臺灣，探討的時間跨度較大，從日本統治臺灣以來，一直談到戰後中華民國政府在臺灣的一九七〇年代的家庭副業式微為止。在以往，大的歷史分期常常是史家研究課題的界線，但本書打破此框架，政治的時間段限不代表就是社會或文化的時間段限，有時候要視課題而定。在空間方面，則以臺灣為主軸，擴及周邊東亞及東南亞地區，如日本、韓國、中國及菲律賓、泰國及印度。此

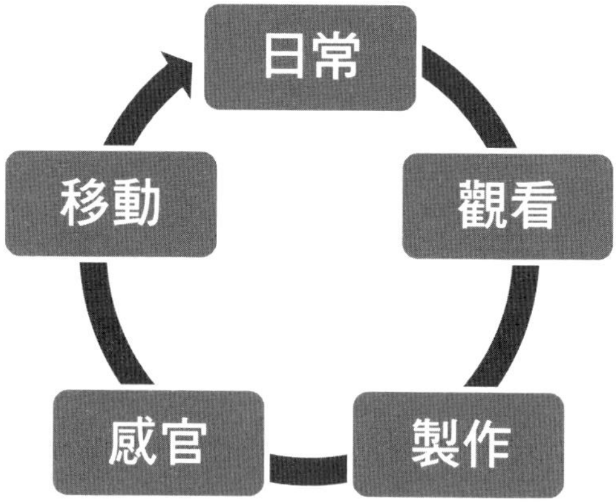

外，也延伸臺灣與美國及荷蘭、比利時等歐洲國家的全球連結。

各章則分別探討「日常」、「觀看」、「製作」、「感官」及「移動」這五個新文化史研究的概念。[77]這五種概念也可以說是某種視角，透過這種視角，讓我們理解近代臺灣的物、日常生活與世界。每個視角會對應一個主題，像是第一章透過「日常」來看城市生活；第二章以「觀看」來理解博覽會時代；第三章從「製作」探討臺灣的物／物產與世界；第四章就「感官」來分析物的日常影響；第五章也是正文最後一章的篇幅跨越兩個政權，從「移動」談戰時體制與戰後日常。

在資料的使用上也與一般的政治史、經濟史所偏好使用的檔案及官方資料不同，本書特別借用陳文松教授所提倡的日常生活史研究與日記史料結合的概念，另外再運用大量的報刊資料，像是戰前的《臺灣日日新報》、《大阪朝日新聞》及戰後的《聯合報》、《民生報》。[78]藉此來研

75 陳文松，《來去府城透透氣：一九三〇－一九六〇年代文青醫生吳新榮的日常娛樂三部曲》（新北：蔚藍文化，二〇一九）。這本書中同時有收錄〈一套日記庫、一本「趣味帳」領風騷：日治時期日常生活史研究回顧與展望〉，頁二三九－二七〇。

76 有關日常生活史的研究概況，可見常建華，《日常生活的歷史學：中國社會史研究三探》（北京：北京師範大學出版社，二〇二一）。

77 彼得．伯克，《什麼是新文化史》（北京：北京大學出版社，二〇〇九）；莎拉．瑪札，《想想歷史》（臺北：時報文化，二〇一八）。

78 〈一套日記庫、一本「趣味帳」領風騷：日治時期日常生活史研究回顧與展望〉，頁二三九－二七〇。

究近代臺灣的物、日常生活與世界，在以下的各種有關物或物件的故事中，我們希望能引領讀者們透過微觀的方式看到宏觀的全球史發展脈絡，這種方式有學者稱之為「全球微觀史」，但是不是同樣的定義並不太重要，我們相信越細微就越能看到全面的圖像，以下就是一幅幅近代臺灣以小見大的日常生活史敘事。

第一章

日常

都市生活／一九二〇—一九四〇

一、文青的日常／黃旺成

一提起近代東亞城市民眾的感官世界，就不得不說國際日本研究中心研究員竹村民郎的名著《大正文化：帝國日本的烏托邦時代》。本書一開始就以「大正人的一天」揭開時代的轉變。竹村帶著我們坐上時空機器，來到第一次世界大戰結束後的日本，讓我們看到一九二〇年代東京的生活百態。[1]

首先他以日本的縮影，一對住在東京的中產階級夫婦為觀察的對象，探查他們在一九二〇年五月一日的家庭生活。在這章裡，作者從主人翁B先生一早的上班講起，提到報紙劃時代的發展、戰爭的餘煙、經濟蕭條的暴風雨、市營電車車站、交通擁擠、高橋財政的崩壞、十二點的午砲、消費殿堂三越百貨、大正時代的洗衣、婦女的家務勞動、電影與歌劇之都、一九二〇年賣座的戲，一直到掛鐘敲響了十一點的鐘聲，這對夫婦入睡為止，此時「東京的夜幕靜靜落下，B家的燈光熄滅了，大正九年五月，這個城市一片混亂。有的東西被東京的強烈文化衝擊給打倒了，有的東西卻從中獲得了更為堅強的力量，重新站立起來」。「大正人的一天」的觀看視角可作為我們探討一九二〇年代臺灣的城市生活的映照。[2]

「大正人的一天」的書寫視角正是我們觀看日治臺灣的感官世界的參照對象。同樣的一九二〇年代的臺北，又是怎樣的光景？或許我們可以從「文青的一天」這個主題找到些許答案，看看哪些是一九二〇至一九三〇年代臺灣文青的都市日常生活？公學校教師黃旺成就是一個很好的例子。他對一九二〇年代臺灣的城市生活記載，可以視為是北臺灣城市地方菁英日常生活的縮影。[3]據學者研究，黃旺成（一八八八－一九七八）是新竹竹東赤土崎人，十五歲進新竹公學校（一九〇三－一九〇七），二十三歲時臺灣總督府國語學校師範部畢業（一九〇七－一九一一），後返回小學母校任教（一九一一－一九一八）。之後辭教職，與人合組「良成商會」，經營米糖油等買賣，但經營不久。隨後赴臺中擔任中部仕紳蔡蓮舫家裡的家庭教師（一九二〇－一九二五）。一九二五年起積極投入「臺灣文化協會」的全島性演講活動，並擔任《臺灣民報》記者兼編輯，同時撰寫社論與短評，常透過文章對日本總督府的不當措施進行批判。日後還加入臺灣民眾黨，成為創始委員之一。一九三五年又當選新竹市議會議員（一九三五－一九三九），在議會中常批判日人不合理的制度。[4]

---

1 竹村民郎，《大正文化：帝國日本的烏托邦時代》（上海：上海三聯書店，二〇一五），頁一－二五。

2 《大正文化：帝國日本的烏托邦時代》，頁一－二五。

3 有關黃旺成的日記研究，可見曾立維，〈傳播訊息的聲音——電話在黃旺成日常生活中的角色（一九一二－一九三〇年）〉，《師大臺灣史學報》，十二期（二〇一九年十二月），頁一〇九－一四五。許俊雅，〈知識養成與文學傳播：《黃旺成先生日記》（一九一二－一九二四）呈現的閱讀經驗〉，《東吳中文學報》，二十七期（二〇一四年五月），頁二六七－三〇七。

4 〈知識養成與文學傳播：《黃旺成先生日記》（一九一二－一九二四）呈現的閱讀經驗〉，《東吳中文學報》，二十七期（二〇一四年五月），二六八。

讀報

黃旺成因為工作的關係常需早起，每日起床後的要事就是讀報，且不只讀一份報紙，會同時讀好幾份新報，《臺灣日日新報》即是其中一份，有時花在此事的時間相當長。像是一九二一年十月九日的黃旺成日記提到：「伯淙如常授業，本日時間多費於各種新報。《閩報》載有王正廷對魯案之意見；《經世新報》載有下村前長官之失政乃謂臺東官營移民變更於民營也；島內之新報皆發表官海之移動，枝、服部兩知事一免一休，御廚、神社兩內務亦一休一免，池田補專賣局長，吉岡補臺南知事，新竹知事乃內地新來之常吉德壽。」[5]

上述的《閩報》[6]是日僑在華辦的第一份報紙，也是福建第一大報。臺灣人辦的《臺灣民報》，更是地方菁英獲取訊息的重要管道。像是林獻堂於一九二七年九月十一日提到，夜晚才讀《臺灣民報》八月一日發刊之第一號，因此很晚才睡。[7]

甚至在中國各大城市流行的《申報》，其知名度也常為當時文青所熟知，由於接觸不便，偶爾會以建議的方式要單位訂購這份報紙。當然，文青讀報不會只限於早上，讀報的場所也不僅在家裡，有時會在車站、閱報社、醫院，或在旅館；有的則是跟朋友借讀，或者是朋友帶來共讀。

一九二一年六月五日，黃旺成的朋友林烈堂帶來《上海新報》，因為上頭刊載日英同盟的輿論，要黃旺成專門朗讀給他聽。[8]英日同盟簽訂於一九〇二年，條約年限為五年，為英國和日本兩國為了維護其各自在中國與朝鮮的利益而結成的互助同盟。該盟約規定，英國同意，當日本在遠東與另外兩個國家開戰的話，便予以支持。該同盟條約陸續展延至一九二三年，一九二三年八月十七日正式失效。[9]由於《上海新報》此時早已廢刊，此處《上海新報》較有可能指的是一八七二年創刊、一九四九年廢刊的《申報》。有的時候，臺灣文青晚上會讀到由日本大阪所送來的《大阪昭日新聞》，很多日本內地的訊息是透過這種管道取得。

當時中國報紙除了《閩報》、《申報》外，臺灣地方菁英讀的還有《廣東七十二行商報》，像是和梁啟超有往來的林獻堂就是透過中國報紙來知道梁啟超兒子的近況，有所謂：「林榮初書來，言任公之子亞聲因經濟困難服藥自殺，兄與任公交遊有素，當有以救濟之也，並寄《廣東七十二行商報》。余讀報中有云任公遺產皆歸亞聲之母掌管，亞聲不能自由取用；又云亞聲來上海向伍醫生借金，伍謂『旅館開支頗大，可移住於我家』，亞聲遂圖自殺。余讀此兩節，則斷定亞聲是一個浪費子弟，故不能信用於其母，又不能信用於其父之友也，似這種人將何以救濟之耶？」[10]另外，《大公報》也在他們的閱讀清單裡。像是一九三〇年的七月十六日，黃旺成寫

---

5 《黃旺成先生日記》，一九二一・十・九。

6 毛章清，〈日本在華報紙《閩報》（一八九七－一九四五）考略〉，《福建論壇・人文社會科學版》，二〇一〇年第二期，頁一二一－一二七。

7 《灌園先生日記》，一九二七・九・十一。相關研究見莊勝全，〈《臺灣民報》的生命史：日治時期臺灣媒體的報導、出版與流通〉（國立政治大學臺灣史研究所博士論文，二〇一六）。

8 《黃旺成先生日記》，一九二一・六・五。

9 《黃旺成先生日記》，一九二一・六・五。

10 《灌園先生日記》，一九三〇・十・二十二。

道：「早上起來覺得非常的慵懶，看罷報紙，《大公報》亦到。」[11]

朋友家也是閱報的場地之一。像是一九二一年七月二十八日，他中午前在家打掃室內，就往港岸及良弼兩位友人家看新報，再回家時已經過了午後。[12]又或是朋友打電話來邀請黃旺成至其宅第共同讀中國報的例子：「近午烈堂電話來，招往其宅觀中國報、談時事。中食、小酌而歸。」[13]

讀報所也是當時民眾閱讀報紙的空間。像是一九二七年六月二十九日，黃旺成日記記載：「午後二時五十五分新竹發往桃園，赴木工工友會的發會式（在舊俱樂部），晚在民眾讀報所前攝影（本日兼民眾讀報所開館式）。渭水晚餐來，旋即回臺北去。」[14]此處的讀報所指的是以呂新進為代表的桃園青年籌設民眾讀報社，當天晚上七點在讀報所內舉行開館式和祝賀會，有志者三十多名和各地來賓參加開幕。

一九二〇年代當時較為著名的閱報社有文協讀報社。像是：「朝飯後到文協讀報社，閱知中國戰局大變。郭松齡被捕銃殺，一說逃入日本領事館。同培火君往文協樓上談予辭退手當的顛末，十一時頃同坐足踏車訪逢源君，回培火君家午餐休憩，聽留聲機、算旅費，予只取十點二元。」[15]透過這份報紙，黃旺成知道中國的戰況，像是郭松齡為清末民初北洋軍閥奉系將領，曾為張學良的教官，後來起兵反奉系失敗遭殺害。

黃旺成在新竹竹北擔任現在六家國小前身的鹿場公學校教師階段，也會利用在校教學空檔看報。像是一九一二年六月二十二日：「叫渡夫背過河，溪水很大，所以渡夫很費力。因為走得很慢，所以花了一小時四十分才到學校。在鹿場公學校領月薪。把本島略圖畫在謄寫版上，交給學生。一邊讀報，一邊和工友秋金閒談一下。離開學校，過鐵橋坐火車回來。」[16]此處的溪流指的是頭前溪，黃旺成每天上學要花非常長的時間（近兩小時）才能到校。文中的謄寫版和蠟紙是日治到戰後初期常見的複印工具。複印的原理是利用鐵筆刻劃在蠟紙上，書寫文字或圖畫，刻劃的地方可把蠟層刮除，蠟紙草稿完成後，再拉開謄寫版箱上的蓋面，將蠟紙草稿夾在謄寫版上。[17]黃旺成在謄寫版畫完簡單的臺灣地圖後，就將複印後續交給同學處理。另外一例也是在校讀報，所謂：「今早，第三節進行學生身高體重的檢查。第四節教唱歌，今天的授課一點都不成功，隨意發怒威嚇學生、體罰學生，中止教書。下午讀報紙、雜誌，與同事聊一聊天就離開學校。」[18]看起來當時的小學教育相當有彈性，教師可以隨意體罰，若覺得不滿，還可以隨時暫停教學，多出來的時間就自由看報紙及雜誌，和同事聊天，最後提前離校。

---

11 《黃旺成先生日記》，一九三〇・七・十六。

12 《黃旺成先生日記》，一九二一・七・二十八。

13 《黃旺成先生日記》，一九二三・一・三十一。

14 《黃旺成先生日記》，一九二七・六・二十九。

15 《黃旺成先生日記》，一九二五・十二・二十六。

16 《黃旺成先生日記》，一九一二・六・二十二。

17 https://memory.culture.tw/Home/Detail?Id=171221&IndexCode=Culture_Object。國家文化記憶庫，瀏覽日期，二〇二三・九・十六。

18 《黃旺成先生日記》，一九一二・五・十。

若是出門在外，旅館就是讀報的另外一個常見場所。像是：「早上在日英館（守例不吃早飯），閱罷報紙，寬々地出寓到大安醫院，蔣君電報春木、明祿二君來討議文協起草的案，我和春木及蔣三人是立在折衝的地點而考慮，但明祿則在無產運動而論，互相不能一致，午后三時各散。予回寓閱《民報》，春木來招往城內，臺北ホテル晚餐。」[19]日英館是間旅社，位於臺北大稻埕北門外街（今日的延平北路一段），後改稱日英旅社，再改名為英倫旅社。[20]

朝食

文青的早餐（朝食）吃些什麼？在一九二〇年代前，黃旺成還是公學校教師時，那個時代的早餐資料可透過日記看到一些內容。像是他還住在竹北時，早餐是他母親會在清晨就找人準備好：「母親四點就叫紅棗起床做早餐。我和平常一樣六點起床，早餐已經冷掉了。早餐後，好好整理掃除一下深井。打掃完後，看一下雜誌。拿著手杖出去看一下有沒有學生來，到大馬路去瞻望。」[21]

到了一九二〇年代之後，黃旺成的工作已經有了變化，他吃早餐的時間常不固定，不會一早起來就吃早餐。有時會在有女給招待的珈琲店享用餐點。像是一九三一年六月四日，他當日就接受招待於有女給的珈琲館食堂享用早午餐。這是一九二一年由森方男開設的食堂，位於臺北市表町（今中正區館前路沿線區域）。除了供應飲料、冰淇淋之外，在特定的時間也供應早午晚餐，每個時段皆供應三品五十錢的日式、洋式料理。之後又去萬華的啤酒館和友人呈祿、景寮喝生麥酒，午後叫了汽車載到北投的溫泉旅館沂水園泡湯，在那裡周與何大戰象棋，黃旺成則跟太平在別室學圍棋，並有妓女阿春作陪。[22]

當時常見的早餐有杏仁茶、牛奶。一九二一年九月十九日，黃旺成日記中早餐最常出現的就是杏仁茶。所謂：「杏仁茶代朝膳。新聞看罷無聊甚，頭頗痛。東家至午飯後方起，急使世珍匯金壹萬，俾予携往臺北預金。搭一時四十五分臺中發急行列車回竹，四時半著家，使朝昆往泉興喚內人歸，互相談笑。抹如意油，服神殼茶，發汗約三十分，頭不痛，神頗爽。晚食匾食，夜食西國米，不用飯。」[23]從這則日記可看到黃旺成這一天吃的食物有杏仁茶、扁食、西谷米，完全沒有吃米飯。隔天一早，他四點半就起床要去趕火車，也是吃了一杯杏仁茶。日記上說：「四時半起床，洗漱畢，用杏仁茶一杯。步行來驛，途逢吳庚要往大湖口觀陸軍演習。」[24]又或是一九二一年九月十七日，「朝餐不用，食杏仁茶。看新聞畢，即午餐。」[25]對黃旺成而言，有時來不

19 《黃旺成先生日記》，一九二六．十一．十四。
20 《黃旺成先生日記》，一九二八．七．二十六。旅館之研究可見沈佳姍，〈日治時期臺灣「洋式旅館」之研究——以鐵道旅館為核心的探討〉，《臺灣文獻季刊》，七十三卷四期（二〇二二年十二月）。
21 《黃旺成先生日記》，一九二〇．四．十四。
22 《黃旺成先生日記》，一九三一．六．四。
23 《黃旺成先生日記》，一九二一．九．十九。
24 《黃旺成先生日記》，一九二一．九．二十。
25 《黃旺成先生日記》，一九二一．九．十七。

及吃早餐，就以杏仁茶當作可以充飢的食物。[26]有關這方面的例子非常多。

有很多店家會賣杏仁茶，並搭配油條。像是一九二一年一月八日，「因昨朝重習全身體操，本日胸部略覺微痛，然繼續之則無知覺矣。本朝與廖君在事務所前買杏仁茶，吃油炙果」。此處的油炙果就是油條。這種杏仁茶搭配油條的吃法，現在在永樂市場的古早味商鋪還能找到，原來這種吃法早在一九二〇年代臺灣就已經很流行。黃旺成有時不只是早上吃杏仁茶，連晚上也吃。例如：「下午東家自協議會携有協議案一冊歸，予為細詳閱覽，逐條有綱有目，知其編成時，費煞苦心矣。朝及晝兩次食杏仁茶，頗可口。」[27]黃旺成有回還是在臺中公園吃到杏仁茶才去搭車回新竹，「尚未九時受診畢，三弟與朝昆乘輕便潭子墘去。予及廖回臺中，公園食杏仁茶，至寓尚未十一時。看書，昏々睡去。」[28]有時也會在商店門口吃杏仁茶。像是一九二二年七月二十八日，黃旺成日記提到：「夢中被梅岩敲門喚醒，因整裝與之同出，在錦豐店口飲杏仁茶。步行至驛付早車來中，抵寓，微雨靡々，氣候清涼。午後以和服往臺銀、彰銀交涉數事。」[29]

除了上述店家所賣的早餐外，還有一些是街頭叫賣的。一九二六年四月二十一日，黃旺成前夜到宜蘭，一早六點前就被賣土豆仁、油炙果的兒童叫賣聲吵醒，並於意識半夢半醒間，賴床至八時左右才起來。之後閱報並享用早餐。[30]

至於牛奶，則較少出現在黃旺成的日記中，偶爾會見到則是身體不舒服時才會喝些牛奶。[31]像是一九三〇年十一月十三日，「今天仍是遲起，出恭時有裡急後重之病，使玉出買乳香、勿〔沒〕藥歸服，立見效能。晝不敢用飯，僅喝牛奶。」[32]當時的牛奶已經可以在火車站中買到。一九二三年十一月一日，黃旺成搭十時二十七分新竹發臺中行的火車，車中十分炎熱，途中於苗栗站時買了牛乳一罐及麻糬一包，當作中餐。[33]當時牛奶的價格，在一九一三年九月二日時，黃旺成拿到菜錢三圓，從中花了三十三錢買牛奶。[34]對黃旺成而言，杏仁茶較牛奶有吸引力，但到了國外時，還是要有點入境隨俗。一九三〇年黃旺成和友人的上海行，就喝了生牛奶。所謂：「老曾早起，喚西餐定食，任吃不了。予遲一刻起，喝杯生牛奶。九時頃天送即到，同出，於小巷批發處買衫、褲、綢料、裙料、員鞋等。之後又獨自坐黃包車到北四川路公益坊訪友。」[35]

喫茶店也是文青早餐的重要場所。從一九一二年起，臺北就出現提供不以正餐為主的珈琲店及喫茶店。這些店家六點就開張，販賣的食品相當多元，有烏龍茶、紅茶、咖啡、牛奶、巧克

26 《黃旺成先生日記》，一九一二．九．十八。
27 《黃旺成先生日記》，一九二二．三．二十二。
28 《黃旺成先生日記》，一九二一．四．二十三。
29 《黃旺成先生日記》，一九二三．七．二十八。
30 《黃旺成先生日記》，一九二六．四．二十一。
31 有關牛奶的研究，參見盧淑櫻，《母乳與牛奶：近代中國母親角色的重塑，一八九五－一九三七》（上海：華東師範大學出版社，二〇二〇）。
32 《黃旺成先生日記》，一九三〇．十一．十三。
33 《黃旺成先生日記》，一九二三．十一．一。
34 《黃旺成先生日記》，一九一三．九．二。
35 《黃旺成先生日記》，一九三〇．五．十二。

力、可可、洋酒、日本酒，當然裡頭也有許多洋食可當早餐。洋食一道約五錢、咖啡一杯八錢、牛奶約七錢。據統計，這些地方的消費者大都是二十五至四十歲之間的有薪階級。關於早餐的理想樣式，一九二九年的《臺灣日日新報》甚至在報紙上提供營養食譜給大眾參考，像是該則報導說早餐應該吃甘藍汁（十二卡）及味噌（六十一卡），這看起來是比較日式的吃法。若是一般人的話，當時吃一頓早餐大概多少錢？目前並未有太多的數字可參考，不過透過間接資料可大略推估。例如一九二七年時，臺北市開辦簡易宿泊所，主要提供給下層民眾住宿，反正就是很平價，一晚只要十八錢，早餐一頓則是十錢。這種地方的衛生條件據說遠超過當時臺灣人經營的旅館，但住的還是以日本人居多。[36]

買書

當時臺北有三間文青常去的書店：新高堂、杉田及文明堂，其中又以新高堂最為著名。這間書店打從一八九八年就在臺北開張，一九一五年重建，位在現在的重慶南路與衡陽路口，一九四五年後改為東方出版社，黃旺成就常到這看書及買書。他也常到臺中的中央書局買書，像是《太陽》雜誌。一九二七年的日記寫到閱讀心得：「今天略覺清閒，看了多少的什誌《太陽》以遣興致。」一九二八年十一月十日，黃旺成到臺中公園參加昭和天皇的登基大典活動，那天來臺中車站接從日本返臺的林獻堂有上百人。當晚黃旺成睡在臺中，和友人的中餐吃了麵與扁食後，才到中央書局買書。當天晚上他七時獨自回到支局，起火烹茶，弄了泡餅，並完成新竹記事一篇才去睡。[37]

黃旺成有時會利用去臺北開會的機會逛書店，北部除了新高堂之外，就是臺灣民報社的「文化書局」。一九二六年八月十七日，他老早起床，趁著涼快搭六時二十五分的頭班車往臺北去，車中遇著朋古月和鄭榮二位友人，一路聊到萬華火車站下車。之後找了藤生商人談起賣布的事。黃旺成對於這個事業的前途認為很有發展空間，頗有把握，遂前往直屬臺灣總督府殖產局的苗圃陳列館的中央研究所，拜訪丸山技手，請教製布種種的工夫。離開後繼前往バ（パ）ルマ（Parma）喫茶店吃中餐，然後到大稻埕文化書局買《老殘遊記》，再到民報社休息。當晚七點才回到新竹。[38]

另外一九二七年二月十四日記也記有黃旺成到大稻埕文化書局買書的內容。黃旺成前一天搭八時十二分的列車往臺北，到了就驅車前往旅店太陽館，會見了《臺灣民報》的主筆林呈祿。隨後就接受林呈祿的招待，在大和町的鳥松日本料理店享用牛鍋、鷄鍋及臺灣料理。飯後又回到太

36 〈臺北市簡易宿泊所　本島人利用寥寥　八月中僅十二名〉，《臺灣日日新報》，一九二七．九．二十。〈市簡易宿泊所　本島人何不利用　一泊十八錢朝食十錢〉，《臺灣日日新報》，一九二七．十一．十七。

37 《黃旺成先生日記》，一九二八．十一．十一。泡餅指傳統的麥芽餅，一般人稱之為「麥芽膏餅」，因為很多人都以開水、杏仁茶、牛奶、豆漿沖泡食用，所以又被稱為「泡餅」。https://taco.ith.sinica.edu.tw/tdk/%E9%BB%83%E6%97%BA%E6%88%90%E5%85%88%E7%94%9F%E6%97%A5%E8%A8%98/1928-11-11?w=%E6%9D%8F%E4%BB%81%E8%8C%B6&p=%E6%9D%8F+%E4%BB%81+%E8%8C%B6。瀏覽日期，二〇二三．九．十七。

38 《黃旺成先生日記》，一九二六．八．十七。

陽館和林呈祿對談民報社務。聊到結束時已經下午四點，黃旺成才到文化書局買書。[39]

書店有時也會在報紙上登廣告宣傳特價時間，像是雅堂書局，籌設者為連橫，一九二七年六月中設立在太平町。對於這麼一位於一九二〇年就出版了重量級的著作《臺灣通史》的作者所開的書店，當時報紙的評論為：「雅堂為績學之士，亦欲營營商業乎。然雅堂之商業，固負有促進臺灣文化之責任者也。」[40]一九二七年十一月二十八日，有一則關於這家書店的廣告訊息，提到十一月二十四日至十二月二十三日止，舉行冬季特賣會，古今圖書九折，新舊小說則八折。[41]臺灣書店的價格對於閱讀者而言，應該是筆較大的負擔，因為在定價之外還要額外加錢；反之日本則是各地書商會打折銷售，有的是定價八折或八五折。對此，一九二二年三月四日的報紙就刊出一篇長文，表達日本的「內地書書籍商組合」這組織的抗議。

新聞寫道：

> 原來臺灣內地人書店，於定價而外，更添加一成內外，是為臺灣之賣價。比較內地書籍雜誌之以定價或定價以下廉賣者，真可謂無厭矣。所謂臺灣定價，例印紫印色之樹乳印，照其所定，一厘不減。又雜誌每冊則加以相當郵稅，五厘者昇為一錢。……彼欲鞏固其貪得暴利之地盤，更於去年冬，組織臺灣書籍商組合，其規約自同十二月一日實行，該規約計有二十七條，令人讀之發惱。[42]

日本的書商認為「臺灣書籍商組合」所訂下的二十七條規約帶來了暴利，其中第四條還特別寫說：「為欲達本組合目的，以書籍雜誌及本組合協定之價格販賣，絕對不得減折，又不得添附景品或其他類於減折行為。」雙方為了此事還鬧上報紙版面，成為大家關注的焦點。[43]這情況與臺灣現今的圖書銷售制度完全相反。

在臺中，中央書局是最常被中部地方菁英提到的閱讀空間。邱于芳在其論文中就提到中央書局的特性，她認為：「中央書局，曾是臺中最具規模的中文書店，日治時期與蔣渭水在臺北開設的文化書局齊名，匯聚了戰前及戰後臺灣中部地區的文化人士。日治時期中部地區的政治社會運動與文化活動蓬勃發展，臺灣文化協會、臺灣文藝聯盟，都以臺中作為核心活動場域。中央書局從一九二七年起營運至一九九八年，經營超過七十年的時間，使其成為老臺中的文化地標，也是戰後喜好閱讀的群眾的精神養分。臺中被譽為文化城，中央書局在其中扮演了重要角色，中央書局的歷史記憶，和臺中『文化城』稱號的歷史記憶建置有密切關係。」[44]

39 《黃旺成先生日記》，一九二七・二・十四。
40 〈雅堂書局將出〉，《臺灣日日新報》，一九二七・六・四。
41 〈書局冬季大賣〉，《臺灣日日新報》，一九二七・十一・二十八。
42 〈內地人書店之暴利　臺灣書籍商組合問題〉，一九二二・三・五。
43 〈臺灣書籍商組合は　暴利組合　橫暴なる書籍の協定價格監督官廳は如何に之を見るか〉，《臺灣日日新報》，一九二二・三・四；〈內地人書店之暴利　臺灣書籍商組合問題〉，一九二二・三・五。
44 邱于芳，〈中央書局的歷史記憶與文化意涵〉，國立中興大學臺灣文學與跨文化研究所碩士論文，二〇一八。另外可見，方秋停，《書店滄桑：中央書局的興衰與風華》（臺中：臺中市政府文化局，二〇一七）。

以往學界大多強調的是這間書局的政治社會運動角色，缺少談書局的文化層面。如今，我們透過日記的資料，更可以了解當地地方菁英與這間著名中部的書局的連結。日治時期，有幾位地方人士的日記常提到中央書局的蹤影，像是黃旺成、林獻堂、呂赫若及吳新榮。中央書局不僅提供書籍販售，還是當時文青的社交場所，常見文青在此聚會。日治時期的臺灣文青日記提到在中央書局買書的經驗。一九四三年五月二十六日，吳新榮提到他在臺中進行了兩天的旅行，讀完了人類學家金關丈夫的《胡人的味道》，認為這是一位有良心的學者所寫的民俗隨筆，他在彰化的「東亞書局」買到了《支那文化談叢》，臺中的中央書局購得《大陸史的十二人》。[45]在戰時體制下的臺灣，書籍取得不容易，能找到這類型的書對吳新榮而言是意外的收穫。同年五月二十三的日記裡，他還提到一早坐十點火車到臺中，拜訪一九三〇年出任中央書局營業部主任的張星建。後來因為防空演習沒能遇到，就改去首陽園拜訪楊逵夫婦，邊吃午飯邊談文學。之後又回到中央書局，獲悉山水亭餐廳主人王井泉及作家張文環在中央旅社，就去與他們會面。[46]

中央書局不僅賣書，還提供出版。吳新榮在一九四三年十月三十一日寫說，張星建該日自臺中來佳里，提說中央書局想發行吳新榮對妻子的懷念作品《亡妻記》，結果吳新榮的回覆是已經跟「清水書店」先有約定，[47]無法更改。但又考慮到張星建與《亡妻記》有些淵源，所以考慮再度商量看看。[48]

林獻堂也常在日記中提到中央書局，買書及訪友皆有。一九三二年三月二十三日的《灌園先生日記》提到，林獻堂同友人金生至中央書局買書，一次就買了二十多本書，並將這批書放在家中的圖書室。[49]林獻堂常到中央書局大量購書，一九三七年一月六日的紀錄更驚人，他前一天在中央書局一次購買了七十多種書，隔天書局專程送來。中央俱樂部的創辦人莊垂勝午後來林家，林獻堂趁機向他殺價，最後決定給予五折的優惠，林立即繳交書錢十六元。林獻堂有時候買紀念品也會到中央書局購買。[50]一九三五年三月九日，林獻堂帶著愛子到醫院檢查，順道至農會看南洋蘭，又到附近的田邊書店、中央書局及清水商店購買紀念品，準備作為到林家講座的講師贈品。[51]

到中央書局買書的文青不限中部地區，有時遠在新竹或臺南的也會前來購書或訪友。像黃旺成及臺南醫生吳新榮，最多的還是呂赫若日記裡的中央書局記載。呂赫若日記裡有關中央書局的記事，大多是訪友與辦事，提到買書或寫下買書的書名的例子不多。一九四二年五月十八日，呂赫若上午空閒，可讀書寫作，但靜不下來，就邀請友人如鵬一塊去臺中，逛了中央書局，還拜訪李石樵家，還買了注射器。下午四點後，天氣太熱，最後沒心情逛，提前回潭子家，遂搭巴士去

45 《吳新榮日記全集》，一九四三・五・二十六。
46 《吳新榮日記全集》，一九四三・五・二十三。
47 有關日治時期臺灣的書店與出版業之間的關聯，參見葉盛琦，〈日治時期臺灣的中文圖書出版業〉，《國家圖書館館刊》，九十一卷二期（二〇〇二年十二月），頁六五－九二。
48 《吳新榮日記全集》，一九四三・十・三十一。
49 《灌園先生日記》，一九三二・三・二十三。
50 《灌園先生日記》，一九三七・一・六。
51 《灌園先生日記》，一九三五・三・九。

郊區的社口岳母家幫她打針。[52]一九四二年七月四日，他上午在家寫履歷書，午後到臺中市區拍電報給叔叔，順便至中央書局將履歷書轉交給主任張星建。[53]同年十一月十四日，呂赫若搭九點半的快車從臺北到臺中，下午抵達後立即到中央書局向張星建說明參加「奉公會」的事，又去大地喝茶，至四點才坐局營巴士回潭子。[54]除了找中央書局的負責人，呂赫若也常在此商討有關臺灣文學的事務。如一九四二年七月二十八日，他和巫永福到中央書局，討論要做《臺灣文學》刊物的合評，直到晚上十點半才搭出租汽車回家。[55]

以上僅透過日記與報刊資料微觀日治時期臺灣的文青與書店。書局連結了人、文化、文學活動與閱讀的新式空間，除了買書與訪友，透過書店的研究，其實有更多的文化活動在此進行，值得深探。

購物

黃旺成的一趟臺北行，就去了好幾個不一樣的場所，有旅館、民報社及書店。[56]當時的文青和現在一樣，喜歡到名店買東西。有些臺北以外的文青會專程坐火車到臺北車站附近購買商品。一九二三年三月二十三的黃旺成日記寫道：

午前打德律風與華銀打合監查事，約午后二時至三時。午前遂在高義閣無事消光，與居停看新報、談韻事。午餐後伯湘君來，談世元在板橋受冷待，其境遇堪同情，其志節不足取。

午后二時仝居停至華銀監查決算書類，即與薇閣、菊川、荒井開談經濟。荒井君頗同意將臺銀株換日糖株。四時辭出，往盛進、日進、裕源買什物，回寓入浴。伯湘先來，晚餐後一同步行至淡水戲館觀德勝班，無出色名角。十時許即歸來，片刻薇閣來訪，雜談至夜半方辭去。用麵點，予甚困倦。不敢多用而睡。[57]

---

52 《呂赫若日記》，一九四二．五．十八。

53 《呂赫若日記》，一九四二．七．四。

54 《呂赫若日記》，一九四二．十一．十四。

55 《呂赫若日記》，一九四二．七．二十八。

56 據《臺灣民報》一九二六年六月的報導，當時臺北沒有一家臺灣人經營的書店，近來臺人非常覺醒，需用新出版之漢文書籍，但臺北缺少提供新式漢文書籍的機構，對臺灣文化之進步大有阻礙。因此蔣渭水創辦一新式書店，專賣日文、漢文新式書籍，於一九二六年六月中開幕。一九三〇年七月報導，文化書局改裝店內，兼販售文具、學生用品；之後臺北市曾同時有文化書局、雅堂書局、三春書局三家「新式漢文書局」。但受到不景氣的影響，雅堂書局早已結束營業，一九三〇年十月底三春書局亦跟進。參見《黃旺成先生日記（十三）》一九二六年八月十七日。參見 https://taco.ith.sinica.edu.tw/tdk/%E9%BB%83%E6%97%BA%E6%88%90%E5%85%88%E7%94%9F%E6%97%A5%E8%A8%98/1927-02-14?w=%E5%8F%B0%E7%81%A3%E6%B0%91%E5%A0%B1&p=%E5%8F%B0+%E7%81%A3+%E6%B0%91+%E5%A0%B1，瀏覽日期，二〇二三．九．十七。

57 《黃旺成先生日記》，一九二三．三．二十三。

這則日記可以看出黃旺成上臺北時，有時會和友人相約在高義閣旅館閒聊、看《臺灣日日新報》。在談公事之餘，黃旺成還會抽空去幾個知名的商行買雜貨，像是盛進、日進及裕源。其中的盛進商行，位於臺北市本町，是由日人合資於一八九五年開設的雜貨店。之後一九一三年十二月在本店府中街擴大開幕，成為當時臺北最大的百貨行。一九二一年改為株式會社，販賣歐美雜貨、貴金屬、鐘錶、鞋、木屐等商品。[58]裕源則是位於大稻埕的綢緞商行。老闆是臺北的吳服商，於臺灣、香港及上海等地經營綢緞布疋生意。

有時會轉公車到南街（迪化街的南段）購買南北貨。像是其中有間位於大稻埕的寶香齋餅鋪，許多文青會到這來買餅及肉脯。「十一時半至臺北驛，即與二弟乘車往南街買餅、肉脯（二・六〇元　寶香齋）。」[59]有的則是來這兒的大稻埕的南街買布回去，黃旺成日記如此記載：「十二時半辞〔辭〕出，車已去，滿路泥濘，行至南街，二弟買布。予先車來日英館，後二弟至，仝出食蛋飯，步入城，二弟自往驛，付三時車回竹。予往集花堂為双月買花芯，雨至。」[60]南街就是現今臺北市迪化街，當時分為南街、中街及北街。南街位於霞海城隍廟附近，以布行為集中之地，中街是南北貨集散地，北街則是老行業的總匯。

買藥

除了上述買雜貨之外，有的會去大稻埕永樂町市場前的屈臣氏大藥房買藥。黃旺成在一九二一年六月十八日，就前往屈臣氏藥房幫三弟購買「五癆七傷水」治療虛勞的毛病。

朝飯後，作昨日日誌畢，方在清月氏應接室看《閩報》時，林鶺與其丈人仝來，要予仝往赤十字社。車至北門乃步往，本日外來非吉田診察，乃回。鶺言要往集英館，予自乘車至鴨寮街，車不能進，乃步往看市場前屈臣藥房陳列場，後至其藥房，為三弟買五癆七傷藥水。乘車回寓。[61]

黃旺成買個藥為什麼要從新竹坐車到臺北的大稻埕去屈臣藥房購買？這裡有必要將屈臣氏藥房與神農氏大藥房的關係予以釐清。

屈臣氏早在清代道光年間就創立，總行位於香港，各地設有分行。屈臣氏專門販賣歐美大藥

---

58 https://taco.ith.sinica.edu.tw/tdk/%E9%BB%83%E6%97%BA%E6%88%90%E5%85%88%E7%94%9F%E6%97%A5%E8%A8%98/1923-03-23?w=%E5%8D%97%E5%8C%97%E8%B2%A8+%E9%BB%83%E6%97%BA%E6%88%90&p=%E5%8D%97+%E5%8C%97+%E8%B2%A8+%E9%BB%83+%E6%97%BA+%E6%88%90#cite_note-5。瀏覽日期，二〇二三・九・十七。

59 《黃旺成先生日記》，一九二一・二・十。寶香齋餅鋪位於大稻埕，由余傳臚所開設，經營歐美雜貨、和洋菓製造、煉乳及國外餅乾等。https://taco.ith.sinica.edu.tw/tdk/%E9%BB%83%E6%97%BA%E6%88%90%E5%85%88%E7%94%9F%E6%97%A5%E8%A8%98/1921-02-10?w=%E5%AF%B6%E9%A6%99%E9%BD%8B&p=%E5%AF%B6+%E9%A6%99+%E9%BD%8B。瀏覽日期，二〇二三・九・二十一。

60 《黃旺成先生日記》，一九二一・二・十。

61 《黃旺成先生日記》，一九二一・六・十八。

廠的藥品，被視為臺灣外來藥的始祖。一開始，屈臣氏販售的藥品相當靈驗，又適合華人體質，在上海頗有名聲。日治前，臺灣就已經在大稻埕一帶設置了分售處，生意相當興隆。日治之後，藥品審核規定變得嚴格，通過認可的申請案不到一半，但屈臣氏所賣的藥品則全數通過。為了確保自身權利，屈臣氏不久遂註冊了商標。由於知名度大，該店商標遭冒用的事層出不窮。[62]

全臺的屈臣氏是由臺中實業家李俊啟全權負責經營，他趁著臺中舉行「共進會」的好時機，擴張銷路，開設臺中分店，並和臺北總店北中呼應。之後，香港總行派了經理齊搭藍到臺灣來處理商標問題，採取的方式是售予臺灣的總代理權給指定商家。其中，最著名的就是神農氏大藥房。[63]這間藥房由巫世傳所設立，地點位於大稻埕市場前。由於巫世傳相當精通西藥，專賣香港進口的藥品，廣受消費者喜愛。[64]一九二六年時，為了顧客方便，遂在臺南市本町四丁目的義何鴻記行代理相關商品。[65]員林也有分行，設在員林街市場前的壽世大藥房，不僅代理歐美港粵特效藥，也販賣化妝品。

除了香港的藥品，大稻埕的神農氏大藥房還與上海的福美貿易公司簽訂契約，取得第一手代理權，發售一款名為「化煙糖」的知名商品。這款藥物的發明者是美國威利博士，標榜經由官方衛生機構檢驗合格，藥性溫和，無嗎啡成分，除了有治療鴉片煙癮的療效，服用後還可以滋補身體。[66]一九二五年時，神農氏大藥房還有一種藥賣得相當好，這是來自香港專治淋病的特效藥白濁丸。除了治療性病，對於婦女病也特別有效。[67]當年八月，為了要促銷這款藥，藥房還祭出買白濁丸送馬戲團票的活動，特別與桃園正夯的「神風曲馬團」合作，凡是向神農氏或桃園出張所購買者，都可獲得當月一日到十日的入場券。[68]同年十二月，神農氏大藥房又從香港進口滋養聖品杏仁露及白濁丸等，參加永樂會的商品特賣。還印了附有新舞台入場券的宣傳單，由自動車在街道發放宣傳。

神農氏大藥房的老闆巫世傳的名聲遠近馳名，就連一九二八年他胞弟巫尊乾與員林黃祥的長女阿銀結婚，《臺灣日日新報》的人事版面也刊登了這則新聞。[69]此外，他的妹妹美孃和溪湖楊永元的兒子結婚也一樣上了新聞。[70]神農氏大藥房老闆巫世傳曾在一九三一年九月，和三峽的陳江沛、臺中莊銘漢及謝金元四人，坐船去香港，花了兩個禮拜在廣東考察業務。[71]此後，神農氏大藥房的事業版圖擴展得很快，幾年不到就已經將藥品來源延伸到上海及日本關西一帶藥物聚集的都市，如京都、大阪及神戶。

---

62 〈神農氏藥房代理全島屈辰藥〉，《臺灣日日新報》，一九二七·七·十五。
63 〈神農氏藥房代理全島屈辰藥〉，《臺灣日日新報》，一九二七·七·十五。
64 〈輸入香港藥〉，《臺灣日日新報》，一九二六·十二·十三。
65 〈神農氏擴張〉，《臺灣日日新報》，一九二六·一·二十八。
66 〈發賣化煙糖〉，《臺灣日日新報》，一九二七·三·十八。〈是是非非〉，《臺灣日日新報》，一九二七·四·二十三。
67 〈神農藥房治淋藥〉，《臺灣日日新報》，一九二五·七·二。
68 〈神農藥房之宣傳〉，《臺灣日日新報》，一九二五·八·二。
69 〈臺北神農氏大藥房主人巫世傳氏令弟尊乾君〉，《臺灣日日新報》，一九二八·二·九。
70 〈中內神農氏大藥房主巫世傳氏之令妹美孃〉，《臺灣日日新報》，一九二八·二·九。
71 〈臺北神農氏大藥房主人巫世傳〉，《臺灣日日新報》，一九三一·九·一。

神農氏大藥房相當會行銷，不僅賣藥，還投入藝文活動或社會事業，既做公益也幫自家宣傳。一九二七年三月，全島詩社聯吟大會[72]預定二十日於蓬萊閣召開，巫世傳就提供神農藥散大中小數十瓶給入選的詩友，還提供百包頭痛藥給每位出席的詩人。[73]甚至神農氏大藥房會在城隍祭典裝扮神農採藥藝閣，遊行時從閣上大撒五千張禮券，凡拾獲者可以向這家藥房領取一瓶神農散。[74]大稻埕的霞海城隍廟每年慶典時，都有各商家贊助的藝閣，一九二六年的六月活動，就已有五十多台藝閣車輛，其中一台就是神農氏所提供的。[75]這些社會參與獲得的名聲，使得神農氏大藥房成為各大商工會爭相邀約捐款的商家。一九三六年，臺北舉辦商工祭活動。會後舉行摸彩抽獎活動，各界捐助獎項，前三名依序為神農氏、永安堂分行及菊元百貨，前兩家都是賣藥的商號。其中又以神農氏大藥房的金額最多，竟超過當時著名的新加坡胡文虎的虎標萬金油公司[76]及菊元百貨公司，一等獎甚至有百圓獎金。[77]

神農氏大藥房代理販售歐美日各大藥廠的西藥，打響名號後引起許多商人的眼紅，紛紛開設類似藥房。通常曾在店內服務的員工對這種商業機密知道得最清楚，也就最容易跳槽或另立門戶。例如，一九二九年三月，原在神農氏大藥房任職的莊蚶自，離職後和友人自立門戶，合開漢西藥房。[78]此外，對於外地顧客而言，路過臺北一定會去神農氏大藥房買藥，因此有人選擇在臺北周邊開店，像是呂傳溪在基隆新興街經營漢英藥房。[79]

神農氏大藥房在大稻埕一帶不僅是著名的藥店，還是當地的重要聚會場所。例如一九三〇年，一些在臺日本人打算在蓬萊町建一座佛教會館，遂在建務會社專務、臺北信用組合理事及圓通婦人會員等人協議下，在神農氏大藥房開會決定會館建築面積八百多坪、工費四萬八千多圓，並增加建築事務。[80]另外一則例子是，同一年，李姓宗親會組織多年，打算在神社路東邊的葉姓祖廟前修建祠堂，於是在神農氏大藥房召開實行委員會。

由於香港屈臣氏的名氣過於響亮，日治時期的臺灣不時出現「山寨版屈臣氏」。臺北之外，臺南本町也有名為「屈臣氏藥房」的商家，店主李俊黨為此還特地到香港向英國京司公司取得魚油專賣權。[81]一九三四年，香港屈臣氏本店向法院提出告訴，控告臺灣屈臣氏大藥房李俊啟擅自使用該公司商標，最後東京大審院判決原告香港總店勝訴，李俊啟還為此偽造私文書，遭臺北地方法院檢查局拘留。[82]官司塵埃落定後，香港屈臣氏馬上對外強力放送，只有臺北神農氏大藥房

---

72 〈全島詩社聯吟大會　日期在來廿、廿一兩日〉，《臺灣日日新報》，一九二七・三・七。
73 〈神農藥房　寄附神農藥散於全島聯吟會〉，《臺灣日日新報》，一九二七・三・十七。
74 〈城隍祭神農藥房　撒布景品券〉，《臺灣日日新報》，一九二八・六・二十八。
75 〈城隍祭典　承諾藝閣者　已達五十餘臺〉，《臺灣日日新報》，一九三六・六・五。
76 〈虎標で　世界を制覇する　永安堂　臺灣支店も薬種界に咆哮〉，《臺灣日日新報》，一九三六・四・一。
77 〈廣告行列懸賞當選發表　一等神農氏〉，《臺灣日日新報》，一九三六・六・五。
78 〈元在臺北神農氏大藥房之莊蚶自氏〉，《臺灣日日新報》，一九二九・三・二十八。
79 〈是是非非〉，《臺灣日日新報》，一九二七・八・十四。〈北內臺人　建籌佛教會館　總督慨捐巨金〉，《臺灣日日新報》，一九二九・七・十一。
80 〈佛教會館　建築協議　臺北內臺信徒〉，《臺灣日日新報》，一九二九・十一・二十三。
81 〈赤崁特訊／商業視察〉，《臺灣日日新報》，一九二六・三・三。
82 〈偽造私文書事件 豫審後釋放〉，《臺灣日日新報》，一九二七・十二・三十。

才是唯一具有正字標記的專門代理店，報紙也開始刊出神農氏大藥房的樓房、招牌及其老闆巫世傳的照片，這樣還不夠，另有斗大標題寫著「香港屈臣氏會社總代理店：臺北神農氏大藥房」，還畫上屈臣氏商標，就是要民眾認清楚，此商標左邊是龍，右邊是一匹獨角獸，中間夾一座中國寶塔，象徵中西兼容。[83]

二、休閒活動

北投泡湯

一九一〇年代以來，北投就是文青們泡湯的絕佳地方。[84]隨著新北投車站的落成啟用，他們有時會在下午一行人搭火車從北門往新北投去。[85]他們會先投宿早在一八九六年就設立的溫泉旅館松濤園，若覺得沒有人氣，泡的人少，就會再轉到松島屋，這理由或許不是原先的店家不好，而是後面這家小姐有特別招待的緣故。有的店家生意好到應接不暇時，常造成客人不耐煩，最後

83 〈寫眞は神農氏大藥房の全景〉，《臺灣日日新報》，一九三七．三．六。

84 關於北投溫泉的最新研究，可見楊燁，《北投行進曲：浪漫溫泉鄉歷史寫真散策》（臺北：前衛，二〇二三）。

85 〈新北投驛　■本日より開通　時刻改正せらる〉，《臺灣日日新報》，一九一六．四．一。有關日治時期的休閒生活，參見徐聖凱，〈日治時期臺灣的公共休閒與休閒近代化〉，國立臺灣師範大學歷史系博士論文，二〇一九。

只留下一圓茶水費就拍桌走人。此時，離開的這些客人會改挑神泉閣泡湯，泡澡完後會來瓶汽水（サイダー，cider）及吃一頓三圓的雞飯。據北投溫泉博物館的資料，臺灣第一座溫泉旅館是一八九六年由大阪商人平田源吾在北投所建立的「天狗庵」，位於現今加賀屋溫泉飯店的位置。至於全臺第二座溫泉旅館則是由當時臺北軍政廳財務課長松本龜太郎所興建的松濤園，其中的浴場神泉閣則由日本明治維新功臣之一板垣退助所命名，位於今日北投公園對面麥當勞與星巴克一帶。[86]

北投溫泉的開發早在一八九六年就已經在《臺灣日日新報》記載。其源頭來自紗帽山。當時對此地的描述是「熱氣騰騰、硫煙千百萬丈，滿山土石焦黔，禽鳥絕跡」。紗帽山的熱泉流經北投時，溫度驟降，當地人在此洗浴，號稱可以去毒。這個地方是自日本殖民臺灣之後，才變得較為著名。[87]最早在此開發的日人，由於設備逐漸擴充，此地旅館開始林立，最著名的是松濤園。據林芬郁的研究，一八九六年開設「天狗庵」溫泉旅館，溫泉正式導入商業用途。一八九八年軍用療養的「臺北陸軍衛戍療養醫院北投分院」竣工，陸軍駐守在北投，間接提高北投的知名度，臺灣人也漸知溫泉醫療功效。之後日本人經營的日式溫泉旅館逐漸增加，像是天狗庵、松濤園、星乃湯及陸軍偕行社等，無疑是日本本土溫泉文化的移植，與故鄉溫泉地景之「再現」，影響所及北投公園周遭成為漢人傳統聚落中的「異質空間」。[88]此外，據報載，這個地方未開發之前，乃蠻荒之地，為瘧蚊常出沒之地。日治之後，才大力開墾，使車馬可行，並廣種樹木，增建林園；之後又從事衛生保健的改良，成立瘧疾討伐隊，專門職司撲滅瘧蚊的工作；最後則是大規模地進行公共浴場的建設，入浴分等一、二級，男女別池，可於池中游泳，並設有噴水設備可洗滌汙垢。至於一等浴池，遊客洗浴後可以於廣場休息，或穿著浴衣，至餐廳享用西洋美食或日本料理。經過這些建設才讓北投徹底改頭換面。

由於北投溫泉靠近臺北市區，得地利之便，受到日本政府的大力建設。來往臺北及北投的交通也逐漸改善，促使三等車減價及一等車遞增，豪門子弟特別喜歡狎遊此地。文人墨客在此留下許多吟詠的詩詞。天狗庵主人為此，還專門將這些文章集結成冊。北投溫泉與其日治時期的其他溫泉相較有何特色，這篇報導也寫到。若和有馬溫泉相較，論其形勝，優於北投溫泉，但設備不及北投溫泉。至於嘉義的關仔嶺溫泉，則地理位置較為偏僻，遊人稀少，也比不上北投溫泉的熱鬧。雖然此地看似是相當奢華的消費地方，但報紙編輯仍強調，儘管北投溫泉屬於較為上層人士出沒的地方，一般市井小民可能花不起數十錢來此洗公共浴場，但仍然可以不花費一毛錢，而徒步往來其間。

86 可見北投溫泉博物館網站，https://www.facebook.com/BeitouMuseum1913/posts/1764902240196235/。瀏覽日期，二〇二三．九．二十四。

87 〈北投溫泉場見聞〉，《臺灣日日新報》，一八九六．十一．十一。

88 林芬郁，〈公園．浴場：新北投之文化地景詮釋〉，《地理研究》，六十二期（二〇一五年五月），頁二五－五三。相關研究可見陳允芳，〈北投傳統人文景點研究〉，國立臺灣師範大學歷史學系碩士論文，二〇〇三；黃玉惠，〈日治時期休閒景點北投溫泉的開發與利用〉，國立中央大學歷史研究所碩士論文，二〇〇五；陳佳鑫，〈從日本到臺灣——新北投溫泉的在地化〉，國立政治大學民族學系碩士論文，二〇〇七。

一九一三年八月九日，《臺灣日日新報》主辦臺北官民北投大納涼會。這活動相當受到市民歡迎，八月一日才在報紙上公布這項消息，入場的納涼券從五日開始販售，還沒開賣，就一堆人打聽，到五日早晨七點，一開始不到四十分鐘，就立即售完。之後，報社門口擠滿了人，工作人員趕緊在門口貼上賣完的公告。不久，小道消息傳出，兩千張入場券有一千張是委託臺北廳配發，就又轉到臺北廳打聽，結果聽到的是這一千張是臺北廳要分配給各單位的，已經無多餘可出售的，失望大夥又轉回報社詢問，強迫報社加售。到了中午，甚至傳出有轉售的情形，市場黃牛票已經喊價到一張三十錢到五十錢。[89]

納涼會是日本在明治年間引進臺灣的日式休閒活動之一。「納涼」二字在日語有乘涼的意思，多舉辦在七、八月間的夜晚，目的在透過與朋友一起吃喝玩樂來消暑及紓解壓力，這樣的活動是不是有點像現在流行的夜市？以往這個課題大多是放在日治時期的鐵道研究的脈絡來看。日治初期，鐵路在臺灣民眾的休閒活動中，扮演重要角色。當時鐵道部會根據不同假期與天氣，策畫不同類型的火車旅遊，像在暑假就會推出「納涼列車」，並在旅途過程中安排各式各樣的餘興節目。有的納涼會研究則是放在日治時期商工會發展的脈絡下來看。例如日本商人會引進「納涼聯合聯賣會」，舉辦地區大多在日人較多的臺北、新竹、臺中及南投。以往有陳毓婷專門從休閒生活與商業活動的角度來看，她探討了從明治到昭和年間，納涼會的舉辦區域及其變化；並探討納涼會的主辦者如何從官方轉變到民間，以及納涼會的類型。[90]

最初，納涼列車的目的地都是北投，這與明治三十四年（一九〇一年）八月，臺北淡水之間的鐵路開通有密切關聯，交通的便利促進了民眾對北投溫泉的認識與親近。一九一三年八月十日的《臺灣日日新報》，對於一九一三年的北投大納涼會活動有大篇幅的報導。[91]在出發前，報紙詳細公告了一些設備及會員要注意的事項，像是燈光及煙火的樣式、各項設備、汽車的載客、會員注意、乘車注意。納涼會當天，會場設有九盞弧光燈、百燭燭光電燈四十三盞、五燭光電燈二十盞，餘興舞台更是懸掛各式電燈。從車站到會場沿路有北投旅館組合提供的提燈，預計要將北投打造成一個大光明世界。會場的設備有餘興舞台、來賓接待所、救護所、奏樂所、警察官及消防員駐在所、提燈及繪葉書（明信片）接待所、飲食專賣店、免費接待所及臨時所，感覺就像是一個小型的展覽會場。[92]

報社原先預估參加人數是五千到一萬，遂不斷向鐵道部交涉載運事宜，由於一輛車最多僅能載到一千人，且北投車站月台過於狹隘，一時難容千人進出，所以最後分為兩個乘車時段，每輛火車還得由兩輛機關車分別在前後一拉一推，才得以完成任務。主辦單位還提醒會員搭車的時間。納涼券有紅綠兩種。紅色券的乘車時間，臺北出發時間為下午四點二十五分，北投的回程為晚上九點二十三分。綠色車票者，臺北站是下午五點三十分，回程是北投站十點四十分。乘車也

89 〈本社主催納涼會開催地北投〉，《臺灣日日新報》，一九一三．八．六。

90 陳毓婷，〈日治時期臺灣的納涼會：以《臺灣日日新報》為主之探討（一九〇二－一九四〇）〉，國立暨南國際大學歷史學系研究所碩士論文，二〇一一。

91 〈本社主催北投大納涼會　盛裝せる北投〉，《臺灣日日新報》，一九一三．八．十。

92 〈本社主催北投大納涼會　最初の納涼列車〉，《臺灣日日新報》，一九一三．八．十。

有一些注意事項。臺北到淡水鐵道，中間會經過圓山鐵橋，由於這橋是舊式的，兩旁狹窄，乘客千萬不得探頭出車外，以免受傷。另外還提醒遊客，回程時可能會攜帶燈籠，由於是紅色的，也不能提出車窗外，免得被誤認為鐵道的危險信號，造成交通安全的困擾。

活動內容也事先在報紙披露。舉辦的時間為八月九日，若是遇到雨天則停辦。會場在北投公園及公共浴場，會員可以免費進入旅館休憩或去洗浴。會員限兩千人，五日開賣入場券。餘興節目有施放著名的「廣東仕掛煙火」，有來自臺北檢番藝妓的手踊表演，以及臺灣製的龍燈展覽。參加的會員還有土產可以帶回，種類有納涼會的繪葉書、蠟燭及球燈一個。八月四日的報紙還記載了準備施放的煙火的製造地點及種類名稱。這些廣東煙火是在彰化工廠製作，然後再移到現場裝配加工，有雪花、鞦韆、滿天星、烏龍院、蝙蝠、花葫蘆等三十五種。[93]

至於接待的販賣商店，皆位於餘興舞台前及噴水池周圍，入內消費的平均公定價格是十錢。有花家及湖月的關東煮、島松的冷麥、常盤花壇的冷汁粉、丸新的水菓子，以及北投旅館的壽司。沿著公共浴場下方紅葉橋北岸溪流旁，還有臺北新高兩製冰的冰店及清水御組合的涼水店。到了活動當日，鐵道部顧慮參加人數過多，遂讓會員提前到下午一點二十五分，先搭車前往。而救護班、消防組及報社接待人員，也同車前往提前準備事宜。這班十幾節車廂的會員列車，配有美麗的裝飾，車頂懸掛五色緞帶，車身寫有「祝臺灣日日新報社主催臺北大納涼會盛舉」字樣。由於這車的人數不多，公共浴場的擁擠情況還不太嚴重。等另外兩班列車一到，攜男抱女，扶老協弱之人，一時都湧入浴場內，混雜情況才難以形容。當天的食堂，停止販賣。從停車場到噴水池，處處都有布置。行路兩旁，有樹的地方都掛滿燈籠，有電桿的地方就有電燈。會場入場處點燃著營火，左右各有一紙，右寫「臺灣日日新報社主催（主辦）」，左寫「北投大納涼會」。[94]

到了夜晚，半月懸空，萬燈齊放。重頭戲是施放廣東煙火，火花繽紛，徐徐露出納涼會及會員萬歲的字樣，一時觀眾鼓掌歡呼。活動結束，要搭車回臺北車站者，更是人山人海。有些持紅色入場券者，很多趕不上原來的車班，遂改搭乘九點三十四分的普通車。當日除了會員外，有更多民眾是自行搭普通車來會場的，使得會場更擠得水洩不通。而北投居民深感好奇，多遺憾地被擋在會場入口，最後遭到駐地警官的阻止驅趕。這樣的活動，或許是北投溫泉開設以來，最熱鬧的一天。

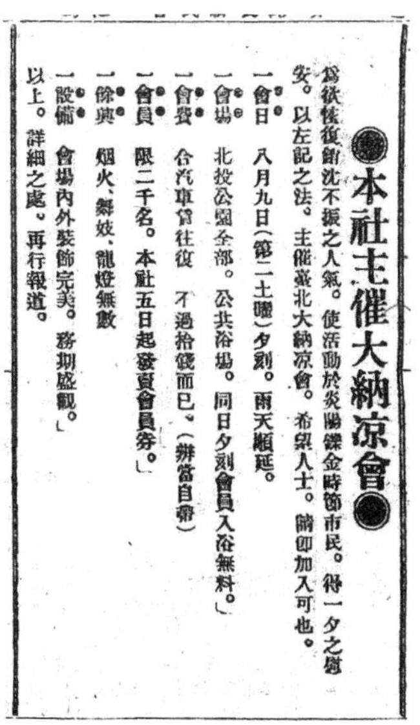
●本社主催大納涼會●
爲欲恢復銷沈不振之人氣。使活動於炎陽鑠金時節市民。得一夕之慰安。以左記之法。主催臺北大納涼會。希望人士。踴躍加入可也。
一會日　八月九日（第二土曜）夕刻。雨天順延。
一會場　北投公園全部。公共浴場。同日夕刻會員入浴無料。」
一會費　合汽車賃往復　不過拾錢而已。（辨當自帶）
一會員　限二千名。本社五日起發賣會員券。」
一餘興　烟火、舞妓、龍燈無數
一設備　會場內外裝飾完美。務期盛觀。」
以上。詳細之處。再行報道。

1-1　《臺灣日日新報》中的納涼會廣告

除了納涼列車的形式外，大正年間的納涼會還有藝文納涼會、撫慰納涼會。到大正時期，仍承襲明治時期的休閒特色，但餘興內容已經增加許多商業氣息。種類更增添了有活動寫真納涼

93 〈北投大納涼會〉，《臺灣日日新報》，一九一三・八・十一；〈納涼會與煙火〉，《臺灣日日新報》，一九一三・八・四。

94 〈北投大納涼會〉，《臺灣日日新報》，一九一三・八・十一；〈本社主催北投大納涼會　盛裝せる北投〉，《臺灣日日新報》，一九一三・八・十。

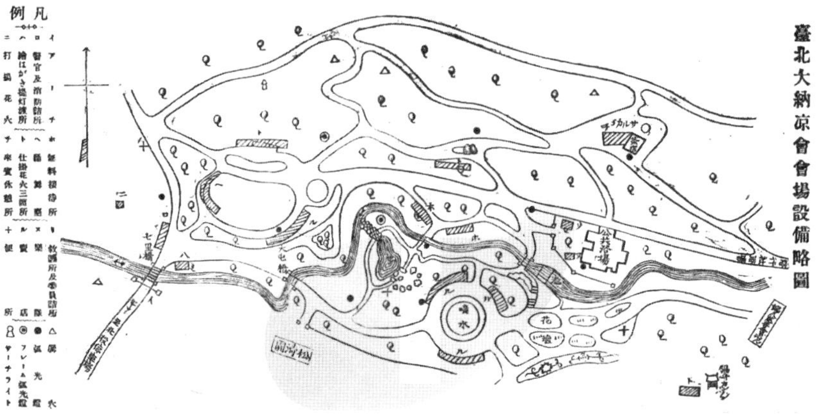

1-2 《臺灣日日新報》中的臺北大納涼會會場圖

會、運動納涼會、演藝納涼會、棋藝納涼會、懇談納涼會。到了昭和時期，廉賣納涼會的次數開始增加。據研究，這主要是一九二〇年代之後，日本及世界經濟情況轉趨下降，連帶影響了殖民地臺灣的經濟活動，使得原本以休閒為主的納涼會性質，轉變成以廉賣商品的形式出現。主辦者也從一開始的總督府，到臺灣日日新報社，再到民間團體承接。儘管類型不斷變化，但納涼會最終也逐漸發展出臺灣、西方及日本三種文化逐漸融合的局面。[95]

萬新線的新店踏青

一九二〇年代的新店在當時是個新興的景點，特別是一九二七年的八景十二勝選出來之後。這地方離城中心有些距離，需要特別搭一九二一年通車的私營新店鐵道（萬新線）火車才能到達。

一九二三年八月二十三日，黃旺成就坐新店線到碧潭搭船，再至對岸，登山俯瞰臺北，日記提到：

「十時半臺北發板橋行，與黃錤君會賬，受招午餐。搭十二時二十分車至萬華訪蔡式穀。二時由臺北軌道新店行，逢舊師和田彰氏，至新店〔遇〕舊窗友林河北，渡碧潭，登山縱覽，五時半回。至萬華訪劉克明、魏清德。夜受魏氏招飲，談公益會十分有趣，驅車至新公園飲冰，付夜行車回竹。」[96]當時像是黃旺成這樣的城市文青常會聚集三五好友，從萬華上車，途中經過古亭、公館、景美，到新店後相約去碧潭休憩，及攀登附近高山俯瞰美景。當旅途結束回到臺北車站附近時，則會到旁邊的新公園走走，順道到四周的冰店吃個冰品。[97]

當時除了萬新線可以到新店外，沿途的一些景點，則可以透過巴士前往，在一九三〇年的黃旺成日記中，已經可以見到黃坐著前往新店的小型巴士在古亭站下車，然後步行前往臺灣總督府臺北高等學校，參加兒子黃繼圖的入學典禮。日記如此寫道：「早上嗽盥畢作日誌，央白成枝查問高校入學時間。九時前匆々搭新店行バス，由古亭町步行到高校。適鐘鳴，新入生四級百多名集於宏壯的講堂，下村校長讀勅語——訓話，學生總代答詞，學式畢矣。列席父兄僅新竹三、四人而已。」[98]

95 陳毓婷，〈日治時期臺灣的納涼會：以《臺灣日日新報》為主之探討（一九〇二－一九四〇）〉，國立暨南國際大學歷史學系研究所碩士論文，二〇一一。

96 《黃旺成先生日記》，一九二三・八・二十三。

97 徐聖凱，〈日治時期都市公園的設施組成、休閒機能和活動變化〉，《臺灣史研究》，二十七卷二期（二〇二〇年六月）。

98 《黃旺成先生日記》，一九三〇・四・二。

根據國家檔案局的展覽「臺灣鐵道線路圖——見證鐵路萬能的一九三〇年代」資料，圖中除了紅色線路屬國營鐵道外，其餘皆為私營。最特殊的私營鐵道，是由臺北鐵道株式會社於一九二一年開始營運的萬新線，其路線從萬華至新店，長達十點四公里，軌距與臺鐵相同。據研究，該路線在一九三〇年有三百六十四萬餘人次搭乘，這人數有點多，暫時存疑。但運輸貨物達七十萬餘噸，營業收入為一百四十八萬餘圓。另外，地圖中其他顏色的軌道包括：綠色的私設軌道營業線、紫色的私設軌道專用線、咖啡色的為私營手押台車的軌道。[99]

這條私鐵原本設計是貨運用，也可載人，開通後不僅將文山郡新店打造成一個假日旅遊的新景點，也額外帶動了這條沿線的發展，像是古亭、景美。此外，透過臺北鐵道，也加速了文山郡與周邊地區如深坑、石碇產業的新連結。[100]該則新聞提到，新店是該線的終點，有其重要位置。所謂「其地之南，控有無量數之山林。及北部唯一可資飲料之溫泉」。而景美的重要性也在這篇中顯露，這裡可是宜蘭臺北間的重要孔道。新聞如此寫道：「景美為該線中繼之要地，而文山郡之門戶。凡宜蘭臺北間之陸送物資，由所必經。且附近平疇三百餘甲，有清冽之圳水，通流其間，四時不竭。其土地價格，及勞動賃金，較之士林松山，低廉尤甚，不特宜於製造工業。而當此臺北市民，多苦住宅難之今日。」[101]

隨著新店線的開通，這裡的遊人越來越多，也吸引了一些商家來此開設日本式的座敷園遊地，其中較為著名的有吾妻屋，位於屈尺行之渡頭上方。從這裡俯瞰，可見明流秀嶂。其建築為八疊兩棟，六疊二間一棟。凡是鐵道旅客，可以在此免費休息。若是學生的修學旅行或其他團體客，此地也提供了許多長椅子，可容納三百人。園區裡也提供茶餅、清涼飲料、瓶酒及麥酒。若遊客要在這午飯，園區也可提供空間，並可幫忙代訂二鶴支店及臺灣料理店的餐點。[102]

動物園

圓山動物園是當時文青常去的另一個休閒場所。[103]一九二二年八月三十日下午三點至六點間，當時著名的圓山動物園發生一件駭人聽聞的事件，即是印度大蟒蛇從排水口逃脫至隔壁溫室內，吞食掉一隻身長約一百四十公分的猩猩。隔日《臺灣日日新報》第七版報導了這則新聞。[104]之後吸引了許多人到動物園觀看這條大蟒蛇，黃旺成就是其中一位。據統計，光是八月三十一

---

99 https://www.archives.gov.tw/ALohas/ALohasColumn.aspx?c=1779。瀏覽日期，二〇二三・九・十九。

100 〈臺北鐵道與文山郡〉，《臺灣日日新報》，一九二一・四・二十。

101 〈臺北鐵道與文山郡〉，《臺灣日日新報》，一九二一・四・二十。

102 〈臺北鐵與新店〉，《臺灣日日新報》，一九二一・十二・十二。

103 相關的動物史研究可見，鄭麗榕，〈臺灣動物史書寫的回顧與展望：以近二十年來為主的探討〉，《成大歷史學報》，五十八期（二〇二〇年六月），頁二三三－二五一。西方的相關著作可見，西達爾・基恩，《寵物之死：「二戰」陰霾下的動物與人》（北京：中國工人出版社，二〇一三）。

104 〈圓山動物園の錦蛇　大猩猩を呑む　猩猩が手出をしたらしく　兩者は激しく闘つた〉，《臺灣日日新報》，一九二二・八・三十一。〈巴蛇呑象之可信　動物園大蛇呑猩猩〉，《臺灣日日新報》，一九二二・九・一。

日當天兩點前，就已擠入了兩千人左右。[105]當時文青也會藉由巡迴的馬戲團來觀看各種猛獸，像是著名的有田洋行會的木暮初太郎所經營的馬戲團，從明治末年就帶團在日本及臺灣各地巡迴表演，民眾常透過此機會看到虎、豹、獅子、馬來貘及大蛇等動物。[106]

一九三八年十一月二十五日，《大阪朝日新聞臺灣版》刊出一張相當特別的照片，活動內容是動物慰靈祭由圓山動物園與臺北佛教兒童聯盟聯合主辦。這次的祭典特地加入因中日戰爭而戰死的軍用犬的慰靈菩提，席間邀請到帝國軍用犬協會副會長坂本健吉及理事參加。大多數參與者為臺北佛教兒童聯盟的青少年及善男信女。從圖片中，我們可以見到有不少父母親背著孩子一同觀看儀式的進行。有趣的是，人參加不稀奇，但連大象和猿猴都成為現役動物的代表，披著禮服彩帶一同參加祭典，一起上香，還行下跪禮，那可就相當罕見。[107]有關這條新聞，《臺灣日日新報》亦有記載。

臺灣本地最早的官方動物園，是一九一三年總督府殖產局博物館轄下的小型動物展示場所，原先是附屬於

1-3 《臺灣日日新報》所繪製的猩猩蟒蛇圖

1-4 《大阪朝日新聞臺灣版》中的圓山動物園慰靈祭

總督府博物館，之後移到臺北苗圃。直到一九一五年十二月，因臺北廳決定經營圓山動物園，原來苗圃的動物才移交臺北廳管理。鄭麗榕教授認為這代表了近代臺灣動物園的性格從自然史功能走向市民取向，特別是都市休閒空間的功能。[108]一九一五年五月，臺北廳藉著「御大典紀念事業」的名義，購買了民間位於圓山公園內經營的動物園，並合併了新公園苗圃內飼養的動物。之後，又從馬戲團及巡迴動物園購入更多動物。這過程中，有兩位日人需要認識：片山竹五郎與大江常四郎。有著日本馬戲團經驗的片山氏於一九一四年時，在圓山公園舊花屋敷創設了動物園。[109]大江氏則從日本內地引進動物到圓山公園內，後來則成為官營動物園的飼養人員。之後，趁著一九一六年四月二十日臺灣勸業共進會的舉行，以博覽會的形式招來日本內地投資臺灣的機會，圓山公園內的官營動物園正式開幕。動物園設立以來，主管機關屬地方層級的臺北廳。基本上是以市民為主要對象的市政型動物園。[110]

---

105 〈大蛇呑猩猩續聞〉，《臺灣日日新報》，一九二二・九・二。
106 《黃旺成先生日記》，一九二三・十一・十一。
107 《大阪朝日新聞臺灣版》，一九三八・十一・二十五。〈けさ圓山動物園で　無言勇士の慰靈祭　象君も參列して禮拜〉，《臺灣日日新報》，一九三八・十一・二十四。
108 鄭麗榕，《文明的野獸：從圓山動物園解讀近代臺灣動物文化史》（新北：遠足文化，二〇二〇），頁一六三。
109 鄭麗榕，《文明的野獸：從圓山動物園解讀近代臺灣動物文化史》，頁一六三。
110 鄭麗榕，《文明的野獸：從圓山動物園解讀近代臺灣動物文化史》，頁一六三－一六四。

圓山動物園的所在地為圓山公園，是臺北的第一座自然休閒公園。一九一六年四月二十日，圓山動物園正式開園，會在這一年開幕，跟一九一六年的臺灣勸業共進會的活動有關，代表了執政二十年的成果要給民眾有全新體驗。[111]此外，位於基隆高砂公園的基隆水族館在一九一六年開幕，亦是因為舉辦博覽會的關係。[112]臺灣日日新報社社長赤石定藏出席動物園開園典禮致詞時表示，報社曾送二十四種，又從苗圃移入二十一種，再加上新買進的二十五種，共有七十種動物。動物園開園後就立即對一般民眾開放，收費價格為大人五錢，小孩三錢，三十人以上團體八折，公教及慈善團體、軍隊半價。[113]一九二一年，地方制度改革，所屬機關改為臺北市之後，大人調升為十錢，小孩五錢，但團體的部分降價為五折。這樣的收費，當時的中產階級基本上可以負擔得起。[114]

臺灣民眾觀看圓山動物園的經驗許多是配合博覽會而進行的，一九一六年的勸業共進會就是一例。[115]當時在新竹公學校擔任訓導的黃旺成就有過這樣的經驗。一九一六年四月十五日，住在新竹的黃旺成四點半就起床，六點二十分帶著四年級以上學生四百七十名北上，進行兩天一夜的修學旅行。十點到臺北後，他們先將學生帶到位於艋舺的臺北

1-5　勸業共進會的第一會場

高等小學校，安排住宿、卸行李及用餐，改去買壽司吃。然後，老師們到新起町的聚仙樓享用臺灣料理，但上菜太慢，等了三、四十分鐘憤而離開。隨後和學生一同觀賞位於總督府新建廳舍與總督府圖書館的共進會第一會場。由於會場人數眾多，移動艱難，直到四點才出來。晚上則夜宿大稻埕的旅館鯤溟會館。[116]在旅行的第二天，黃旺成五點半就起床，七點鐘到臺北車站乘車到圓山。他們先前往臺灣神社參拜，再帶修學旅行的學生至圓山動物園參觀。黃旺成的日記中還特別寫到去看動物園中的大蛇，可見大蟒蛇很熱門。中午則前往共進會的第二會場臺灣總督府林業試驗場，參觀了南支南洋館、蕃族館、機械館，又到音樂堂的喫茶所飲茶吃餅。晚上到新公園遊晃後，才搭火車回到新竹。[117]此外，由於圓山動物園旁有當時著名的臺灣神社，很多民眾將這兩個

---

111 〈動物園開場式〉，《臺灣日日新報》，一九一六．四．二十二。

112 〈野呂技師講演（四）　由大正協會主催紹介共進會內容〉，《臺灣日日新報》，一九一六．三．七。

113 鄭麗榕，《文明的野獸：從圓山動物園解讀近代臺灣動物文化史》，頁一六九。

114 〈動物園開場式〉，《臺灣日日新報》，一九一六．四．二十一。《文明的野獸：從圓山動物園解讀近代臺灣動物文化史》，頁一六八－一六九。

115 〈共進會と賣出　全市聯合して計畫せよ〉，《臺灣日日新報》，一九一六．一．二十三。

116 《黃旺成先生日記》，一九一六．四．十五。有關鯤溟會館與共進會，可見〈共進會中之旅館　鯤溟會館之添租〉，《臺灣日日新報》，一九一六．三．二十一。當時總督府不同意民間因為共進會，開設臨時的民宿，僅同意在原有的舊館旁，增加利用附近民居的西洋式家屋改為旅館的方式。

117 《黃旺成先生日記》，一九一六．四．十六。

景點安排在一起。像作家呂赫若在一九四三年的日記就提到，他上午帶田鶴子及緋紗子去圓山動物園。下午一點起要舉行臺灣文學決戰會議，就在圓山集合，先參拜臺灣神社，然後去公會堂開會。[118]

圓山動物園是日治臺灣民眾的重要觀光與休閒的景點。一九三〇年代，圓山公園還成為史蹟保存之地，總督府根據《史蹟名勝天然紀念物保存法》，指定圓山貝塚為史蹟。[119]此外，更進一步朝公共娛樂化經營。首先，圓山動物園於夏季夜間開放，舉辦活動供市民納涼，並購入附近土地設立附屬於動物園的圓山遊園地。這塊位於基隆河畔的遊樂場，有飛行塔、旋轉椅、旋轉木馬，全區在一九三八年七月正式開放。[120]除了遊樂設施外，日治時期的圓山動物園吸引人的當然是園內的動物，特別是明星動物。當時的明星動物，除了熱帶地區特有的大蛇外，一般大型哺乳類動物如獅、虎、象、猿，都是遊客關注的焦點。[121]例如戰前唯一一次增加民眾參與感的公開命名活動，是一九三五年為一對從新加坡買進的馬來虎舉行。[122]而來自緬甸的「象君」，一九二六年從新加坡搭船來到臺灣後，就吸引了許多民眾到訪動物園，算是當時最常被報導的動物。[123]

政大臺史所教授鄭麗榕認為，在戰時體制下，人與動物園的關係呈現另外一個面貌。在一九三〇至一九五〇年代間，臺灣動物園的歷史，在動物慰靈祭、軍用動物、猛獸處分政策上，顯示動物被極端軍事資源化，呈現一種人類對動物的愛與支配的矛盾情形。[124]據統計，在一九三七至一九四一年的戰爭期間，圓山動物園的人氣並未受到影響，觀覽人次約維持在三十萬人次左右。主要因素在動物園被國家納入戰爭動員，作為展覽、愛護與追悼軍用或國家動物等愛國活動的展演場。例如在戰時的宣傳上，通常會以某動物與軍隊為題，強調這種動物在軍事上的功能，以及牠們與士兵所建立的親密關係。一九四二年的《臺灣日日新報》曾以「象與軍隊」為題。透過照片與文字，描繪一個母親帶著孩子到圓山動物園看象、騎象，進而想念在南方前線當兵的父親。[125]一九三四年時，動物園會配合狗年干支，辦理兩天以狗為主題的展覽會，除軍犬是主角外，還涵蓋了寵物犬、守衛犬及獵犬。[126]此外，日本帝國南進政策中，占領地動物資源調查的任務也是圓山動物園的事。像動物園園長赤松稔就曾於一九四三年到海南島調查動物一個月。[127]

動物慰靈祭也是圓山動物園常辦的活動之一。一九二五年，臺灣第一次試辦。由圓山公園內的佛教臨濟寺日曜學校主辦，直到一九二九年才轉為正式。時間為每年的十一月二十三日，祭典主題為愛護動物，以安慰逝去動物之靈。一九三六年起，改為臺北佛教兒童聯盟與圓山動物園合

---

118 《呂赫若日記》，一九四三．十一．十二。
119 鄭麗榕，《文明的野獸：從圓山動物園解讀近代臺灣動物文化史》，頁一六九。
120 《文明的野獸：從圓山動物園解讀近代臺灣動物文化史》，頁二五一。
121 《文明的野獸：從圓山動物園解讀近代臺灣動物文化史》，頁二六八。
122 《文明的野獸：從圓山動物園解讀近代臺灣動物文化史》，頁二六九。
123 《文明的野獸：從圓山動物園解讀近代臺灣動物文化史》，頁二七二－二七四。
124 第三章〈戰爭與動物園〉，《文明的野獸：從圓山動物園解讀近代臺灣動物文化史》，頁一九九－二二九。
125 第三章〈戰爭與動物園〉，《文明的野獸：從圓山動物園解讀近代臺灣動物文化史》，頁二〇二－二〇三。
126 第三章〈戰爭與動物園〉，《文明的野獸：從圓山動物園解讀近代臺灣動物文化史》，頁二〇四－二〇五。
127 第三章〈戰爭與動物園〉，《文明的野獸：從圓山動物園解讀近代臺灣動物文化史》，頁二〇七－二〇八。

辦。祭典流程為：為亡靈誦經，由兒童合唱「佛陀的孩子」，獻花、燒香，主辦單位讀祭詞。致祭者還包括一些動物園的動物，常見的有大象、狗及猿猴。這之中最受矚目的是大象，牠會穿著大紅禮服，面向祭壇牌位行跪姿並燒香。[128]

一九三〇年代末，隨著戰爭的逼近，圓山動物園在動物宣傳上的地位退居為配角。圓山動物園不僅是個休閒空間，還是個有著濃厚政治文化的權力宰制空間。到了戰後，雖然換了另外一個政權經營，但它的管理方式仍大致屬於日本動物園的體系，直到一九七〇年代，才改以美國動物園文化為取法對象。[129]若以全球史的觀點來看，圓山動物園的例子，我們在歐洲戰場上的英國也可以看到。基恩（Hilda Kean）二〇一七年的名著《寵物之死：「二戰」陰霾下的動物與人》，就提到記錄動物故事，遠比再現人類歷史困難。這本書首先探討了一九三九年九月貓狗大屠殺，然後研究了動物與人類之間的關係。作者提出全面戰爭無疑意味著不計其數的死亡：戰爭持續六年，英國的空襲造成大約六萬多民眾死亡，八萬多人受傷，但死亡的不僅是人類，在戰爭爆發的第一週，大約有四十萬隻貓狗被殺死，兇手並不是敵軍，而是牠們的主人。有關戰爭與動物互動的動物史視角，能夠反轉人們一直將動物僅僅視為圖像或形象，置於歷史之外，很值得我們持續探究下去。[130]

資生堂

文青的一天除了休閒、購書、逛街購物外，醫療也是要事一件。有的人會到東門町的臺北赤十字病院看病、照X光，或是到府中街的藥鋪資生堂買藥。這間資生堂可大有來頭，我們現在對它的印象僅停留在化妝品之類的，殊不知最早於日本銀座成立時，它可是日本海軍藥劑師福原有信所創辦的藥房，專門引進國外的西藥。[131]

一九二五年十月十四日，黃旺成經由中央研究所（林試所）丸山技手的介紹，參觀了日華紡織廠的工廠設施及煮苧技術。參觀之後回臺北市區已過中午，剛好遇到友人，遂一起相約到資生堂中的喫茶店享用中餐。

> 午前九時出旅館，別大張，自往中央研究所訪丸山技手談約一時間，得他介紹，坐手車訪日華紡織，受澤田主任案內參觀工場。從煮苧起至成糸止，工場機器的大、女工的多，著實感心。回到臺北市內已經十二時半，碰著大張及蔡式穀，一同來資生堂喫茶店中食，新高堂看書。別二君到萬華找藤生商人囑買機織附屬品，參觀台榮社織蓆工場，買蓆糸，回蔡事務

---

128 第三章〈戰爭與動物園〉，《文明的野獸：從圓山動物園解讀近代臺灣動物文化史》，頁二一九－二三九。

129 《文明的野獸：從圓山動物園解讀近代臺灣動物文化史》，頁三〇七－三〇八。

130 希爾達・基恩，《寵物之死：「二戰」陰霾下的動物與人》（北京：中國工人出版社，二〇二三），頁三－三二。

131 相關資生堂研究，可見和田博文，《資生堂的文化裝置：引發時尚革命的美學教主》（臺北：蔚藍文化，二〇一七）。

所。仝大張來日英館休憩，五時三十五半臺北發，八時十五分到竹。[132]

一九二五這年，剛好臺北資生堂藥局在隔壁設立「喫茶部」，販售汽水、咖啡、紅茶、冰淇淋、洋菓子、水果、麵包等食物和飲料，也兼賣東京銀座資生堂製造的化妝品。[133]資生堂位於府中街（今重慶南路）藥鋪，是中田銀三郎在臺北開設的日本（東京）資生堂分店，樓高三層。這種集合餐飲、醫藥、美學、化妝及時尚為一身的經營方式很明顯受到東京總店的影響。[134]

寫真熱

日治之前，臺灣的攝影（寫真）主要來自西方來臺人士，臺灣人還說不上真正熟悉攝影技術。日本統治臺灣之後，臺灣開始出現日本人開的「寫真館」（照相館）。一九二〇年代之後，隨著攝影技術日漸開展，城市裡的地方菁英才接觸得到寫真機（照相機）與攝影術，並開始陸續在臺灣成立寫真社團寫真會。[135]

在寫真普及化之前，這門技術基本上還是掌握在寫真館手中。一九〇〇年起，臺灣就出現臺人開設的寫真館，如一九〇一年臺中「林寫真館」，[136]之後鹿港有「二我寫真館」、一九一六年「羅訪梅寫真館」及一九二七臺北「太平寫真館」，儘管數量不少，但遠不及日人開設的照相館。據統計，一九二六至一九三五年間，寫真館的數量暴增近七倍，一九二五年之前照相館數量最多的地方是臺中，其後十年間，臺中被臺北給超越，另一個寫真館重鎮則是臺南。[137]

根據岩崎潔治《臺灣實業家名鑑》記載，林草生於一八八二年，一八九八年從荻野照光學寫真術，之後荻野返回日本，就由林草繼續經營照相業。林草在臺中的文人圈相當知名，常有地方菁英與文人找他拍照，如一九一一年四月五日，豐原地方菁英張麗俊就去林草的照相館拍照，用途是申辦前往中國旅遊的證件。[138]祝壽照也是當時文人常拍攝的照片，一九一五年一月二十日，

---

132 《黃旺成先生日記》，一九二五・十・十四。

133 https://taco.ith.sinica.edu.tw/tdk/%E9%BB%83%E6%97%BA%E6%88%90%E5%85%88%E7%94%9F%E6%97%A5%E8%A8%98/1925-10-14?w=%E5%96%AB%E8%8C%B6%E5%BA%97+%E9%BB%83%E6%97%BA%E6%88%90&p=%E5%96%AB+%E8%8C%B6+%E5%BA%97+%E9%BB%83+%E6%97%BA+%E6%88%90。瀏覽日期，二〇二三・九・十七。

134 《資生堂的文化裝置：引發時尚革命的美學教主》，頁四二－六五。

135 有關臺灣攝影史的研究可見，張世倫，《現實的探求——臺灣攝影史形構考》（臺北：影言社，二〇二一）；簡永彬、高志尊、林壽鎰、徐佑驊、吳奇浩、連克、郭立婷、郭怡棻、賴品蓉、凌宗魁，《凝視時代：日治時期臺灣的寫真館》（新北：左岸文化，二〇一九）。

136 二〇一七年國立歷史博物館舉辦「彼時・此刻——臺灣近現代寫真」特展，展品中就有店主林草的作品。最新一本是彭啟原，《從前從前，有家金淼寫真館》（臺北：遠流，二〇二三）。

137 有關林草的寫真研究，可見張蒼松，〈光影如鏡——玻璃乾版影像的盛衰榮枯〉，《臺灣博物季刊》，三十七卷三期（二〇一八年九月），頁三四－四三。

138 《水竹居主人日記》，一九一一・四・五。

張麗俊和林草約定拍攝張母八十一歲的祝壽紀念照及三子世藩的新婚照。[139]林草不只與張麗俊深交，林獻堂日記中也常提到林草的照相館，兩人交情持續到戰後，一九四八年二月二十一日記提到「午餐後又往林草處，再照相，方還宿舍。四時歸宅」。[140]又如一九四八年八月四日，日記寫道林草拿著一九一一年櫟社在臺中瑞軒歡迎梁啟超與湯覺頓的合照來給林獻堂看，兩人回憶往事不勝唏噓，照片中許多人都已不在人世，當年照片裡三十一人沒剩幾人，才三十八年光景，竟有如此變化，林獻堂頗為感慨世事的多變。[141]

除了照相館以外，「寫真會」的大量出現最能反映臺灣的寫真熱。一九〇一年，臺灣已出現「臺北素人寫真會」，這個機構還在一九一六年創辦了攝影同好雜誌《影》，內容刊載攝影訊息與會員得獎作品，價格為會員一本三十錢，非會員三十五錢。[142]一九二〇年代是寫真會的盛行年代。受到日本寫真聯盟的影響，殖民地下的許多地方也成立聯盟，像是大連的滿洲聯盟。一九二六年七月，「全關西寫真聯盟臺灣支部」正式成立。這個組織整合了部分既有的寫真團體，如臺北的カメラ倶樂部、鐵道部的T. S. S會，以及來自各地的研究會、若葉會、寫友會。透過這個聯盟，各倶樂部的代表共同訂立規約與展覽會的全島規定。

此後，在聯盟推動下，各種攝影大會紛紛舉辦，地點有大稻埕、植物園及動物園等，例如一九二七年三月十三日，聯盟就在臺北植物園商品陳列館——即國立歷史博物館前身——舉行春季攝影大會，參加者有研究會、若葉會、寫友會等會員。徵件分為兩類，一類是作品印畫，大小八吋；一類是自由畫題，大小四吋。投件截止時間為三月二十五日，送交處為大朝支局，並送大阪同盟總部審查，四月底開展覽會，展出獲選作品。[143]一九三〇年代以後，寫真熱席捲全臺，處處可見攝影團體的作品，而這些照片呈現了一九三〇年代的日常生活百態。

寫真活動的流行，除了來自寫真會推波助瀾，各種寫真器材店的開設與寫真雜誌的發行多少都讓民眾更容易接觸攝影。一九二三年九月十二日，《臺灣日日新報》就提到當時臺灣的「カメラ熱」（攝影熱）。報導認為在經濟不景氣的情況下，仍然流行攝影，相當不可思議。當時資生堂除了藥、化妝品及飲食，還經營攝影器材，府中街的寫真機材料店就是資生堂副總經理自立門戶所開設。新聞中還提到當時比較好的相機一台要價五、六百圓，這明顯是上層人士才有能力購買的價格，若從新聞中經常報導的寫真機竊案來看，平均價格以一百二十圓到一百八十圓者居多，例如一九三二年十一月二十日，有兩位來自內地的日本人到高雄鹽埕町的榮安寫真館，兜售原價一百八十圓的袖珍型照相機，僅開價二十圓，被高雄刑警查獲，調查後發現是偷竊而來的贓物，遂移送法辦。[144]

139 《水竹居主人日記》，一九一五．一．二十。

140 《灌園先生日記》，一九四八．二．二十一。

141 《灌園先生日記》，一九四八．八．四。

142 〈臺北素人寫眞會　雜誌「影」の發行〉，《臺灣日日新報》，一九一六．十一．五。

143 《臺灣日日新報》，一九二七．三．十三。

144 〈竊寫眞機　持往賤賣被拘〉，《臺灣日日新報》，一九三二．十一．二十。

從破獲的竊案案例，也可發現有價格三十圓左右的相機。例如來自廣島的川村弘之在臺南末廣町銀座向竹中照相機店謊稱購買相機，趁店員不留意偷走一台相機，店長趕緊報警，警方相當有效率地在當日下午四點於大宮町仁井照相機店前逮捕竊賊。報導中透露這台相機價值二十八圓，可見相機等級差距很大，價格頗為懸殊。還有甲照相館向乙照相館行竊的案例。例如一九三四年三月七日，臺南白金町曉照照相館館主林世榮，因為自家相機不好，遂於當年一月中旬竊取町內同業林某的相機鏡頭，一顆來自德國的頂級貨，要價兩百圓。[145]不一定所有竊案都是偷照相館，也有許多苦主是民居的例子，如一九三七年二月二十五日報紙報導，來自鹿兒島的日人裁松利光，潛入臺北辻本民家偷竊一台三百圓的相機，轉賣到榮町的相機店。這個個案很有意思，失主最後找到相機下落，贖了回去，竟再次遭竊，直到竊賊拿到店家脫手求售，被店家報警處理才得以破案，經查這個小偷在臺中郵便局工作，至少犯過同類型竊案十餘件，獲利千餘圓。[146]從這些竊案可以看出當時的確有不少人擁有相機，竊賊不只是偷照相館，也向一般民居下手，得手後大多至照相館銷贓，可見照相館會收購二手相機再轉賣。

「寫真熱」透露出民眾有各種的寫真活動和參與攝影的機會，但我們不能忘了一點，就是日本殖民體制對民間攝影仍有各種管制，民眾不能任意拍攝，新聞中不時可見因拍照被法辦的報導。一九三一年四月七日，新聞報導基隆港有一艘蘭科尼野號觀光船，船員及臺北觀光客等三人因天氣放晴在岸邊散步，卻被基隆憲兵隊發現於儲油桶附近拍攝港區，立即逮捕送辦，經調查後釋放兩人，沒收照相機，其中一人則送臺北地方法院審判。[147]不僅是岸邊，就連坐火車也不能隨便拍照。一九三一年十一月二十二日，彰化街同志信用組合員工旅行，一行八人從臺北搭火車往宜蘭途中，在最後一台車廂拍到基隆郡沿線的要塞地帶，被派出所員警發現通報。這群人夜裡到了宜蘭，剛下車就被當地警察逮捕，押送至基隆憲兵隊問訊，經調查，二十五歲的書記賴熾昌在暖暖及八堵間拍了兩張照片，最後不僅底片被沒收，還移送臺中地方法院審判。[148]

日治臺灣的攝影熱還可以透過各式各樣的寫真帖來關注，寫真帖最能反映日治時期官方的政治態度。透過寫真帖裡的照片，我們不僅看到當時的臺灣風土與民眾生活，也能理解帝國之眼下的觀光圖像與被凝視的臺灣片斷。徐佑驊在《日治臺灣生活事情：寫真、修學、案內》書中說得很好：「殖民者眼光凝視下的『臺灣』，有一套特定『觀看臺灣的方式』，作為他者的臺灣，在各個時期裡也呈現出不同的時代特性。」唯有理解寫真照是如何地被視覺化、建制化，我們才能夠更清楚這套殖民統治的論述方式與符號意義。[149]

---

145 〈寫眞師の手品　高級レンズと　巧みにスリ代ふ〉，一九三四・三・七。

146 〈寫眞機被竊去二回　恙賊賤售于同一寫眞店〉，《臺灣日日新報》，一九三七・二・二十五。

147 〈觀光船乘組員樂士　撮影要塞地帶　三名中一名送法院〉，《臺灣日日新報》，一九三一・四・七。

148 〈列車中から　要塞地帶を撮影　彰化同志信組員が〉，《臺灣日日新報》，一九三一・十一・二十五。

149 徐佑驊、林雅慧、齊藤啟介，《日治臺灣生活事情：寫真、修學、案內》（臺北：翰蘆，二〇一六），頁七五。有關寫真與殖民凝視的研究，可見梁秋虹，〈臺灣犯罪攝影前史：日本殖民凝視下之身分證照、犯罪指認與「土匪」影像敘事〉，《現代美術學報》，三十三期（二〇一七年五月）。

江山樓

江山樓是當時文青相當喜歡聚餐宴會的場所，在這不僅可開會，還能享受魚糕（魚板）、紅蟳米糕等美食，一頓飯下來並不便宜，黃旺成在這就吃過一頓七圓的晚餐。不只是臺菜，文青來這甚至可以吃到著名的蘇州名菜西瓜雞，這是夏天的時菜。[150]作法是將西瓜上方切下一塊，挖出果肉，再將煮熟的雞肉、蔬菜及湯汁倒入西瓜內。有次黃旺成的友人提及這道名菜的美味，令他食指大動，就夥同朋友集資到店裡外帶西瓜雞回去共食，但味道似乎並不如想像的美好。有時文青來這用意不在吃飯，所謂醉翁之意不在酒，是來找小姐作陪的。當時有位文青就在日記裡寫到，朋友一通電話邀約招待，七點就前往江山樓，其中客人七人，妓女五人，所謂賓客滑稽百出、狂態如畫，直到十點才解散回家就寢。妓女之中，最熱門的當屬一九二二年江山樓主辦的花選榜首的名妓小金治，許多人來這吃飯都是為了她慕名而來。[151]

日治時期有句俗諺「登江山樓，吃臺灣菜，藝旦陪酒」，充分反映出江山樓的盛名以及飲食吸引人的地方。[152]林獻堂逛始政四十周年博覽會的第一天晚餐，去的就是江山樓。[153]這間由吳江山所創立，是臺北大稻埕著名的酒樓，和蓬萊閣齊名。成立於一九二一年的日新町三丁目，位於現在臺北市大同區歸綏街及寧夏街一帶，建築樓高四層。當時的報紙是如此描述江山樓的：大稻埕的吳江山，本來是東薈芳的經營者，曾經至中國的大江南北遊歷，考察各地酒館菜系，返臺後，在友人的慫恿下擴大營業。當時他感覺到大稻埕一帶是臺灣的商業中心，卻缺乏公會堂或俱樂部的場所，而且沒有一間可以和梅屋敷和鐵道旅館一較高下的酒館。所以在各方經濟條件不甚樂觀的情況下，投資了十幾萬圓，在大稻埕南方，參酌了和洋的風格，建立一棟房樓。無論在衛生、經濟及品味上，這間酒店都相當講究，為了要一掃過去傳統酒樓菜館的陋習，打造成一個理想的大旗亭，以符合達到有公會堂及俱樂部的用途，兼具娛樂與飲食於一身。[154]

江山樓的建築物氣派壯觀，盛極一時，以美酒佳餚聞名。當然有了美食，還要有美女相伴，才能吸引顧客。隨著大稻埕一帶的商業活動的興盛，逐漸發展出酒店的藝妓文化，席間常常可見藝旦穿梭其中。除在宴席上陪侍服務外，也彈奏音樂助興應景，因而培養了一些高知名度的藝旦。這不僅使「江山樓」成為富商的流連地，更是當時文人社交的重要據點。[155]樓主吳江山交友十分廣泛，為人更是風雅，再加上大稻埕經常有政要商賈、名士及文人在此社交往來，使得名聲響亮的江山樓更顯尊貴。直到戰後，才逐漸式微。

---

150 《黃旺成先生日記》，一九二三・六・二十六。

151 《黃旺成先生日記》，一九二二・十・二。

152 相關研究可見横路啓子，〈食の異郷──高級台湾料理店江山楼を中心に〉，載於輔仁大學日本語文學系主編，《輔仁大學日本語文學系研討會論文集》，二〇一三，頁三三一—三四二。蔡明志，〈臺灣公眾飲酒場所初探：1895-1980s〉，《中國飲食文化》，七卷二期（二〇一一年七月），頁一二一—一六七。

153 《灌園先生日記》，一九三五・十・十。

154 〈江山樓新旗亭　如此江山如此樓　東南盡美不勝收〉，《臺灣日日新報》，一九二一・十一・八。

155 〈江山樓文山郡人會〉，《臺灣日日新報》，一九二一・十二・二十五。

然而，說起江山樓就不得不提日治臺灣的酒樓文化。中研院臺史所研究員曾品滄如此描述日治時期酒樓的發展。[156]日治初期，各城市的酒樓在短短的數年間，數量大幅增加，提供的各種消費服務無論是飲食、娛樂或空間，也日趨完備及精緻，這些變化不僅使酒樓逐漸成為臺灣的重要飲食場所，更成為本地菁英階層社會生活中不可或缺的公共空間，甚至是時尚的流行中心。江山樓就是在這樣的背景下發展成為當時最著名的酒樓。日治初期，平樂遊與東薈芳並稱臺北兩大酒樓，是當時仕紳最重要的宴會空間。光是臺北市，就有七十家酒店。酒樓的大量設立，提供了當時民眾一處舉辦宴會，享受美食的公共場所。人們隨時可以到酒樓設宴，不用再大費周章地在自家舉辦，較以往增添了便利性。這些酒店所提供的料理菜色，也是一大特色，這是其他一般小吃店所無法相比的。當時報紙如此記載：「大稻埕酒樓，本推東薈芳、春風得意樓二者最為著名。」春風得意樓後來因為資金短缺，經營不善，暫時歇業。之後改為有限公司，資本一萬五千圓，重整旗鼓，希望能再次與東薈芳並駕齊驅，成為當地的兩大名店，這消息對於當時的饕客而言是一大利多。[157]

酒樓不僅提供精緻饗宴，空間與娛樂更是吸引顧客目光的要素。酒樓的娛樂包括有梨園與藝妓表演。當時知名的藝妓可到指定的地方表演，還可以唱京劇、說官話。由於具有這方面的特質，藝妓常與文人、官員有所往來。有的藝妓因才貌出眾，會特別受到顧客青睞。[158]除藝妓外，有的酒樓為了吸引客人會聘請戲團表演。像是一八九六年成立的「平樂遊」，就雇用本地梨園班子登台表演。有時店家還會遠赴福建，邀請當地著名劇團三慶班到臺北演出。由於頗受好評，臺南著名的「寶美樓」在受客人委託之後，重金聘請同樣班子到酒樓演出。這種演出戲劇的模式逐漸成為日治臺灣酒樓的噱頭，許多顧客到店消費的最終目的只是在看戲而已。[159]

除了娛樂外，用餐空間的裝潢擺設也是吸引顧客的一大因素。像是艋舺平樂遊酒樓的特色就是居往來要道、屋宇整潔、氣派堂皇。而大稻埕的「東薈芳」則有「臺北市最寬敞的宴會場所」的稱號。但最終這樣的百人容納人數終究還是趕不上民眾的消費能力的快數增長，因而其股東之一的吳江山，遂在一九一九年，投資興建江山樓，以改善原酒樓空間不足的問題。由於這樣的特殊環境，酒樓不僅提供大眾飲食及娛樂場所，還成為一個新的社會與文化的公共空間——名人雅士的聚會場所。例如當時臺灣有個叫做「櫟社」的著名詩社，就常選擇大稻埕的東薈芳與平樂遊舉辦擊缽詩會。[160]本地菁英也常利用酒樓相互款待，並利用此空間和日本在臺官員進行應酬與交流活動。而地方官員的就任、離職，地方仕紳也習慣在酒樓舉行歡迎或餞別。在這股酒樓文化風潮的引領下，酒樓還對外來的新進物質文化起了帶頭功用。例如西式餐點如牛肉、麵包、

156 曾品滄，〈鄉土食和山水亭：戰爭期間「臺灣料理」的發展（一九三七－一九四五）〉，《中國飲食文化》，九卷一期（二〇一三年四月），頁一一三－一五六。

157 〈重整旗鼓〉，《臺灣日日新報》，一九二一．十一．八。

158 〈解纏足會　斷髮不改裝會員の主唱〉，《臺灣日日新報》，一九一一．五．十二；〈稻江本島藝妓檢番　以菜館經營為的當〉，《臺灣日日新報》，一九二六．五．二十一。

159 〈臺南春帆一片〉，《臺灣日日新報》，一九一二．二．二十二。

160 〈瀛桃聯合祝賀會〉，《臺灣日日新報》，一九二一．六．十七；〈瀛社擊鉢吟會況〉，《臺灣日日新報》，一九二二．六．二十一；〈瀛社春季吟會　兼歡迎蘇、沈兩詩人〉，《臺灣日日新報》，一九二七．三．三。

洋酒、啤酒的食用風氣就是由酒樓所開始。至於蓄音器及電話，都是許多人在酒樓首次見到的新奇舶來品。

《臺灣日日新報》對江山樓的內部描繪也相當清楚。有謂因其主人吳江山，覺得原本的東薈芳菜館的空間過於狹隘，容客量不足，就在城隍廟後街，新建了一棟四層連座樓房。樓中分為蘭亭、松園、竹軒、梅邨四個包廂，當宴會人數變多時，就可以撤掉隔間的屏風，據說可以容納八百多人。當時大稻埕與艋舺沒有一間菜館可以比得上江山樓。[161]除了日本官員、臺灣紳商、文人喜歡在江山樓宴飲享樂，江山樓還是臺北的宗教團體的儀式活動後宴會場所的首選。一九二五年四月十七日，臺北稻江城隍廟與慈聖宮兩間廟宇選出當年的新爐主，過爐儀式後的宴會，就是辦在江山樓。[162]大稻埕米商恭迎五穀先帝的遶境活動，儀式結束後，爐主招待五、六十位音樂團體代表，也是辦在江山樓。[163]

江山樓的名氣之大，連日本皇太子裕仁也曾到訪此地，其餐飲完全由江山樓一手包辦。一九二三年四月二十七日的《臺灣日日新報》就記載，皇太子在行邸大食堂宴請來賓的臺灣料理就是江山樓與東薈芳合辦。皇太子所吃的是由吳江山親自進呈。相關的廚師還在一週前就吃齋淨身，所有的食材更經由調進部精選，最後上桌的菜單包括有：雪白官燕、金錢火雞、水晶鴿蛋、紅燒火翅、八寶焗蟳、雪白木耳、半點炸春餅、紅燒水魚、海參竹茹、如意煲魚、火腿冬瓜、八寶飯、杏仁茶。[164]

陳玉箴認為，臺灣料理作為日治時期的主要宴席菜餚，在一九二〇年代的「江山樓」達到高峰，並逐漸與「支那料理」有所區隔。[165]一九二五年五月二十九日，江山樓為秩父宮特製了十三道的臺灣料理，預定隔日專程送到他下榻的總督府寓所。這次料理的菜餚和一九二三年幫東宮太子所做的相當類似。有了這兩位皇室成員的加持，江山樓在臺灣料理界的地位更穩如泰山，幾乎等於臺灣料理的代名詞。[166]在這之後，一九二七年，吳江山陸續在報紙撰寫了十幾篇有關臺灣料理的文章，更奠立了他在臺灣料理界的地位。[167]

就吳江山而言，臺灣料理剛開始是從中國傳入，但在風俗習慣、氣候環境與食材特性的影響下，料理中添加了本土的色彩，進而演變成獨特的風格。以全餐料理來說，臺灣料理的總菜數是十三道，一桌十人。上菜次序為一道菜一道湯，第七道為鹹點心，以此為中心分上下半席。最後兩道為甜湯與糕餅。臺灣料理在一九二〇至一九三〇年代所呈現的形象，就是高級、精緻、有特定的用餐規範與禮儀，屬於上層階級的飲食文化，與後來「清粥小菜、快炒、路邊攤」的形象相去甚多。日本統治結束後，臺北市最具有代表性的餐廳才由江山樓移轉為蓬萊閣。

161 〈臺灣一の料理屋が近く大稻埕に〉，《臺灣日日新報》，一九二一・十一・八。
162 〈城隍媽祖過爐〉，《臺灣日日新報》，一九二五・四・十七。
163 〈五穀先帝繞境〉，《臺灣日日新報》，一九二五・五・二十。
164 〈御宴與臺灣料理　江山樓之光榮〉，《臺灣日日新報》，一九二三・四・二十七。
165 有關江山樓的臺灣料理論述，見陳玉箴，《「臺灣菜」的文化史：食物消費中的國家體現》（新北：聯經，二〇二〇），頁七〇－七七。
166 〈臺灣料理を　差上るに決定〉，《臺灣日日新報》，一九二五・五・二十九。
167 〈本島料理獻上〉，《臺灣日日新報》，一九二七・十・二十一。

菊元百貨

一九三三年九月二十二日，這一天晴天。臺中豐原的保正、慈濟宮負責人張麗俊，他和豐原驛產業組合的理事張海浪、主事張聯桂、監事鄭添喜、熊阿木等坐列車，經后里、大安溪、十六份、三義、南勢、苗栗、北勢、造橋、竹南、崎頂、香山、新竹、紅毛、山崎、大湖、伯公崗、楊梅、平鎮、中壢、崁子腳、桃園、鶯歌、山子腳、樹林、板橋、萬華，總共經過了二十七個車站，抵臺北時已經十一點多，有許多旅客在此下車。一到臺北，他們就來到當時最先進的商場菊元百貨，入內後由電梯直上四樓的餐飲區。[168]

前記多人俱下車，到菊元百貨店，由陞降機上四層樓食堂，則見人來此治午者，無分貴賤男女，來來往往堂為之滿，店列百貨，其每日收益恐不及此食堂也。又登第六層樓上，係賣水、納涼之所，俯視市街雖廣廈，層樓俱成培僂，即總督之官邸亦不見其崇高矣。孟子云登東山而小魯，此語誠然乎哉。[169]

來這用餐的人，無分貴賤男女，大夥擠滿了這層食堂，張麗俊認為店內陳列百貨的每日收入可能都比不上這裡的餐飲區。之後又往第六層樓去，是層專賣水與納涼的地方。由此可以俯瞰市街，即使是附近的高樓，看起來也不過是矮房，就連總督的官邸亦是如此。在這，他終於領會孟子說的「登東山而小魯」的感覺。菊元百貨在當時臺北已經是個重要的地標，一九四四年四月八日的《郭淑姿日記》，記載了一位臺南女學生郭淑姿對臺北城的看法，也特別提到菊元百貨。因為她一直住在臺南，還以為臺南是臺灣的首都，但到了臺北，才覺得臺北果然比臺南更像都會。儘管隔天要考試，她還是當個臺北觀光客，因為有三線道路，所以感覺臺北的路都很寬。[170]她考完之後，第一個想到的是吃冰淇淋，在菊元百貨附近像傻子一樣繞了好幾圈。[171]

夜生活

夜晚的臺北人生活多采多姿，除了一些在公學校講堂舉辦的「納涼音樂會」，臺北的文青當然不會放過公開放映的紀錄片，尤其是女學生的紀錄片。一九二六年的七月三十日，在炎熱夏日的夜晚七點半的臺北，一群人蜂擁在新公園的音樂堂前，個個聚精會神地望著前面的超大布幕，

---

168 有關日治時期百貨公司研究，請參見李衣雲，〈日治時期日本百貨公司在台灣的發展：以出張販賣為中心〉，《國立政治大學歷史學報》，三十三期（二〇一〇年五月），頁一五五－二〇〇；蔡宛蓉，〈日治時期臺北榮町商業活動之研究〉，國立臺北藝術大學碩士論文，二〇一六；文可璽，《菊元百貨：漫步臺北島都》（臺北：前衛，二〇二二）。

169 《水竹居主人日記》，一九三三．九．二十二。

170 《郭淑姿日記》，一九四四．四．八。

171 有關菊元百貨的研究，可見文可璽，《菊元百貨：漫步臺北島都》。

他們看的可不是免費的熱門電影，也不是殖民政府的宣傳教育片，而是臺灣日日新報社主辦的寫真班的映寫會，主要內容是播放臺北第一、第二高等女學校的學生登新高山（玉山）的紀錄片。報紙的標題寫著：「投射到炙熱的島嶼首都，新高的清新山景。三十日在臺北新公園舉行，本社主辦寫真大會。觀眾們被山的純粹誘惑所震撼，三萬人觀看。」據報載，當晚參加的人數多達三萬，這數字或許有些浮誇。不過，從照片來看，當晚確實參加的人不少。[172]

理容院也是男性文青常光顧的場所，黃旺成稱之為「女人床」，特指有女性理髮師服務的美容院，在這些人員的服務下，有種特別的感覺，他形容為：「手纖質膩，別饒快感。」[173]當時的理髮師這行有所謂的「臺北理髮組合」的行業組織，到一九二七年時已成立十五周年。從明治到大正年間，理髮師的工資由原先的兩錢提高至四十錢，卻又常要求提高理髮費用，因而引起報紙輿論的抨擊，認為和一般物價相比，這行的工資算是漲比較快的，漲價會影響到一般民眾的消費意願。[174]

1-6　臺北新公園舉行的女學生登新高山紀錄片播放

當時文青常會一行人在艋舺的淡水河邊乘涼。通常是從北門坐車到歡慈市，也就是現在捷運龍山寺站附近的西園路一帶，該地有臺北最早的市集及碼頭。文青到這個地方不外乎就是走走看看當地的風月場所「貸座敷」。一九二一年六月二十五日的黃旺成日記提到：

後傑君發議要往艋舺大溪邊乘涼，一行五人（傑、調元、永再、梅岩、菊仙），從北門驅車至歡慈市見物各貸座敷，至溪邊即還，入鮮花樓，鮮女十餘人，皆牛頭馬面，獰惡可憎，不得已共撰〔選〕兩人（冬花、妙花），飲酒、吃果〔菓〕，共費十餘金而回，入日英館。[175]

那時淡水河邊開滿了妓院、酒樓，其中較有異國情調的是朝鮮人開的「鮮花樓」。黃旺成就同友人五人到這尋找刺激，可惜對該樓的小姐評價不高，形容是「皆牛頭馬面，獰惡可憎」，不得已挑了兩人陪酒吃點心，當晚他們花了十多圓才離開。由於各州政府對於這種聲色場所的管制略有不同，尋芳客接觸這些場所的方式也就不同。像是一九一九年時，臺中州政府規定不可讓顧客從門外就看到店內妓女，因而店家改為以懸掛照片的方式讓顧客挑選。黃旺成就是看完設在臺中公會堂的衛生展覽後，到附近的風化場所「遊廓」瀏覽這些門外的妓女寫真照，看完已經晚上十點半，才回去就寢。[176]

---

172 〈涼を趁うて山へ山へ　炎熱　の島都に映し出された　清清しい新高の山姿　三十日夜臺北新公園に催された　本社主催活動寫眞大會　至純な山の誘惑に胸を躍らす觀眾三萬と注せらる〉，《臺灣日日新報》，一九二六・七・三十一。

173 《黃旺成先生日記》，一九二一・十・十二。

174 《臺灣日日新報》，一九二七・三・四。

175 《黃旺成先生日記》，一九二一・六・二十五。

176 《黃旺成先生日記》，一九二一・十・十二。

西門市場附近的醉仙樓也是文青流連的地方，是間位在新起町的臺灣料理店，裡頭常有藝妓陪酒。當然，在這些風月場所除了有妓女作陪之外，還可以品嘗到美食。一九二三年，黃旺成在新勝樓受到店老闆的熱情招待，就點了一道魚鍋享用，這在當時是道特別的臺菜，裡頭的湯料相當豐盛，有雞捲、花枝、蝦子、雞肉、冬粉、茼蒿及各式香料。可惜這些文青嫌當晚的妓女過於俗氣，不解人意，最後是敗興而歸。[177]

三、臺北市的傳書鳩熱

臺灣民眾的養鴿風氣可能來自於日治時期，原因也許與日本軍方常訓練傳書鴿的活動有關。[178]賽鴿文化是日治臺灣，尤其是一九三〇年代民眾的重要休閒娛樂之一，此活動在今日臺灣依然興盛。臺灣民眾何時興起飼養賽鴿的風氣？[179]據《臺灣日日新報》記載，大約時間在一九三〇年代初期。有記載提到當時島內興起了傳書鴿熱，此後，有越來越多的人開始飼養傳書鴿（賽鴿）。一九二九年起的報刊就已經透露出臺北已經有養鳥熱的開始。當時臺北市內已經有許多販售日本及南洋鳥的商店。其中，艋舺及大龍峒有許多飼養傳書鳩的愛好者，這些鴿子主要來自於日本，但多是雜種。有的則因軍隊裡的需要而飼養，像是臺北第一聯隊內就養了數百隻的傳書鳩，由一

177 《黃旺成先生日記》，一九二三．十二．七。

178 有關傳書鳩的研究不多，可參見吉田和明，《戦争と伝書鳩－1870-1945》（東京都：社會評論社，二〇一一）。

179 鄭麗榕，〈戰爭與動物：臺北圓山動物園的社會文化史〉，《師大臺灣史學報》，七期（二〇一四年十二月），頁七七－一一二。

位中尉專門負責管理。而當時軍用的傳書鳩也會流通民間去，像是東京軍用傳書鳩飼養所，每年十二月時就會將不用的鴿子轉賣出去，每隻要價三圓左右，頗有鼓勵民間飼養的意味。[180]

樂鳩會

光是臺北市，有飼育傳書鴿者，不下數十人。當時的大稻埕，已經有臺人組織「臺北樂鳩會」，會員約三十餘名。開幕時，還慎重地在著名的蓬萊閣餐廳舉行成立大會。其設立目的在於提升傳書鴿的品質，進行飼育研究及育種交換。競技比賽也是樂鳩會常辦的活動，當時稱為「競翔會」。他們會一大早七點就將臺北的鴿子帶到嘉義公園一同施放，約五點左右，這些鴿子就能回到大稻埕慈聖宮門口。其評審的標準在於假若正午還未能飛回，則會喪失得獎資格。對於最先到達的鴿主，則贈與一面金牌。[181]每次大約有多少鴿子參賽，其數量無法和現今相較，初期約八隻左右。比賽時分兩組，第一組與第二組間隔十分鐘，四隻之中最先到達者獲勝。當時有位名為莊溪水的鴿主，訓練出一隻僅飛行二小時五十七分的賽鴿，幾乎打破臺灣本島賽鴿的紀錄。[182]

1-7　日治時期養鴿圖

當時所放飛的傳書鴿，很多是來自日本。一九三〇年六月三日的《臺灣日日新報》提到，當時大稻埕與萬華的臺灣人間正值傳書鴿熱，特地從大阪與神戶購入四百多隻幼鳥。規模再更大一點的就是臺灣南北傳書鳩競翔大會。[183]南部的愛鳩會則以臺南為主。比賽的路線範圍遠近不同，分別有臺南到大甲、臺南到臺北，以及臺南到新竹，甚至是臺南到福州。以臺南至大甲為例，秋季是舉辦的重要時節，主辦者會將所有鴿子帶去大甲車站前，於十一點二十五分施放，第一隻飛回來的是兩點十九分，其中前六名可以在報上看得到成績，第六隻飛回來已經是三點十六分了。[184]

臺灣的愛鳩會常與日本愛鳩會有所聯繫。例如一九三四年六月十七日的新竹臺南間傳書鳩競翔會，就是在日本協會的倡導下舉辦的。這次參加的會員有十三人，參加鴿子七十四隻，早上九點四十分於新竹的主辦人江中川住處施放。原本這批鴿子預計當天就可以飛到臺南。不料，沿路

180 〈傳書鳩飼養熱〉，《臺灣日日新報》，一九二九．十．二十六。

181 〈北部傳書鳩飼育漸盛　組織樂鳩會〉，《臺灣日日新報》，一九三〇．八．十六；〈臺北本島人間に　傳書鳩熱盛ん　一日新竹臺北間で　第一回の競技〉，《臺灣日日新報》，一九三〇．六．三。

182 〈樂鳩會競翔成績〉，《臺灣日日新報》，一九三〇．八．二十四。

183 〈臺北本島人間　傳書鳩熱　一日新竹臺北舉初回競技〉，《臺灣日日新報》，一九三〇．六．三。

184 〈樂鳩會競翔成績〉，《臺灣日日新報》，一九三〇．八．二十四；〈臺南愛鳩會　訂來十七日　開競翔會〉，《臺灣日日新報》，一九三二．十．一；〈臺南愛鳩會　定八日起放鳩訓練〉，《臺灣日日新報》，一九三五．九．六。

碰到豪雨，竟整群失蹤。以致讓於臺南本町三丁目劇場頂樓等待的檢查員古莊傳書鳩班長及多位飼主，苦等多時，直到隔天早晨，才放棄這批賽鴿。[185]

一九三四年七月二十九日競賽那回，臺北的參加者共有七團，六十五隻賽鴿，比賽當天由各會委員攜帶到臺南西門町小公園施放。[186]同日的上午七點，也有一批由臺南參加的賽鴿被帶到臺北新公園施放。[187]有時，各地的鳩會會聯合參加「臺灣南北部聯合傳書鳩競翔大會」，像高雄鳩會、臺南愛鳩會、新竹鳩友會、臺北樂鳩會、瀧鳩會、靈鳩會等。[188]各地參加的集合地點不同，例如臺北參加團在高雄公會堂前，新竹參加的鴿子在溪洲車站前，臺南參加的鴿子在基隆車站集合，高雄參加的鴿子在大稻埕陳祖廟前。為配合一九三五年在臺灣舉辦的博覽會活動，有時也會在臺北、臺南間舉辦競翔大會。例如十月二十日就曾以此名義舉辦賽鳩大賽。在比賽前，主辦單位還會安排訓練會，好讓參賽者熟悉規則。施放地點的選擇也越來越多，有善化、林鳳營、水上、斗南、員林、清水、白沙屯、新竹及桃園等地。

吳新榮的傳書鳩

臺南醫生吳新榮就是當時其中的一位養鴿愛好者，在他的日記裡可以找到許多養鴿的經驗談。養鴿對開業看診的吳新榮而言是種興趣。另外兩種每天都做的事是讀書與種花。白鴿是他一九三三年從臺南糖店抓來的，還取了名字，第一對叫「臺南號」，生了一對「佳里號」，再生了一對叫「將軍號」，此外還有兩個尚未孵化的蛋，他預先取了名叫「延陵號」。後來吳新榮的養鴿越來越多，有時他父親會去官田討白耳義（比利時）產的鴿子，市價值數十圓；有時則從番子厝朋友黃才那抓來一對鳳尾鳶冠的品種。到了一九三三年十二月五日，他所養的鴿子已經有十九隻了。[189]一九三五年二月八日，吳新榮提到，因米價過高，以致鴿子飼料也受到影響。這使得他只能選擇專門飼養本地種的鴿子。[190]

吳新榮除了每日餵飼鴿子外，還會不定時地登錄鴿子特徵。或許門診忙碌的關係，在訓練方面，他有時會假手朋友幫忙。一九三七年七月二十三日起，他請託朋友國山、壽坤去訓練傳書鳩，還規劃了訓練日期，放飛的地點有七股鹽田、曾文溪橋、將軍溪橋、南鯤鯓廟、麻豆、番子田、新營，還遠到關子嶺。有時會趁著去風景名勝的機會施放鴿子。[191]當年八月二十一日，他一早就招焜洲去臺南的烏山頭水庫放鴿，但不巧剛好時局緊張，水庫壩堤不許登遊，只好作罷，最

185 〈新竹臺南間　傳書鳩競翔〉，《臺灣日日新報》，一九三四・六・二十。
186 〈基隆臺南間を　傳書鳩が快翔　二十九日は好天氣に恵まれ　いづれも好成績〉，《臺灣日日新報》，一九三四・七・三十。
187 〈全島傳書鳩　競翔大會　臺北飛向臺南〉，《臺灣日日新報》，一九三四・七・三十。
188 〈傳書鳩聯合競翔大會〉，《臺灣日日新報》，一九三五・三・二十一。
189 《吳新榮日記全集》，一九三三・十二・五。
190 《吳新榮日記全集》，一九三五・二・八。
191 《吳新榮日記全集》，一九三七・七・二十三。

後選擇赤山岩的高地放翔，然後才同妻子回佳里住所。有回他父親到高雄去，也被吳新榮請託幫忙帶去放飛。吳新榮看診不忘娛樂，有時他會趁外出「種痘」，幫民眾施打天花疫苗的機會去放飛鴿子。有回他朋友昭癸、昭江兩兄弟開著自動車來訪，他剛好要去青鯤鯓種痘，就搭他們的便車，還帶了八隻鴿子野外訓練，順道拉他朋友一塊吹吹海風。[192]

吳新榮不僅單純訓練鴿子長途飛行，還會借用他醫生的專長，幫鴿子進行去勢手術。一九三七年十月十五日，他趁診療之餘，抓來一隻他所謂的異類鴿進行睪丸手術，因為這隻鴿常和他的傳書鴿配對，以致生出不純的品種，對於這種獸醫才會的手術，吳新榮也相當自滿地認為自己的技藝還算不錯。這些傳書鴿並非都專門作訓練之用，有時還是會成為桌上佳餚。有回吳新榮的大姨來家裡，他特別請她幫忙殺了五隻鴿子，搭配當歸、黃耆、川芎燉來吃。畢竟這些是跟他一段時間的鴿子，雖有點不捨，但在宰殺的過程中還是含淚抱著「清黨」的決心來做這件事。[193]

到了一九四一年三月四日，由於戰時體制的關係，為了符合「住宅空地利用」的口號，他在家裡空地也種植了芋頭、金瓜、匏仔；此外，由於傳書鴿屬於非生產性的養殖，最後也撤除，改為雞舍，作為自給自足之用。[194]一九四三年之後，由於戰事吃緊，我們很難再看到有任何飼養傳書鴿及比賽的紀錄，反而所見到都是與軍事有關的新聞。

四、戰時體制下的生活

到了太平洋戰爭時，城市生活的樣貌又是如何？這可以舉臺南的小鎮醫生吳新榮為例。[195] 一九四二年一月十五日，吳新榮從臺南搭夜間快車一早來到臺北。由於見不到他打電報通知過的臺灣文藝聯盟佳里支部友人鄭國津，所以就去拜訪在彰化開業的醫學博士朋友謝振聲。在他家吃過早餐之後，一個人從有裕仁太子行啟臺灣立了御成碑而得名的御成町（現今的中山北路），漫步到太平公學校所在的太平町。先去拜訪當時大稻埕著名的餐廳山水亭的主人王井泉，他很高興地歡迎吳新榮的到來。有研究者這樣描述山水亭：「一九三九年開幕的『山水亭』，是一間臺菜

192 《吳新榮日記全集》，一九三七・八・二十一。
193 《吳新榮日記全集》，一九三七・十・十五。
194 《吳新榮日記全集》，一九四一・三・四。
195 有關戰時的殖民地統治結構，可參見近藤正已，《總力戰與臺灣：日本殖民地的崩潰》（臺北：國立臺灣大學出版中心，二〇一四）。駒込武，《殖民地帝國日本的文化統合》（臺北：國立臺灣大學出版中心，二〇一四）。柳書琴編，《戰爭與分界：總力戰下臺灣、韓國的主體重塑與文化政治》（新北：聯經，二〇一一）。

館。由於老闆王井泉（人稱古井）喜好文藝，對於扶助文人也不遺餘力，吸引許多文青的光臨，有的人甚至一坐就是一整天，三餐都在山水亭解決，以便跟同好暢談文藝。當時山水亭的常客從作家、畫家到音樂家、學者應有盡有，如呂赫若（一九一四－一九五一）、張文環（一九〇九－一九七八）、巫永福（一九一三－二〇〇八）等人，同時也吸引了部分不滿「日本至上」的日本文人，如考古學者金關丈夫（一八九七－一九八三）、臺北帝大文學部長矢野峰人（一八九三－一九八八）等人光臨。」。[196]在那邊，王井泉打電話給當時著名文化界菁英張文環、陳紹馨、藤野雄士等朋友，告知吳新榮來到臺北的消息。[197]

之後吳新榮去拜訪張文環，他剛好在校對《臺灣文學》第三號，兩人商談編輯問題的時候，廣播電台「臺北放送局」的作家名和榮一也來了，他就介紹他們認識。之後和律師陳逸松訪談，聊了一陣子陳紹馨來訪。陳逸松下午則有個全島青年有志之士的時局演講會，所以吳新榮就先告辭。隨後他和社會學家陳紹馨[198]、王井泉及小說家張文環三人到著名的集會場所公會堂吃中餐。[199]餐後，張文環有事先走，剩下三人就一起到森永喫茶店去，[200]在吃美味的奶油泡芙和可可亞時，曾擔任過大阪朝日新聞記者的藤野雄士和作家名和榮一也到此地會面。

不久，開會時間快到，吳新榮就到公會堂出席「臺灣奉公醫師團」成立典禮。為因應新體制，一些醫師被動員，開始結合全島的醫師同業為國家服務。第十八任臺灣總督長谷川清也蒞臨致詞，令他印象深刻。之後的演講會，因和陳紹馨有約在先，就先離開會場。趕到臺北醫院前面，陳已在等著，兩人就一起走到臺北帝大。走過狹長的柏油路，到了解剖學教室，著名的解剖學及人類學家金關丈夫教授已在等著吳新榮他們。在他心目中，他是一位有良心、有能力的學者。金關丈夫不只是在醫學部從事解剖學的教學工作，他對臺灣的人類學、考古學、民俗學有非常多的研究，他曾多次進行臺灣史前遺跡的發掘，也作了許多臺灣原住民的體質調查。[201]在這間好像被森林包圍，別有洞天的解剖學教室，這位面容白皙的學者，和藹地請他們喝紅茶，慢慢地跟他們談話。當他們在談到一九四一年才創辦的《民俗臺灣》時，剛好民俗研究者池田敏雄來訪。他是當時臺灣天才文藝少女黃鳳姿的恩師，又是臺灣民俗的權威，能夠在此相遇，覺得是相

---

196 〈【故事・臺北】第零話：波麗路與山水亭——日治時期的文青基地〉，https://storystudio.tw/article/gushi/gushitaipei0。瀏覽日期，二〇二三・九・二十三。

197 《吳新榮日記全集》，一九四二・一・十五。

198 有關陳紹馨的學思歷程，已有最新研究，見鄭力軒，《陳紹馨的學術生命與臺灣研究》（臺北：國立臺灣大學出版中心，二〇二二）。

199 有關公會堂，可見潘宗億的研究，見〈臺北「歷史記憶區」之建構與意義變遷研究之一：從「公會堂」到「中山堂」〉，https://www.grb.gov.tw/search/planDetail?id=8125476。瀏覽日期，二〇二三・九・二十三。

200 文可璽，〈現在大家愛吃的森永牛奶糖，在日治時期就很流行了〉，文章提到：「一九二五年四月三十日，森永視時機成熟，在臺北新公園內公園獅餐廳集會，並宣布創立『森永製品臺灣販賣株式會社』，本社初期先與西村商會共用榮町店址，隔鄰就是水月堂菓子店；一九二八年（昭和三年）以後則選設於臺北市表町一ノ三八，從事菓子類及飲食料品的販賣。不過需到一九三五年度的職業別明細地圖板塊中，表町才見森永販賣所之標示。」https://www.upmedia.mg/news_info.php?Type=5&SerialNo=147155。瀏覽日期，二〇二三・九・二十三。

201 陳永興，〈臺灣解剖學和人類學先驅金關丈夫〉，https://www.peoplemedia.tw/news/379439a5-5d8a-4e53-becd-f369245b82f7。瀏覽日期，二〇二三・九・二十三。

當難得的事。[202]

當晚，王井泉在住處為吳新榮開了一個歡迎會，他們搭巴士赴約。到時一看，來的都是當時的名人。除主人王井泉以外，有與郭雪湖成立天硯會的畫家楊三郎（楊佐三郎）、文學家黃得時，名和榮一、中山侑、張文環、作家藤野雄士等人都在場。吳和楊三郎與曾任臺灣放送協會的文藝係長也是作家的中山侑第一次見面。[203]因為山水亭名聞臺灣，既高尚又清素，宴後茶會，然後又是咖啡。各人有事先行離去，最後留下的是王井泉、張文環、楊三郎，大夥就上街散步。之後，時間不早，大家分手道別，走到了謝振聲宅，門已深鎖，就趕緊去大正街，搭乘淡水線的最後一班火車。[204]很不巧是，人力車夫告訴吳新榮說臺北的旅館可能都住滿了，可能要到新北投試試。半夜的新北投冷冷清清，只好到蓬萊閣別館投宿，溫泉變冷泉，吳有點無奈。吳新榮去的不是大稻埕的本館，而是在北投溫泉區的分館。[205]但環境清靜床具乾淨，不過料理糟透，躺下來好好休息一下，腦子裡則出現當天經歷過的一幕幕景象。此次北上，吳新榮的任務已經達成，但感冒尚未痊癒，身體有點吃不消。特別是臺北地區下的雨濕濕冷冷，讓人特別難受。[206]

一九三八年的《大阪朝日新聞臺灣版》，從三月十七到四月六日，製作了一個名為「島都的一日表情」的專輯，用了十六篇的新聞報導，介紹島都臺北的一日生活百態。[207]臺北作為日本帝國殖民臺灣的第一大城市，並以「島都」稱呼，這時間大概不會早於一九一五年。[208]此外，一九三九年五月十八日，《大阪朝日新聞臺灣版》更連續刊登了十幅照片說明臺北印象的專輯。透過以上對一九二〇至一九四〇年代的寫真、報紙的專欄及日記的關注，這個刻意被帝國打造的島都臺北的生活，有了與官方檔案不同的城市風貌。這些島都新聞的刊出更加地加深了文青對城市生活的感官形塑。

基本上，本章中所出現的人物有關城市的書寫，可說是當時城市日常生活的縮影，其圖像五花八門宛如一幅浮世繪。裡頭一再出現的地景，舉凡菊元百貨、公會堂、大稻埕、森永喫茶店、臺北帝大、臺北醫院、山水亭、蓬萊閣，都是文獻中常見的關鍵詞。文青的日常一天當然不會只有這些事可做，上述活動僅就所見日記及報刊資料，稍微爬梳出一些重點。此外，個別的日常生

202 有關《民俗臺灣》的研究，見陳艶紅，〈《民俗臺灣》刊行的時代背景〉，《臺灣日本語文學報》，八期（一九九五年七月），頁一九－五三。有關黃鳳姿的研究，見林安琪，〈臺灣的少女：日治時期的少女作家及其時代〉，國立臺灣大學臺灣文學研究所碩士論文，二〇一六。

203 日本機關的職稱，課之下有係。

204 《吳新榮日記全集》，一九四二・一・十五。

205 蓬萊閣是臺灣日治時期臺北市大稻埕著名的高級臺菜飯店，附有藝旦表演，「江山樓」、「東薈芳」、「春風樓」、「蓬萊閣」並稱為四大旗亭（有歌女陪侍的酒樓），有「江東春蓬」之稱。資料來源，https://zh.wikipedia.org/zh-tw/%E8%93%AC%E8%90%8A%E9%96%A3_(%E8%87%BA%E5%8C%97)。瀏覽日期，二〇二三・九・二十三。相關研究可見，〈約一九四〇北投蓬萊閣別館〉，https://www.gjtaiwan.com/new/?p=90595。瀏覽日期，二〇二三・九・二十三。林佩宜，〈大稻埕飲食文化研究〉，臺灣師範大學國文學系碩士論文，二〇二〇。

206 《吳新榮日記全集》，一九四二・一・十五。

207 《大阪朝日新聞臺灣版》，一九三八・三・十七。

208 〈祝の後の島都　白日光弱く南國にも秋は已に蘭たり〉，《臺灣日日新報》，一九一五・十一・二十。

活瑣事雖然是一種微觀歷史的視角，但不能忽略掉大的歷史變動及社會文化發展，像是江山樓落成、裕仁皇太子來臺行啟、東京大地震、偽造味素案件、國家公園建議案的提出、自轉車的普及、票選臺灣新八景、《史蹟名勝天然紀念物保存法》的公告。這些都是那個年代城市文青的共同歷史記憶，唯有了解這些轉變，才能理解民眾生活的細微變化所隱涵的意義。此外，日本的「帝國之眼」下的政治與制度的作為亦不能忽視，唯有將政治、社會與日常生活一體看待，我們才能理解這個時代東亞的感官世界的真正全貌。

以下，我們將透過一九二五年巴黎的世界工藝美術博覽會上的臺灣物產，拉開近代臺灣的物、日常生活與世界連結的序幕。

第二章

觀看博覽會時代

一、臺灣物產宣傳：一九二五／巴黎世界工藝美術博覽會

巴黎博覽會的臺灣物產

一九二五年二月四日的《臺灣日日新報》刊出一篇新聞，上頭標題寫著〈在巴黎博覽會展出臺灣出品的珊瑚等特產〉。新聞描述法國首都巴黎當年四月十五至十月十五日，為期半年舉行「萬國裝飾美術工藝博覽會」。[1]日本則為代表參加，在塞納河畔會建有一棟日本館，裡面展出各種美術工藝品，並設有日本休憩所，提供一般遊客休息。這裡頭的五十坪則由臺灣總督府的日本產業協會所經營，設有一間「臺灣喫茶店」。除了展示二月六日由基隆出港輪船所順道載運而來的頂級烏龍茶外，另外會陳設幾樣臺灣特產，例如珊瑚、大甲帽、林投帽、紙帽、苧麻絲，這些都是歐美國家特別喜歡的臺灣物產。[2]

2-1　博覽會的臺灣喫茶店

同年二月十八日《臺灣日日新報》又刊出一篇新聞，更明確地指出要去「萬國裝飾美術工藝博覽會」展出的項目有哪些商品。博覽會期間，所展示的會有珊瑚、蒲草、蛇皮製品、大甲製品，這些須先經臺灣總督府殖產局附屬的商品陳列館的池邊負責上呈至中央，再由總督府長官及農商務當局人員看過之後才能最後定奪。[3]

珊瑚、蒲草、蛇皮製品及大甲製品為什麼會當作是博覽會的臺灣商品代表？我們從一九一九年的《臺灣製帽業ノ現況及改善策》可以找到蛛絲馬跡。這本書為臺灣製帽業現況與改善對策報告書。書中特別提到本島生產之帽子主要為大甲帽、林投帽及紙帽三種類。帽子年產額占臺灣工業產品中的第六位（大正六年），但臺灣的製帽業已有衰退之趨勢。主要的原因是因為各國採取戰時臨時措施，暫時停止帽子輸入，加上對德、義、奧、匈等國禁止林投帽輸出，對島內製帽業影響變大，但業者的惡性競爭才是導致衰退的最主要原因。隨一次大戰結束，帽子需求增加，改

1 有關日治時期的博覽會相關研究，請見山路勝彥，《地方都市の覚醒－大正昭和戦前史・博覧会篇》（大阪：関西学院大学出版会，二〇一七）；山路勝彥，《近代日本の殖民地博覽會》（東京都：風響社，二〇〇八）；石井正己編，《博物館という装置－帝国・植民地・アイデンティティ》（東京都：勉誠出版，二〇一六）；伊藤真実子、村松弘一編，《世界の蒐集－アジアをめぐる博物館・博覧会・海外旅行》（東京都：山川出版社，二〇一四）；松田京子，《帝国の視線－博覧会と異文化表象》（東京都：吉川弘文館，二〇〇三）。

2 〈巴里博覽會に　珊瑚特產品等お　臺灣から出品する〉，《臺灣日日新報》，一九二五・二・四。

3 〈巴里博覽會への　出品は珊瑚蒲草　蛇皮製品と決定〉，《臺灣日日新報》，一九二五・二・十八。

善製帽產業實為迫切之需，因此該書提到需要針對製帽業現況進行調查並提出改善對策。[4]

此外，透過一九一五年的臺灣總督府民政部殖產局編的《林投帽製造業調查》，一樣可以看出林投帽製造業的概況。這書為黑谷了太郎所編纂之臺灣林投帽製造業調查書，從林投葉的採收業、葉裂業、煮沸業、肉剝業、漂白業、製帽業到運送及買賣業之製帽業生產產業進行考察，並記錄日本本地製帽業狀況及臺灣製帽在日本內地交易概況。最後針對考察結果提出結論。而帝國海外領事館所蒐集之林投帽買賣狀況調查報告則收錄在附錄之中。書末更有附錄說明帝國駐外領事關於仿製巴拿馬草帽的報告。[5]

從一九一九年大甲帽的產值來看，已經是當年臺灣工業產品的第六位，占外銷商品的極大宗。珊瑚、蓪草及蛇皮製品的情況亦是如此。這些臺灣物產是如何成為當時世界性的商品？又如何與臺灣的社會經濟發展產生關聯？又如何影響臺灣民眾的日常生活？這部分我們在第三章會有仔細的探討。

日本政府早在一九二四年就已經決定參加隔年在巴黎所舉行的博覽會，當時報刊公布的名稱並不一致。有稱為萬國裝飾美術工藝博覽會、巴黎工藝博覽會，或工藝傳藝會、法蘭西工藝博覽會、巴黎博覽會。[6]一九二四年七月的資料顯示，總督府當年七月時就已經照會農商務省討論參加巴黎工藝傳藝會，簡稱巴黎博覽會的活動。根據殖產局甲瀨商工課長的說法，日本政府負責此事的單位為農商務省。預算為三十五萬圓，其中五萬圓為對工藝美術品的補助，並輔導烏龍茶出國展覽。當時英國對於烏龍茶的市場接受度較為理想，但法國的市場並不明朗。所以如果要參加的話，總督府就建議，必須派專人至當地宣傳，所需經費約四、五萬圓，這部分則需要農商務省的認可。[7]

有關巴黎博覽會中的臺灣物產，目前所見記載最清楚的是一九二五年二月二十一日的《臺灣日日新報》。[8]該條新聞在隔日有篇簡略版，記載如下：

> 本年四月十五日，巴里開催萬國裝飾美術工藝博覽會。臺灣喫茶館之外，出品點數決定三十點。即帽子、大甲藺製品、苧麻製品、蓪草、蛇皮製品、珊瑚等，以上皆擬選精良者。而價格最高，則惟基隆福井菊太郎氏出品之桃色珊瑚。重四百九十五匁，價格三千圓。該珊瑚在基隆東北三、四十里海洋，以客年五月網獲者。若蓪草紙則為臺灣特有產物，可以造花，並為色紙其他，銷售民國、日本、美國、英國、義大利等。最近柏林來臺註文紙帽，係由臺

---

4 臺灣銀行調查課，《臺灣製帽業ノ現況及改善策》（臺北：臺灣銀行調查課，一九一九）。https://hyerm.ntl.edu.tw:3505/cgi-bin/gs32/gsweb.cgi?o=dbook&s=id=%22jpli2007-bk-sxt_0799_9_8888%22.&searchmode=basic。瀏覽日期，二〇二三・九・二十九。

5 臺灣總督府民政部殖產局編，《林投帽製造業調查》（臺北：臺灣總督府民政部殖產局，一九一五）。https://hyerm.ntl.edu.tw:3505/cgi-bin/gs32/gsweb.cgi?o=dbook&s=id=%22jpli2007-bk-sxt_0799_2_1915%22.&searchmode=basic。瀏覽日期，二〇二三・九・二十九。

6 〈巴里工藝博覽會　由督府照會農商務〉，《臺灣日日新報》，一九二四・七・二十八。

7 〈巴里工藝博覽會　由督府照會農商務〉，《臺灣日日新報》，一九二四・七・二十八。

8 〈歐米人向のものを　巴里博へ出品　最高は珊瑚の三千圓〉，《臺灣日日新報》，一九二五・二・二十一。

中、新竹兩州海岸地方之婦女編成。大甲帽年產亦甚多，係消售日本及民國。岷尼拉麻帽，則以岷尼拉麻為製造，消售于英美。若婦人戴之「拉椰」帽，係以亞弗利加東海岸之海產，採取纖維為原料而製者，現移出于日本內地。本島為初製之物，消售旋未廣。苧麻綿及絲，移出日本為上布原料，又苧麻原料，亦大半輸出民國，將來臺灣可以全部利用之也。要之，以上諸物，將來皆可化為歐美人消用之商品，于臺灣產業上之發展，最可忭喜也。[9]

這則新聞將挑選至巴黎博覽會的臺灣特產的品名、原料、產地及外銷國家寫得相當詳盡。除了臺灣喫茶店之外，品項有三十點，可能指的就是三十種的意思。類別有帽子、大甲藺製品、苧麻製品、蓪草、蛇皮製品、珊瑚。這寫法和前面的史料相較，除了將大甲藺製品特別標注之外，大致相近。這些特產中最貴的是紅珊瑚，來自基隆的福井菊太郎，重量為四百九十五匁，價格三千圓。匁是日本時代的重量單位，一匁（讀音兩）等於三．七五克。換算下來，這棵桃色珊瑚，有一．八五六公斤重，價格值三千圓。發現的地點在基隆東北方的三、四十海里的地方，乃去年五月由漁船的漁網撈獲的。蓪草也是臺灣特產，可做成紙花，也可以變成色紙，主要銷售至中國及日本、英國、美國及義大利。德國柏林則特別對紙帽感興趣，主要為臺中州、新竹州兩地婦女編織而成。大甲由藺草編製的帽子則產量多，主要銷售至中國及日本。[10]有的原物料是外國來的，臺灣再加工抽取纖維進行編織，像是來自馬尼拉的麻及非洲東岸的海產纖維，前者銷至英美，後者則原料移出至日本。由於都是剛傳到臺灣，所以尚未普遍。苧麻及絲也是外銷至日本作為上等布料的原料；而苧麻原料為中國的重要輸入原料。新聞最後提到這些臺灣特產都是歐美人士相當喜愛的商品，有助於臺灣產業的發展。由於馬尼拉帽相當搶手，《臺灣日日新報》中有篇新聞〈龍舌草可製帽〉，還特別提到臺中大甲郡清水同業組合的蔡金，以海邊的龍舌草為原料，抽取出纖維後，漂白製成帽子，可以和馬尼拉帽相互競爭。[11]

一九二五年二月二十一日的《臺灣日日新報》的文章〈歐米人向のものを　巴里博へ出品　最高は珊瑚の三千圓〉，還提到上述新聞所沒有的一些細節。[12]在珊瑚這項，該文提到去年一九二四年的捕撈量為一千七百貫。若以當時度量衡來算，一貫為一百兩，相當於三．七五公斤。所以一千七百貫為六千三百七十五公斤。總價達八十萬圓。[13]這些都是原料的價格，等送到日本加工後將成為世界性的商品。

至於蓪草紙的來源，據《經典》雜誌的說法：「而蓪草在臺灣，至少也有三百年的歷史。清朝時期，竹塹城的漢人向山地原住民購買蓪草裡的白色髓心，並製成一張張輕薄的蓪草紙，再運至中國廣州販售。當時竹塹城有八分之一的人口投入蓪草紙產業，成為生產蓪草紙的重鎮。而蓪

9　〈巴里博出品決定〉，《臺灣日日新報》，一九二五・二・二十二。〈歐米人向のものを　巴里博へ出品　最高は珊瑚の三千圓〉，《臺灣日日新報》，一九二五・二・二十一。

10　〈臺灣產の帽子宣傳　笠神氏の盡力て〉，《臺灣日日新報》，一九二四・八・九。

11　〈龍舌草可製帽〉，《臺灣日日新報》，一九二四・十・三。

12　〈歐米人向のものを　巴里博へ出品　最高は珊瑚の三千圓〉，《臺灣日日新報》，一九二五・二・二十一。

13　〈歐米人向のものを　巴里博へ出品　最高は珊瑚の三千圓〉，《臺灣日日新報》，一九二五・二・二十一。

草的地位也近乎茶、糖、樟腦，被視為重要的出口商品。……日治時期，在總督府的扶植獎勵下，新竹的蓪草產業邁向高度商品化，從原本小量的家庭生產，轉變成資本運作的模式，如當時知名的『臺灣蓪草拓殖株式會社』。另外，日本皇室也特別指定使用臺灣的蓪草紙，甚至曾於一九二五年遠赴法國巴黎參加國際手工業博覽會，並獲得優等獎的肯定。」[14]這樣的說法，在上述新聞中也找得到。所謂的蓪草紙是臺灣特有的產物，主要是透過削開樹幹皮取得髓心，再利用工具削成一張張的蓪草紙。這樣的產業主要是在新竹街，高峰的時候，年產數量五萬斤，價格十二萬五千圓。其用途可製成人造花、活動紙、明信片、短冊及色紙等。主要的市場是中國、日本、美國、英國及義大利。[15]

而德國柏林特別下訂的是紙帽子。製作的地方以臺中州、新竹州的沿海地區為主，共有七萬名婦女投入這項編織產業，已成為當時這地區家庭手工業的最大宗產品。[16]紙帽的產量每年可達一百五十萬個，產值五十萬圓，有時可以高達二百三十萬個帽體。這些商品會經由神戶商館，出口至英美兩國；又或是經由倫敦轉運至其他地方。這則新聞也提到這次巴黎博覽會所展示的是賽璐珞版本的。[17]

另外的大甲帽，一般臺灣也通稱「巴拿馬帽」，是利用大甲的藺草手編而成，年產二十五萬頂。外銷至日本及中國。馬尼拉麻帽則有五十萬頂，共有八十萬圓產值。至於苧麻及絲，每年有三百萬斤，產值則有四十萬圓。[18]

大大阪博覽會

除了巴黎博覽會之外，一九二五年還有各種大大小小的博覽會在宣傳臺灣特產，日本的大阪博覽會是一個，辦在滿洲的大連日華博覽會是另外一個，而熊本市也有三大事業紀念國產共進會的舉行，[19]以下舉前面兩個博覽會說明。

大阪博覽會的重點也是臺灣喫茶店。一九二五年的大阪紀念博覽會自三月開幕以來，付費進場者每天有兩、三萬人，碰到星期天及紀念日這兩天，人數還會高達十六萬三千多人。[20]其中第

---

14 賴英錡，〈發現藺草之美　守護百年紙工藝文化〉，《經典》，二三七期（二〇一八年四月）。http://www.rhythmsmonthly.com/?p=34206。瀏覽日期，二〇二三．十．一。

15 〈歐米人向のものを　巴里博へ出品　最高は珊瑚の三千圓〉，《臺灣日日新報》，一九二五．二．二十一。

16 〈歐米人向のものを　巴里博へ出品　最高は珊瑚の三千圓〉，《臺灣日日新報》，一九二五．二．二十一。

17 〈歐米人向のものを　巴里博へ出品　最高は珊瑚の三千圓〉，《臺灣日日新報》，一九二五．二．二十一。

18 〈歐米人向のものを　巴里博へ出品　最高は珊瑚の三千圓〉，《臺灣日日新報》，一九二五．二．二十一。

19 〈熊本の共進會に　臺灣館を特設し臺灣　物產の大宣傳をなす〉，《臺灣日日新報》，一九二四．十一．十四；〈熊本共進會の臺灣物產は　賣約開始と同時に　忽ち全部賣切れ　喫茶店食堂も好評〉，《臺灣日日新報》，一九二五．四．一；〈熊本共進會　臺灣館の施設　特色は濃厚な南國情調〉，《臺灣日日新報》，一九二五．二．十九。

20 〈大大阪博覽會に　臺北州の後援で出品／希望〉，《臺灣日日新報》，一九二五．二．十三。〈大大阪博覽會で　案外成功して居る　臺灣物產の宣傳　一番賣行の良い烏龍茶〉，《臺灣日日新報》，一九二五．四．十六。

一會場人氣最旺的就是臺灣喫茶店，有了臺灣美人的接待，人潮遠超過特設館的朝鮮館及滿蒙出品館。喫茶店中最暢銷的商品就是一杯十錢的烏龍茶、芭蕉煎餅與芭蕉牛奶糖。這幾款商品的買氣還高於朝鮮館的朝鮮餅、人參茶。所以每日從早上十點至下午五點，都是人潮不斷。此外，臺灣物產廉賣館裡的藤製品、竹木製器、臺灣林投帽、角細工品、烏龍茶菓子等商品，也是吸引很多人的目光。[21]

對於大阪博覽會中臺灣喫茶店的熱門情況，當時臺北茶商公會也有派出差人員現地考察參觀大阪的人數。以一九二五年的三月十七日為例，當日因為工程的關係，三點開館到五點閉館，兩個小時的時間，一共擠進了四百二十五人。十八日起人數飆升，有一千一百五十六人，十九日則有一千一百九十四人。到了二十日，又增加至一千兩百五十三人。在招待人員方面，臺灣館安排了臺灣本島人的臺灣美人二位，日本內地的四名。也因為有這些人員，才大增臺灣館的人氣。[22]這條新聞中也提到了另外一個展覽熊本共進會，原來同個時間左右，在九州也辦了一場博覽會，也設有臺灣館。同樣也是因為喫茶店設有臺灣美人而人潮滿滿，所不同的是女招待人數更多，共有八名。[23]由於回響熱烈，大阪博覽會結束時，新聞還特別寫博覽會與捧茶女所達成的佳績，並指稱兩人將於五月八日搭便船返臺。[24]

〈博物館及各館陳列品〉一文是《臺灣日日新報》記者針對從大阪看完展回臺的民眾所作的訪談，相當詳盡地介紹博覽會的參觀體驗。[25]大阪紀念博覽會是一個全市型的博覽會，主要場地是大王寺公園及大阪城，另外有五大百貨店為協贊館，計有三越、大丸、高島屋、松坂屋及十合這五家百貨店。主會場除了本館、機械館外，另有巴拿馬館、慶賣館、娛樂館、參考館、臺灣館、朝鮮館、大陸館、豐公館等。本館分為二十七部門，有水路、常設館、空中、交通、教育、保健、信仰、運動、社會事業、兒童、女子、農林、名物名所、工業、趣味及娛樂、劇界及音樂、建築、食料、文藝、電化、光、燃料、工藝、服飾、貿易、商業、家庭及文化。[26]其中，臺灣館在娛樂館前之廣場，分喫茶店、廉賣館、建設特展館。喫茶店就是宣傳臺灣特有的烏龍茶，當中安排有臺灣美人當捧茶女，因此入館的人數較朝鮮館為多，頗受各界好評。參考館則是蒐集各方的參考資料，有大阪及世界各地都市的城市面積、各種圖表。豐公館則在大阪城舊天守閣，其設計樣式，壯麗雄偉，令人聯想起豐臣秀吉的偉大事蹟，建築面積達兩百坪，登上頂樓可以遠眺大阪市區，方圓六十五里可盡收眼簾。[27]

21 〈博覽會及茶店〉，《臺灣日日新報》，一九二五．四．四。
22 〈大減包種茶載貨　大阪商船一箱減十五錢〉，《臺灣日日新報》，一九二五．三．二十七。
23 〈大減包種茶載貨　大阪商船一箱減十五錢〉，《臺灣日日新報》，一九二五．三．二十七。
24 〈博覽會及捧茶女〉，《臺灣日日新報》，一九二五．五．二。
25 〈博覽會及各館陳列品〉，《臺灣日日新報》，一九二五．五．三。
26 〈博覽會及各館陳列品〉，《臺灣日日新報》，一九二五．五．三。
27 〈博覽會及各館陳列品〉，《臺灣日日新報》，一九二五．五．三。

大連日華博覽會

大連市議員、市參議會員的小田斌，寫信給臺北州，提到大連市將以二十萬經費主辦日華博覽會。[28]時間預計於一九二五年的八月十日至九月十五日。主要目的在為了南滿的貿易發展，而不是考量內地日本，希望樺太（庫頁島）、臺灣、朝鮮三地參加，特別是臺灣。尤其以往臺灣與滿洲之間的關係來往密切，希望能夠專門設置臺灣館，以展示臺灣物產。這樣的發展是早於日俄的互動。為了要宣傳烏龍茶，希望設置臺灣喫茶店，並特別要求安排歷來博覽會喫茶店大都有的「臺灣美人」擔任接待。臺灣美人與博覽會之間的關係，早在一九〇七年的東京博覽會上就可見到，當時報紙的標題是寫著「臺灣館と臺灣美人」。[29]事實上，臺灣的媒體在一九〇〇年時就已經在新聞的標題中用到「臺灣美人的風裝」的用語來描述臺灣美人的風姿樣貌。[30]對一個在滿洲大連擔任市議員的人而言，「臺灣館」能夠幫一個地方型的博覽會或共進會帶來怎樣的人潮與商機，從歷來的新聞媒體訊息中應該知道，因此他才會特地寫信給臺北州的相關人員，希望增添大連市的博覽會人氣，也為臺灣貿易的海外拓展找到出路。[31]

一九二五年的二月二日《臺灣日日新報》中的新聞〈喫茶店置臺灣美人〉。[32]文中提到，臺灣總督府對於參加熊本共進會，設置喫茶店，大力宣傳臺灣茶，相當關注。特別與臺北茶葉公會簽訂合約，委由他們負責經營臺灣喫茶店。並與四月的京都紀念博覽會的臺灣喫茶店，一同宣傳。至於針對九州方面，為了要擴張臺灣茶的外銷通路，需於三月上旬，就預作準備，派遣事務員出差，並選拔臺灣妙齡美女二或三名作為「女給仕」，以招徠顧客。這篇新聞特別強調了女給作為臺灣喫茶店的招待形式是屬於臺灣式的，可見女給在當時臺灣已經是新式餐飲店中相當特別的女招待。[33]

有的博覽會的臺灣喫茶店的臺灣美人的照片也會刊上媒體，像是一九二四年三月二十日開幕的京都紀念博覽會就刊出大頭照。兩人都相當年輕，都是十八歲，分別是陳罔市及陳紅緞。[34]這次博覽會的開幕前幾日，每日的參觀者有到一萬多人。而臺灣館喫茶店，委由臺北茶商公會負責經營，剛開幕每天有門票的喫茶顧客有八百多名，第二天則上升至一千三百人左右。[35]到了四月十日，進入過臺灣館的人潮，免費的有三千多人，而購票者有三萬五百五十二人，收入金額高達三千零五十五圓二十錢的新高。[36]

---

28 〈大連日華博覽會　深望臺灣參加〉，《臺灣日日新報》，一九二五・二・二。
29 〈臺灣館と臺灣美人〉，《臺灣日日新報》，一九〇七・四・五。
30 〈臺灣美人の風裝〉，《臺灣日日新報》，一九〇〇・二・七。
31 〈大連日華博覽會　深望臺灣參加〉，《臺灣日日新報》，一九二五・二・二。
32 〈喫茶店置臺灣美人〉，《臺灣日日新報》，一九二五・二・二。
33 〈喫茶店置臺灣美人〉，《臺灣日日新報》，一九二五・二・二。
34 〈臺灣喫茶店の二美人　京都博覽會で働く　左　陳氏罔市（十八）〉，《臺灣日日新報》，一九二四・三・十五。
35 〈京都博覽會賑ふ　喫茶店も大入滿員〉，《臺灣日日新報》，一九二四・三・二十五。
36 〈喫茶店入場者　約三萬四千人〉，《臺灣日日新報》，一九二四・四・二十。

為什麼臺灣總督府會這麼積極地藉由博覽會宣傳臺灣茶，特別是烏龍茶？報刊中也有記載，當時臺北州內務部長東忠藏，特地趁著京都紀念博覽會的機會，專程到京都一趟宣傳烏龍茶。原本日本對臺灣茶業的喜好以紅茶為主，每年金額達數十萬圓。但烏龍茶的引進較晚，接受度不像紅茶，每年不過一萬圓。對於內務部長而言，烏龍茶不比紅茶差，而是歸咎於以往的宣傳不夠的關係。遂趁著博覽會，加強在京阪、名古屋等的重要旅館、洋食店、料理店及喫茶店，進行宣傳。[37]但博覽會臺灣館這樣的烏龍茶宣傳方式，相較於朝鮮或關東州的日本式的，也會遭批評說這是美國式的。[38]

臺北州對於此次京都紀念博覽會相當重視，除了派上述內務部長之外，還有川村勸業課長及貝山商工係長，至日本各地宣傳米茶。做法是「一面凝其意匠，作絕妙傳單，利用各種機會，極力宣傳」。在茶方面，會針對特色用法具體詳書，讓人一見到就明白。此行，東內務部長至三大都市時，也見識到大阪茶商在宣傳方面，會積極到親自至顧客寓所拜訪。他們還打聽到印度紅茶，近年輸入達七十多萬圓，若是烏龍茶能夠取代印度紅茶，則會增加烏龍茶的通路。[39]

那不僅是一個博覽會的時代，還是一個臺灣物產到處跑博覽會的時代。〈臺灣物產宣傳〉一文寫得相當清楚，有時候寒帶地區也會積極地邀請熱帶的商品過去參展，像是日本岩手縣、北海道及朝鮮清津等地。其中岩手縣辦的是新日本紹介展覽會。介紹臺灣、樺太、朝鮮、關東、

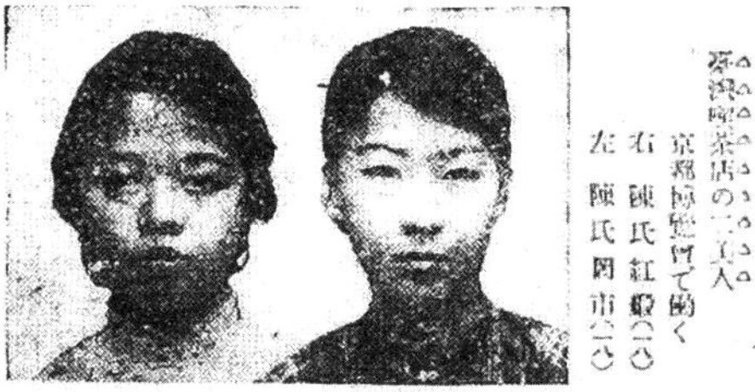

2-2 博覽會中臺灣喫茶店的臺灣美人照

南滿洲及南洋的地理、風俗產業有關的資料與物產，以加強這幾個地方的通商發展。這一場展覽會，總督府就特別委託技師堀內政一負責，共運送了兩百八十種商品參展，有木工品、竹細工、大甲製品、水牛角及食糧品等。而北海道園藝共進會，臺灣送去展示的則有芭蕉、柑桔類、蜜餞、乾燥蔬菜、果實蜜、乾筍等。而朝鮮清津的參展主要是臺北州負責，展品多為原住民物產、木工品及竹細工共二百件。[40]臺灣館在各大博覽會賣力展出的足跡也跨到東南亞，就連爪哇在一九二四年也辦共進會，十天下來擠進了七萬五千多人，光是喫茶店每日都有千人，反應相當熱烈。[41]

女給仕

根據廖怡錚的研究，女給為日文名稱，日文的寫法為じょきゅう，是「女給仕」的略稱，有

37 〈烏龍茶擴消路〉，《臺灣日日新報》，一九二四・四・三。

38 〈京都記念博覧會の　臺灣館は亜米利加式　宣傳が却却上手との批評〉，《臺灣日日新報》，一九二四・四・四。

39 〈臺北州宣傳米茶〉，《臺灣日日新報》，一九二四・四・十三。

40 〈臺灣物產宣傳　個人設臺灣館於朝鮮清津〉，《臺灣日日新報》，一九二四・八・二十一。

41 〈臺灣館大好評　十日間の入場七萬五千〉，《臺灣日日新報》，一九二四・七・四；〈爪哇の製茶共進會で　好評を博した臺灣館〉，《臺灣灣日日新報》一九二四・七・二十四。

女性服務員的意思。[42]女給仕這名稱什麼時候出現在媒體中成為常見的名詞？這大概是一九二〇年之後的事。但從一九一一年的新聞中，就可以見到「女給仕」的名稱，[43]但她與喫茶店有連結，卻是一九二〇年代之後的事情，大多是因為博覽會的關係而聲名大噪。到了一九三〇年代，女給才又與珈琲店畫上等號。[44]

一九二〇年三月十日，《臺灣日日新報》中的〈茶店女給仕內渡〉就已經提到女給仕與博覽會的關係。該年的三月二十日至五月十日，福岡市將召開工業博覽會。展覽會場設有臺灣館，其中開設有臺北茶商公會所設置的臺灣喫茶店，建築物兩層，樓下六十七坪多，充作喫茶店店面，樓上十六坪，則為接待室。這間喫茶店的女給仕全由妙齡的臺灣本島人擔任，目的在大力宣傳臺灣茶。該文對女給仕的穿著有詳細的描述，為所有資料最詳盡者。在福岡博覽會的女給仕的穿著及鞋子其實是臺灣樣式，初見與艋舺的女校學生制服很像。一共有八名，年紀落在十一歲至十六歲間，姓名也都寫出來。這群人的監督人是一位叫李項的臺灣婦人，她常往來京都、東京、北海道各博覽會的喫茶店，所以相當熟悉這行的宣傳。就算是這八位女給仕中，也有兩位曾經有過至北海道博覽會擔任招待的經驗。福岡博覽會臺灣喫茶店的隨行人員中，還有茶商公會的事務員吳約書，負責攜帶喫茶店的重要物品如包種烏龍茶及砂糖，光是茶價就值六百五十圓。[45]

一九二〇年之後，我們見到比較多的稱呼是女給而非女給仕。這些名稱不完全都與博覽會有關，大多數是在有關料理店、飲食店、私娼、社會案件或是警署訓誡有關的新聞中會見到女給這名稱。有時候也會見到「女給」這用語會和其他特別行業中的女性一起被問卷調查。像是一九二六年的十月十八日的新聞就提到臺灣總督府警察局即將進行全島的調查盤點，對象是藝妓、娼妓、酌婦、女給及私娼。臺北市南署先針對萬華的遊廓進行調查。[46]到了一九三〇年代，女給的新聞轉為比較正面，且多與珈琲店有關。

在一九三〇年代的臺灣，處處可見大城市的街道兩旁種滿了象徵南國風情的椰子樹，學生們到國內和日本修學旅行，節假日裡家人朋友們會結伴到各種新式公園休閒遊憩，或者參觀博覽會。然而最浪漫神祕的地方，莫過於喫茶店與珈琲店，特別是珈琲店。走入一九三〇年代臺灣的珈琲店，一進門並不是撲鼻而來的咖啡香，而是「煙霧與酒氣混雜出迷幻的氣氛」。在此，「你可以請吧檯酒保，給你一杯調酒或威士忌；也可以

2-3 《臺灣日日新報》中的特別行業女性盤查照

42 廖怡錚，《女給時代：一九三〇年代臺灣的珈琲店文化》（新北：東村，二〇一二），頁一二。

43 〈臺南雜信　女給仕採用〉，《臺灣日日新報》，一九一一・九・二十四。

44 〈臺南雜信　女給仕採用〉，《臺灣日日新報》，一九一一・九・二十四；〈茶店女給仕內渡〉，《臺灣日日新報》，一九二〇・三・十；〈大阪博の臺灣館　喫茶店の女給も出發〉，《臺灣日日新報》，一九二五・三・十一。

45 〈茶店女給仕內渡〉，《臺灣日日新報》，一九二〇・三・十。

46 〈全島的に調べる　藝娼妓酌婦女給及び私娼の正確な經歷〉，《臺灣日日新報》，一九二六・十・十八。

走到另外一間包廂，欣賞不定期展覽」。而在這樣的空間內，你可以見到有「女給」在旁陪侍飲食的特色。

《女給時代：一九三〇年代臺灣的珈琲店文化》一書，談的就是這方面的故事。透過此書，我們才了解，所謂的「人美，酒就香」才是珈琲店待客之道的最佳王牌。[47]在珈琲店裡，只要你願意付些小費，就可以和女給「談場限時的虛擬戀愛」。這種戀愛並非是一九三〇年代所鼓吹自由戀愛的本質，而是建立在金錢基礎上的遊戲。[48]女給職業的收入，完全依靠上門顧客的小費，並藉由個人手腕找尋贊助者支持。因此，以青春為本錢、交際作為手段的女給職業，不需要繁複的技能訓練與資格審核。「來當女給吧！自立、自由又美麗」對於家境困難的女性而言，相當具有吸引力。[49]

珈琲店與女給是一種互利共生的依存關係。前者提供女給工作場所，以及摩登的符號。即使女給穿著傳統和服，從事近代職業的身分，至少已經和傳統女性的形象有明顯劃分，進而以新女性、摩登女性或職業婦女自居。[50]當時前往消費的顧客群，除在臺日人、行政官僚外，臺灣本土文人與新生代知識階層也都是珈琲店的常客。[51]面對不同客源，各家珈琲店紛紛塑造女給的紅牌形象，所以有以知性氣質美女取勝的女給，有肉感美女，也有以性格乖僻大受歡迎的。由於女給是當時珈琲店的搖錢樹，各店家常興起「挖角大作戰」。[52]此外，當時男性前往消費，無非就是要享受女給服務時所帶來的感官刺激。男性顧客如何擄獲女給的心，成了男性的終極目標，因此各種「吃女給」戰術成了教戰守則。[53]然而，在這場虛擬的愛情遊戲裡，究竟「誰是冤大頭」？答案相當明顯。男客和女給都不是贏家，「男性顧客可能會被敲詐錢財，女給則有受騙上當的風險，賠上身體、感情或是積蓄」。最後坐收漁翁之利的則是珈琲店老闆。[54]

日治臺灣的珈琲店文化，大約僅持續了十年，到一九三〇年代末，此風潮就漸漸消退，已經是「老狗玩不出新把戲」。[55]因此，在摩登臺灣的「女給時代」裡，衛道人士不免語重心長地提出「遊女亡城、珈琲店亡國」的警語。然而，這種文化逐漸受到大眾的接受及認同，不再視「女給是沒有知識、沒有教養的女性，甚至是等同於娼妓的存在」，而認為「女給也是一位獨立的女性！」[56]

47 《女給時代：一九三〇年代臺灣的珈琲店文化》，頁三八。

48 《女給時代：一九三〇年代臺灣的珈琲店文化》，頁三五。

49 〈「來當女給吧！自立、自由又美麗」：新職業的吸引力〉，《女給時代：一九三〇年代臺灣的珈琲店文化》，頁八六－九一。

50 〈珈琲店與女給的依存關係〉，《女給時代：一九三〇年代臺灣的珈琲店文化》，頁九六－一〇二。

51 《女給時代：一九三〇年代臺灣的珈琲店文化》，頁一〇四。

52 〈知名女給的個人風格與雜談〉，《女給時代：一九三〇年代臺灣的珈琲店文化》，頁一〇六－一〇九。

53 〈吃女給招數vs.接客戰術〉，《女給時代：一九三〇年代臺灣的珈琲店文化》，頁一二四－一三二。

54 〈誰是冤大頭〉，《女給時代：一九三〇年代臺灣的珈琲店文化》，頁一三四－一三九。

55 〈熱潮消退後的珈琲店〉，《女給時代：一九三〇年代臺灣的珈琲店文化》，頁一七八－一八八。

56 〈「遊女亡城，咖啡店亡國！？」：為女給辯護〉，《女給時代：一九三〇年代臺灣的珈琲店文化》，頁一五二－一五八。

博覽會與喫茶店

一九三〇年二月二十七日，臺灣社會運動者簡吉在獄中寫信給親人，請求代為寄送國際書局所出版的《世界文化史大系》。這間國際書局就是他那有臺灣共產黨身分的朋友謝雪紅出資成立的，原本還申請了喫茶店，可惜未獲准通過。[57]

喫茶店按照日治臺灣的行業分類屬於「特殊接客業」，在同一種分類中還有料理屋、飲食店及珈琲店。喫茶店的特色為設有客室及洋風設備，提供簡單西式餐點，主要項目為咖啡、紅茶、蘇打水等非酒精飲料，還有冰淇淋、洋菓子、麵包及水果。喫茶店和珈琲店不同的地方在於喫茶店不提供酒類，而且店裡面的女侍除了餐飲服務外，不得提供其他接待客人的活動。

提到喫茶店，就不得不讓人聯想到前面提到的珈琲館以及博覽會。早在一九〇三年，臺灣就透過博覽會的喫茶店，吸引了國際的注目。[58]這也影響了日後一九二〇年代餐飲業開設西式料理餐廳時，借「喫茶店」來命名，以和珈琲店區隔。喫茶店剛開始的名號是透過博覽會而聞名的。例如一九二〇年福岡要舉辦工業博覽會，[59]大稻埕的茶商公會為此開

2-4　臺灣喫茶店的女侍照

了評議委員會，打算在博覽會會場設置喫茶店，但因當時臺灣米的內地市場滯銷，無法支付過多費用，該公會僅能出資一千五百圓，其餘款項擬請總督府補助。[60]日治之後，臺灣茶業有了新的發展。像是紅茶與烏龍茶的興起、官方的推廣、民間組織的成立。紅茶是日本大力推廣的茶葉。相較於紅茶的大量出口，烏龍茶的產量大多供應島內所需。當時官方的茶業政策有成立研究單位，制定檢查規則，減輕茶稅，以及組織茶葉株式會社及同業公會。因而茶商公會總是和喫茶店脫離不了關係。

這些博覽會展期間，都可以吸引數萬人次進喫茶店消費，如何在結束時延續人氣，常成為臺灣茶商苦思的重點。一九二四年四月二十六日的《臺灣日日新報》就記載，東京三越吳服店及京都臺灣喫茶店的臺灣茶宣傳，相當成功。但這景況只有在共進會這樣的博覽會期間才有，要如何經營永續的喫茶店，是未來的計畫。因而，當月他們就派公會的成員吳文秀前往日本考察，預計

---

57 《簡吉獄中日記》，一九三〇・二・二十七。https://taco.ith.sinica.edu.tw/tdk/%E7%B0%A1%E5%90%89%E7%8D%84%E4%B8%AD%E6%97%A5%E8%A8%98/1930-02-27?w=%E3%80%8A%E4%B8%96%E7%95%8C%E6%96%87%E5%8C%96%E5%8F%B2%E5%A4%A7%E7%B3%BB%E3%80%8B&p=%E3%80%8A+%E4%B8%96+%E7%95%8C+%E6%96%87+%E5%8C%96+%E5%8F%B2+%E5%A4%A7+%E7%B3%BB+%E3%80%8B。瀏覽日期，二〇二三・十・二。

58 〈博覽會內の喫茶店〉，《臺灣日日新報》，一九〇二・八・二十三。文中提到隔年的大阪博覽會要設喫茶店。

59 〈臺灣喫茶店の給仕女　福岡の工業博覽會に於ける〉，《臺灣日日新報》，一九二〇・三・九。

60 〈茶商と喫茶店〉，《臺灣日日新報》，一九二〇・一・二十五。

五月中回臺。然後與陳榮森這一方合作，預計當月下旬到日本的東京、大阪及京都三個城市，開設喫茶店，大力宣傳臺灣茶。[61]

喫茶店是日治時期，除了珈琲館之外，另一個提供西洋料理的受歡迎場所。據陳玉箴的研究，喫茶店於一九二三年左右開始出現，大多是由販賣洋菓子的日本商家開設，例如水月喫茶店、[62]末廣喫茶店；另有一些是由料理店跨行開設，像是永樂料理店。另外像是以化妝品聞名的資生堂，也開有喫茶部。吳新榮就常到森永喫茶店吃正式西餐。一九三八年八月五日。他到達臺南後，就立即去探訪友人王烏硈先生，搭乘同一班車的還有庶務課的織田、八代兩位先生，原本要一同吃晚餐。吳新榮因小孩在身邊有點不方便，就藉口離開他們，先到糖果店及藥局去，然後到森永喫茶店吃高級套餐，可惜這套西餐並不好吃，吳新榮或許吃習慣日本料理，還不習慣西餐口味。隔天，參觀臺南歷史博物館後，又到林百貨公司吃午餐。父子一起吃親子丼和一碗清湯，美味可口。直說，畢竟東洋人還是該吃東洋料理。[63]

一九二〇年代末，喫茶店開始興盛起來。大型食品企業紛紛開設喫茶店。一九三〇年底，明治製菓也開始設置新店；另一間大型製菓公司森永則在大稻埕開設喫茶店。一九三〇年也是臺灣喫茶店的黃金時代。當時的喫茶店紅到地方政府要頒布州令來管束。一九三〇年十月，當時報載喫茶店是那時民眾的最愛，料理店受到影響，關閉的不少，臺中州的青樓業因而沒落，所謂「臺中青樓寂寞日甚」。光是臺中，內地日本人經營的就有十六家，本島人的有十家，以人口五萬來算的臺中市，這比例算是高的。由於競爭激烈，常造成治安的混亂，引起州廳警務部門的注意。但限於州令，只有限制經營者，沒有限制場所。經十月六日公告，此後，凡是學校、神社、醫院、圖書館附近一百公尺內，不得設有喫茶店。[64]

臺北大稻埕一帶，更是在一九三五年的始政四十周年博覽會開幕後，新開了許多喫茶店，約有三十家。由於店內常見有十三、四歲，或是二十歲前後的少女在招攬顧客，影響風紀，跟珈琲店的女給一樣，也引起警方的注意。一九三六年二月二十二日，進而召集附近所有喫茶店業者，簽訂誓約書，彼此約法三章。業者該遵守的項目有：一、有關喫茶店內服務的女子，不得由其他地方的傭人兼任。二、即使是自己家族的人，凡十四歲至四十歲，都不得在店內接待客人。三、店內不得用布隔間，也不能使用蓄音器或電音設備。四、不得販賣喫茶類、餅類、青果、飲料水、冰品以外的食物，也不行代客人購買。五、店內的廚房、客室須保持清潔，下水道要每日消毒。六、婦女不許在店內歌舞。[65]

一九三六年十月三十日的《臺灣日日新報》，「躍進臺灣的全貌」第二輯，介紹了嘉義的景點，有阿里山、有吳鳳廟，還有津本寫真館所經營的食堂、喫茶店。文中附了兩張清晰的照片，

---

61 〈計畫臺灣喫茶〉，《臺灣日日新報》，一九二四．四．二十六。
62 〈文藝座談會〉，《臺灣日日新報》，一九二六．四．三十。
63 《吳新榮日記全集》，一九三八．八．五。
64 〈制限自動車騷音　管東喫茶店　臺中頒布州令〉，《臺灣日日新報》，一九三〇．十．九。
65 〈大稻埕の喫茶店に　光る當局の眼　風紀紊亂にきついお達し〉，《臺灣日日新報》，一九三六．二．二十二。

從這可以見到這間喫茶店西式的建築物外觀，以及內部的裝潢。[66]當時喫茶店有多紅，就連吳新榮的朋友要開間新店，也是想開喫茶店。一九三九年九月十日晚上，番仔寮的楊萬壽來探訪吳新榮，就跟他提說想在臺南開一家喫茶店，楊可不是一般的商人，他那時最想加入的團體是「臺灣詩人協會」。[67]

喫茶店除了可以吃到西餐外，也是當時文人聚會的重要地點。一九四二年七月十五日。吳新榮一早到達臺北火車站，友人鄭國津來接他，一同到了樺山町他的寓所吃了早餐，稍微休息一下。由於鄭君還要去上班，吳就自己到城內去，逛書店、百貨公司走走。這之前他也曾去過新公園內的臺灣博物館，正好有日本水彩畫展，就進去參觀。有一幅題為「萱草」，和父親同名，問價格後，嚇了一跳，開價三百圓，只好放棄。到街上散步，已是中午，進入食堂，想吃些什麼，老闆說不賣給吳新榮。對

2-5　嘉義的喫茶店

2-6　喫茶店中的內部空間

此，吳覺得很不可思議，可能自己的風采不怎麼體面，但也不至於看起來像鄉巴佬。直覺世間竟現實到如此程度。因而，在日記裡記載說，商人固然不必講些什麼屁道理，但如此主客顛倒做生意，真覺得是世界末日了。其實，吳新榮這一天的重頭戲是去明治製菓公司。午後，他就回到鄭國津家吃茶泡飯。然後到大稻埕去看陳培初，在永樂町跟他見面，一起到城內明治製菓公司。在這裡參加「臺灣文藝家協會」的總會，是此行的主要目的。[68]

喫茶店也是當時約會的重要場所。一九四三年六月十一日。當天早上臺南來了電話，說奇珍兄生病了，要吳新榮過去診療。他就搭近午巴士去一看，判斷為自家中毒性急性腸胃炎，實在嚴重，就給予體液補給和強心劑等治療，略見好轉。於是，和以前提起的林勸治小姐取得連絡，約定在「尤加利」喫茶店見面。午餐後按時前往，林小姐也來了，是一對一的初次見面。吳新榮心想，不愧為去過中國九江的人，膽量過人。只有見面，沒辦法進一步了解，想找個能好好談話的地方，但雨還是不停，最後兩人改去參觀博物館。[69]

然而，這些餐飲習慣一旦碰到了戰時體制的規定，多少也受到影響。一九四一年的二月一日。林獻堂當天本來打算和五弟去臺中宴會，因為碰到這一天是「東亞奉公日」，有禁酒規定，

66 〈津本寫眞館の活躍　食堂、喫茶店經營〉，《臺灣日日新報》，一九三六．十．三十。
67 《吳新榮日記全集》，一九三九．九．十。
68 《吳新榮日記全集》，一九四二．七．十五。
69 《吳新榮日記全集》，一九四三．六．十一。

因而作罷。[70]根據佐佐木隆爾的《昭和史の事典》中對「東亞奉公日」的解釋，此為精神總動員運動的一項。一九三九年九月一日開始，定每個月的第一天為奉公日，當日，所有餐廳、喫茶店都要停業，禁止賣酒，霓虹燈關閉。此外，民眾一早要去參拜神社，大人要一湯一菜，禁菸禁酒，小孩子只能吃僅有一個梅乾的便當。當時角砂糖的銳減，連帶影響喫茶店內咖啡及紅茶的供應，有一陣子，喫茶店為此還集體向政府陳請，請求平穩物價。一九四一年之後，喫茶店生意也受到物資短缺的影響，受歡迎的情況已大不如前。[71]

二、體驗地方：中部臺灣共進會與行啟

午前九時二十分新竹出發，式穀、元壁外有克繩、繼圖兩孩子同伴。午后一時過抵臺中，人山人海，有憲兵及巡查出外取締，如同貨物大不親切。車站有老曾父子一行等候，一同至蔡老九宅，肇基、雅詩一行在。我們往仙遊亭中食，然後出觀共進會。打從水泳場的水龍處入公園絣賣店調查一番。入土木電氣館、造林館、工業館、畜產館、衛生教育館，共費兩時間。雨微至，回蔡老九宅休憩，隨便晚餐。一行（老曾一行往梧棲去）赴七時臺中發（遲刻三十分）五分車，霧峯行。各車殆無立錐餘地，站得兩腳麻痺。一路電〔雷〕鳴電閃，雨淅瀝下。八時過抵霧峯，冒雨訪獻堂氏，晤面片刻，因很疲倦，主人辭入，互相什談，至十時半過才就睡。[72]

70 《灌園先生日記》，一九四一．二．一。

71 〈不徹底な店もある　喫茶店の價格表示取締〉，《臺灣日日新報》，一九四一．三．八；〈喫茶店の陳情〉，《臺灣日日新報》，一九四一．十一．十八。

72 《黃旺成先生日記》，一九二六．四．三。

一九二六年的四月三日，黃旺成和家人從新竹搭火車到臺中。在車站遇到曾姓友人，一行人就一起至蔡蓮舫家拜訪，剛好新竹州協議會員鄭肇基、新竹信用組合理事鄭雅詩都在場。此時的黃旺成已是《臺灣民報》的記者，拜訪了他在一九二〇年工作過的臺中清水仕紳蔡蓮舫家。[73]據國家文化記憶庫的資料，蔡蓮舫出身清水，一八九六年已被臺灣總督府拔擢為大肚上堡大總理兼任保良局長。隔年獲得敘勳六點瑞寶章以及配授紳章。地方制度調整時，他任職臺中廳參事與地方公學校之學務委員、土地調查委員、農會議員與區長等等職務。他不僅與官方互動良好，且因為熱心公益，是地方上頗為敬重的人物。[74]中午在他常去的酒樓仙遊亭用餐後，大家就往共進會參觀去。逛了土木電氣館、造林館、工業館、畜產館、衛生教育館，共花了兩小時的時間。到了晚上才坐五分車至霧峰拜訪林獻堂，當晚就在該處過夜。

上述的共進會可是一九二六年的大事，特別是中部的大事。共進會指一九二六年，為慶祝行啟記念館竣工、在臺中州舉辦的中部臺灣共進會，是日治時期中臺灣重要的展覽活動。該館為紀念一九二三年皇太子裕仁親王（昭和天皇）的臺灣行啟而建造，耗資約六萬數千圓，面積四百餘坪，一九二三年的五月就已經有了構想，[75]一九二五年四月動工，一九二六年三月十三日舉行落成式。

中部臺灣共進會共有五個展覽場和五個特設館。在〈共進會場一瞥〉這則新聞中提到：「臺中市官民，自前項因皇太子殿下行啟，欲為永久紀念。新築行啟紀念館，近時落成，爰乘此絕好機會，籌開中部臺灣共進會。去二十八日上午十時起，在臺中市第二小學校內，舉行盛大開會式，已登前報。其會場之設備裝飾，可謂無微不至。其出品物，殆網羅全國，總數凡一萬數千點，茲將各會場陳列概要列左。」[76]開幕式在臺中市第二小學舉行，時間是三月二十八日上午十點，十二點才開放一般民眾入場。[77]當天的典禮由木下所六內務局長代理臺灣總督出席主持會議，出席的貴賓還有片山殖產局長及橫光商工課長。[78]當日臺中街頭擠滿了準備入場參觀的人潮。路上不僅有行人、商人，還有來自能高山、新高山及東勢山區下山的原住民觀光團。展覽當天還安排了五十位女性工作人員，身上佩上綠色的共進會名牌，在現場提供服務。[79]早在兩天前，附近的旅館就已經客滿，像是著名的春田館在二十六日時就已經貼出額滿公告，不再開放入住。[80]根據

---

73 〈黃旺成先生大事記要〉，https://memory.culture.tw/Home/Detail?Id=15814&IndexCode=Culture_Object。瀏覽日期，二〇二三．九．二十八。

74 〈日治時期台中州清水仕紳蔡蓮舫〉，https://memory.culture.tw/Home/Detail?Id=476252&IndexCode=Culture_People。瀏覽日期，二〇二三．九．二十八。

75 〈臺中行啓紀念館〉，《臺灣日日新報》，一九二三．五．十三。

76 〈共進會場一瞥〉，《臺灣日日新報》，一九二六．三．三十。

77 〈一千名を招待し　共進會開會式　二十八日午前十時舉行　一般入場は同十二時／期待される　ボスター館〉，《臺灣日日新報》，一九二六．三．二十五。

78 〈木下局長　開會式參列　東部視察の歸途〉，《臺灣日日新報》，一九二六．三．二十一；〈片山殖產南下　共進會參列〉，《臺灣日日新報》，一九二六．三．二十七。

79 〈中部臺灣共進會　今日開會式　共進會氣分橫溢する　臺中市ざわめき〉，《臺灣日日新報》，一九二六．三．二十八。

80 〈中部臺灣共進會彙報／共進會開會も迫り　臺中の旅館は　大入滿員の大盛況　春田館などは客止め〉，《臺灣日日新報》，一九二六．三．二十七。

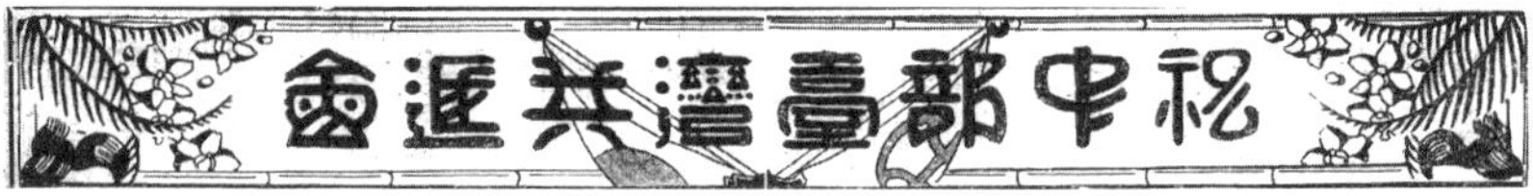

2-7 《臺灣日日新報》中的共進會廣告

臺中市遠藤所六市長的說法，這項展覽雖然辦在臺中市，但是展示的是全島的商品，且還有來自全日本的商品。正好可以展現一次大戰之後，在列強的競爭下，國力的復甦、日本帝都復興及地方的開發情況。[81]典禮的開幕共有千人參加，共進會會長是遠藤所六，在開幕的致詞中，也提到這活動除了是慶祝行啟紀念館落成之外，也是展示總督府執政臺灣三十年在中部的各種設施治績的成果。[82]

第一會場是行啟紀念館，陳列保健、食料、衛生、傳染病、理髮、獸肉及瘧疾傳染徑路。其他有標本、模型圖。入口掛有臺中市的古今地圖對照。其次是衛生有關的一切參考品、花柳病特別室。上了二樓有教育部陳列場，正中央有臺中州各學校的分布地圖。右邊有教育變遷、中小學的學生成績作品、社會教育、特殊教育、體育競技。另一間則陳列博物標本，並有無線電音。三樓屋頂則可眺望臺中全市景觀。由此下樓則會接到「蕃族館」，整體結構是竹木所建築而成，內有原住民住屋模型、作品，及各種植物、農產、林產狩獵物。[83]

第二會場為農工館，在公會堂。左側有裝置機械，實際操作製襪、製蓆、製帽及竹製品的過程。隔壁展廳左側有高雄州的海產物品及魚種、養殖實驗場的實用蛙、在來種及美國種標本。右側有米種標本、什穀類、苧麻織布、藤細工品。走到室中兩列為商工部，內有各種商工製品，像是大甲帽、蜜餞罐頭、織品。還有臺中州的三大農作物產：芭蕉、柑橘類、鳳梨。[84]第三會場畜產館，在武德殿旁道路，為臨時搭建的房舍，內有水牛、爪哇種豬隻。內室還有各種外國雞，皆為州農會所獎勵者，有蛋雞及肉蛋兼顧的雞種。[85]第四會場為林業館，這館特別展現了中臺灣才有的物產特色。建築是臨時屋，蓋在臺中公園內，是用檜木建築而成。裡面設有用電力迴轉的中央山脈概況，周圍陳列營林所山林課及州出產物品，其中不乏數百年的巨木。光是臺中州一年生產的木材就有二十萬石，價格約兩百萬圓左右，主要木材有紅檜、扁柏、香杉、亞杉、姬子松、雜木等。第五會場則是物產陳列館，內有土木、交通及電氣館。比較特別的展示有行啟紀念館的模型。[86]

除了以上五個會場外，另外有產業組合資料展覽會、宣傳標展覽會、專賣館、青年團特設館、書畫骨董展覽會、全國市章展覽會。產業組合展覽會的場地以新富町神原醫院舊跡樓下為會場，羅列各州產業組合的商品，展品商品有三百種。宣傳標館在女子公學校，透過各國圖像，可

81 〈全島の躍進的雄叫高くけふ　產業の都臺中に開かれる　中部臺灣共進會の壯觀〉，《臺灣日日新報》，一九二六・三・二十八。

82 〈千餘の來賓を迎へて　華華しく開會式を擧げた　中部臺灣共進會　正午第一演藝館に協賛會祝宴を開く　餘興は臺中藝妓の粋を集めた踊〉，《臺灣日日新報》，一九二六・三・二十九。

83 〈共進會場一瞥〉，《臺灣日日新報》，一九二六・三・三十。

84 〈共進會場一瞥（續）／第二會場／第三會場〉，《臺灣日日新報》，一九二六・三・三十。

85 〈共進會場一瞥（續）／第二會場／第三會場〉，《臺灣日日新報》，一九二六・三・三十。

86 〈共進會場一瞥（續）／第四會場〉，〈共進會場一瞥（續）／第五會場〉，《臺灣日日新報》，一九二六・三・三十一。

以了解各國國民性。青年團特設館假櫻町二丁目林氏新宅，陳列古時書畫，蒐羅臺灣三百年的難得逸品。另外有協會主辦的兩處演藝場，以作為餘興表演場地。自第一會場到第二會場前的沿途兩側，有市內及全島商人，各式賣店百餘家。[87]

在諸多商品中，前述巴黎世界工藝美術博覽會帶去展覽的重要物產珊瑚，也出現在中部臺灣共進會清單中。一九二六年三月的基隆珊瑚業界雖然是休漁時期，但珊瑚加工業仍相當興盛。像是東洋珊瑚會，由內地新聘五名技術人員，總數十二名職工，在栗田、有島兩位技師的監督與教導下，運轉發動機四台進行加工，已完成多件精巧作品。這些加工出來的商品，已經去過許多地方，像是美國的費城博覽會，中部臺灣共進會因此進帳五千圓，姬路共進會約三千圓。在栗田的指導下，也曾送往巴黎博覽會展出。有島氏則督製價格一千圓的珊瑚項鍊。又在市內增加作業人員二十名。前述的組織組合，於中部臺灣共進會設置共同賣店，並在店內可以綜覽珊瑚加工業的製程實況。[88]其他如平和堂，也準備到中部共進會展售。此外，東洋珊瑚會社，

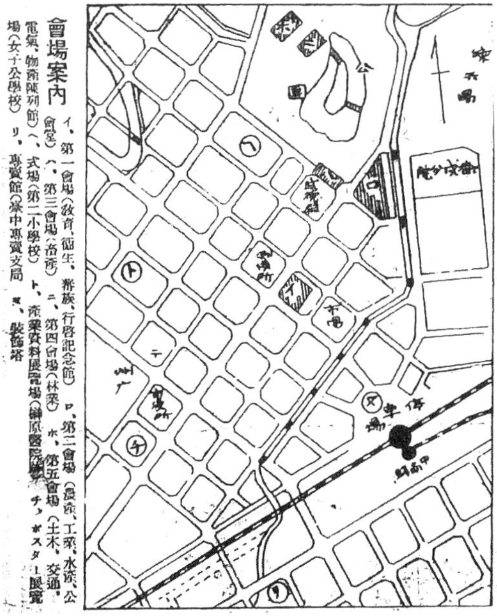

2-8　中部臺灣共進會的位置圖

也新建了加工工廠，將於一九二六年的四月完工，屆時將增聘技術人員，並培養臺灣人的職工，以為大量生產做準備。[89]

除了上述的五大會場的各式展覽之外，還有表演活動的場所「臺中座」。一九二六年一月三十一日，中部共進會協贊會的餘興係長山口義章召集了委員會二十名成員，在榮町的美術俱樂部，就共進會的餘興節目的具體方案，進行協議。雖然意見不一，但結論是演藝館新建案經費龐大不可行。改由借助臺中座及活動常設大正館兩處，進行大裝飾即可。臺中座是第一演藝館，有全臺中的藝妓演出，另有料理店藝妓、初音町廓藝妓，每日分兩次舞踊，入場費二十錢。又大正館為第二演藝館，有放映活動，並有本島人藝妓，合奏唱曲，門票只要十錢。[90]

2-9　中部臺灣共進會的場館寫真

87 〈共進會場一瞥（續）／第五會場〉，《臺灣日日新報》，一九二六・三・三十一。

88 〈臺灣珊瑚出品美國〉，《臺灣日日新報》，一九三六・三・九。

89 〈臺灣の珊瑚を　米國費府博覽會に　出品の為め目下加工中　千圓の頸飾もある〉，《臺灣日日新報》，一九三六・三・八。

90 〈臺中協贊會餘興〉，《臺灣日日新報》，一九二六・一・三十一。

展覽的時間原本是從一九二六年的三月二十八日到四月六日，為期十天，但由於昭和天皇的弟弟高松宮宣仁親王要來參觀，所以又延後到十三日。在臺中辦展覽會的特色是什麼？首先是來參展的展出物相當多，又以日本及其他地區為主。像是商工館展出有六百種，日本內地有四百五十種，朝鮮館二十多種，樺太三十多種，其他各府縣的三百種以上。臺灣地區的則有臺南一百點，臺北還比南部少，只有四十點，這樣的南北差異在臺北以外的展覽會上才比較容易見到。此外，原住民的作品為主的「蕃產館」則有一千八百多種。

在接待方面，中部共進會的會期中，預估每日可有一萬五千人觀賞。[91]為了要照顧大量的參觀人潮，有關送迎的宿泊指南、隨行行李、休息所，事前都做了詳盡的安排，大體上內地人的旅館可容納一千三百多人，臺灣人的旅館可提供給一千六百人住宿。若有不足，則可將寺院、劇院及俱樂部也納入收容力的規劃中。[92]為了要配合臺中的共進會，整個市區各町都裝飾彩電，要使臺中成為不夜城。由於此次展覽以日本商品居多，日本商人特地準備了十萬張的抽獎券，於展覽期間，可一圓購買一張。這獎品的中籤數，特獎五張，一等十張，二等二十張，三等三十張，六等一百五十張，七、八等各五百張，九、十等各一千五百張。特獎是一臺二百圓的腳踏車。這樣價格的腳踏車在當時是天價，一般普通要價約三、四十圓，頂級的「富士霸王號」約一百三十五圓，這部分我們會在第四章有詳細討論。且張張有獎，最小都有火柴一盒，沒有一張是空獎。[93]

共進會除了為臺中市帶來人潮體驗在地特色的展覽，也帶來了不便，民間信仰活動就是一個例子。其中媽祖的迎神賽會，暫時停止。新聞透露當時就有市民為了增加爆竹的銷量，轉而暗中向市長建議可以迎神，但遭到部分市民反對。理由是會讓屆時到臺中看展的全國名士，看到掛上紙枷，打扮成青面獠牙的醜狀，實在有礙觀瞻。以至於有商工協會及市協議會員醫生代表五人，對遠藤市長及助手進行陳情，表達反對迎神的意見，以免讓日本人誤解臺灣人比較迷信。[94]

到了四月十三日閉幕時，十天的中部共進會一共湧進了五十七萬人。大人人數共有四十五萬人左右，小孩則有十一萬九千多。其中進場最多的館舍是第一會場的行啟紀念館。[95]當進行閉會式時，場地在臺中

2-10 《臺灣日日新報》的奉迎皇族照

91 〈中部共進會と接待　觀覽者を一日十五萬人として　最善を盡くす方針〉，《臺灣日日新報》，一九二六・三・七。https://taco.ith.sinica.edu.tw/tdk/%E9%BB%83%E6%97%BA%E6%88%90%E5%85%88%E7%94%9F%E6%97%A5%E8%A8%98/1926-04-03。瀏覽日期，二〇二三・九・二十八。

92 〈中部共進會と接待　觀覽者を一日十五萬人として　最善を盡くす方針〉，《臺灣日日新報》，一九二六・三・七。

93 〈臺中共進會　各町欲施飾彩電　使全市化為不夜〉，《臺灣日日新報》，一九二六・三・二十五。

94 〈臺中特訊／反對迎神〉，《臺灣日日新報》，一九二六・三・十四。〈中部共進會と媽祖祭　感情問題で　反對が出る〉，《臺灣日日新報》，一九二六・二・二十七。

95 〈中部共進會大成功　入場者五十七萬餘人〉，《臺灣日日新報》，一九二六・四・九。

市役所樓上。光這一天的入園人數就高達兩萬人。這跟主辦單位有關，由於前一天因為高松宮殿下參觀的關係，園區受到管制，遂在最後一天安排免費參觀。[96]

皇族的「行啟」與「御成」

上述在臺中州舉辦的中部臺灣共進會，其中一個原因是為慶祝行啟紀念館竣工。要了解這個行啟紀念館與皇太子行啟的關聯，我們有必要理解一九二三年的皇太子行啟臺灣所帶來的各種歷史記憶與紀念活動。

在一九二〇至一九三〇年代，臺灣民眾被動員去觀看日本帝國皇室的巡視，是當時的共同記憶。臺灣作為日本的殖民地，最高統治者的皇室常會安排行程巡視臺灣。其中，又因層級的不同，有不同的稱法，天皇外出稱為「行幸」，「行啟」則指太皇太后、皇太后、皇后、皇太子、皇太子妃的巡視，其他皇族及將軍家的視察稱為「御成」，而官方與民眾的恭迎活動稱為「奉迎」。一九四五年之前，臺灣民眾已經有了許多奉迎日本皇族的經驗，大大小小的有二十多次。[97]

臺灣民眾這種奉迎的經驗相當多，像是第一章才出現的人物黃旺成，在其日記裡就曾記載過，一九一七年十月二十三日，北白川宮成久王及王妃來新竹巡視，當天新竹各級學校停課，但小學校及公學校學生卻被動員，從十點半就開始排列在城南橋頭到城隍廟邊，人數約有二、三千人。這些被動員的學生，中午沒有任何午餐可用，一路要站到兩點半才解散。[98]據《臺灣日日新報》的報導，十月二十三日上午十點，來臺主要目的在參加臺灣神社祭典的北白川宮成久王的團隊從臺北出發，十一點多抵達新竹，到「松嶺御遺跡地」參觀之後離開新竹，下午五點到臺中。[99]松嶺也稱牛埔山或枕頭山（今成德高中附近），之所以會成為北白川宮成久王巡視的地點，在於這個地方的紀念意義。原來此地在一八九五年，北白川宮能久親王曾率領日本「臺灣屯駐軍」近衛師團駐紮於此，準備進攻竹南尖筆山的抗日軍。一九一七年，北白川宮能久親王子成久親王夫婦來御遺跡地紀念碑祭拜，手植三尺的臺灣松二棵。一九一八年，新竹廳在紀念碑前建新竹神社。[100]黃旺成與同仁十三人還為此於隔天特地到松嶺一遊，對於自西門至松嶺前面的道路已經拓寬至三、四倍寬，感到不可思議。[101]

96 〈中部共進會閉會式〉，《臺灣日日新報》，一九二六・四・十四；〈共進會無料公開〉，《臺灣日日新報》，一九二六・四・十四。

97 陳煒翰，《日本皇族的臺灣行旅：蓬萊仙島菊花香》（臺北：玉山社，二〇一一）。

98 《黃旺成先生日記》，一九一七・十・二十三。

99 〈北白川宮御渡臺　十月二十三日御著臺　十一月二日御歸程〉，《臺灣日日新報》，一九一七・九・十六；〈御機嫌麗しく地方御巡察に后はる　夜來の雨頓に霽れ渡る　熱誠籠れる沿道の奉送　新竹御著　御遺跡所の御參拜　松嶺御遺跡地〉，《臺灣日日新報》，一九一七・十・二十四。

100 〈御機嫌麗しく地方御巡察に后はる　夜來の雨頓に霽れ渡る　熱誠籠れる沿道の奉送　新竹御著　御遺跡所の御參拜　松嶺御遺跡地〉，《臺灣日日新報》，一九一七・十・二十四。

101 《黃旺成先生日記》，一九一七・十・二十四。

在所有的日本皇室巡視臺灣的例子中，最著名的是一九二三年的東宮殿下裕仁皇太子「行啟」臺灣。四月十二日的《臺灣日日新報》詳細地刊登皇太子的每日行程。[102]一九二三年四月十二日，皇太子由日本橫須賀軍港搭乘金剛艦來臺巡視。[103]十六日從基隆港上岸，十八日在臺北，十九日到新竹、臺中，二十日在臺南，二十一日高雄，二十七日返回日本。

皇太子在新竹州巡視時，新竹市民進獻了許多在地特產，很多與上兩節提到的博覽會、共進會物產有關。其中有新竹街鄭神寶敬獻的一塊七尺四方的大甲藺蓆、新竹州帽蓆同業組合代表黃戒三敬贈的九尺四方大甲藺蓆一塊、新竹街代表藏田壽吉敬獻的蓪草紙短冊一千份、大溪街簡阿牛的夫人簡黃世玉提供的肖楠、樟木板材一張。[104]這樣的獻禮計畫與原本三月時的構想略有差異，原定是由南門金泉發蓪紙株式會社工廠所製作的五種蓪草紙製作品，有色紙、短冊、繪葉書、扇子地紙等，各兩百份。[105]雖然有所差別，但仍可以看出蓪草紙在新竹特產中所扮演的重要性。

2-11　金剛艦來臺照

地方仕紳的日記中也有許多皇太子行啟臺灣的記載，像是皇太子到臺中州的行程，豐原的水竹居主人張麗俊對此盛事有詳細地描述：「是日，東宮太子殿下駕臨臺中州當驛，欲往觀盛況者，車不能容，臺中當得未曾有之盛事也。」張麗俊還提到，太子到臺中州時，天氣晴朗，碧天無雲，車站前的大奉迎門巍然高聳，家家戶戶懸掛國旗明燈，各町搭建的大小奉迎門三十多處，遠近男女來觀看盛況者塞滿了南下北上的列車，人潮湧進整個市區。午後一點，各地的小學校、公學校、中等學校的學生，以及臺中、彰化高等女學校學生、青年團、在鄉軍人等，擠滿了車站前廣場並一路延伸至大正町前，旁邊還站滿著各軍種軍人及其他穿著制服的人士，估計有七萬人之多。兩點後，太子專車到達，煙砲轟然響徹天空，樂隊開始奏起美妙音樂，太子由新元部長恭迎下車，接受奉迎員的報告，然後轉搭自動車，在二十多輛車隊的陪同下，肅肅前進，沿途對奉迎團體鄭重答禮。隨之在行宮稍作休息後巡視市街及各級學校。之後又命東宮侍從牧野貞亮子爵參拜神社，直到四點多才回到行宮歇息。[106]此外，《臺灣日日新報》新聞〈臺中奉迎之熱誠〉也提到皇太子到臺中時，個別拜謁的地方人士還有總督府評議委員會的委員辜顯榮、楊吉成，還有上節談共進會時提到的地方有力人士蔡蓮舫及林獻堂。[107]

---

102 〈皇太子殿下　臺灣行啓御日程〉，《臺灣日日新報》，一九二三．四．十二。

103 〈今日こそ行啓の第一日　横須賀市の海陸とも裝飾晴れやかに　御召艦金剛の乗組員　潔齋しつゝ只管御坐乗を待つゝあり　此の佳き日奉迎を兼ね　新飛行船の進水式〉，《臺灣日日新報》，一九二三．四．十二。

104 〈殿下行啓彙報　新竹州下獻上品〉，《臺灣日日新報》，一九一七．四．十二。

105 〈殿下行啓彙報　新竹州献上品〉，《臺灣日日新報》，一九二三．三．十。

106 張麗俊，《水竹居主人日記》，一九二三．四．十九。

107 〈臺中奉迎之熱誠〉，《臺灣日日新報》，一九二三．四．二十一。

張麗俊的觀察呈現了皇太子行啟這事的儀式性意義。相較於張麗俊以民眾角度觀看，隨行的第一任文官總督田健治郎對此行程有更細微的描述。裕仁皇太子於兩點四十分到達臺中車站，常吉知事奉上奉迎文及州治概要，並報告州內治理概況，隨後各級官員行拜謁儀式。三點十五分之後，皇太子巡視了第一小學校、臺中分屯大隊、水道水源地、臺中中學校，以及臺中公園，到四點三十五分才回到知事官邸休息。[108]在接下來幾天的行程裡，皇太子還到了高雄、屏東，一路上觀看了員林的芭蕉實市場、[109]安平港製鹽場、[110]殖產局附屬鹹水養殖試驗場、[111]孔廟、[112]臺南公園、高雄港、[113]臺灣製糖會社阿緱工廠。[114]

2-12　臺南車站前奉迎門

2-13　臺南大正町的奉迎圖

其中學校是巡啟過程中，必定安排的視察重點。裕仁皇太子是日治時期巡視臺灣土地層級最高的皇族，其視察有許多象徵意涵。日本學者若林正丈認為這時剛好是第一次世界大戰結束，歐洲的君主制陸續崩潰、天皇健康狀況不佳、臺灣出現議會請願運動、一九二二年「新臺灣教育令」的實施，[115]以及總督府初期建設的完成，以上這些因素，多少都促成裕仁來臺的動機。對日本政府而言，此行除了讓總督府宣揚治績外，還可壓制本島人的地方自治要求，以及營造出日臺共榮的象徵。

學生是奉迎隊伍中最容易動員的一群，也因為如此，透過皇太子參觀學校，確實是絕佳的政績宣揚，以及展示殖民地民眾接受教化成果的時機。[116]這在日本，是早從一八七二年以來，就透過學校行啟來培養學生對皇室認同的重要手法。在「內地延長主義」政策的指導下，日語普及與

108 《田健治郎日記》，一九二三．四．十九。〈鶴駕南下續報〉，《臺灣日日新報》，一九二三．四．二十一。
109 《田健治郎日記》，一九二三．四．二十。
110 〈御輿を惹かせられた　養殖試驗場　御視察時間延ぶ〉，《臺灣日日新報》，一九二三．四．二十二。
111 《田健治郎日記》，一九二三．四．二十一。
112 〈臺南行啓地に　記念植樹〉，《臺灣日日新報》，一九二三．四．二十二。
113 《田健治郎日記》，一九二三．四．二十一。
114 《田健治郎日記》，一九二三．四．二十二。
115 〈新教育令實施〉，《臺灣日日新報》，一九二一．九．二十五。
116 〈梨本宮殿下　臺臨高市　生徒執燈行列〉，《臺灣日日新報》，一九三四．十．四。

日本近代教育的引進臺灣，也成為總督府的重要推行工作，因此殖民地的教育機關會成為行啟的展示場所之一。展示的方式不僅是靜態的展示，還有動態的教學觀摩、運動會及體操。透過這些展示活動，一方面向皇室展現教育成果，一方面也可以涵養國民精神、教導學生認識國體、崇敬天皇，並可達到以此作為強化支配的工具。

總督府安排的國語教育展示，不僅有一般的教學觀摩，也有學藝會與演習會。據陳煒翰的研究，東宮太子巡視臺灣時，各級學校會收到一份有關學校行啟的教學觀摩注意事項的規範，學生事前會被教導各種禮儀。例如學生於學藝會場合，在舞台上向台下御座敬禮時，台上必須行大幅度的最敬禮，才開始節目。觀摩結束後，學生在其位置上敬禮，下台之後，須整隊行最敬禮。可見身體的禮儀規訓是當時奉迎活動的學生訓練的重點。[117]

除了動員學生外，地方仕紳亦是皇族接見的重點對象。林獻堂似乎對於這種奉迎活動相當被動，且興趣缺缺，在其日記裡較少提到行啟的紀錄，倒是有幾次拜謁皇室的經驗。一九三四年十月一日，朝彥親王第四子梨本宮元帥陸軍大將（梨本宮守正王）御成臺灣，[118]搭乘朝日丸到達基隆，[119]十日將駕臨臺中，先後到芭蕉檢查所、特產陳列館、大甲帽編、臺中大隊等地參觀。[120]林被指定為單獨拜謁的地方人士，中午過後，他陪同臺中州內務部部長平輝雄、彰化銀行專務取締役（董事）坂本素魯哉、臺中州警務部部長慶古隆夫等人一同拜會梨本宮。[121]另外一次經驗是，一九四一年三月九日，閑院公戴仁親王十一日將到臺中巡視，當局命林獻堂前往拜謁。當時政府規定，晉見皇族前還要特地去衛生機構做健康檢查，以免傳染疾病給貴賓，林獻堂兩次都特地和家人去做健康檢查。[122]

當然，這些被動員的民眾不只上述所說的學生或仕紳，還有原住民及在臺日人。在這樣的視察儀式安排過程中，加深民眾對殖民政府的認同，而皇族成員們也體驗了臺灣的風土民情，但這種光鮮亮麗的活動安排背後，其實隱藏著各種問題存在。誠如陳煒翰所說的，日本皇族在當局種種儀式與安排下，得以在視察臺灣之時展現他們身為帝國統治階級的權威，並目睹總督府的建設成果。而臺灣人民在迎接的

2-14　梨本宮元帥的島都巡覽

117 陳煒翰，《日本皇族的臺灣行旅：蓬萊仙島菊花香》（臺北：玉山社，二〇一一）。〈梨本宮殿下　臺臨高市　生徒執燈行列〉，《臺灣日日新報》，一九三四・十・四。

118 〈けふ御成りの梨本宮守正王殿下〉，《臺灣日日新報》，一九三四・十・一。

119 〈朝日丸に御乘船　梨本宮さま門司御發　御渡臺の途につかせらる〉，《臺灣日日新報》，一九三四・九・三十。

120 《灌園先生日記》，一九三四・十・十。https://taco.ith.sinica.edu.tw/tdk/%E7%81%8C%E5%9C%92%E5%85%88%E7%94%9F%E6%97%A5%E8%A8%98/1934-10-10。瀏覽日期，二〇二三・十・八。

121 《灌園先生日記》，一九三四・十・十。

122 《灌園先生日記》，一九四一・三・九。

過程中，也被安排進入支配體系中，展現出一齣規範嚴謹的奉迎大戲。

紀念日

皇太子行啟臺灣之後，總督府立即討論是否有設立行啟紀念日的必要，最後特別在三十一日天長節這天公布四月十六日為行啟紀念日。[123]紀念日的參與也是博覽會時代臺灣民眾的共同記憶。

一九四一年三月十日，在「陸軍紀念日」的這一天，臺南小鎮醫生吳新榮聚集了佳里地方上的有志之士三十多人，組織了一個懇談會，以此方式來紀念這個特別的日子。這些成員大多是地方菁英，有郡役所幹部、糖場幹部、小學校及公學校的校長、牙醫、醫師、代書、協議會員、信用組合幹部及保正等。懇談會的主要目的在凝聚振興地方的共識，進行國策討論，以及聯絡會員感情，可惜最後變成飲酒會。[124]

這不是特例，日治臺灣有各種這類型的活動，日本殖民臺灣時設立了各式各樣的紀念日，「陸軍紀念日」只是日治臺灣諸多紀念日的其中一個。[125]例如還有三月一日的「滿洲國獨立紀念日」、四月十六日（皇太子殿下臺灣行啟紀念日）、五月二十七日（海軍紀念日）、六月十七日（始政紀念日）、九月一日（關東大震災紀念日）、[126]七月七日（支那事變）、七月二十日（海的紀念日）、十一月二十日（社會事業記念日）[127]及十二月八日（大詔奉戴日）。[128]

五月二十七日的「海軍紀念日」，[129]也是日治臺灣常被提起的紀念日。吳新榮在一九四一年五月二十七日的日記中提到，當日他們為了紀念這個節日，特別在公會堂成立「北門郡在鄉軍人後援會」。[130]十二月九日大東亞戰爭一周年紀念這一天，也是街庄的奉公壯年團員，在清晨六點起床，到神社集合參拜，舉行「曉天動員」宣誓，喚醒新的決心的日子。[131]七月七日對總督府而言，也是重要紀念日。吳新榮在一九四一年七月七日的這一天日記中記載說這是「日支事變」四周年紀念日，作為皇民奉公會的下屬組織的街庄分會與部落分會，要在此紀念日中成立。吳新榮由於被推選為生活部長，所以出席了公會堂的成立大會。當晚在第二部落會的成立儀式上擔任演講者，以臺語講了十多分鐘的國際情勢，這是他生平第一遭。[132]

123 〈行啓記念日制定四月十六日か十七日か　近く決定發表されん〉，《臺灣日日新報》，一九二三．五．三十；〈御盛德を永遠に欽仰すべく　行啓記念日決定　既報の通り四月十六日〉，《臺灣日日新報》，一九二三．八．三十一。
124 《吳新榮日記全集》，一九四一．三．十。
125 〈陸軍紀念日〉，《臺灣日日新報》，一九〇六．三．十。
126 〈關東大震災記念日　兩陛下一分間御默禱〉，《臺灣日日新報》，一九三一．九．一。
127 〈二十日は社會事業記念日　高雄支部での催し〉，一九三一．十一．十八。
128 〈『承詔必謹』の精神　ラジオを通じ全國民に徹底　來る八日の大詔奉戴日〉，《臺灣日日新報》，一九四二．二．六。
129 〈學事彙報　海軍紀念日の講話〉，《臺灣日日新報》，一九〇九．五．二十七。
130 《吳新榮日記全集》，一九四一．五．二十七。
131 《吳新榮日記全集》，一九四二．十二．九。
132 《吳新榮日記全集》，一九四一．七．七。

相較於一些日臺都有的國定祝祭日之外，這之中最常被民眾提起的是「始政紀念日」。始政紀念日是殖民地臺灣才有的紀念日，而且是臺灣島上最重要的紀念日，相當受殖民地政府重視。[133]最初是為了紀念日本於一八九五年六月十七日開始殖民臺灣。每年的這一天，日本政府都會舉辦許多活動來慶祝。起初是由總督府高官及部分日本人參加。一九一五年後，日本開始要求臺灣民眾一起參與。之後到始政二十、三十及四十周年時，更擴大舉辦紀念夜會、共進會及博覽會。[134]

從一八九五年開始以來二十年的始政紀念日活動，主要的紀念內容無外乎是總督的講演、總督府高官參與戰死及災病死亡者的招魂祭典。透過官員日記，我們可以看出當日活動的一些特色。一九二二年六月十七日的《田健治郎日記》就提到當日一場花了數月準備的祭典、園遊會及繪本展覽活動，因為一場大雨而受到影響。該日官員的行程，日記也有詳細記載。七點半時，田健治郎就穿好大禮服，前往臺灣神社進行大祭，福田大將以下的參加官民有數百名。十點時，在總督府的大會堂接受職員的參賀。十一點時又到市役所（市政府）參加市民的祝賀會。到了午後三點半，在總督官邸舉行園遊會，到場的來賓約兩千人，後因大雨作罷，原先安排的中國戲曲與日本藝妓表演也臨時取消。[135]

簡吉在他那一九三〇年七月二十七的日記裡，就寫到透過昭和五年發行的雜誌《まこと》記載的總督府官邸轉播，得知第十三任文官總督石塚英藏，在始政三十五年紀念日的演講內容。內容首先提到經過三十五年的經營，逐漸實現內臺融合的事實。其次，物質與精神方面均有顯著進步。三十五年間，歲出入增加十倍多，財政完全獨立，不需要日本國庫的任何補助。貿易總額方面，日本是入超，臺灣是出超。在交通方面，全臺已達一千英里，不輸給日本母國。生活狀態方面，由於司法警察制度的完善，使得四百萬百姓生活安定。教育方面，從小學、公學到帝大，校數七百八十所，學生三十萬。最後則呼籲所有民眾要注重培養國民精神與團體觀念。[136]

地方政府則是舉辦儀式、夜會及學校內的活動。剛開始時，始政紀念日多為儀式性活動。主要為放假一天、聽長官的祝詞、要求民眾懸掛國旗、對學生進行訓話。臺灣民眾在這一天會進行哪些活動呢？我們可以從一些地方菁英的日記中了解其中梗概。當時許多地方人士會在這一天的日記中提到有關始政紀念日當天參加的各種紀念活動，有的則是將這一天的典故稍微說明。一九一二年的六月十七日，黃旺成提到當日因為半夜雨聲睡不著致使早上睡過頭，六點過後才起床。遂和朋友錢仔一起走泥濘的道路，到學校參加始政紀念日的典禮。[137]林獻堂的日記也提到，一九三五年的這一天，八點半時，他辦的義塾舉行了紀念活動，出席的有學生四十人，先唱國歌，然

133 〈始政紀念日の休暇〉，《臺灣日日新報》，一八九七・六・六；木村匡，〈始政紀念日の小歷史〉，《臺灣日日新報》，一八九七・六・十七；〈臺灣始政紀念日の小編年史〉，《臺灣日日新報》，一九〇九・六・十七。

134 〈始政紀念夜會〉，《臺灣日日新報》，一九一五・六・十四。

135 《田健治郎日記》，一九二二・六・十七。

136 《簡吉獄中日記》，一九三〇・七・二十七。

137 《黃旺成先生日記》，一九一二・六・十七。

後有人講東京旅行記事，在座的還有些來賓，最後大家唱塾歌後結束這項活動。[138]同年張麗俊的《水竹居主人日記》，則只是記載了這一天是始政紀念日，並說明這紀念日的由來與明治二十八年日軍占領臺灣後由基隆登陸的日子有關。[139]其中，嘲諷這一天節日的也有。像是一九三五年六月十七日，《吳新榮日記》中對這一天的記載是當天降雨不斷，他相當幸災樂禍地寫道：「說是始政四十周年的紀念日，在此兩天也不能熱鬧啦，哈哈。」雖然如此嘲弄這一天，他還是參加了這一天的例行性活動，例如夜晚會施放煙火，公會堂會放映電影，吳新榮就在當日晚上，去看了「電光煙火」及帶兩歲小兒去看紀念電影。[140]

從一九一五年始政二十周年開始，始政紀念日除了舉辦官方紀念性質與自我慶祝的儀式性活動外，還參雜許多民間商業性與娛樂性的慶祝活動，拉近了與民眾的距離。像是物產展覽會、南洋展覽會、教育展覽會，或者是音樂會、植樹活動、兒童學藝表演。在娛樂性活動方面，我們可以見到各類的體育活動像是武術、划船、相撲。在夜晚街頭，我們還可以見到各式燈籠、燈光裝飾及表演活動。隨著這類型活動的增加，民眾感受紀念日的慶祝氣氛也越來越濃。除了上述活動外，紀念日時，我們還會見到一連串的優秀人士的表揚活動。表揚的對象包括有仕紳、區長、警察、孝子節婦等。透過這些活動，總督府試圖打造人民百姓受到恩澤的意圖。

對日本殖民政府而言，這樣的紀念日又具有怎樣的意義？一九三二年六月十七日的《臺灣日日新報》就刊載了臺灣總督中川健藏對始政紀念日的看法：「本紀念日是對臺灣全住民而言，是確保幸福與舒適的絕好紀念日。」[141]至於日本人對此紀念日也有不同看法。例如一九一五年的期刊《新臺灣》有以下批評。他們認為，始政紀念的第二十年慶祝活動，臺北市內似乎很熱鬧，感覺臺北的活動很有成效。但事實並非如此，臺灣島內可以參加祝賀會的人其實是少數。有些底層民眾，想帶家人去看煙火活動，連個合乎節慶的衣裳也沒有。其實，這樣的紀念活動，應當由人民來主導才是。始政紀念日雖然是日本政府要灌輸臺灣民眾變幸福的看法，也要求臺灣人要心懷感激地來慶祝。然而，事實上，這一天並不容易得到臺灣民眾的認同。就如同岩口敬子所說：「始政紀念日本身是充滿統治象徵的一個紀念日，雖然呼喊同化，一視同仁，內臺一體等等。」不過，此始政紀念日的實質效果卻是破壞同化，使日本人與臺灣人分開，與日本宣稱的國民統合有所矛盾。[142]

138 《灌園先生日記》，一九三五・六・十七。
139 《水竹居主人日記》，一九三五・六・十七。
140 《吳新榮日記全集》，一九三五・六・十七。
141 〈けふ第卅七回始政記念日　聖恩に酬い奉り　島民の福利を增進〉，《臺灣日日新報》，一九三二・六・十七。
142 岩口敬子，〈國家儀典與國民統合：日治時期臺灣官方節日與儀式之研究〉，國立政治大學臺灣史研究所碩士論文，二〇〇八。

三、博覽會參觀者的視角

一九三五年，在新竹與臺中州發生大地震過後五個多月，[143]十月十日這天，總督府在臺灣依照原定計畫舉辦了有史以來規模最大的一次博覽會「始政四十周年博覽會」。[144]在這個號稱「博覽會世紀」的時代裡逛博覽會雖然不足為奇，但對於臺灣民眾而言，這樣的規模卻是第一次，也因此成為許多民眾共同的歷史記憶，根據官方統計，展覽期間一共有過兩百多萬人的參與。這次的博覽會之所以會在民眾心目中留下深刻的印象，與官方的重視與著力宣傳有密切關係。[145]

2-15　始政四十年紀念臺灣博覽會事務局懸掛招牌

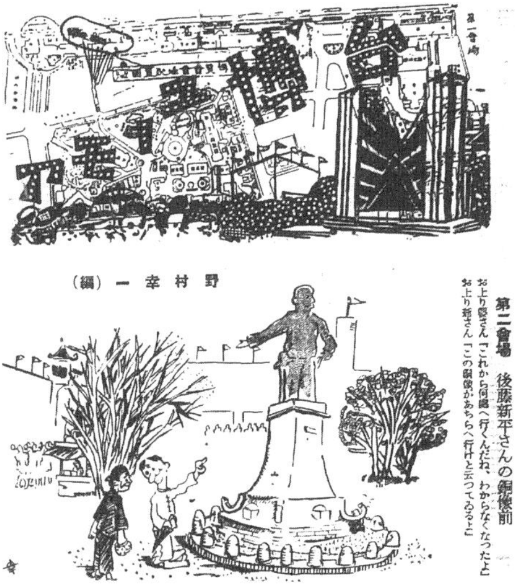

2-16　《臺灣日日新報》中的臺灣博覽會繪圖

十月十日開幕當天，《臺灣日日新報》就刊登了參加開幕式的來賓該注意的四件事。第一、開會的接待處在第一會場京町門、榮町門及大和町門三個地方。二、由於場地太大，搭車前來者應當和駕駛約好見面的地方。第三、參加者進入時，應在接待處出示公會堂的出入證。第四、參加者可以隨意穿著，但一般文官須一身白色，穿著黑靴，搭配最高勳章。這則新聞另外提到，當開幕式結束之後，一點後才開放民眾憑票入場。大人二十錢，可以買團體票進行修學旅行的學生及軍人十錢。憑票可參觀第一、第二會場及大稻埕分館，至於展示北投溫泉與大屯山國立公園特色的草山分館則免費。夜間僅開放占地兩萬四千坪的新公園內的第二會場。[146]

2-17　始政四十年紀念臺灣博覽會第一會場圖

143 〈二十一早大地震　新竹臺中強震　死傷家屋倒壞無數　震源在新竹州後龍溪上流〉，《臺灣日日新報》，一九三五・四・二十二。

144 〈臺博ユーモカ　野村幸一（編）　始政四十年の今昔臺博漫見〉，《臺灣日日新報》，一九三五・十・二十一。

145 鹿又光雄編，《始政四十周年記念臺灣博覽會誌》（東京：始政四十周年記念臺灣博覽會，一九三九）。

146 〈始政記念博覽會　十日舉開會式　參列者要注意四項〉，《臺灣日日新報》，一九三五・十・十。

臺灣文化史研究者呂紹理是這樣描寫這場博覽會的開幕典禮：「一九三五年十月十日上午九點半，臺北市公會堂前響起了隆隆砲聲，天空煙花四起。第十六任臺灣總督中川健藏緩緩走上公會堂內的舞台，宣布『始政四十周年紀念臺灣博覽會』正式開幕。十一時博覽會開幕式結束時，公會堂外再次響起煙火，一千五百隻傳信鴿振翅高飛；而臺灣國防義會的義勇號飛機則在會場上空劃空而過，五色彩紙隨即自天而降，各會場同時開放參觀，立刻湧入大批人潮，場面極為熱鬧。」[147]

臺灣民眾中，沒有幾個人像剛去過日本內地旅行及登完新高山不久的林獻堂有這麼好的機會，可以親眼目睹開幕典禮。[148]這一天，在公會堂參加開幕儀式的共有兩千多人，和林一起觀禮的還有他的五位家人。這種公開場合，林獻堂應當不陌生，在此之前，他就常被找去參加類似奉迎皇族的儀式性活動。[149]緊接著開幕式之後的是設在公會堂周圍的模擬店舉辦「祝賀會」，性質有點類似納涼會或園遊會。會場中種有各式南洋島國風情的行道樹，設有不同口味餐飲的攤位，提供了三明治、洋菓子、圓仔、麵、水果、冰淇淋、烏龍麵、臺灣料理、黑輪、酒、啤酒、汽水、冰紅茶及可爾必思等食品，供來賓享用。場內還有由兩百多位藝妓和女給擔任的接待人員。[150]

祝宴會開始時，在奧田出品部長的前導及中瀨事務總長的介紹下，由中川總督、平塚會長陪同貴賓，巡覽第一及第二會場，其後，與會的來賓則隨意地觀覽。祝賀宴結束之後，約一點起，才開放各會場給一般民眾進入參觀。此時各入口已經擠滿了準備入場的民眾。林獻堂在祝宴會開始時，就與家人先看了產業館、國產館及府縣館。或許是第一天開放的緣故，南方館內的陳列尚未完成。出館時，他剛好看到施放傳信鴿那一幕。[151]林獻堂在產業館若按著順序走，大致會看到這些臺灣農作物的展覽，例如有臺灣的特產茶葉、米及其他農產品、米作的過去與現在、外銷米的檢查關係、小麥栽培狀況、甘藷栽培狀況、苧麻與黃麻的生產狀況、四季的水果與蔬菜、花生的生產、棉花的栽培、養蠶及紙張製造情況、豬隻霍亂的預防狀況、家禽家畜的飼養、島內的肥料使用、改良農具、移民的活動、臺灣的農業地圖模型、花卉栽培及漁業等等共三十九個主題。

林獻堂隨意瀏覽幾個館之後，就先回旅館休息。過了中午，才陪同靈石及猶龍在鴨仔寮茶店午餐。接著，他參觀了南方館，並在新民報社設置的休憩所休息。在館內，他碰到了中村總督、

147 呂紹理，《展示臺灣：權力、空間與殖民統治的形象表述》（臺北：麥田，二〇〇五）。

148 《灌園先生日記》，一九三五．九．二十一。當日日記如下：「余數年來頗有登新高山之希望，皆因微有關節炎恐艱於行路，以致不果。……一行七人九時十分發霧峰，三十分至草屯，四十五分至南投，十時十分至名間，四十五分至集集，會都築孫藏郡守，領入番証每名二角。郡守叮嚀告余曰，以一流之人物，登第一之高山，大有意義，但君等此行大有影響此後之登山，默禱一行平安歸來。又視余所穿之履，曰萬事最可靠者，唯有雙足。余謝其好意。十一時五分發集集，二十五分抵水裡坑，會新高拓殖軌道株式會社支配人山下氏，停十分間。十二時廿五分抵日月潭涵碧樓，二時乘電力會社汽動船遊潭，潭水比舊時漲五尺，珠山頂上僅有尺餘，若水量增至六尺，則全沒矣。山上有一神社，久保天隨所作之漢文碑記。聽蕃人唱歌，俱面有菜色，因當局禁止其無斷開墾也。夜宿涵碧樓。」

149 參見上一節有關皇族行啟的討論。

150 《灌園先生日記》，一九三五．十．十。

151 《灌園先生日記》，一九三五．十．十。

平塚長官及日下臺中知事等人。林獻堂這天還觀看了很多的表演，例如他同猶龍去看上海京劇的演出。四點多漫步至茶店飲茶。後來，在第一劇場看了表演。五點多，就與成龍與雲龍一起在江山樓晚餐。快九點又到圓山探訪朋友林柏壽，談了數十分鐘，就前往明治喫茶店飲茶。十點多才返回住所高義閣旅館。一九三五年臺灣始政四十周年博覽會的第一天，林獻堂就是如此度過的。[152]

十月十一日，林獻堂參觀了博覽會的第二會場。在第一文化館遇到了當時著名的畫家顏水龍。隨後參觀了第二文化設施館、國防館、京都館、海女館等展覽。接近中午時，同友人到著名菊元百貨的餐廳用餐，才返回高義閣旅館稍事休息。三點多時，林獻堂在友人伯壽的帶領下，前往板橋林家花園參觀鄉土館。展覽館就設在海山郡的林本源舊宅。林獻堂在這棟展覽館中見到了鄭成功的玉印，寧靜王、鄭板橋及吳梅村的書畫。除了臨時改為珈琲店的來青閣未進入外，其餘大多逛遍，直到五點才返回旅館。當日晚餐，林獻堂接受友人招待，宴請在與江山樓齊名的蓬萊閣餐廳。[153]

林獻堂所逛的第二會場位於今日的新公園。這一個會場中有第一、第二文化設施館，其中附有蕃屋、望樓、實演場及國防館。還有第三類特設館，計有愛知名古屋館、北海道館、大阪館、船舶館、電器館、京都館、東京館、專賣館等。第二會場的地理位置充分展現了公園原有的休閒與教化功能。其中第一文化設施館的空間改建自「兒玉－後藤紀念博物館」，也就是今日我們所熟知的國立臺灣博物館。主要的展示特色在於日本治臺後的教育變遷與現代化教育設施的引進過程。除了介紹統治臺灣四十年間教育制度的變革外，並表達學校的體育衛生教育在塑造現代國民身體的作用。展示的主題包括：芝山巖學堂、初等教育的發展、師範學校的展開、實業教育的現況、中學學校教育的展望、大學／高等／專門教育、私立學校及特殊教育、教科書的編修、學校體育衛生的全貌、神社崇敬、家庭的敬神、國民的典型生活、教化臺灣的現狀、青年道場的一天、明治天皇的御制、殺身成仁的吳鳳等。

第一文化設施館的另一項展示特色為「社會事業」。目的在展示殖民政府在處理疾病、貧窮、犯罪及失業問題上的施政成效。計有全島事業分布圖、內地方面事業概況、部落改善現狀、慈惠院事業及模範農村的住宅模型等。第二文化設施館的主要展覽是由警務部所規劃。展示主題有：前半部有今昔蕃政的治理、高砂族的生活；中間則屬於醫療衛生的項目，計有金雞納樹的栽培、臺北市的清掃設施、醫療衛生、瘧疾防制、血清及其他、癩病等；後半部則以警務與法治為主，像是臺灣警察、消防、法務課、刑務所關係、紅十字會的事業等。位於第二會場的許多展覽館都與娛樂及休閒特色有關，像是映畫館、演藝場、水族館、音樂堂、特產館及兒童樂園等設施。這些館的設置目的既有教育的用意，也可吸引人潮。此外有許多的日本地方館，像是大阪館、愛知名古屋館、京都館、東京館，目的在透過此機會向臺灣民眾介紹殖民母國的民俗與特產。若來此走一遭的話，必定會有種異文化的奇妙感覺。

152 《灌園先生日記》，一九三五・十・十。

153 《灌園先生日記》，一九三五・十・十一。

鄉土館是位於北臺灣的文化中心板橋，館址是利用林本源家的舊宅。當初設立的目的在於希望將此地作為一個史料館，展示海山郡的產物、歷史的作品、林家所珍藏的古物。基本上，這個館的贊助單位是林本源家族，由林熊光及林履信負責，而由海山郡及板橋街的鄉土協贊會所協辦。在第一棟建物裡，展示的有海山郡的模型與手工藝品、以茶為主題的工藝品、女子手藝品及樹林的製酒工廠模型。第二棟的正中央陳列著林家的傳家之寶，光緒真跡的「尚義可風」匾額。此外，還有與林本源有關的各類作品、淡水廳志的原判木及庭園寫生圖、全臺的歷史人物的作品、平埔族的土著物品與織品、寧靖王的真跡卷軸、鄭成功的印章、臺灣的古文書等等；第三棟則是林本源家族的珍藏物品，計有書畫、銅器、陶器、玉製品、佛像、印材、珍寶等等；第三棟的廊下則有象徵著林家聲譽的木牌五十多對，中庭還立有雕著「聖旨」的石牌。除了板橋的鄉土館，同樣有此設施的還有臺東及花蓮港廳這兩個地方。

林獻堂參觀完板橋林家之後，於十月十二日回到霧峰，隨即安排一新藝塾的女學生參觀博覽會，並預計當月二十九日出發。[154]十一月一日，博覽會的展期進行了一半。林獻堂安排了第二次的博覽會參訪。這天他搭七點二十八分往臺北的火車。中午用餐的地方是著名的鐵道旅館。午後，他共參觀了第一會場的滿洲館、鐵道館、土木館、產業館、府縣館、朝鮮館、糖業館。[155]隔天，他又詳細參觀了第二會場的第一文化館的明治天皇的服飾，以及領臺前後名人的衣服、寫真、文書及物件。晚上的博覽會也相當有看頭，這夜他看了第二會場的專賣館、國防館、電器館。[156]到了十一月三日，他到了花蓮，參觀了地方上的南濱陳列館。[157]花東行之後，林獻堂在十一月八日，又看了一次第二會場中的第二文化設施館、國防館、京都館、北海道館。[158]

對於當時臺灣民眾而言，博覽會是當年度的大事，再怎麼忙再怎麼沒錢都要想辦法去一趟。當然，不是每個人從外地到臺北來看展，都能有高檔的高藝閣可住、江山樓可吃，並能順道逛菊元百貨。像有位白天看診，晚上嗜泡珈琲店、打麻雀的醫生吳新榮就抱怨說，當月為了要去臺北看展覽，診所營收非得湊到兩百圓不可。他一直要到開幕一個月之後，才和妻子看了臺南的地方展覽。他參觀了臺南歷史館、安平第二會場及水族館，以及第一會場的商品陳列場與骨董品館。十一月十二日，他早起北上至臺北，在投宿太陽館之後，開始一天的遊覽。對於第一天的參觀，吳新榮並沒有太多的感想。反而是對第二天的板橋林家的鄉土館感觸較深。吳新榮認為能夠進入這個富可敵國的家族宅第，實在是感慨萬千。他還去了林獻堂沒去的大稻埕附近的南方館，並繞去龍山寺。然後去了教育會館看臺灣美術展覽會。此外，他還為了兒子南星，特地去了圓山動物園進行動物教育。[159]

不僅主場館的活動受到日本政府的詳細規劃，就連各州政府為了地方分館的展出，也對市容

154 《灌園先生日記》，一九三五．十．十二。
155 《灌園先生日記》，一九三五．十一．一。
156 《灌園先生日記》，一九三五．十一．二。
157 《灌園先生日記》，一九三五．十一．三。
158 《灌園先生日記》，一九三五．十一．八。
159 《吳新榮日記全集》，一九三五．十一．十二。

進行了各種整頓。以臺南州為例，該地的警察署為考量市區改正後的街道美化與周到接待，以因應激增的外來遊客，早在博覽會開幕前，就由署長集合境內的旅館主人及侍女，說明應對外來遊客的注意事項。此外，署長還召集了保安及行政兩主任，指揮轄內警官，前往市內各家旅館查驗，檢查設備是否安全。也召集電影業、劇場主及看板主前來，令其整頓。而店家招牌若有汙損或妨礙交通者，均要求改善。對於人力車夫，為了避免勒索車資情況發生，特別在停車處，設立價目表，以方便乘客參考。[160]

博覽會展覽期間，是臺灣島內民眾短期移動最為密集的時期。由於團體遊客相當多，各級學校學生及會社職員、工廠員工都趁機進行修學旅行或短期休閒，因此如何將大批的人潮由各地載往臺北展區，考驗著當時交通運輸的軟硬體建設，鐵路是當時最大宗的運輸工具。此外，也有許多團體是乘自動車到臺北來參觀。像埔里公學校就組修學旅行團，由五名教師率領一百四十六名學生，於十月二十二日，在渡邊校長訓示後，分別乘坐五輛自動車（汽車）前往臺北。[161]而臺灣製糖會社旗尾製糖所四百多名員工，分為三梯次，至臺北市參觀。由於參觀的人數實在太多，超過鐵道部原先規劃，即使增加臨時列車，還是無法紓解人潮，因而增開夜行車班次是常有的事情。當時從高雄站搭夜車，晚上八點二十五分出發，早晨六點四十六分可以到臺北站。這樣大量人潮的移動充分展現了當時交通運輸的便利性。[162]

透過口述歷史，我們也可以看到當時公學校學生的參觀經驗。洋裁教學專家施素筠女士於一九三五年時還是一位公學校五年級的學生，在許雪姬教授的團隊於二〇〇九至二〇一三年共二十五次的口述訪談中談到了這段參觀博覽會的歷史記憶。她提到這博覽會是臺灣史上第一次博覽會，這樣的記憶應該是錯誤的，我們前文已經提到臺灣民眾歷來已經有過各大大小小的博覽會經驗。她說：「因為這次博覽會內容相當豐富，一次看不完，加上博覽會館有很多館，不只是在一個區域，要跑很多地方，大概每次只能看幾個館，今天看這幾館，明天看那幾館，要看很多次，才能完全看完，所以我幾乎有機會就會跟著大人去參觀。始政博覽會在臺北舉行，對我們這些臺北人來說實在是很方便。記得當時除了和家人前去參觀外，有時候學校也會安排帶學生一起去。」[163]施素筠還提到這次參觀博覽會最印象深刻的是體驗電話的經驗：

我對博覽會最深刻的印象是有一館展示一具像電話的東西，耳朵可以聽到聲音，眼睛可以看到人；那時候這是將來的電話，可以聽到聲音，也可以看到人；那時候有做實驗，我們也都去拿來聽，真的可以聽到，而且在說話的人的臉會出現，當時根本不知道這是如何造成的，完全不了解。現在看來，完全就是現在的電腦，現在的電腦是可以聽到，也可以看到人。看了這件以後，我覺得其他什麼展覽都不稀奇了，只有這件最值得看，我記得當時還說

160 〈旅館業者らへ　設備上の注意〉，《臺灣日日新報》，一九三五・九・八。
161 〈埔里／修學旅行〉，《臺灣日日新報》，一九三五・十・二十五。
162 〈旗山／觀覽臺博〉，《臺灣日日新報》，一九三五・十・二十五。
163 許雪姬等訪問，《一輩子針線，一甲子教學：施素筠訪問紀錄》（臺北：中央研究院臺灣史研究所，二〇一四），頁一〇六－一一二。

將來的電話可以看到人，那就不用照相了，也不用擔心幾年後看不到媽媽這種事。所以在六、七十年前，日本已經有預報，將會發展電腦的這個能力了，這算是很確實的科學的進步。[164]

當時應該還沒有電腦的這種概念，比較有可能還是聲音的技術，類似施素筠的參觀博覽會的經驗應該還有很多，可以持續挖掘。將近五十天的始政四十周年博覽會，總參觀人數可能達兩百七十萬之多。第一會場達八十七萬七千三十人，第二會場達一百零六萬五千六百人，大稻埕分場有四十五萬人，總計，光是臺北地區就已有兩百四十萬人之多。[165]若再加上其他地方的分館參觀人數，總人數早已突破過往的所有大型博覽會。透過林獻堂逛始政四十周年紀念博覽會的紀錄，讓我們得以踏入一九三五年臺灣的時光隧道。這個博覽會將是我們觀察當時臺灣社會面貌的一個重要窗口。

164 《一輩子針線，一甲子教學：施素筠訪問紀錄》，頁一〇八—一〇九。

165 〈臺博期中概見晴天　竟得意外好效果　延入場二百七十萬人〉，《臺灣日日新報》，一九三五．十一．二十九。

臺灣物／物產與世界

第三章 製作

一、天皇銀婚禮物紅珊瑚

天皇夫婦的珊瑚禮物

一九二五年，大正天皇與皇后銀婚二十五周年慶。當時臺灣島內，幾乎每個學校、村庄都受到影響，大家都在設計五花八門的慶祝方法。像是臺北州，「石碇公學校闢設菜園，新店安坑那邊要架鐵橋，羅東建圖書館，木柵農業補習學校設柑橘園，淡水開敬老會，招待轄區內五十幾位八十歲以上的長者。植樹是各地都熱門的選項，北港人就在嘉南大圳水路的兩旁種相思樹。放煙火也是必要的應景節目，臺北施放了直徑五寸的煙火。艋舺的祖師廟前、龍山寺前，有藝旦在唱戲。雲林的大埤庄（今大埤鄉），午後一點開始慶祝活動，放完煙火，歌仔戲就開演，獅陣、南管、北管也全出動」。[1]一九二五年六月，臺灣總督府內務局文教課長生駒高常帶著秩父宮雍仁親王巡幸臺灣的活動寫真照，親送宮內省，一同的還有宮內官員及曾任臺灣民政長官的後藤新平。該次拜會中還提到臺灣總督將另外上貢珊瑚樹，由於製作精細，正在等待總督府出張所製作保存珊瑚的玻璃櫃才能送達。[2]為何天皇銀婚禮物會挑選珊瑚？為何不是臺灣的其他重要物產如動植物或水果如西瓜、文旦、木瓜，又或是烏龍茶？要了解這些，我們有必要認識一九二四年基隆彭佳嶼的珊瑚熱。

基隆彭佳嶼的珊瑚漁業自一九二四年發現以來，一躍成為世界性的漁場，採集船曾激增至一百八十多艘。之後總督府擔心捕撈過量，遂規定船隻數量，且季節限制在五月一日起至十月末的期間。其中，臺北水產會在此過程扮演的角色是什麼？臺灣的珊瑚採集的流通與消費與日本東洋珊瑚會社的關聯是什麼？珊瑚講習所對珊瑚加工的影響是什麼？珊瑚的買賣如何透過高島屋百貨、臺灣物產博覽會及大阪物產博覽會進行宣傳？而當時中國的商人亦常來臺大量購買珊瑚銷往中國，這又與消費動態的轉向有何關聯，像是原本是喜好蒙古方面的金飾轉而喜好珊瑚？臺灣的珊瑚產業與日本、義大利、埃及及印度的關聯性為何？過往有關珊瑚的研究大多放在臺灣漁業史的一部分進行探討，少有全球史的視角。本節則從物的全球史取向，探討日治時期臺灣的珊瑚產業的漁場、技術與跨國商品的關聯。有關近代臺灣漁業史的研究，普遍認為日治時期是近代臺灣

3-1　臺灣總督上貢的珊瑚樹

1　陳柔縉，〈一九二五銀婚閃閃〉，《蘋果日報》，二〇一五・五・二十八。

2　〈上貢寫真及珊瑚〉，《臺灣日日新報》，一九二五・七・一。〈總督獻上の大珊瑚は　眞に天下の逸品　目下容器の製作を急いで居る〉，《臺灣日日新報》，一九二五・七・六。

水產發展的分水嶺，像是林玉茹探討東臺灣的漁業發展，提出水產會社的建立與移民是臺灣東部港口的發展模式。王俊昌則論述日治時期水產行政與技術人員的建立以及水產調查與水產養殖試驗場的運作。王也認為隨著中央與地方水產試驗與調查的展開與持續，藉此開發漁場與增進相關技術，再透過獎勵補助的方式，鼓勵業者投資。其中，一九二四年珊瑚業的興起，最常被學者提到，但缺乏專文探討。[3]

一九二四年的珊瑚熱

臺灣珊瑚漁業的元年是一九二四年，這年開始臺灣掀起了一波珊瑚熱。一般說法，臺灣的珊瑚漁業起於一九二三年十一月，但嚴格來說是一九二四年的六月。一九二三年時，基隆的漁業家山本秋太郎與技術者同芳造二人的漁船去彭佳嶼附近進行延繩漁業捕捉赤鯮，意外發現有珊瑚。[4]之後消息傳開，到一九二四年的六月，吸引了全島的發動機漁船集中到基隆捕撈珊瑚。根據當月《臺灣日日新報》的記載，發現的海域是距離基隆四十海里的彭佳嶼附近，該地有豐富的珊瑚林，這消息在當地漁民間早已傳聞已久。

最早記載此事的在六月七日的報紙，文中提到彭佳嶼巉

山本秋太郎
同芳造兩氏が彭佳嶼沖て採集した珊瑚樹

3-2　《臺灣日日新報》所刊載的大珊瑚樹

岩圍繞，距離數海里的棉花嶼的海岸有砂原，在這片海域有珊瑚屑。基隆漁夫會在此地捕撈珊瑚，賣給大阪業者。由於當地水深四十尋（一尋一．八二八公尺），約八十公尺的深度，難以捕撈，解決的方式是用鯛魚的延繩勾起海底的珊瑚。透過這種方式，有的漁船以延繩勾起一株五十兩重的桃色大珊瑚及一些小珊瑚，遂開啟了彭佳嶼的珊瑚熱。根據當時基隆郡役所田口水產技手的漁產學推斷，彭佳嶼附近因為有暖潮的經過，與日本本島的珊瑚產地的環境類似。這些地方有土佐（現高知縣）、肥前（現佐賀縣及扣除壹岐島和對馬島後的長崎縣）、五島（五島列島）和薩摩（現鹿兒島縣），還加上小笠原諸島。[5]

當時的研究者宮上龜七對上述這些漁場有詳盡的描述。[6]珊瑚的生長區域大多在黑潮經過的

---

3 洪淑清，〈日治時期基隆漁業史之研究〉，國立臺灣海洋大學環境生物與漁業科學學系碩士論文，二〇〇九。文中提到，日人治臺，北部基隆因鄰近日本，故日人移居於此者多於臺灣其他縣市，漁業技術的引進，自然先於他市，故鏢旗魚漁業、珊瑚漁業、新式拖網漁具陸續傳入基隆，而原有之焚寄網、定置網等沿岸漁業亦積極改良，並做漁場勘察，基隆漁業自此開始發光。此外，日治基隆近海漁業中，以珊瑚漁業與鏢旗魚漁業為主，惟一九四九之後均已轉移至其他縣市，基隆市近海漁業則致力發展中小型拖網、鯛及雜魚延繩釣。王俊昌，〈日治時期臺灣水產業之研究〉，國立中正大學歷史所博士論文，二〇〇五。

4 〈山本秋太郎同芳造兩氏が彭佳嶼沖て採集した珊瑚樹〉，《臺灣日日新報》，一九二四．六．二十。

5 〈彭佳嶼有珊瑚林〉，《臺灣日日新報》，一九二四．六．七。

6 宮上龜七，〈臺灣珊瑚に對する私見〉，《臺灣水產雜誌》，一一〇期（一九三四年五月十日），頁一〇一一一三。

水域，水深在六、七十尋至一百二、三十尋的位置，海底的地質是硓𥑮石（coral stone）又是暗礁。這種地質是珊瑚礁岩體（珊瑚礁石灰岩）或其表面十分粗糙、尖銳的岩塊。[7]臺北州的珊瑚漁場位在距離基隆東北二十海里的彭佳嶼至棉花嶼海域間，範圍約是寬四海里、長十海里，其中最好的場域在距彭佳嶼東南十二、三海里至北北東七、八海里的海域間，水深六、七十尋海底有豐富的硓𥑮石。

臺北州試驗船曾在一九二四年（大正十三年）的八、九月進行了珊瑚漁場試驗調查。龜山島大里簡那面海域採獲若干白珊瑚，由於面向大洋海域有急流，捕撈較為困難。花瓶嶼採獲少許的白珊瑚。[8]棉花嶼有珊瑚生長的痕跡，採取到桃色珊瑚。彭佳嶼則有各式各樣的珊瑚，生態相當豐富。[9]

一九二四年六月，首度發現彭佳嶼有珊瑚漁場的山本秋太郎，又派出了二十五匹馬力的金比羅丸號漁船前往捕撈珊瑚。一共進行了四趟，捕撈桃色珊瑚，第四回成果最多，最大的有二百五十匁（一匁是三．七五克，共九三七．五克），共有二貫七百匁（一貫等於一千匁，又等於三．七五公斤）。[10]這桃色珊瑚應該就是現今珊瑚市場最愛蒐集的「紅珊瑚」。紅珊瑚又稱「赤紅珊瑚」（俗稱阿卡〔AKA〕，學名是 Coralliumjapoicum）。其主要產地在日本四國南方、小笠原諸島、九州島西側海域等處，以及臺灣西部澎湖、西南部東沙群島、臺灣東北部琉球群島、彭佳嶼、蘇澳至東南方綠島、蘭嶼都可發現其蹤跡。顏色為白、米白、粉紅、橘、橘紅、紅、深紅等色。[11]

從一九二四年六月開始，基隆的採珊瑚漁船的目標就是桃色珊瑚，經驗豐富的山本秋太郎多次前往彭佳嶼，十九日他再度出航，至二十二日所得，採獲珊瑚的總量有三貫半（三千五百克），其中最重的有一百三十匁。這一批的同行船隻有成果的，也只有山本的金比羅丸號及另一家松永的寶聚丸，可見海上的狀況相當多，常會因為大浪而採獲困難。[12]同年八月，基隆業者中地榮次的珊瑚船採獲高貴的桃色珊瑚，重量據形容有牛角大，共一貫二、三百匁，換算下來是一千二、三百匁，約是現在的四千八百七十五公克，光是這一棵價值就達一千六百圓左右。[13]

---

7 硓砧石的成因是在海洋中生活的珊瑚死亡後，其骨骸在海底沉積，隨時間推移，逐漸堆積、增厚，成為以珊瑚骨骸為主體的珊瑚礁。若因地殼運動上升，或海水面下降而出露於海面，則為隆起珊瑚礁。日久鹽分漸少，即可運用於建材。在臺灣澎湖、墾丁附近海域尤為常見。https://zh.wikipedia.org/wiki/%E7%A1%93%F0%A5%91%AE%E7%9F%B3。

8 花瓶嶼的形成是由火山運動所造成的，由一小島與若干岩礁所組成，地形成鋸齒狀。海洋國家公園管理處計畫把花瓶嶼、棉花嶼和彭佳嶼這塊海域劃為海洋國家公園。

9 宮上龜七，〈臺灣珊瑚に對する私見〉，《臺灣水產雜誌》，一一〇期（一九三四年五月十日），頁一一。

10 〈開かれた海底の寶庫　美しい桃色珊瑚（上）アジンコート沖で　續續採取されて居る〉，《臺灣日日新報》，一九二四・六・二十。

11 https://kknews.cc/collect/om435pp.html。紅珊瑚枝常呈現扇形樹枝狀，珊瑚原木的枝體較小，表面可見生長紋，但阿卡珊瑚經拋光後肉眼常見不到生長紋，在橫切面可以見到白芯、同心的生長紋，珊瑚枝節末端可見到白芯，阿卡珊瑚正面較為完整，背面或左右兩邊常見到蟲孔和白芯。

12 〈珊瑚再復上網〉，《臺灣日日新報》，一九二四・八・三十一。

13 〈水牛の角ほとある　桃色珊瑚　が採れた〉，《臺灣日日新報》，一九二四・八・三十一。

躍為世界第一的基隆珊瑚漁業

一九二四年七月，臺灣的媒體已經開始大肆報導基隆的珊瑚漁業，並強調有希望可以成為世界第一，支配世界的珊瑚界。[14]《臺灣日日新報》描述，彭佳嶼近海的珊瑚業，不僅品質優良，且漁場寬廣。當年所撈獲的珊瑚，有直徑一英寸以上者。原本日本的珊瑚業是由「三井物產會社」所把持，[15]向來專門將珊瑚原料輸出至義大利加工，為獨門生意。當彭佳嶼漁場出現後，能夠與之匹敵者，也只有基隆的珊瑚漁業，其一舉一動都受到日本內地業者的關注。當時報紙是這樣比較日本與臺灣的漁場優劣：「當此之時，我國珊瑚界之大勢，除現在小笠原、高知、長崎等小漁而外，殆無可觀者。然小笠原只白珊瑚、高知只桃色珊瑚，品質粗惡，終非彭佳嶼近海所漁獲者可比。」[16]

當時日本的珊瑚輸出三大地區為義大利、埃及和中國的安徽鳳陽（豪州）。根據官方統計，一九一九年的出口數量是三萬兩千五百八十八斤，金額三十二萬五千圓；一九二〇年是一萬五千零二十九斤，金額十二萬七千圓；一九二一年，數量一萬兩千九百五十五斤，金額七萬圓。其數量與金額很明顯地是走下坡，逐年遞減。價格低落的原因

▲ 3-3　大珊瑚樹

主要是漁獲不多，且品質不佳。

在一九二四年之前，世界的珊瑚漁業是由義大利所支配。義大利的作法是利用來自日本的原料，經過加工雕刻為頸飾等貴重裝飾品。當日本本地的珊瑚漁業走下坡時，基隆的彭佳嶼海域發現的珊瑚漁業，正好填補了這個空缺，媒體評估有希望成為世界珊瑚業的支配者。然而要維繫這地位，需要注意控管商品不應輕易賣出，否則容易導致價格暴跌，因此如何預防是當務之急。[17]

珊瑚的漁業經濟

根據一九三〇年代水產研究者小園龍次於一九三四年在〈臺灣の珊瑚漁業〉的研究，彭佳嶼的珊瑚漁業產值，在一九二四年有八十萬日幣，一九二五年超過一百萬日幣，成為世界知名的珊瑚漁場。一九二六年只有三十四萬日幣，且逐漸減少。一九三一年驟降至十三萬日幣，原本漁船聚集的基隆珊瑚產業進而沒落。雖然一九二八年有段時間，中道和山瀨兩人在龜山島海域發現了

14 〈一躍世界的となつた　基隆の珊瑚漁業　世界の珊瑚界を支配すつか〉，《臺灣日日新報》，一九二四．七．五。

15 之後的朝鮮人參一節，三井物產會社也扮演重要角色。

16 〈基隆之珊瑚漁業　支配世界之珊瑚界〉，《臺灣日日新報》，一九二四．七．五。

17 〈基隆之珊瑚漁業　支配世界之珊瑚界〉，《臺灣日日新報》，一九二四．七．五。

新漁場，其產值又從八十萬回到一百萬，但是之後漁場逐漸荒廢，產值下降至二十萬至三十五萬圓左右。[18]綜合歷年產值，由於一九二四至一九二五及一九二八至一九二九年有新漁場發現的緣故，破以往紀錄達到一百萬以上，一般產值皆少於一百萬圓。[19]

《臺灣日日新報》很早對臺灣珊瑚漁業的產值有詳細的描述。一九二四年十月二十二日的報導，基隆的珊瑚漁業是當年的六月開始，至九月達到高峰，所捕獲的珊瑚價值已達五十七萬圓，預估當年不會少於七十萬圓。相較於日本內地的漁貨額，據農商務省的統計，小笠原、高知、愛媛、鹿兒島及長崎等地，在一九二二年，珊瑚漁貨重量為一千九百三十貫，金額為六十一萬六千一百三十三圓，一九二三年也不過六十九萬多圓。但光是在基隆一處的所得，就已經破全日本的總額。當時媒體描述是：「日本之珊瑚界，遂為我臺灣所支配。」當時業者初估，一九二五年就可破百萬圓金額。[20]

一九二四年基隆所興起的珊瑚漁業，出現競賣制度。一九二四年十二月十八日的《臺灣日日新報》提到：「自設競賣制度以來，賣出額七十餘萬圓。若合制度前賣出額五萬圓，故基隆在庫品，合十二月中採珊額，當有八十萬圓。」[21]除了彭佳嶼之外，當年底，有業者在蘇澳瀨附近，撈獲珊瑚一千餘圓，對於臺灣的珊瑚漁業者而言，又新增了一塊探查場域。

一九二四年的珊瑚熱剛開始時，有很多聚集到基隆的漁船是毀損的舊船，有的則是以兩百到三百日幣高價的包船費來經營。這些漁船的經營者多是毫無經驗的臨時漁業者，其中不乏廚師、助產士、理髮師等等完全和漁業無關的人在參與。因此這些船主容易受惡質的漁夫欺騙，成為被剝削的對象，有人因此遭受損失甚至面臨破產窘狀。

一九二四年的基隆珊瑚熱究竟有多熱，從當時遠道而來的船隻可看出。一九二四年七月，已經有高雄的四、五艘發動機船進行遠征，上頭多為內地日本人漁夫，約有四、五十名。因為大多數的漁民都跑來撈金捕珊瑚，使得那一陣子的高雄漁獲較平常少了三分之一。此外，也有相當多來自日本的珊瑚船申請來臺捕撈珊瑚。[22]一九二四年七月十四日，高知縣珊瑚業者北尾伴水還特地前往總督府，拜會相關長官。他認為既然全國的仲賣人（中間人）都聚集到基隆，提議應該讓日本的珊瑚業者，亦得前來捕撈珊瑚。他的理由是這海域應屬於公海，可以用「內地延長主義」的觀念來看待此事：

> 現下珊瑚可採之漁場，在去彭佳嶼二三十浬洋而，漁場勿論為臺灣漁場。然既係公海，殊如內地延長主義盛唱之今日，故不能不許他採取。[23]

18 小園龍次，〈臺灣の珊瑚漁業〉，《臺灣水產雜誌》，二三九期（一九三四年五月十日）。
19 小園龍次，〈臺灣の珊瑚漁業〉，《臺灣水產雜誌》，二三九期（一九三四年五月十日）。
20 〈珊瑚達七十萬圓〉，《臺灣日日新報》，一九二四．十．二十二。
21 〈珊瑚業停止〉，《臺灣日日新報》，一九二四．十二．十八。
22 〈臺灣は珊瑚の島　內地珊瑚船の渡來近く實現　臺北からも出願者が現れた〉，《臺灣日日新報》，一九二四．七．十七。〈內地珊瑚船問題〉，《臺灣日日新報》，一九二四．七．十七。
23 〈內地珊瑚船問題〉，《臺灣日日新報》，一九二四．七．十七。

此外，北尾伴水強調，若內地的漁船一起來到這海域，瞬間聚集四、五百隻船，可以資助本島之繁華。新聞中還提到殖產局所派出的試驗船凌海丸，調查蘇澳瀨附近海域，由於水深，所使用的器具勾到其中一種珊瑚，判斷附近應該有相當大的漁場。

珊瑚船的出航多為十月之前，到了冬天東北季風增強之際，小型珊瑚船就不適合出海作業，而大型漁船此時的主業是連子鯛魚為主，珊瑚捕撈只能當副業。[24]珊瑚熱時，臺灣大多數的漁船見有利可圖，紛紛轉作珊瑚漁業，以致真正捕魚者大量減少，連帶影響臺灣各地魚市的漁貨產量，各地的魚市都買不到漁獲，消費者抱怨連連。有報紙就說：「去年五月，基隆發見珊瑚以來，全島之漁業者，俱發珊瑚熱，不肯從事捕魚。六月以降，至十日頃，為全島魚類之饑饉時代」。[25]

一九二四年珊瑚熱不僅引起各地漁船匯集到基隆彭佳嶼想試試手氣，各種奇特現象也引發臺灣的漫畫家紛紛以此為題材進行創作，著名漫畫家國島水馬就是其中一位。一九二四年七月十二至二十一日，他在《臺灣日

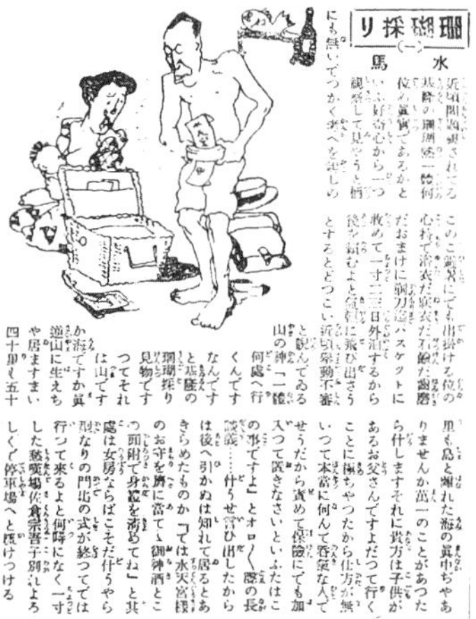

3-4、3-5　國島水馬所繪的臺灣珊瑚熱漫畫

日新報》上，共連續畫了十幅採珊瑚的系列漫畫，將採珊瑚從準備出海捕撈到在船上的甘苦，以漫畫的形式呈現出來，採珊瑚畫報的出現精確地反映了一九二〇年代的臺灣珊瑚熱現象。[26]

總督府的漁業取締與永續經營

由於臺灣珊瑚熱吸引了大批業者想要來基隆參與相關產業，為了要永續經營，總督府則採取證照制度，以數量來管制。據統計，直到一九二五年一月，申請件數已達數百件。當時全臺合法的珊瑚船已有一百二十三艘。對於違規出海捕珊瑚者，總督府似乎較無有效的管理辦法，以致私下盜採者多達六十多艘船。[27]

常在《臺灣水產雜誌》上寫文章的研究者小園龍次，一九三四年對臺灣珊瑚漁業提出了幾點振興方案。他認為，在基隆小型船發動機的漁業，冬天是突棒漁業（漁叉）或者延繩漁業，可是

24 〈珊瑚達七十萬圓〉，《臺灣日日新報》，一九二四・十・二十二。
25 〈近時魚類豐富〉，《臺灣日日新報》，一九二五・三・十五。
26 〈臺日漫畫　第四卷第百二十七號　國島水馬筆〉，《臺灣日日新報》，一九二四・七・十三。
27 〈密採珊瑚之取締〉，《臺灣日日新報》，一九二五・一・二十七。〈基隆採珊瑚與檢束〉，《臺灣日日新報》，一九二五・二・二十七；〈臺東廳水產會珊瑚漁產採查試驗費ニ對シ廳費補助認可指令案，指令第七二六號，一九四〇・一・一〉，《臺灣總督府檔案・國庫補助永久保存書類》（國史館臺灣文獻館）。

夏天是閒散期，沒有可以替代的漁業。但是從一九二四年珊瑚漁業興起之後，漁業者可以繼續捕魚。不過因為珊瑚漁場漁獲不多，而且沒有補助，所以要努力找新漁場。歷來珊瑚漁場的調查是官方的試驗船所做，小園建議凡是官廳之外的業者也要進行漁場的調查。實際上，若由漁業者集合組織船隊一起調查，應該可有擴大的成效。[28]

小園龍次其次提到關於畜殖保護的議題，國外有許多借鏡之地。地中海作為珊瑚之培育地，自古就廣為人知，其中義大利的珊瑚業已有一千八百年左右的歷史，年產額將近一百萬到一百五十萬日圓。以往關於採取方法與限制並沒有特別規定，隨著漁場荒廢而減少產額，官方與民間才有了共同保護畜殖的必要性，進而發布禁採的法律，但是因漁場越來越荒廢，終告失敗。

但臺灣的珊瑚漁場很狹小，所以即使有新漁場的發現，也難以延續兩、三年。因此，同業者間可組織團體來自治，共同取締船隻是否有採珊許可證。還有制定適當的年限，依照輪採法，實施漁場的保護。小園龍次還建議，數十年前，在高知縣水產試驗場，曾利用海洋腔腸生物的再生特性，從海裡拿起珊瑚枝葉部之前先把它切斷，然後用混凝土緊貼石頭做了水螅體的育成試驗。這種試驗為了永續珊瑚漁業，或許可以在臺灣進行實驗。

珊瑚加工講習會與市場開拓

為了要提升珊瑚漁業的產值，基隆的水產業於一九二五年起開始研擬「珊瑚加工獎勵」，一九二五年在臺北州水產會開辦過加工講習會。義大利的加工經驗提供當時臺灣珊瑚產業相當多的參考。義大利的做法是國立珊瑚技藝學校必須修四年的課程，其中基礎學科與現地實習同時進行。小園龍次曾建議臺灣向義大利學習，設立雕刻徒弟學校，或者是加工組合，以同業者的團體組織招聘優秀技術者，進而透過和以前完全不同之技術和方法，製造臺灣特有的製品，才有可能獲取更高的價值。[29]

為了因應世界性的珊瑚原料需求，提振臺灣的珊瑚產業，一九四〇年三月十三日，「臺灣珊瑚輸出口組合」成立。管轄基隆多數珊瑚生產的臺北州水產會，一九四〇年預估，依照珊瑚販賣網絡計畫擴張費，該年度計投入八千三百三十三日幣。雖然基隆的珊瑚漁業暫時陷入衰頹狀態，可是幾年前在蘇澳海域上，還有一九三九年在沖繩縣與那國海域發現的新漁場，多少回復以往盛況，一九四一年的漁獲金額將可達一百萬日幣。但是一直受傳統工法主導的義大利市場，受到歐洲戰爭動亂影響，陷入了貿易疲弱現象，所以臺北州水產會這次

3-6　基隆漁市的珊瑚買賣

28 小園龍次，〈臺灣の珊瑚漁業〉，《臺灣水產雜誌》，二二九期（一九三四年五月十日）。

29 小園龍次，〈臺灣の珊瑚漁業〉，《臺灣水產雜誌》，二二九期（一九三四年五月十日），頁六九。

決定開拓印度方面的新市場。新銷路的拓展耗時五個月左右，五位業者被派遣到印度。原本印度的習慣只是進口珊瑚原木，然後出口到義大利加工，再賣回印度市場，整個市場網絡繞了一大圈。因此臺灣珊瑚業者想到變通方式，那就是直接由臺灣出口珊瑚加工品，印度因此能更便宜地取得珊瑚加工品。此方案提出後，臺灣珊瑚業者對印度的新銷售市場，開始抱持相當樂觀的態度。[30]但太平洋戰爭戰事激烈時，珊瑚的開採暫時中止，直到了戰後臺灣各項基礎設施開始恢復之際，珊瑚開採才得以恢復。[31]

二、蓪草與蓪草紙：新竹婦女的熱門副業

一九五一年十二月二十六日，《聯合報》的一篇文章〈通草紙手工業的發展〉寫說：「年節近了。市攤上，又將排滿雪白、光澤、輕盈得像天鵝絨似的用通草紙製成的人造花來，如果你不走近去觀賞聞嗅，它真的會欺騙過你的耳目。這項通草紙是本省的特產，也只有新竹市能生產。」[32]就物種特性來說，通草（蓪草）因樹心容易拔出來俗稱為「通脫木」。在植物學上屬繖形科類的五加科灌木，其葉像手掌，在春季開白色或黃白色茶荃狀的小花。蓪草多生長在東海岸、中北部山裡，尤其在竹東、大溪兩區高山裡大量地散布繁殖。其樹高不過六台尺，樹幹腰圍五寸許。

有關蓪草紙的主要故事可以上溯至日治時期。據這篇報導所說，蓪草紙工業最盛時每年生產超過十萬臺斤。製造工作均由婦女擔任，她們以熟練的技術，用左手按在一個枯上蓪草心迴轉，

---

30 〈印度に販路を開く　臺灣產珊瑚の輸出對策〉，《臺灣日日新報》，一九四〇．三．十五。

31 《聯合報》，一九五二．十二．十七。

32 〈通草紙手工業的發展〉，《聯合報》，一九五一．十二．二十六。

一把刀拿在右手切去，不需其他機器的幫助，就能製造出蓪草紙來。這個世界少有的蓪草紙是切成寬約三寸至七寸，長則視樹心的粗細，分為三尺至六尺不等。技藝精巧的女工每月可賺取美金數十元的工資，在那個國際市場頗熱的時代，為臺灣賺到相當可觀的外匯。蓪草紙的主要用途是做成紙花，還可作為美術書畫用紙。[33]

若再追溯源頭，有一說法是一八四一年，福建泉州府人陳談儀移民臺灣從事農業，隔年夏天在山裡伐木開墾田野時，偶然發現奇妙的樹種，後經三十年間的苦心研究結果，才發現樹心可製成紙狀，遂名為蓪草紙。蓪草早期手工業發展史與陳家息息相關。故事後續的版本是蓪草紙發明後八年，知縣聽聞陳氏製作出雪白輕盈而且有天鵝絨光澤的紙，遂接見他要求製成牡丹花。經過五個月，陳的妻子製造成一蕾牡丹花。後來由其媳陳林進治、孫陳其祥有系統地改良，從製造器具改善、技術研究，及由陳林進治以免費指導製法、供給器具等，極力獎勵蓪草紙手工業的發展，遂在國際獲得好評，為新竹婦女開啟一個良好的家庭副業之路。從事的女工曾達到二千名之多，每年能產二萬箱蓪草紙，輸往中、日、美、英、法等國，並在化學衣料製造原料中，占有極重要的地位。[34]戰後，新竹的蓪草業因為中國市場的中斷而式微，直到一九五〇年代家庭手工業的推廣而又再興起。

3-7　蓪草紙製作的人造花（蔣竹山攝）

上述一九五一年的《聯合報》新聞在蓪草的描述中有關陳談儀的事蹟，經考證，部分資料源頭是來自於《臺灣日日新報》的報導。一九二五年的二月二十二日，《臺灣日日新報》報導，臺灣東部和中北部的原住民居住區域有許多的野生蓪草，蓪草髓心製造出的蓪草紙是臺灣的特產品。蓪草紙的原樹高約五至六尺，直徑約五寸。整篇文章分為四個部分，首先是蓪草紙的作法，蓪草紙的尺寸有好幾種，其尺寸大小的製作靠的是職工的熟練程度，削製蓪草紙在臺灣屬於家庭工業。從業的婦女一個月的收入最低有十圓，最高有五十圓。其次談到普通販賣品部分，不同尺寸的蓪草紙製成後主要是用來做花，因為材質的關係讓蓪草紙做出來的花朵十分逼真。除做花外，蓪草還有書畫用紙、短冊、藥用等用途。蓪草的紙屑在中國，又可被當作是藥用及填充棺木內裡等用途。[35]

〈金泉發製紙會社〉這段，文章將蓪草的重要商行的緣起介紹得很清楚，這是有關資料中，第一次有出現這個家族的事蹟。臺灣的蓪草業以陳其祥的金泉發製紙會社為首，其祖父陳談儀為中國泉州府惠安縣人，一八四〇年二月渡海來臺從事農業，在一八四一年夏天伐木時偶然發現重量很輕的蓪草樹後便將其髓心取出，經苦心研究後終於在一八七〇年（明治三年）製作出紙張，

33 〈通草紙手工業的發展〉，《聯合報》，一九五一・十二・二十六。

34 〈通草紙手工業的發展〉，《聯合報》，一九五一・十二・二十六。

35 〈造花に妙な蓪草紙　臺灣に此紙が產する迄に　至つた面白いローマンス／牡丹花を作れと〉，《臺灣日日新報》，一九二五・二・二十二。

經改良後可做成造花的材料。隔年五月，有一位來自四川省貴州縣的友人告訴陳談儀夫妻這種紙張名蓪草紙。一八七八年（明治十一年）秋天，當地有一位縣官向陳談儀的妻子介紹唐紙做的牡丹花，指示陳談儀的妻子，也是陳其祥的祖母用蓪草紙做花。隨後是〈製作牡丹花〉，這段談到：經過五個月廢寢忘食地苦心研究後，牡丹花終於做成，而且深受縣官喜愛，並命名為蓪草花。到了一八八三年，從新竹郡香山庄的農家嫁到陳家的陳其祥母親，又再改良製紙的器具，並將製紙技術予以普及，此後有更多人開始進入原住民山區找尋蓪草樹。[36]

一九〇四年的報刊已經提到造紙用蓪草的外國輸出情況。當時蓪草是臺灣島上原住民山區的特產物，蓪草製成的紙張是國外製作紙花的重要材料。原本只是將原料外銷到對岸的清帝國去，到了日本統治臺灣之後，日本及美國商人的需求開始增多，使得臺灣的蓪草開採需求也大增。[37]相較於其他臺灣的物產，蓪草的重要性更形明顯。日本的製作花藝的業者，就拿蓪草與以往的絹質材料相較，其價格及色澤更好。[38]

早期蓪草的栽培還不普遍時，一般人還不容易進到原住民的山區見到這種植物。像是苗栗的大湖支廳部內十八兒蕃社，該部落盛產蓪草，有打必歷社頭目等，因為山工銀的紛爭，欲拜託十八兒蕃社撫事情，所以來到部落，卻意外發現這裡蓪草栽培相當興盛，也習知耕作很簡易，收穫利潤有多少，因此打算仿效栽培。[39]到了一九二六年時，臺灣島栽培蓪草的產區已擴大許多。新竹州的理蕃課，以五年的時間繼續蓪草栽培事業。一方面命駐在所及分遣所警備員勸誘栽培，一面在竹東郡芝巴兒蕃地，新設蓪草苗圃一分五厘，及籌設試作地一甲五分，以供栽植蓪草苗之預備用途。新竹州在此之前的十年間，輸出至海外的蓪草額逐漸增加。一九一五年（大正四年），輸出量一共有四萬八千斤，產值三萬圓。而一九二〇至二一（大正九至十年）這兩年，受歐戰的影響，輸出一段時間因而中止。一九二二年，有四萬六千圓；一九二三年則有六萬五千圓；一九二四年則有八萬二千斤。[40]

從金泉發到臺灣藺草拓殖株式會社

一九二三年十月一日，金泉發藺草店就集資十萬圓，在新竹南門町成立「臺灣金泉發藺草株式會社」。前述的金泉發尚未成立會社前，陳其祥已積極擴展藺草產業。[41]當時金泉發的工人就有一千多人，在藺草業中算是規模較大者。光一九二三年，新竹地區藺草紙輸出額十三萬圓中，

36 〈造花に妙な藺草紙　臺灣に此紙が產する迄に　至つた面白いローマンス／牡丹花を作れと〉，《臺灣日日新報》，一九二五・二・二十二。
37 〈造草用藺草紙の外國輸出〉，《臺灣日日新報》，一九〇四・一・九。
38 〈調查藺草紙〉，《臺灣日日新報》，一九〇四・三・十九。
39 〈蕃社藺草栽培〉，《臺灣日日新報》，一九〇四・三・二十九。
40 〈竹州藺草輸移出近況〉，《臺灣日日新報》，一九二六・六・二十六。
41 洪麗雯，〈日治時期臺灣藺草紙會社的出現及發展〉，《臺灣文獻》，五十八卷四期（二〇〇七年十二月），頁二八一。

金泉發就占了大約十萬圓。[42]臺灣金泉發蓪草株式會社在陳其祥的帶領下，大幅改良產品的製作，開發出十五公分、十八公分幅寬的蓪草紙。他還利用蓪草具有隔音、保溫的特性，製作蓪草板。之後也進而發展出平時色澤粉紅，但遇熱會變青色的蓪草紙，以及蓪草卷紙、便籤等等。一九四〇年時，他更改良蓪草美術紙、蓪草卡片，大幅提高了產品利潤。[43]

蓪草業者早期的經營過程中，常因為原料被臺灣殖產會社所掌控而短缺，在原料取得不易的情況下，倒閉的商號很多。為了避免業者彼此因為原料取得而惡性競爭，總督府採取一方面獎勵原住民栽種蓪草，另一方面則鼓勵對外輸出的做法。民間業者為了要解決原料競爭、改善販賣組織、促使產業經營合理化之理由，於一九二六年二月，組織「新竹蓪草購買組合」，以進行蓪草原料之分配，價格也是經由協商才可以販賣。[44]

一九二八年以來，由於蓪草輸出往中國、美國及俄國的價格日益增高，以及「中央研究所發明協會」成功發明蓪草紙為天井板床技工業品。為了要加強業者之間的橫向合作，認為有成立新會社的必要，最後在調停斡旋之下，集資三十萬圓成立了「臺灣蓪草拓殖株式會社」。[45]金泉發的陳其祥為了要與以日本人企業家為主的拓殖株式會社相抗衡，最後選擇賣掉拓殖的股權，並請辭會社的專務工作。他則另外廣邀友人籌組金泉發蓪草株式會社，資本額十萬圓，取締役為陳其祥、林進治、鄭紅英，監察役則為蔡來。[46]此外，「臺灣蓪草拓殖株式會社」受到在臺紳商團體鄭肇基的協助，以及在臺日資與日本當局的奧援。成立後以三千圓權利金取得臺灣發明協會蓪草紙製作器具剝皮器、蓪草心押拔器械等工具的專利，以及蓪草板、消化素、飲料液清澄濾別劑的使用權，將蓪草紙的製作帶入另外一個可大量生產的新階段。[47]

三、塑造地景：秩父宮雍仁親王的角板山視察

朝香宮殿下，在角板山蕃童教育所，因蕃童實演，績成殊佳於御退出時。……入蕃界出身公醫宇都木一氏之診療所，諮問何病為重，由是再乘轎臨蕃產物交易所，御覽蕃產品其他。更於御前，台覽蓪草紙製作實演，本島人女工，執刀下切，有如切紙之觀，御興味殊深，暫時休憩。[48]

42 〈日治時期臺灣蓪草紙會社的出現及發展〉，頁二八二。
43 〈日治時期臺灣蓪草紙會社的出現及發展〉，頁二八四－二八五。
44 〈日治時期臺灣蓪草紙會社的出現及發展〉，頁二八七－二八八。
45 〈日治時期臺灣蓪草紙會社的出現及發展〉，頁二八九－二九六；〈新竹街臺灣蓪草拓殖株式會社〉，《臺灣日日新報》，一九二九・二・十九；〈金泉發蓪草重役決定〉，《臺灣日日新報》，一九二九・六・一。
46 〈金泉發蓪草重役決定〉，《臺灣日日新報》，一九二九・六・一。
47 〈日治時期臺灣蓪草紙會社的出現及發展〉，頁二九五。〈蓪草拓殖總會　新監查役朱麗氏〉，《臺灣日日新報》，一九二九・八・四。
48 〈朝香宮視察角板山　激勵蕃兒　御覽蕃人生活〉，《臺灣日日新報》，一九二七・十一・六。

這是一九二七年十二月，朝香宮鳩彥王到臺灣來視察時的其中一站，他選擇了位於新竹州大溪郡的角板山來視察，特別看了蕃童教育所、診療所及蕃產物交易所。在交易所中，他看到各種原住民的物產，也親自觀看了角板山原住民的女工，拿刀下切蒲草的各種技藝。為什麼會特別選角板山這個地方？又為何會在這裡觀看女工以獨特技藝處理上一節探討的課題蒲草？蒲草的重要性已於前文處理過，以下這節則關注日本帝國如何在臺灣塑造各種地景，如新八景、鳥瞰圖、銅像、行道樹及國立公園以增進民眾的歷史記憶及國民精神。

臺灣新八景

有學者認為：「自高拱乾修撰《臺灣府志》，選出第一組臺灣八景後，各地的官員紛紛在其轄區內，選出當地代表的景色，並且為景作詩，在臺灣各地留下不少八景與八景詩，敘述著清治時期臺灣自然的景觀樣貌與人文風俗，留下早期臺灣景致最原始的記載。」[49]《臺灣府志》中早就有了臺灣八景的說法，分別是臺南的安平晚渡、沙鯤漁火、鹿耳春潮、東溟曉日、澄臺觀海、斐亭聽濤，還有基隆的雞籠積雪及澎湖的西嶼落霞。從這名單可以看出，幾乎都落在當時的首府臺南一地，主要都來自傳統文人對山水的觀看想像，較不符合一般民眾的看法。[50]到了一九一三年十月三十一日，《臺灣日日新報》刊出新的臺灣八景，有合歡旭日、南岬月明、新高倒影、珠潭浮嶼、關渡歸帆、東海石屏、旗後落霞、北島觀潮。[51]讀古村莊主人還針對這八景與清代以臺南府城為主的八景做了說明。[52]這八景是怎麼出來的，報社並未說明，比較像是《臺灣日日新報》自行整理出來的名單。

直到一九二七年，臺灣才有比較符合實際旅遊名勝的新八景。這回臺灣八景從臺南府城為核心轉變為媒體《臺灣日日新報》的票選。一九二七年五月三十日，臺灣日日新報社仿照日本內地票選日本新八景的活動，也在臺發起票選臺灣新八景的活動。剛開始時的募集文章是日文，隔沒幾天，也出了中文版。廣告文案是這樣寫的：「臺灣孤懸海外，氣候溫和，山明水秀，有美麗島之稱。此間有載於世人口碑，及見於文章繪畫者，右果足以代表臺灣名勝中之最有特色，而名下無虛歟，疑問也或者名勝中之最有特色宛若絕代佳人，居於空谷，不甚為人周知，亦茲者本社，特以臺灣全島中代表的名勝地，欲依一般投票募集。……公諸世上，並欲從大眾之輿論，識者之

49 蔡承叡，〈清代臺灣八景的演變〉，《北市教大社教學報》，十一期（二〇一二年十二月），頁一－三〇。蔡承叡，〈臺灣八景演變與旅遊發展〉，臺北市立教育大學歷史與地理學系碩士論文，二〇一二。

50 國立臺灣文學館「乘著文學的翅膀：旅行台灣文學特展」，https://wing.nmtl.gov.tw/informationlist?uid=6。瀏覽日期，二〇二三．十．二十八。另見蔡承叡，〈清代臺灣八景的演變〉，《北市教大社教學報》，十一期（二〇一二年十二月），頁一－三〇。劉麗卿，《清代臺灣八景與八景詩》（臺北：文津出版，二〇〇二），頁七八－八二。蕭瓊瑞，〈認同與懷鄉——臺灣方志八景圖中的文人意識（以大八景為例）〉，《臺灣美術》，六十期（二〇〇六年七月），頁四－一五。

51 《臺灣日日新報》，一九一三．十．三十一。

52 讀古村莊主人，〈臺灣八景〉，《臺灣日日新報》，一九一三．十．三十一。

鑑選，擇其最優者八，付以臺灣八景名稱，廣宣傳於海內外。……以純真之審美同情投票，則不勝懇望之至云爾。」[53]

這票選八景公告一貼出之後，立即獲得官方及民間的廣大迴響。各州知事紛紛報紙投書表示支持。像是臺北州知事吉岡荒造就說，站在日本內地人的角度來看，臺灣或許可玩樂的地方沒有日本多，住起來也比較枯燥無味。但臺灣日日新報社這樣的臺灣八景募集活動，足以慰安精神，並達到宣傳本島的目的。[54]新竹州永山知事則認為，臺灣日日新報社這樣的活動不當只是一種娛樂，還該要有任務的觀念。也就是八景的選址，不該只是風景的考量，還要有實用的目的。他舉出水戶的常盤公園為例，雖然是人工美景，但裡頭所種植物大多是梅與茶，既美觀又實用。在其中遊玩，既是精神的，也是身體的。[55]臺南州知事喜多孝治的看法與前面各州看法大同小異，也是大力支持臺灣日日新報社的做法，並連帶提到對總督府籌設臺灣文展及在舊都臺南設保勝會的稱許。[56]諷刺的是，就在我們於這一天的報紙看到各州知事大力支持報社票選舉辦臺灣新八景的活動宣揚精神提升之重要性之際，我們也看到新竹州政府如何在衛生課的執行下，五天之內轄下各郡撲殺野狗達一千多頭，光是竹東郡就兩百六十頭，名列第一。這行為從現今角度來看，相當不符合動物保護觀念。[57]

這次票選的時間不長，從六月十日至七月十日截止，但肯定是臺灣民眾首次大規模地參與投票的民間活動。據統計總投票數有三億五千九百六十三萬四千九百零六票，比一九二五年第二次國勢調查的人口普查三百九十九萬多的總人口數還多出八十多倍。[58]看起來，各州政府是卯起全力來動員，才會有這麼驚人的投票數。其中又以臺北州的投票數最多，有一億一千六百五十三萬八千二百七十六票，接著依序是高雄市、臺中州、新竹州、臺南州、花蓮港廳、臺東廳，居最後一名的新高山部分也有三十一萬六千九百八十二票。[59]當時全島有多瘋狂，我們看七月十日的報導就知道。在六月底時，就已經白熱化了，[60]那幾天的報紙還會寫到盛進商行販賣投票紙，以及購買的人太多以致供不應求最後停賣的新聞。[61]七月初時，每日約有兩千萬張的投票紙湧入報

53 〈募集臺灣八景　臺灣日日新報社主催　不日詳細發表紙上〉，《臺灣日日新報》，一九二七．五．三十。

54 〈我社の八景募集の反響／八景の募集にふつて　行樂の地が增え　無味な生活に潤を與へ　他面本島の宣傳にもなる〉，《臺灣日日新報》，一九二七．六．九。

55 〈我社の八景募集の反響／八景募集は一の　ビジネスとして　滿腔の贊意を表したい〉，《臺灣日日新報》，一九二七．六．九。

56 〈募集臺灣八景　為離金錢樂人生之道　貴社如此籌畫甚善〉，《臺灣日日新報》，一九二七．六．九。

57 〈新竹州下　毒殺野犬　達一一四六頭〉，《臺灣日日新報》，一九二七．六．十。

58 〈臺灣の全人口　三百九十九萬四千餘人／大正十四年國勢調查世帶及人口概數〉，《臺灣日日新報》，一九二七．十．二十四。林嘉琪、楊文山、褚齡霙，〈閩客通婚與家戶社經地位關係之研究（1905-1945）：以福爾摩沙歷史職業與社會分層資料庫分析〉，《民俗曲藝》，一九七期（二〇一七年九月），頁一三五－一八四。

59 〈臺灣八景審查委員　近く第一回總會を開催〉，《臺灣日日新報》，一九二七．八．一。

60 〈臺中と八景投票　運動白熱化〉，《臺灣日日新報》，一九二七．六．二十三。

61 〈八景投票紙を販賣〉，《臺灣日日新報》，一九二七．六．二十三。〈盛進商行　兜を脫ぐ　八景投票用紙註　文に應じ切れぬ〉，《臺灣日日新報》，一九二七．六．二十五。〈盛進商行棄甲〉，《臺灣日日新報》，一九二七．六．二十六。

社。光是整理人員就五十人，不避酷熱地終日整理選票。[62]到七月八日，已經累積一億一千多萬票，較當時日本的新八景票選，還多出一千八百多萬票。當時各地送來的投票紙都是以自動車送到報社，以致走廊堆滿了選票，最後不得不移到榮町的臨時倉庫。[63]

八景投票愈よ白熱戰に入る
（上）投票計算係の一部
（下）山をなす投票

3-8　臺灣日日新報社統計選票

臺灣八景投票數
（廿五日正午迄整理の分）

壽山（高雄）	三一、九七二、五〇一
ガランビ燈臺（高雄）	三一、二一三、〇二二
八仙山（臺中）	三〇、五〇二、二五六
阿里山（臺南）	二五、八七四、四五九
基隆港（臺北）	二二、二二〇、一六九
太平山（臺北）	一三、九八九、五七三
五指山（新竹）	一二、一二〇、七五四
淡水港（臺北）	一〇、五一七、一三三
臺灣神社（臺北）	一〇、五〇一、七五二
太魯閣峽（花蓮港）	八、五一六、六六四
日月潭（臺中）	八、三六五、一二二
觀音山（臺北）	八、一四四、五五七
大溪（新竹）	七、七六一、六二八
獅頭山（新竹）	七、一五二、六四九
出礦坑（新竹）	六、九四三、〇六六
虎頭埤（臺南）	六、五八六、五七七
新店碧潭（臺北）	六、五〇七、二九一
旗山（高雄）	六、四一六、二三四
鷄籠山（臺北）	六、二八六、七六五
霧社（臺中）	六、一七二、九〇一

3-9　臺灣新八景投票數

當時票選第一名的是鵝鑾鼻，光是這地方，就已經突破了一千萬票。還有許多來自內地的投票，這些大都是寫角板山。到了七月二十五日，又有些變化，從圖3-9第一階段的統計名單來看，民眾票選的前二十名，以票數高低來看，前八名分別為：壽山、鵝鑾鼻、八仙山、阿里山、基隆港、太平山、五指山、淡水港。九至二十名為：臺灣神社、太魯閣峽谷、日月潭、觀音山、大溪、獅頭山、出磺坑、虎頭埤、碧潭、旗山、雞籠山、霧社。

臺灣八景票選完後，再進行第二階段，由審查委員討論決定。這批公開的審查委員名單範圍相當廣泛，主要是官方代表及民間商社，有總督府、教育、交通、軍警及業界。其中，教育界代表有：臺北師範學院、臺北三高女及臺北商業學校的教諭、文教局長。商界代表：大阪商船會社的店長、大成火災海上保險會社、近海郵船會社支部長、臺灣運輸業組合長。交通機構：交通局總長、交通局理事、鐵道部長及遞信部長。總督府：總督府博物館代表、總督府官房文書課長、官房會計課技師。軍警代表有陸軍中將、海軍大佐及警務局長。其餘官方代表還有中央研究所的

---

62 〈八景投票愈ふ白熱　戰に入る　（上）投票計算係の一部〉，《臺灣日日新報》，一九二七・七・一。

63 〈臺灣八景投票數〉（八日正午迄整理の分），《臺灣日日新報》，一九二七・七・九。〈八景投票截止日全成白熱化　內地朝鮮等　投票角板山〉，《臺灣日日新報》，一九二七・七・十。〈三億六千萬枚の投票は　どれだけの量となる　數の觀念を養ふ意味から　十三十四兩日兩倉庫開放　八景投票を公開〉，《臺灣日日新報》，一九二七・八・十一。

林業部長與工業部長。[64]第二階段的專家委員審查的方式，除了有第一階段的票數作參考外，還透過照片、文獻資料及實際情況進行討論，還另外加上現地走訪。在調查階段，這些選票除了安排在報社開放參觀之外，還另外借了壽小學校的兩座室內體操場當作展示用倉庫。[65]

為了慎重起見，報社還特別刊出。從第二階段委員審查的結果看來，似乎官方版的和民眾票選有落差，這結果若在今日應該會引起地方的反彈。最終，一共選了二十處，稱八景十二勝及兩個「別格」。[66]八景為八仙山、太魯閣、壽山、基隆旭岡、鵝鑾鼻、淡水、阿里山、日月潭。兩相比較，可看出原本在第一階段前八強的太平山、五指山，被太魯閣及日月潭給擠了下來，其餘後面十二名稱為十二勝。另外加設兩個有聖地意味的「別格」：神域臺灣神社與靈峰新高山。[67]這樣的票選活動，對於日後臺灣民眾的旅遊選擇有很深遠的影響。官方也常順勢藉著各種活動搭配繪葉書、旅行手冊、地圖推廣臺灣島內旅遊及博覽會。[68]

這種臺灣八景的票選影響，還可以透過日記看出其效果。豐原的水竹居主人張麗俊就曾依照新臺灣八景十二勝的票選名單，趁著開會的機會，陸陸續續花了近五年的時

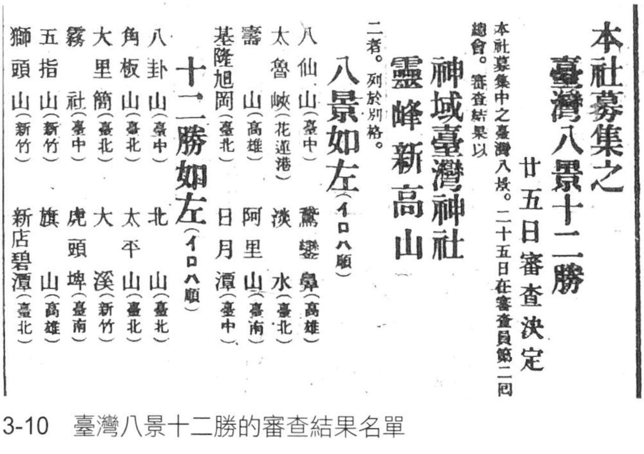
本社募集之
臺灣八景十二勝
廿五日審查決定
本社募集中之臺灣八景。二十五日在審查員第二回總會。審查結果以
神域臺灣神社
靈峰新高山
二者。列於別格。
八景如左(イロハ順)
八仙山(臺中)　鵞鑾鼻(高雄)
太魯閣峽(花蓮港)　淡水(臺北)
壽山(高雄)　阿里山(臺南)
基隆旭岡(臺北)　日月潭(臺中)
十二勝如左(イロハ順)
八卦山(臺中)　北山(臺北)
角板山(臺北)　太平山(臺北)
大里簡(臺北)　大溪(新竹)
霧社(臺中)　虎頭埤(臺南)
五指山(新竹)　旗山(高雄)
獅頭山(新竹)　新店碧潭(臺北)

3-10　臺灣八景十二勝的審查結果名單

間，遊歷了一遍。例如一九二八年十二月七日，票選公告的隔一年，他與豐原組合役會的會員及職員到高雄參加千人與會的產業組合大會。在高州樓用完午餐後，就沒再回到會場，改和友人一同出遊高雄港。他先和友人泛舟遊港，在苓雅寮登岸，到陳滿第五子花園遊園。然後再乘小船去旗後看八景之一的「壽山觀海」，還看了前清砲台及燈塔等古蹟。下山後則渡北岸，才又回到會場看資料及展覽。[69]一九二九年十一月十四日，又去了鵝鑾鼻及高雄壽山。[70]一九三〇年九月，他則去了基隆旭岡。同年十二月，去了阿里山。一九三一年十二月，還是趁著產業組合大會，遊歷了獅頭山、大溪及角板山。一九三二年八月二十四日，他和友人前往北部視察優良街庄組合。[71]八月二十七日，日記如此記載：「至郡役所，登樓遠眺，東瞻大屯、西望觀音、南看稻江、北覘雲

64 〈臺灣八景審查委員　近く第一回總會を開催〉，《臺灣日日新報》，一九二七・八・一。
65 〈三億六千萬張　八景投票兩日公開　十三四日兩日開放〉，《臺灣日日新報》，一九二七・八・十二。
66 〈臺灣八景　審查委員會　五日夜鐵道ホテルに　第一回協議會開催〉，《臺灣日日新報》，一九二七・八・六。
67 〈臺灣八景審查規定〉，《臺灣日日新報》，一九二七・八・二十七。
68 〈臺灣八景繪葉書〉，《臺灣日日新報》，一九二七・九・一。
69 《水竹居主人日記》，一九二八・十二・七。
70 《水竹居主人日記》，一九二九・十一・十四。
71 《水竹居主人日記》，一九三二・八・二十四。

海，而淡水河口一帶鄉村言是八里分〔坌〕也。少頃，郡農會員說明該郡下農業殖產殷勤獎勵，成績優良云云，後因時間有限，遂告別。」他和友人搭著淡水線，經圓山、士林、北投、江頭等站來到淡水站，這回，他終於能登上郡役所遠眺觀音山、大屯山，還能南望大稻埕，見到了對岸的八里坌。到了晚上，他則一人來到基隆，看了盂蘭盆會的普渡活動。[72]

當然，也不見得每個人都認同官方的這套票選結果，吳新榮就有自己心目中的臺灣八景。一九四〇年七月六日，他在日記中寫著：「要以自己的觀點找出臺灣八景。」他心目中的臺灣八景是新高山靈峰、太魯閣仙寰、阿里山雲海、日月潭蕃歌、大屯山積雪、淡水河歸帆、澎湖島漁火、鵝鑾鼻鯨波。這樣的名單和原先公布的臺灣八景，不同之處在於大屯山及澎湖。他提到，日月潭和澎湖島，在他臺南商專時代曾去過。大屯山及淡水河，則是一九三五年參觀始政四十周年博覽會時順道遊玩過。至於新高山和阿里山則從未去過，還計畫不久要去這兩個地方，這樣一來，八景也就去過一遍，不會有所遺憾。[73]

新臺灣八景的活動，改變了臺灣民眾及日本內地人們觀看臺灣的角度。然而，這一系列的打造新臺灣八景的活動，看似民間的活動，但背後確如學者所說，這些行旅朝制度化發展的重要因素一直與政治權力的運作有關。殖民政府推動旅遊觀光的目的在透過旅行中的「觀看」活動，傳達殖民統治各項建設的成果。為了達成這樣的目標，舉凡旅行機構的構建、旅行手冊的發行，以及旅遊空間的打造，在在都是配合這一目標下的產物。[74]

帝國皇族的角板山行旅

為什麼票選臺灣八景時，日本內地與朝鮮的民眾首選是角板山？從一九二七年七月十日的報紙來看，新八景投票時，有三個來自朝鮮及日本的學校，是所有票都投給角板山，像是朝鮮的小學校有一萬票，日本長崎縣須坂中學三千六百票，熊本小學校則有五百票。[75]在日治時期，內地日本人只要提到臺灣就會聯想到角板山，角板山的名勝形象較其他地景還要有名。

角板山是如何從帝國版圖之外的「蕃地」轉變為旅遊勝地，甚至一度進入八景十二勝的排行榜，票數達四百八十五萬之多。歷來，臺灣總督府會大肆宣傳皇族到角板山御成的經過，地方政府則會透過這些機會，來建構角板山。角板山之所以會進入帝國視線，除了該地的物產茶、樟腦、林產、農作物之外，還有自然景觀，其地景並成為報刊與行旅者遊記書寫的重點。物在角板

---

72 《水竹居主人日記》，一九三二・八・二十七。

73 《吳新榮日記全集》，一九四〇・七・六。

74 林玫君、余智生，〈日治時期的「臺灣八景」與休閒登山〉，《嶺東體育暨休閒學刊》，五期（二〇〇七年五月），頁一二七－一四一；蔡佩蓉，〈失落的臺灣八景——壽山公園〉，《高雄文獻》，一卷三&四期（二〇一一年十二月），頁一八四－一九〇；呂紹理，《展示臺灣：權力、空間與殖民統治的形象表述》（臺北：麥田，二〇〇五）。

75 〈八景投票截止日　全成白熱化　內地朝鮮等　投票角板山〉，《臺灣日日新報》，一九二七・七・十。

山形象形塑的過程中也扮演重要角色，像是台車、紀念碑、建築及大溪之鮎。[76]

傅琪貽在二〇一九年的《大嵙崁事件：一九〇〇－一九一〇》中提到角板山如何成為「理蕃」政策的警備基地。桃園廳大嵙崁之廳角板山原本就最靠近西部縱貫鐵路的入山口，因此日本在這地區設置了往內山輸出入物資的永久性設施。早在一九〇七年（明治四十年），日本在進行插天山及枕頭山戰役時，就建設了大嵙崁（大溪）到角板山的輸送道路，路長四里十八間。一九〇九年時，再開闢由大嵙崁為起點，經由二層、三層、頭寮、楠仔、水流東至角板山，相當於現在的十七多公里的道路。一九一〇年道路拓寬，並加裝台車軌道，運輸量因而大幅提升。[77]

當時日本為了要架設台車軌道，興建輕便鐵路，所有的鐵軌及五十台車的耗材，都由日本運送過來，費用包含了海陸搬運、架橋隧道及建設停車場，總經費高達近六萬圓。另外據陳家豪的研究，一九一〇年五月開始，新一階段的道路工程開始進行，桃園廳受總督府之託成為施工單位，工程重點在於人力輕便鐵道必須通行無阻，因此舊有道路要拓寬達三公尺，以便台車可以行駛於道路中間，並讓行人有通行的空間，最後新路線因而延長至二十二點七公里。

目前有關角板山的行旅記載，最多的是有關各個日本皇族來角板山「視察」後，留下來的大量新聞資料，其中大多數是有關皇族的行旅。當時皇族只要到桃園來視察，必看的就是角板山。這從本文所條列的參考資料可看出，其中對日後角板山形象影響最深遠的一次，是裕仁天皇的弟弟秩父宮雍仁親王的來訪。[78]一九二五年六月三日，《臺灣日日新報》的〈角板山成名勝地〉，提到秩父宮預計去歐洲留學途中經過臺灣，特地御成臺灣。當行程排到新竹州時，他特地選了桃園的角板山。文中特別提到了由於有一九〇七年（明治四十年），第五任臺灣總督佐久間左馬太的「理蕃」政策推動撫墾的緣故，才有顯著的治績。[79]

從那時開始到一九二五年的御成間，角板山陸續增加了許多新的地景。像是警官駐在所、蕃童教育所、授產場、蕃產交換所、貴賓館、薰風閣、臺灣製腦集腦處、三井拓殖所、郵便局、公醫、輕軌發著所、商店、旅店，這些場所被當時媒體形容是鱗次櫛比，光景殊佳。除了隨著帝國開發山區所陸續搭建的各種人為地景外，這篇文章還對角板山周遭自然景觀有許多描寫。像是從角板山這區可以仰望插天山，東眺嘴尖峰。俯瞰則有著名的鐵線橋，外型宛若長虹懸空，橋下有滔滔清流注入於淡水河中。山麓有許多老榕樹，蒼鬱繁茂。其餘植物有山櫻、素蘭、紅葉、白梅等，到了年中滿山的馥郁爛漫，頗受遊人讚賞。此外，從一九二三年起，鶯歌、桃園、平鎮及大溪間，有自動車開辦，無論內地、外國、會社、銀行的觀光團，以及騷人逸士，到此處遊玩者絡

76 目前有許多「理蕃」政策的文章提到角板山的策略角色，涉及的主題有樟腦產業與蕃童教育所，欠缺將角板山當作主體來觀看的研究。另外可見鄭安晞，〈日治時期臺灣總督府壁畫下的「蕃地」觀光想像與實踐：以桃園角板山城為例〉，《桃園文獻》，十四期（二〇二二年九月），頁三一－六〇；洪廣冀、張嘉顯，〈林政與林產分合不定：戰後初期臺灣環境秩序的重整與爭議〉，《國史館館刊》，七十六期（二〇二三年六月），頁五一－一〇三。

77 傅琪貽（藤井志津枝），《大嵙崁事件：一九〇〇－一九一〇》（臺北：原住民委員會，二〇一九）。

78 〈角板山成名勝地〉，《臺灣日日新報》，一九二五．六．三。

79 〈角板山成名勝地〉，《臺灣日日新報》，一九二五．六．三。

繹不絕。有關大溪八景的描述，也首次出現，這八景有：角板行宮、溪園聽濤、崁津歸帆、蓮寺曉鐘、白石浮風、鳥嘴含雲、月眉瀑布、石門驟雨。[80]

到了一九三四年，大溪八景有了變化，大溪郡大溪街，崁津吟社為了要慶祝大溪橋完工的紀念展覽會，宣傳地方名勝，特別選出大溪八景，還發行彩繪八景明信片。崁津吟社還開辦徵詩活動，希望騷壇墨客多賜珠玉，點綴勝地風光，詩題大溪八景。這次的新八景有：溪園聽濤、飛橋臥波、靈塔斜陽、崁津歸帆、蓮寺曉鐘、石門織雨、鳥嘴唅雲、角板行宮。[81]這名單若和一九二五年的大溪八景相較，可見有兩個地方被取代，分別是月眉瀑布、白石浮風。取而代之的是大溪橋的飛橋臥波、靈塔斜陽。

秩父宮到角板山的視察事蹟，成為日後有關日本皇族蒞臨角板山的行旅書寫必定參照的範本。像是在他之後到角板山的皇族是朝香宮鳩彥王。他於一九二七年的十一月四日到了角板山。[82]十一月六日的《臺灣日日新報》新聞特別提及，臺灣到角板山巡視的皇族首創於秩父宮，文中提到：「角板山之仰殿下台臨者，初自大正十四年秩父宮殿下之台臨，為是蕃社頭目外之重要者，多數下山。御泊所有警官憲兵，徹宵警戒。附近蕃社，皆豎國旗表率迎意。」介紹完他的相關事蹟後，才提到朝香宮的十一月四日行程。當日他九點十六分到桃園車站。之後，九點五十三分到大溪公園，十一點二十五分到牛角湳。中午在此用餐，下午又視察途中的腦寮。最後三點半才到了角板山，之後看蕃童教育所、蕃產交易所、蕃人治療所及附近名勝。[83]

80 〈大溪八景／大溪八景紹介〉，《臺灣日日新報》，一九三四・五・二十二。

81 〈大溪八景崁津吟社徵詩〉，《臺灣日日新報》，一九三四・五・二十二。

82 〈宮殿下自角板山御台車莅大溪　再驅自動車莅新竹〉，一九二七・十一・六。

83 〈殿下四日行程〉，一九二七・十一・四。

〈近く御渡臺の　秩父宮御日程　五月三十日朝御著　六月三日高雄御發／臺北－角板山－桃園〉，一九二五・五・六。

〈秩父宮將台臨續報〉，一九二五・五・七。

〈光榮に輝く角板山　御泊所は莊麗な檜造り　金枝玉葉の御身を以て　蕃地に御足跡を印せらるゝは殿下が始で／五百圓と聞ば〉，一九二五・五・二十六。

〈多數蕃人のお出迎裡に　些の御疲勞もなく角板山御著　蕃童教育所や蕃屋に御成　親しく蕃人生活の實狀を台覽／其の製作に當〉，一九二五・六・一。

〈殿下向角板山〉，一九二五・六・一。

〈角板山の一夜は明け放れ　深綠を吹く微風そよそよと訪づれ　大氣澄み渡る蕃山を後に　台車轣轆一氣に急坂を下り　桃園驛より御乘車新竹を經て御南下〉，一九二五・六・二。

〈角板山蕃童教育所へ御成りの秩父宮殿下〉，一九二五・六・二。

〈角板山行の途中に於ける　秩父宮殿下〉，一九二五・六・二。

〈角板山成名勝地〉，一九二五・六・三。

台車

大溪台車沿線風光也是角板山的重要地景之一。一九二九年來臺視察的皇族是東伏見宮依仁親王妃周子。[84]她於十月三十一日，由臺北車站至桃園車站，再到大溪公會堂、大溪公園，之後坐著台車到宮之台，再到三井製茶工廠及角板山。當時報紙很詳細地描述了這趟行程。

東伏見宮妃殿下，偕廳員乘大溪發台車。前後四十餘台，蜿蜒如長蛇，登羊腸山道，秋色益深，午後二時二十五分，安抵宮之台。登休憩所，俯瞰桃園平野，眺望右李崠山。然後用茶，就鳥類、植物等，種種下問。二時四十分出發，由宮之台，台車下七取急坂，至八結。殿下停車，御覽摘茶女三十餘名之採擇實況。三時四十分，抵三井製茶工廠，在御休憩室，賜高須所長拜謁，詳聽工場概況，然後由所長向導，台覽工場內及陳列室茶。御出發之時對同所長，御下賜余品。山是御少憩後，於四時二十分，發回所。[85]

黃旺成也有乘坐台車上角板山的經驗。一九二七年十一月五日，這一天大家起得非常早，黃旺成凌晨二點半起來嗽盥，三時半和本間內務部長、島田技師外一雇員乘兩台車前往角板山，五時半抵頭寮，天已曙色。看到著資料，才知道台車有半夜搭乘的。他們六點抵大溪，天色大亮，遂轉乘小型自動車一台巡視著名的大溪公園，才花費三十分，於正七點回到桃園。黃和友人道別之後，接著訪客人酒店、讀報社、永山運送店。八點四十分，才搭火車離開桃園，十點回到新竹休息。[86]

一九三四年六月八日，黃旺成有搭八點多的火車往桃園見學大溪炭坑的經驗。十點時坐巴士往大溪，一行六人花半小時到，憩大有期米店。十一點多乘三輛台車出發，只有黃和友人兩台有車蓋。一等台車沿向角板山路推送了五千米才到目的地。友人添富先導看南坑，次北坑。途中很特別的是有大溪郡田中特務尾行。午后二時就歸途，經半小時抵大溪，遂逛大溪公園。三點二十分時同地發巴士回到桃園，於市區鍾酒店休憩，晚上接受鍾招待一行於問津樓。桃園鐵道株式會社社長簡朗山也出席宴會，但黃旺成對簡的言語頗為不滿，完全不發一語。日記說他：「簡先大講其得意語，吃後談淫褻事。」[87]有關台車的相關研究，《水路興替　交通大溪》一書有較為完整的論述。[88]以下的遊記，也可以讓我們看到一些有關台車的內容。

84　《日本皇族的臺灣行旅：蓬萊仙島菊花香》，頁二三〇。

85　〈殿下駕抵角板山　沿途御覽摘茶狀況〉，《臺灣日日新報》，一九二九．十一．二。

86　《黃旺成先生日記》，一九二七．十一．五。

87　《黃旺成先生日記》，一九三四．六．八。

88　陳皇志、陳家豪、許志成，《水路興替　交通大溪》（桃園：桃園市立大溪木藝生態博物館，二〇二一）；蔡龍保，〈日本殖民地下的臺灣人企業——以桃崁輕便鐵道會社為例〉，《國史館學術集刊》，十一期（二〇〇七年三月），頁一－四六。

M.U. 生的角板山遊記

日本皇族在不同時間視察角板山之後的訊息透過報刊媒體的大肆宣傳之後，更加深了一般民眾對此處行旅的好奇。有關這些報導，透過這節末尾的附錄可見數量之多，遠超過同時期的其他景點。不只是皇族喜歡來此地視察帝國治理山區的各種成果，一般民眾也深受影響，紛紛到此旅遊。

一九三一年，一位名為 M.U. 生的匿名讀者在《臺灣鐵道》發表了一篇角板山遊記，將遊歷此地的過程詳細地分享在刊物中。[89]雖然不具名，但從第一段就可以看出這是一位來自於日本內地在臺灣工作的日本人。他提到：「春天、夏天、秋天，然後冬天，花、自然、楓葉、白雪和活在無常世界的我們，這無聊的人生，透過這樣的季節、事物微妙的感情與諸多變化，多少能獲得一點安慰。就算分開，比起二月的花朵，更憧憬充滿風情的紅葉，以及帶有千古哀愁的澄澈月亮。隨意漂泊的秋天則更有一般情趣。」M.U. 生想起來幾年前的這時候在楓葉火紅的山口縣長門峽和同學一起玩的回憶，但來臺之後對於不再有這樣氣氛的景色而感到哀傷。[90]

M.U. 生看起來是一位在火車站車長室工作或是鐵道部的員工，那次行程是白石監督的發想。M.U. 生因為工作的關係需要當天來回。十月二十六日，他選擇早上第一班的車，五點十五分由臺北車站發車。因為早上時間很早，家人擔心他的早餐，前一晚就準備好壽司。清晨五點左右，來往行人稀稀落落。白石先生神色嚴峻地在上班，武藤先生也很睏，揉著眼睛走了出來。M.U. 生先包起來昨天剩下的壽司，另外把用了很久的帽子換成五十錢的網球帽。準備妥當之後，他就跟武藤先生打聲招呼，坐上列車的第二十三節車廂。[91]

這一團有十多人，車長室的白石先生與團員都穿著登山服。看完報紙的白石先生一開始說話，這群在三等行李車廂的旅客們，突然好像變成日內瓦的聯合國安理會的樣子，彼此爭論不休，臺灣的鐵道從業人員真的是人才濟濟。討論完後大家變安靜，只聽得到輪子與鐵軌的聲音。M.U. 生照例坐在西邊窗戶的位子，清晨五點半的秋天鄉下，才開著窗戶就有很舒爽的風，幸好風向是西邊，所以煤煙都吹向左邊。一路上，M.U. 生看到窗外山子腳、鶯歌附近的風景，再到慢慢變亮的百姓家、田圃、森林、紅土路。他很享受從火車的窗戶看到的風景，工作關係搭火車的時候更是如此。想睡覺的時候搭火車，即使就三十秒的時間沒看到沿途風景都會覺得很可惜。對 M.U. 生而言，從窗戶看到的風景是很特別的，還沒到達角板山也已經覺得滿意了。[92]

M.U. 生這趟很快就到了桃園，大家一下車就到事務室休息，一邊喝茶一邊等待往大溪的公車。大部分旅行有各自的目的，他認為這次的旅行不是隨便逛逛就回家的，這樣沒法滿足。百聞不如一見，其「一見」取決於「一見」。像旅行中很珍貴的事情是沒有東西比百聞不如一見重要。所以這角板山旅行推薦「一見」的是：物品交易所、貴賓館、蕃童教育所及鐵線橋這些景點。這

89 M.U. 生，〈角板山遊記〉，《臺灣鐵道》，二三四期（一九三一年十二月一日），頁三〇－三八。
90 M.U. 生，〈角板山遊記〉，頁三〇。
91 M.U. 生，〈角板山遊記〉，頁三一。
92 M.U. 生，〈角板山遊記〉，頁三一。

是桃園的福重助理的說明。如果可以的話，他還真想住一天。[93]

他們聊著聊著往大溪的汽車就到車站了。整台好像包車一樣，六點半一到就在喇叭聲陪伴下出發。M.U. 生的旁邊坐有兩位外國人，不是他們來坐的，而是 M.U. 生選擇坐過去。除了他們一團和那兩個外國人以外，還有兩、三位看起來像工匠的人，整台車幾乎裝滿滿。可惜天候不佳，他們看不到外面的風景。M.U. 生感覺冷到不行。總之天氣不太好，偶爾下毛毛雨，還有風。而且他穿的衣服是昨天晚上下班的時候穿的襯衣，都是夏天穿的，當然沒有穿外套（但其實有帶）。放鬆一下就會全身顫抖，偶爾臍下丹田要用力，但還是會瑟瑟發抖。因為車子裡人太多，很容易和旁邊的人有接觸，所以旁邊的外國人知道 M.U. 生在發抖，他現在也覺得害羞。這些外國人到底是哪裡人，他一直認真聽他們的對話，可惜一句都聽不懂。他們到底說什麼，想像也不知道。「我不是菱用兵五郎先生，但問是一時之恥，不問是一生之恥。反正來旅行，有沒有羞恥心也不在乎了。」M.U. 生立刻轉右邊說：「Excuse me sir! Do you speak English?」感覺在考試的樣子。[94]

等一下他說：「スコーシユ！」

「……」

「スコーシユ！（一點兒）」

M.U. 生很緊張，因為以為外國人會說「Of course」，想說「你很輕視我欸，我就是地地道道的倫敦人，當然會說英文」。所以 M.U. 生很尷尬，不說話了。但是他好像怪他的態度盯著他。然後大概兩分鐘後說：「Where are you going?」

M.U. 生有點嚇到（果然他是英國人），就回答說要去角板山。然後他就說：「角板山是幾號呢？」聽到他講很流利的日文，M.U. 生再度驚訝了。但有點不好意思，因為他也不知道角板山是幾號。問別人也不知道，真傷腦筋。外國人一直在看他的臉。

「我覺得是××號。」

可是對方也不好對付，又很流利地用日文說：「不是××號啦，是泰雅族吧。」[95] 聽到他說話，M.U. 生就直覺比不上他。外國人繼續說話，原來他們是德國人，以前待在朝鮮的平壤好幾年，現在住在東京。大概三個禮拜前計畫來參加臺灣的蕃地參觀學習。而且 M.U. 生明白了剛剛他說的「スコーシユ！（有一點）」的意思，所以感到很開心。汽車坐了大約半小時，不久汽車開到水流徐緩的河川和其兩邊有廣闊的原野道路，還沒一會兒就到大溪的渡口，剛剛的外國人早他們先坐了渡船到對岸去。站在河岸一會兒，他搭從彼岸回來看起來怪怪的船，划船的老爺爺似乎不太可靠。但是不愧是生意，不知不覺到對岸了。從這裡要搭台車。[96]

---

93 M.U. 生，〈角板山遊記〉，頁三二。

94 M.U. 生，〈角板山遊記〉，頁三二—三三。

95 M.U. 生，〈角板山遊記〉，頁三三。

96 M.U. 生，〈角板山遊記〉，頁三三。

一般坐台車上角板山到底要花多少時間？很少有資料透露，這篇遊記倒是提供了明確的資訊，到角板山的發著所上去要花三個半小時，下去的話要大概兩個半小時。[97]上去的時候一台可以搭三個人，有兩個苦力在後面推。剛上山的時候是相思樹之類的林蔭道，從樹木之間可以看到廣大的稻田和周邊的森林及民家，這景色令人心曠神怡。隨後斜度越來越大，此時遊客會感受到寒意，和爆汗要脫襯衣的苦力們形成強烈對比。[98]

M.U. 生隨後經過的地方叫月眉，左邊有很多瀑布，這瀑布安慰了無聊的台車旅行。之後被不知道名稱的山丘圍繞且很安靜的時候，感覺已經在山裡了。台車的速度越來越慢，有許多人下車，跟苦力一起推車。M.U. 生和松山先生沒有跟這些人一樣下車。他認為若和日月潭的斜度相較，這不算什麼。但松山先生說這樣在日月潭要一直走路，無論如何 M.U. 生都不想下車。然後奧畑先生看起來想說這也是旅行的樂趣，邊笑邊坐，反正苦力也不會期待這些人會一起幫忙。可是不管怎麼說這裡非常冷。走下坡路的時候，想說連滿洲的軍隊也不能接受這種寒冷。如果吃飽一點的話，可能就會好一點，所以 M.U. 生開始吃很硬的麵包。[99]

再往上會看到右邊有很像製茶所的地方，應該一會兒就到原住民的聚落。他們說著「你好」時彬彬有禮地低著頭，是令人流淚的。終於在天黑之前到達終點站，坐到會讓人屁股發痛。看一看就發現那些外國人也來到這裡。討論之後的計畫，決定了先下去山的對面，然後再去鐵線橋。

貴賓館前面的旅館薰風館的老闆娘對著 M.U. 生一團人解釋這邊的路。她說沿著這裡直接下去有很清涼的岸之路，走大概近兩千米就可以看到鐵線橋，那裡是往年秩父宮雍仁親王走過的橋。M.U. 生問她說走那裡的橋有什麼嗎？老闆娘就回答說沒特別有什麼，只是過去看看而已。

在角板山時沒下雨，可是地板很濕。M.U. 生走一半的時候，有看到沿著河岸的蕃屋。雖說是蕃屋，但比他很久以前住過的都還漂亮許多。到了鐵線橋後，下面有非常寬敞的溪流，附近的山水景觀襯托出鐵線橋的纖細美感。那個外國人在拍照，M.U. 生也跟著拍。過完橋大家一起拍照再走回來。外國人直接走路去對岸的山路。雖然角板山是很有名的地方，但對他們來說這裡是國外，而且是生蕃地區。只有兩個人去走山路，M.U. 生很佩服他們的勇氣。[100]

M.U. 生、松山和米山先生比大家晚才拜訪剛剛的蕃屋。原來那裡保持得很乾淨。這裡的主人叫イバンブルナ，被任命為當地的巡警。他們進去裡面時有位像他兒子的青年出來招待，請大家喝茶。房間牆壁上有兩個看板。一個是總督的，另一個是知事發的獎狀，上頭寫著：「新竹州巡警イバンブルナ十五年執行警察勤務，大家的模範，授予一座銀杯予以表彰。」[101]大家合影之後，又馬上回到薰風館，其他人早已經回來放鬆地喝茶了。白石先生說：「你感冒好了嗎？」M.U. 生覺得不好意思。因為實際那時候已經不冷，開始流汗了，[102]就也立刻來喝茶，休

97 M.U. 生，〈角板山遊記〉，頁三四。
98 M.U. 生，〈角板山遊記〉，頁三四。
99 M.U. 生，〈角板山遊記〉，頁三四。
100 M.U. 生，〈角板山遊記〉，頁三五。
101 M.U. 生，〈角板山遊記〉，頁三五。
102 M.U. 生，〈角板山遊記〉，頁三五。

息一下。午餐時。M.U. 生準備的麵包已經吃完，奧畑先生把其中一餐給了他。之後 M.U. 生的丼飯來了，大家邊喝白石先生給的清酒邊吃丼飯。在他們吃飯的同時，有錢人就去買手杖、明信片等等。[103]

當 M.U. 生要去貴賓館時，才穿鞋出門就看到了剛剛的兩位外國人。他們的腿很長，所以這麼快。兩人沒有進來裡面坐，而是在前面椅子喝起啤酒。[104]

M.U. 生向他們說：「嗨你們回來了，我們等等要去貴賓館。」

他們很開心地說：「我們逛了對岸那邊。然後過了這裡的橋。」

因為他剛才說的日文是很久以前的說法，所以 M.U. 生覺得很有趣。他們用日文與英文聊天。他們說話的時候，大家要先走。

M.U. 生說：「那我先走了。」

他們就說：「我們一起去吧。」

但是他們慢慢地喝啤酒，M.U. 生等不下去，說很急，就離開這裡了。

貴賓館中的蓪草

薰風館老闆娘向盛澤先生解說貴賓館的故事。很多重要人物來這裡住，因為房舍很漂亮。其中一間剛好是角板山的商品陳列館兼博物館，也兼統計資料參考館。統計資料館方面，首先這裡的產業是養蠶、水田、甘蔗及上一節提到的蓪草，其中大部分是蓪草。另外作者驚訝的是在當地一年的物品交易量。在一九二一年是四十三萬九百九十九日幣（現今的五億八千四百一十八萬二千六百七十六日幣），在一九二八年是八十七萬一千日幣（現今的十三億八千三百三十七萬七千九百二十六日幣），金額相當龐大。然後，M.U. 生覺得來角板山一定要去看的就是「教育所」與「物品交易所」。[105]

一九二六年在臺北開全國中學校長會議時，那時候 M.U. 生的國中校長也有來過這裡。另外他們同學聚會，把懷念的恩師邀請至北投松濤園過一夜。在當時角板山的教育所，可以看到對心智未開的孩子真誠關懷。M.U. 生的恩師幾年前在修學旅行時也在看這個情景時感動地掉淚。M.U. 生也跟在公立學校工作的弟弟說，教育所是角板山一定要來拜訪的地方。[106]

另外重要的就是「物品交易所」。就 M.U. 生而言，歷史是很珍貴的人類體驗，過去到現在，然後為未來奮勇向前。在自然經濟時代的物品交易生活是現在發達的經濟時代之基石。所以東西交易真是光輝經濟史重要的一頁。住在冷僻山區之薰風館的老闆娘，招待從遙遠地方來的客人，很親切地說明許多事情。到最後，老闆娘還站在貴賓館門口對焦急的這一團人做各種解說。[107]

103 M.U. 生，〈角板山遊記〉，頁三六。
104 M.U. 生，〈角板山遊記〉，頁三六。
105 M.U. 生，〈角板山遊記〉，頁三七。
106 M.U. 生，〈角板山遊記〉，頁三七。
107 M.U. 生，〈角板山遊記〉，頁三七。

但是最前頭的一群人已經先上了台車，M.U. 生跟友人才跑步上車。因為有人時間較緊急，沒機會逛到最為重要的教育所和交易所這兩個地方。下山非常快，不到兩個半小時，大溪、桃園，然後回到臺北。M.U. 生覺得這次的旅行雖然沒有吃飽喝足，不過涼意滿滿的秋天野餐，已經令人十分滿意。[108]

被遺忘的大溪名物：鮎

日治時期的大溪除了上述幾個重要地景之外，還盛產鮎，也就是香魚，這些都是當時大溪人的重要歷史記憶。一九三二年七月二日的《臺灣日日新報》，有篇名為〈抓到太多大溪名物鮎的迷惘：關於生香魚的利用加工講習會〉的新聞，提到大溪名物鮎的漁獲細節。那年在被開發的角板山下的大溪河（大漢溪）流域，有了治臺以來香魚捕撈的大豐收。因為捕捉到太多香魚造成的困擾，使得新竹州政府開辦了香魚加工處理方法的指導講習。他們特別招聘總督府水產試驗場的兒玉技師，和新竹州的技師一起去大溪，蒐集當地業者的意見，開辦了加工方法的講習會。

這是在臺灣第一次做如此大規模的香魚加工業。大溪河從日治以前就有香魚的蹤跡，但是完全不知道進行捕撈，日本人來了之後，逐漸開啟了香魚捕捉事業。一九二八年，有三個地方的香魚漁獲達三萬多斤（一萬八千多公斤），但大溪郡一地的香魚總漁獲量就達八萬斤（四萬八千公斤），超越該年其他地區香魚漁獲的總數量。一九三二年的六月，大溪共有四百八十名的大溪漁業組合員在進行鮎釣（友釣）。最多漁獲的一次是六月十八日的六百斤（三百六十公斤），每天平均有三百斤（一百八十公斤）左右的漁獲。從五月十六日的解除漁獵禁令到六月二十九日的總漁獲，估算有一萬五千斤。之所以會有這麼大的漁獲，主要是組合事業成立的緣故。一九三〇年有兩百萬尾，一九三一年有三百萬尾香魚的人工孵化，而這進展又與一九二九年專用漁業權的許可令通過有關。

當時生鮎的處理方法是運送到南部的高雄、屏東、臺南，或中部的臺中，當地行情是一斤四十五錢左右，但是到高雄的打包運費是一斤二十三錢左右，所以較難處理。為了要加深相關從業人員了解較有利的生香魚處置方式，所以開辦加工講習會。可以舉大溪街的鹿田郡守、本田街助役和多田隈理事等人為例，當時參與活動的講習生不僅是組合成員，郡守夫人及街役場職員的夫人們也都會相當熱心地參與。當時組合的計畫如下：（一）一九三二年，將五百萬尾人工孵化的香魚在大漢溪野放。（二）每年持續執行二十萬尾人工孵化香魚的放流。（三）水庫的建設。（四）透過各種加工設備做出以下產品，作為角板山出品的大溪名物：甜香魚、粕漬香魚、鹽漬香魚、香魚鮨等等。以上這些事務尚需要新竹州當局的幫忙，漁業組合才能進而開始具體作業。鮎作為角板山的特殊名物這件事，似乎也只有日治時期才有，相關記載多次出現在報章雜誌中，到了戰後，就較少見到相關書寫。

108 M.U. 生，〈角板山遊記〉，頁三七－三八。

到了戰後，由於大量不當濫捕，使得產量大減，不得不進行人工孵化。新聞如此說：「本省特產之香魚係溯河魚類味甜質美，產自臺北縣新店溪及桃園縣大溪等河川，該項香魚係一年期魚類，由每年十二月起成長，至翌年十一至十二月產卵後即死去，故產量不多亟須加以保護。藉保魚種，光復後固被一部分人士用毒餌及電汽濫行捕取，致使產量銳減，影響魚產基鉅。」[109] 農林廳有鑑及此，一方面取締，一方面自一九四六年起每年在新店溪舉辦香魚人工孵化，以增加魚種，實施以來成效頗佳。一九五一年又決定自十一月二十三日起至翌年一月二十日止（計六十天），在新店溪繼續實施香魚人工孵化工作，預定採卵數為一千萬粒，分配臺北縣新店溪四百萬粒，宜蘭縣武著溪、新竹縣頭前溪、苗栗縣中港溪各二百萬粒，孵化率預計可達百分之八十。透過此舉，確實對於保持香魚魚種及增加漁產有很大幫助，但已經很難達到日治時期的盛況。[110]

3-11 《臺灣日日新報》中的釣香魚圖

附錄 《臺灣日日新報》中的角板山新聞

英大使一行，一九一〇・三・五。

大使視察餘錄，一九一〇・三・八。

英國大使談片，一九一〇・三・十。

大嵙崁角板山間蕃地輕鐵，一九一〇・六・一。

蕃界巡視行記（三），一九一〇・十・二十五。

東宮行啟及角板山，一九一二・二・二十七。

總長赴角板山，一九一二・三・十。

角板山行（一），一九一二・六・九。

角板山行（二），一九一二・六・十一。

長官一行滯角板山，一九一三・七・二十一。

角板山の鐵綫橋，一九一四・五・十四。

長谷川元帥來中，一九一五・一・二十七。

109 〈人工繁殖香魚〉，《聯合報》，一九五一・十一・二十四。

110 〈人工繁殖香魚〉，《聯合報》，一九五一・十一・二十四。

大樟板の獻上　御大典奉祝に就て，一九一五・十・十六。
蕃產品評會，一九一六・十一・二十。
總督蒞角板山，一九一九・十二・二。
英大使日程，一九二一・三・二十二。
大溪近信・大使巡視蕃界，一九二一・四・七。
桃園特訊・英大使巡覽桃街，一九二一・四・五。
角板山大火災，一九二一・九・五。
蕃語音調查に　北里氏角板山へ，一九二二・八・四。
桑田博士動靜，一九二二・八・十五。
角板山へ　山櫻と躑躅　移植する，一九二三・二・十九。
角板山に於て腦丁が樟の根を削取る圖，一九二三・三・十二。
皇太子殿下行啟彙報　角板山行　道路修築，一九二三・三・二十。
殿下行啟彙報　角板道路，一九二三・三・二十二。
角板山貴賓館，一九二三・四・十九。
角板山へ御使差遣　二十五日甘露寺侍從が，一九二三・四・二十三。
角板山へ　御使差遣，一九二三・四・二十六。
大溪の鮎頗る豐富，一九二三・五・二十二。
新竹婦人見學團　角板山の審產物陳列會を，一九二四・五・二十八。

蕃人春繭品評會，一九二四・六・二十六。
大溪郡角板山に於ける　養蠶業の沿革　最初は蟲を飼ふと　害蟲が殖そるとて嫌つた，一九二四・六・二十九。
基隆特訊・商專校生修旅，一九二四・十・二十六。
大阪小學校長　視察團　一行到著，一九二五・二・九。
近く御渡臺の　秩父宮御日程　五月三十日朝御著　六月三日高雄御發・臺北―角板山―桃園，一九二五・五・六。
秩父宮將台臨續報，一九二五・五・七。
光榮に輝く角板山　御泊所は莊麗な檜造り　金枝玉葉の御身を以て　蕃地に御足跡を印せらる、は殿下が始で・五百圓と聞ば，一九二五・五・二十六。
多數蕃人のお出迎裡に　些の御疲勞もなく角板山御著　蕃童教育所や蕃屋に御成　親しく蕃人生活の實狀を台覽・其の製作に當，一九二五・六・一。
殿下向角板山，一九二五・六・一。
角板山の一夜は明け放れ　深緑を吹く微風そよそよと訪づれ　大氣澄み渡る蕃山を後に台車轣轆一氣に急坂を下り　桃園驛より御乘車新竹を經て御南下，一九二五・六・二。
角板山蕃童教育所へ御成りの秩父宮殿下，一九二五・六・二。
角板山行の途中に於ける　秩父宮殿下，一九二五・六・二。
角板山成名勝地，一九二五・六・三。

桃園特訊・軌道慰勞會，一九二五・六・二十三。

桃園軌道會社記念日，一九二六・五・二十九。

角板山　新設武術場，一九二六・六・二十三。

虛弱兒童の為に　開く保養所＝赤十字支部が　角板山と旗後海水浴場　一日僅か五十錢で，一九二六・七・二。

角板山特設　兒童保養所　希望者至急報明，一九二六・七・十四。

新式製茶工場　水流東は來月完成，一九二六・七・二十二。

角板山行　欽一廬，一九二六・七・三十一。

角板山行　欽一廬，一九二六・八・一。

角板山行　欽一廬，一九二六・八・二。

角板山行　欽一廬，一九二六・八・三。

角板山行　欽一廬，一九二六・八・五。

角板山行　欽一廬，一九二六・八・六。

上圖　角板山貴賓館前本社魏潤菴君一行撮影其間，一九二六・十一・二十一。

臺灣八景の一に　角板山を推して　角板山教育所の蕃童らが　涙ぐましい程眞劍に奔走，一九二七・六・二十一。

是非八景に　大溪公園をと　大溪街民の奮起，一九二七・六・二十八。

八景投票の締切迫つて　紙彈戰白熱化す　內地朝鮮等から角板山を投票　昨日は遂に一億

を突破，一九二七・七・九。

八景投票截止日　全成白熱化　內地朝鮮等　投票角板山，一九二七・七・十。

大嵙崁の名で通つて居る　大溪の絕景　探勝記（一），一九二七・八・二十七。

雄大にして長閑な　大溪の風光　大嵙崁溪を中心に　三つの絕勝，一九二七・十・五。

臺灣鳥瞰圖

一九三五年，始政四十周年博覽會入場的兩百多萬民眾中，凡逛過第一會場交通土木館的人，沒有不看過這幅巨大的地圖《臺灣鳥瞰圖》。說它是一幅巨型繪畫也不為過，它長二十尺、寬八尺，掛在牆上，塞滿整個空間，視線要避開這幅畫都很難。製作單位是鐵道部，繪製這幅鳥瞰圖的作者吉田初三郎，更是來頭不小，他可是當時紅遍日臺的地圖繪製家。這幅鳥瞰圖並非是第一張日治臺灣的鳥瞰圖，但肯定是最受注目的一幅。[111]大正時代的藝術家吉田初三郎以高超的技巧描繪了日本各地著名景點的全景圖，他並畫了日本的每個城市，留下了數千幅作品。他的鳥瞰圖基於仔細研究的細緻描繪、散發著清新感的鮮豔色彩以及恰到好處地融入整個主題的大膽構

111 〈『臺灣の鳥瞰圖』が完成〉，《臺灣日日新報》，一九三五・十・四；〈北部景勝　製鳥瞰圖　以裝飾臺博〉，《臺灣日日新報》，一九三五・六・十五；〈寫眞は全圖の鳥瞰圖〉，《臺灣日日新報》，一九三五・六・二十一。

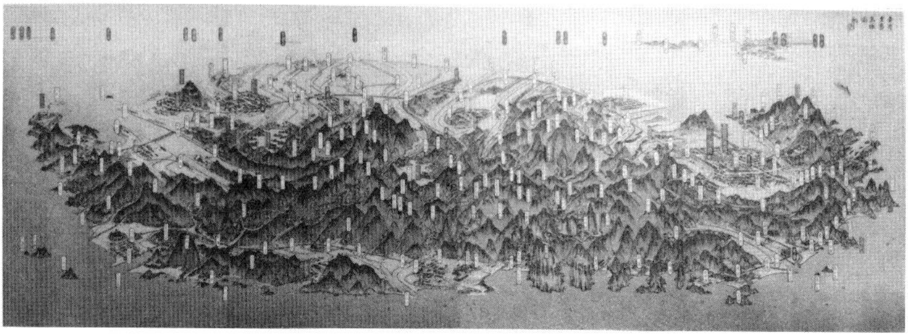

3-12 《臺灣鳥瞰圖》

圖，即使在今天也具有創新性和吸引力。[112]

一張鳥瞰圖要從無到有，傳統作法大多是靠著實際踏查、記錄位置，加上一些想像力以及繪畫技巧。據學者研究，吉田初三郎的初三郎式鳥瞰圖，確立了鳥瞰圖的普遍形式。[113]此外吉田初三郎的《臺灣鳥瞰圖》與過去繪製地圖或「名所」的最大不同，在於多了飛行工具的優勢，畫家得以親眼見到實際高空俯瞰的樣貌，因而能細膩地呈現地表特徵。此外，他所運用的透視角度也與人不同。吉田為了要將完整的內容收納進來，刻意縮短兩端比例，有如用個凸鏡使兩端略微變形。以《臺灣鳥瞰圖》來說，一般常見作法是以西岸為重點；他卻是相反地以東部為中心，整體畫面幾乎以山脈為主。他還使用了大量的亮綠色和少量的藍色，來描繪臺灣中部至東部綿延不絕的山脈。他除了仔細標出群山的名稱外，還註記大城市、鄉鎮，還有紅色框加黑字的「臺灣八景」。雖然以東部為主，但並未忽略西部城市，他以淺綠色顯示西部平原，上面有紅色的交通線，並註明沿線的幾個大城市。此外，他在山脈的描繪中，用了大量的線條去顯示山壁的崎嶇，這可能與他花了幾個月的時間實際調查這些地方有關，使得畫面比較偏向實際所見到的景觀。[114]

3-13 吉田初三郎繪製《臺灣鳥瞰圖》

整體來看，他的鳥瞰圖結合藝術性與實用知識性。與吉田初三郎同時期的畫家還有他的弟子金子常光，他所畫的鳥瞰圖數量比吉田還多。當時常見的圖有：金子常光的《臺灣鳥瞰圖》、《基隆市大觀》、《臺北市大觀》、《新莊郡大觀》、《宜蘭郡大觀》、《臺中市要覽》、《彰化市大觀》、《臺南州大觀》、《觀光的臺南市》、《高雄州大觀》、《屏東市大觀》、《潮州郡大觀》、《觀光的臺東廳全貌》、《大屯

112 《吉田初三郎鳥瞰図集》（東京都：昭文社，二〇二二）；堀田典裕，《吉田初三郎の鳥瞰図を読む大型本》（東京都：河出書房新社，二〇〇九）；《吉田初三郎のパノラマ地図一大正．昭和の鳥瞰図絵師（別冊太陽）ムック》（東京都：平凡社，二〇二二）。

113 李欽賢，《臺灣古地圖：日治時期》（臺北：遠足文化，二〇〇二）。

114 羅慧芬，〈日治時期鳥瞰圖之研究：從日本繪師之眼見臺灣〉，國立屏東教育大學視覺藝術系碩士論文，二〇一一。

山彙》、《國立公園候補地新高阿里山》。其餘還有見元了的《臺灣俯瞰圖》、一晴的《臺灣產業地圖》、大窪四郎的《大臺北鳥瞰圖》。繪者不詳的有《臺北州大觀》、《淡水郡要覽》、《新北投基點要覽》。這些鳥瞰圖大多在始政四十周年紀念博覽會前後完成。除了這些，當時為配合博覽會，也出版了與這活動有關的鳥瞰圖，像是吉村清三郎的《始政四十周年紀念：臺灣博覽會鳥瞰圖》，一九三五年十月五日，由吉村商會出版。

吉田初三郎來臺之前，就已經在日本畫了各地大大小小的城市鳥瞰圖。雖沒多少繪製臺灣鳥瞰圖的經驗，但名氣可是比上述畫家都還大。一九三五年六月，《臺灣日日新報》刊載了吉田來臺的經過。原來吉田初三郎來臺，是受到臺灣日日新報社的委託，同其門生前田、田坂、小林、中村四人，前來田野調查，探尋臺灣八景十二勝，再以繪畫形式呈現。此外交通局也委託吉田，尋遊全臺，遍訪景勝、史蹟、山岳、溪谷、海洋，再搭配各地特產，來繪製《臺灣鳥瞰圖》。這張圖在博覽會事務局及臺北市役所的補助下，曾製作了一萬套，贈送給出席開幕式的來賓，以及之後參加各種大會的出席者，其樣式可能就是圖中所呈現的那樣的折疊小冊子。這幅圖後來還曾以一套四張的明信片形式，對外發行。[115]

除了城市圖之外，在此之前，吉田還幫日本的博覽會，製作過以日本為中心的《世界交通鳥瞰圖》。當時報紙形容這畫的大小是「左右八間，上下一間半」，在會展期間，相當受到遊客矚目。有了這樣的經歷，臺博協贊會才會找吉田出馬，幫忙妝點博覽會。當時的要求是，以臺北為中心，包括基隆、淡水、七星山、草山、北投、金山，還有八仙山、日月潭、阿里山、新高山，製作一幅左右長四間，上下六尺寬的鳥瞰圖。[116]他所畫的這些圖，除了上述在交通館展覽的那幅外，還在當年的十月二十八至三十日三天，借用臺灣日日新報社的講堂，另外展出十張兩尺長絹本的八景圖及九幅鳥瞰圖。此外，報社還搭配展示日本熊本縣與和歌山縣等六個地方的二尺五寸大型鳥瞰圖。期間，吸引了大批民眾入場觀賞，整體給人絢爛奪目的感覺。這些吉田初三郎所畫的八景圖，加上另外兩張聖地作品「臺灣神社」與「新高山」，原畫後來送到京都，由臺灣日日新報社用特殊的紙張，製成了一組十張的明信片。最後在博覽會期間販賣，一組五十錢，除博覽會場地外，還可透過報社商事課及各支局購買。[117]

吉田不僅幫臺灣日日新報社及鐵道部畫明信片，他也幫官方機構或民間社團畫各種鳥瞰圖。例如，基隆市役所就請他搭船到基隆，委託他幫基隆神社、市政府廳舍及岸壁，設計一套三枚的明信片。[118]臺北文山郡的宗教聖地指南宮，也趁此機會，請吉田幫忙繪製指南宮鳥瞰全景、文山郡全景、指南宮位置圖，及指南宮殿宇四圖，另附指南宮沿革，製成一萬組明信片，每組五枚，耗費

115 〈吉田畫伯の麗筆で　全臺灣を一目に　臺博を彩る豪華版　近く全島の景勝を繪の行脚〉，《臺灣日日新報》，一九三五．六．十五。；〈吉田畫伯、烏來から基隆へ〉，《臺灣日日新報》，一九三五．六．十九。

116 〈吉田畫伯の麗筆で　全臺灣を一目に　臺博を彩る豪華版　近く全島の景勝を繪の行脚〉，《臺灣日日新報》，一九三五．六．十五。

117 〈『雙絕臺灣八景の』　美しい繪葉書　愈よ本社から發賣〉，《臺灣日日新報》，一九三五．十．十二。

118 〈基隆市で　名所繪葉書　吉田畫伯に依囑し〉，《臺灣日日新報》，一九三五．十二．二十一。

一千圓印費，預計每套賣給信徒十五錢。[119]就臺灣日日新報社而言，以吉田在日本過去博覽會的聲望，繪製的這套八景二絕的明信片，的確有著龐大的商機。這種結合旅遊景點、明信片、畫家、新聞媒體的合作模式，讓日治時期的臺灣民眾，得以透過畫家的眼睛，用另外一種形式「看見臺灣」。[120]

3-14　吉田初三郎所繪的鵝鑾鼻燈塔明信片

銅像

走在一九三〇年代的臺灣各大都市街頭，你可以見到大大小小的名人銅像，其中又以臺北為最。臺北當時有八座全身銅像，其中七個在城內，一個在城外。新公園中有三座、三線道有兩座、鐵道旅館前一座，總督府前一座，另外一個在圓山公園。當時不只臺北有銅像，這些政治銅像也散布在全臺各處：像臺中公園、臺南壽像公園、臺南車站、基隆車站、高雄壽山、基隆仙洞等地。

日治時期的紀念雕像的發展有以下三階段。首先是一九〇〇年起，官方主導下的中央官僚型紀念雕像；其次是一九一〇年中期，民間社會紀念雕像的興起；再來是一九三五年起，為慶祝始政四十周年，官方的紀念雕像運動又開始興起。一九〇三年，臺灣首座政治人物雕像揭幕，紀念對象是首任的民政局長水野遵。之後，又陸續出現了擔任民政長官的後藤新平、祝辰巳、大島久滿次，以及第一、第三任總督樺山資紀及兒玉源太郎。[121]

日治時期臺灣的這套設立紀念銅像的做法，來自日本內地。剛開始，從籌設委員會、建設方法，到鑄造材料及雕塑家，大多在內地完成，然後再運送來臺。隨著需求的增加，相關法規逐漸制度化。從剛開始所紀念的對象都是治臺初期的總督與民政長官來看，可知這種政治文化所欲塑造的殖民近代化統治形象。從空間來看，日治臺灣的這套銅像政治文化又與都市空間的規劃緊密結合。以臺北為例，日本治臺之後，開始實施新的都市計畫，拆除清代臺北城的圍牆，開闢三線道，設立西式公園，而銅像的安置就選擇在這些具有象徵意味的公共空間。所以路樹、廣場、公共建物、公園、紀念碑及雕像，就歷史記憶研究的觀點來看，都成了記憶所繫之處，成了日治臺北城的新景觀與新地標。

其餘城市的銅像地點規劃，大致也仿造臺北的方式進行。像豐原水竹居主人張麗俊就曾對此有所記錄。一九一二年三月三十一日，他坐九點多的火車往臺中，先到河相印刷廠印林野調查申告書紙，又到制文齋刻印章，及到林寫真館拍攝大頭照。午後，他往公園一遊，就見到民政長官後藤新平的銅壽像矗立在物產陳列館前，當時尚未開幕，由布遮蓋著。直到四月三日，才正式

119 〈指南宮修路　繪名勝圖　別殿明年完工〉，《臺灣日日新報》，一九三五．九．六。
120 〈『雙絕臺灣八景の』　美しい繪葉書　愈よ本社から發賣〉，《臺灣日日新報》，一九三五．十．十二。
121 李品寬，〈日治時期臺灣近代紀念雕塑人像之研究〉，國立臺灣師範大學臺灣史研究所碩士論文，二〇〇九。

揭幕。[122]同樣地，在臺南也可見到類似情形。一九〇七年九月，三界壇街的巴洛克式圓形廣場安置了兒玉源太郎的雕像，此後，該廣場成為臺南的都市中心。[123]而一九一二年，官方在臺南車站前的道路中央開闢小公園，設立後藤新平的雕像，形成臺南的另外一個公共空間。這種政治文化雖然表面上由民間發起，但實際上卻是官方背後主導。發起人大多為和官方關係密切的臺人紳商。捐款也以臺人較日人居多，甚至完全由臺人捐款。其中辜顯榮是最著名的例子。從捐款人數、金額到強制官員捐款，這種紀念雕像的政治文化被塑造成一種頗具規模的紀念活動。這裡面包括有申請的旨趣書、底座銘文及揭幕祝詞；而揭幕過程更具有正式典禮的儀式性。

3-15　日治時期臺北街頭的政治人物銅像

到了一九三〇年代，這種官僚雕像的設立慢慢擴大，地方也大為流行。臺南醫生吳新榮的故鄉佳里也有過類似例子。一九三八年十二月二十二日，臺南到佳里的道路終於鋪建完成，地方機構遂有幫前北門郡守「白仁寶一」建立銅像的念頭，並發起募款活動。官方的理由是在他任內，完成了郡的道路網，協助南日本製鹽社的鹽田收購、北門神社的營建、部落的整頓、國語講習所的開設，以及一些尚未完成的海岸鐵路與港口建築。然而，這種官方的看法，吳新榮卻不以為然，認為這剛好是國策上需要，恰巧在他任內完成而已。該感念郡守的應該是他對衛生保健上的功勞。[124]

然而，很弔詭的是，這種由國家機器打造出來的雕像崇拜政治文化，最後的終結者還是國家本身。當時報紙的一幅漫畫，相當諷刺地說明了政府徵召銅像，投入轉作軍用物資材料行列的現象。一九三七年中日戰爭後，臺灣進入戰時體制。十一月六日，日本公布「銅使用制限規則」。一九三八年，臺灣也開始跟進內地做法，九月十三日公布實施「銅使用制限規則」。[125]所有棉製品、羊毛、橡膠、鋼鐵及銅等民生必需品，都受到禁止。二次大戰爆發後，臺灣開始總體戰，政府開始管制民間的物資，實施配給制度。並向民間徵收物資，其中樹立在街頭及校內的各種銅像也成為「徵召」的對象。為了要配合這項戰時的國家政策，各州也開始推動金屬回收運動，總督府事務官還會全臺巡迴演講進行回收運動的宣導，從臺北州一直到臺南市，以及東部的花蓮港

---

122 《水竹居主人日記》，一九一二．三．三十一。

123 〈臺南の前總督壽像建立工事〉，《臺灣日日新報》，一九〇七．九．十七。〈臺南の前總督壽像〉，《臺灣日日新報》，一九〇七．十．十二；〈兒玉前總督壽像除幕式〉，《臺灣日日新報》，一九〇七．十一．三；〈兒玉前總督壽像除幕式〉，《臺灣日日新報》，一九〇七．十一．六。〈今回除幕式を擧行せる　兒玉前總督壽像（在臺南三界壇街）〉，《臺灣日日新報》，一九〇七．十一．十三。

124 《吳新榮日記全集》，一九三八．十二．二十二。〈官民協力して邁進　二州知事、三郡守聲明／光榮に感激〉，《臺灣日日新報》，一九三八．二．二十二。

125 〈銅使用制限規則　その運用と當局の方針〉，《臺灣日日新報》，一九三八．十．八。

すべてを弾丸に
花蓮港廳玉里庄の金属供出旺ん

3-16 《臺灣日日新報》所載玉里庄上繳的銅像新聞

3-17 《臺灣日日新報》中記載城市街頭響應的金屬回收運動

3-18 林家萊園的銅像（蔣竹山攝）

市都可見到宣傳的活動，並由婦人團體率先以身作則。[126]

林獻堂的父親那尊銅像，就是一個代表性的例子。他父親林文欽那尊四千餘斤的銅像於一九三五年九月十四日揭幕，對其家族是相當重要的大事。之後幾年，又陸續擴建銅像安放地萊園的設施。直到受戰局影響，林家這些事轉為低調，甚至不敢繼續豎立家族其他成員的銅像。一九四一年十二月二十日，林獻堂的四弟林澄堂忌辰，有醫生身分的臺中州議會議員安田稻實介紹鮫島台器來訪，詢問需不需要鑄造銅像。林獻堂回覆說，由於當時處於非常時局，鑄像相當不妥，就予以辭退。鮫島是日籍雕刻家，曾加入「臺陽美術協會」，並參加一九四一年第七屆的「臺陽展」。[127]到了一九四三年六月五日，鮫島又來詢問林獻堂一次，是否需要鑄造銅像，最後還是被婉拒。[128]一九四四年二月二十四日，林獻堂住所的街役場官員命大安會社繳交出單位的電扇、火爐，及各種銅鐵類。之後就有來自嘉義的陳輝東，由水柳介紹而來，說要幫林獻堂的父親鑄造土像，若可行，將來改成雕刻石像，林獻堂這樣才同意製作。[129]一九四四年九月十一日，林家相當配合政府的徵召銅像政策，將由萊園運來的林獻堂父親及其大哥的銅像載到臺中火車站前，林獻堂親自押送這一段路程，最後行禮後才返回，好在這尊銅像最終沒有真的被熔燬，日本政府還是還給了林家，現在若去霧峰林家的萊園，可以看到這銅像的身影還屹立在園區之中。[130]林獻堂上繳銅像的故事不是孤例，不僅民間銅像如此，就連前述所說的中央級官僚的銅像，也都落得同樣的下場，舉凡自樺山資紀總督以下的銅像都需回收使用。

儘管國家透過各種管道打造出來的政治人物銅像在民眾的日常生活中會留下許多印記，但可

126 〈銅像も敢然"應召" 臺北州金屬類回收實施方法決る〉，《臺灣日日新報》，一九四二．九．二。〈街の銅像にも赤紙 島都第二次特別回收始まる〉，《臺灣日日新報》，一九四二．十一．十六。

127 《灌園先生日記》，一九四一．十二．二十。

128 《灌園先生日記》，一九四三．六．五。

129 《灌園先生日記》，一九四四．二．二十四。

130 《灌園先生日記》，一九四四．九．十一。

能都比不上在校園中所塑造的「二宮金次郎（一七八七—一八五六）」銅像。當時昭和時代，日本各地的小學都立有金次郎的像，絕大部分是石頭雕刻的，不是銅鑄的，但日人不論材料，一律叫銅像。二宮金次郎被譽為全日本最多的銅像，傳說為「會走動的二宮像」。[131]有位詩人曾就讀過龍山公學校（今臺北市龍山國民小學），這學校是是一九一九年四月一日作為「艋舺第二公學校」成立，同日奉令成為代用的「臺灣公立臺北女子高等普通學校附屬公學校」。創校初期艋舺第二公學校借艋舺祖師廟廂房授課，一九二一年遷至現址，隔年改稱「臺北市龍山公學校」，並成為代用的「臺北第三高等女學校附屬公學校」，直至一九二八年代用附屬公學校廢止。[132]

這位詩人提到他就讀公學校時的記憶是一進大門站立著一座銅像，即二宮金次郎。老師交代他們每天早上進學校大門後要先向「二宮尊德」行禮，才進教室自修。等到八點時，到操場上集合，聽日本校長訓話。結束後，老師開始在二宮的銅像前，幫學生點名。詩人在小學時期，每一天的學習開始，都是看著金次郎的模樣。他記憶所繫之處是這尊銅像腳上穿著一雙草鞋，手上捧著一本書，背上還背著一堆木柴，一邊勞動走路，一邊讀書學習，讓詩人印象深刻。日治的臺灣學童被教導以二宮金次郎為典範勤勉做事，認真讀書，珍惜上學的機會，即使綿綿的春雨不停，也不能曠課。[133]到了一九三八年中日戰爭開打期間，這種於學校設立，具有忠君思想的銅像運動也持續在進行，像是新竹州北門郡於一九三八年七月四日，就宣告要在佳里公學校設立大楠公及尊德翁的銅像，預計經費一千円，以號召每位兒童每月省下三錢的方式進行，時間達三十個月。[134]此外，花蓮港公學校於一九三八年的十月，也計畫設立忠臣大楠公的銅像。[135]

除了二宮尊德外，日治時期臺灣的國民學校校園內，也會立有代表日本文武精神的戰神「楠木正成」的銅像，這是日殖民政府為了加強小學生對國家忠君愛國的思想教育而設立，楠木正成（一二九四－一三三六），明治時代起尊稱大楠公。但隨著二次大戰的戰事激烈化，軍需物資迫切需求，所以在一九四三年起，全臺小學生所朝夕敬慕的偉人銅像，都紛紛「應召出征」從軍去了，被熔解，再製成兵器與大砲。[136]

3-19　大楠宮銅像的獻納新聞

131 《海翁台語教學》，二四八期（二〇二二年八月），頁一一〇－一一二。

132 「國家文化記憶庫」，https://memory.culture.tw/Home/Detail?Id=11000064920&IndexCode=MOCCOLLECTIONS。瀏覽日期，二〇二三・十・二十九。

133 《海翁台語教學》，二四八期（二〇二二年八月），頁一一〇－一一二。

134 〈大楠公と尊德翁の銅像を建立　北門郡佳里公で計畫〉，《臺灣日日新報》，一九三八・七・四。

135 〈忠臣大楠公の銅像を建立　花蓮港公記念事業に〉，《臺灣日日新報》，一九三八・十・三十。

136 「國家文化記憶庫」，https://memory.culture.tw/Home/Detail?Id=11000143133&IndexCode=MOCCOLLECTIONS。瀏覽日期，二〇二三・十・二十九。〈「大楠公」晴れの應召　二宮尊德銅像と共に獻納〉，《臺灣日日新報》，一九四三・八・十九。；〈大楠公、尊德の銅像を獻納〉，《臺灣日日新報》，一九四三・八・二十二；〈礁溪國民校の楠公銅像應召〉，《臺灣日日新報》，一九四三・九・十二；〈應召銅像の跡に〉，《臺灣日日新報》，一九四三・十二・二十二。

行道樹

一九三八年的九月二十九日，《大阪朝日新聞臺灣版》一連十幾天刊出了臺灣並木（行道樹）的專欄，介紹了臺灣各城市的特色路樹：有臺北市文武町的松樹、新竹市郊外的木麻黃、臺北帝大病院前的樟樹、臺南花園町通的鳳凰木、臺北北三線道路的蒲葵、臺中柳川的柳樹、臺北南三線道路的茄冬、臺北敕使街道的樟樹、[137]高雄車站前的椰子樹、新竹的尤加利樹、臺北植物園的亞歷山大椰子樹，這些行道樹構築了日治臺灣的街道景觀。其中一幅是通往臺灣神社的敕使街道，也就是今日的中山北路，可以見到以下的景象：雪白的街燈與翠綠的行道樹排，道路上行駛的是三八年車型的八汽缸汽車，後頭的銀色巴士發出清爽的聲響，敕使街道展現了都市的健康美。中央車道旁種的是樟樹，兩邊的步道旁是楓樹。慢車道有小伙計踏著腳踏車，唱著愛國進行曲，騎在落葉繽紛的楓樹下，微弱的秋陽不時地從楓樹葉縫間灑落在地面，頗有悠閒的感覺。[138]

田代安定是日本熱帶植物研究的創始者，為臺灣城市的行道樹規劃了詳盡的體系。一九〇〇年，他發表了《臺灣街庄植樹要覽》，指出了領臺後行道樹種植的缺失。他認為當時殖民地臺灣的行道樹種植發展相當落後及傳統，未能與已經改頭換面且美輪美奐的道路及建築相提並論。[139]一九二〇年，他又出版了《臺灣行道樹及市村植樹要覽》，企圖以「行道樹」打造臺灣熱帶殖民地的完整圖像，進而提出以「南洋殖民地」的街道形式，作為臺灣規劃行道樹的準則。在他的觀念裡，行道樹與國格的關聯，是透過視覺所創造出來的。也就是說，行道樹的存在意義，標舉著一個地方的文明與進步。他將臺灣的行道樹分為五類：市街、市外、海岸、中高地區及公共區域以外的私設道路。其中，他所規劃的「市街行道樹」共有七十七種，而椰子科植物就占有二十一種之多。由此可見田代是如何特別關注椰子樹了。田代這種透過行道樹企圖將臺灣打造成一種具有熱帶殖民地景觀的做法，確實給來臺日人許多熱帶想像。[140]

「暑熱」與「南國風情」是日治在臺日人對臺灣的普遍印象。日本作家佐藤春夫於一九二〇年受在臺醫生朋友之邀，旅遊臺灣時寫下〈暑夏之旅的回憶〉，文中提到，臺灣的暑熱讓他相當吃不消。有一回，他要踏進從基隆開往臺北的火車車廂時，一踏進車裡，一股熱氣上身，佐藤不

137 〈たる勅使街道の並木〉，《臺灣日日新報》，一九二六・十・二十八。

138 《大阪朝日新聞臺灣版》，一九三八・九・二十九。〈本島道路の　珍な並木　このいろいろの姿〉，《臺灣日日新報》，一九二二・七・三十一；〈本島の並木と並木政策　樹種選擇と苗木の養成〉，《臺灣日日新報》，一九二二・十・十七。

139 吳明勇，〈田代安定與近代臺灣行道樹理論之建立〉，《淡江史學》，十九期（二〇〇八年九月），頁二七五－二八九。

140 陳偉智，〈田代安定：博物學、田野技藝與殖民發展論〉，國立臺灣大學歷史所博士論文，二〇二〇。這篇論文以日本博物學家田代安定（Tashiro Antei或Tashiro Yasusada，一八五六－一九二八）為個案，透過探討其一生的各個階段的行動，包含了田野科學、知識社群、技術官僚、產業發展構想等，建構從十九世紀末到二十世紀初的歷史脈絡中，交織著全球史與複數地域史、多領域學科知識、知識生產與實踐的社會史。有關帝國日本與森林的研究，可見中島弘二編著，《帝国日本と森林－近代東アジアにおける環境保護と資源開発》（東京都：勁草書房：二〇二三）。

禁大叫：「哇，真是要命。」對於那樣的熱度，他是毫無招架之力。其次，南國風情的塑造與日本政府在臺刻意打造的行道樹景觀息息相關。在所有象徵南國風情的景觀行道樹中，日人印象最深的則是椰子樹。椰子樹對日人而言，不僅是南國的象徵，更是臺灣的招牌標記。我們現在所見到的臺北街道的椰子樹，大部分都是在日治時期所刻意栽種的。[141]

一九四三年日本作家窪川稻子發表了來臺旅遊雜記〈臺灣の旅〉。文中，窪川描述了她搭船剛到基隆港時，天空還飄著小雨，但當轉搭火車到達臺北車站時，所見到的卻是四月的豔陽天，對此景色，她讚嘆不已：[142]

> 我喜歡像這種南島強烈的陽光照射，可以隨意地看見，讓人不習慣的椰子行道樹的粗獷線條，啊，這就是臺灣！

另外一對日人夫婦旅遊到高雄舊式的旗後街道時，也有著類似窪川印象的對話。

> 這裡好多椰子樹啊！
> 是人工栽培的嗎？
> 是的，因為南臺灣的氣候十分適合椰子樹生長，這些椰子也銷到日本。
> 果然是北回歸線以南的地區，這些椰子樹蔭不是很浪漫？如果在有月光的夜晚來到這，宛如就像在甜美的夢境一般。

由於椰子樹並非臺灣的原生種，日治在臺日人將椰子樹視為熱帶風情與臺灣連結不可或缺的符號。這樣的地景，其實是經過不同時期的建構才逐漸完成的。媒體對於這種印象的塑造扮演了推波助瀾的角色。例如《大阪朝日新聞臺灣版》就常在報紙登載城市中椰子樹的寫真照。例如臺北植物園中的椰子樹，在高聳的椰子樹下，有兩位打扮時髦的現代女性走在樹下，呈現出南國風情的女性美。椰子樹不僅有女性美的意象，還有種浪漫的風情，攝影照習慣以一位女子坐在椰子樹下享受初夏南國的夢幻時光。有的寫真照會在標題上打著「南國的印象」，例如會以仰視的角度呈現出臺南地方法院的高塔與熱帶椰子樹相互輝映的對比照片。[143]

早在一八九六年，椰子樹種子就被引進臺灣。日本治臺之初，就已經透過隸屬於總督府之下的「臺北苗圃」及「恆春熱帶植物殖育場」，負責培育外國的種子與樹苗的任務。椰子樹經過這些機構的培育繁殖之後，尚須經由都市規劃中的行道樹計畫，才逐漸成為都市景觀中的重要一環。象徵南國的行道樹常出現在日人的書寫中。透過從行道樹所散發出的「南國」氛圍，打造出南國的意象。日本政府藉由市區改正計畫，在全臺主要城市的幹道有計畫地栽種街道樹。例如相思樹成為北部意象的代表，隨後又有椰子樹及蒲葵。[144]

---

141 佐藤春夫，《佐藤春夫：殖民地之旅》（臺北，草根出版，二〇〇二）。
142 周湘雲，《日治時期臺灣熱帶景象之型塑》（臺北：國史館，二〇一二）。
143 《大阪朝日新聞臺灣版》，一九三八・九・二十九。
144 〈臺北市の街路樹（四） 並木管理に 親切であれ〉，《臺灣日日新報》，一九二六・十・二十一。

其實，日治之前就有的本土樹種也曾吸引不少來臺旅行日人的目光，例如「相思樹」及「榕樹」就成為臺灣鄉土特色的代表。日本畫家三宅克己於一九一〇年來臺旅遊時，就將他自身所觀察的臺灣景色，提出許多異國的連結。他說他在臺北街上或郊外散步時，到處可以見到日本所沒有的樹木。第一種是相思樹。俗稱臺灣松的榕樹也是相當有意思的樹木，會從幹枝垂下許多氣根。從紅色屋瓦的屋頂看到綠意盎然的茂密樹影，就好像身處在國外的感覺。其次是椰子樹、檳榔樹，彷彿到了南洋群島似的。[145]日本畫家丸山晚霞則是對這樣的景觀有如此印象。他認為臺灣風景的前景應該是相思樹。相思樹是他到臺灣之後最先看到的樹種，在島內旅行到處可看到相思樹，所以他認為臺灣風景的前景一定是相思樹。畫家丸山晚霞這位戰前西洋畫的權威之一，曾參與日本水彩畫會創立等，尤其以水彩畫世界留名；他在一九三一年造訪臺灣時，也如下敘述臺灣的「風景」，或是臺灣「風景」的「典型」。他認為：「此相思樹，唯獨臺灣有。……相思樹在島內到處皆是。我非常希望以相思樹為前景。……以相思樹為前景，並搭配兩三頭水牛，背景是中央山脈，這片山是只有臺灣才看得到的雄偉高山，這就形成了一道風景。」日本學者松田京子對這段文字述說的看法是，象徵臺灣「鄉土色」的風景，與其說是具體存在於眼前的「風景」，不如說是畫家依想像力所建構的最「有臺灣性的風景」，也就是藉由拼貼能夠再現「臺灣性」的事物而成立的，能象徵臺灣「鄉土」的「風景」。[146]廖心田在《臺灣美術四論》中則透過更切入觀光者的凝視的角度，來分析日治時期臺灣那些被日本旅臺藝術家拿來「入畫」的植被，也就是相思樹、苦楝樹、竹林、芭蕉葉、椰子樹、木瓜樹及榕樹。[147]

隨著現代化都市的建設，如何栽種行道樹成了科學掌管的問題，為了與現代文明的都市接軌，行道樹的篩選開始訂立一套標準作業流程。以往臺灣常見的本土植物如相思樹、榕樹漸漸變成不適合城市景觀的非主流行道樹，取而代之的則變成那些由熱帶地區所引進的外來熱帶樹木。透過椰子樹的栽種，所塑造出來的其實是

3-20 《臺灣日日新報》中的相思樹繪畫

145 〈水彩畫展覽會所感（承前）〉，《臺灣日日新報》，一九一一．十一．十六；〈新刊圖書紹介　歐洲繪行腳（三宅克己著）〉，《臺灣日日新報》，一九一二．十二．二十四；三宅克己，〈台灣旅行感想〉，《みづゑ》，一一〇期（一九一四年四月），轉引自顏娟英等譯著，《風景心境──台灣近代美術文獻導讀（上）》（臺北：雄獅美術，二〇〇一），頁六〇。張晴文，〈從「地方色彩」到「台灣性」的塑造──論謝牧岐作品中的文化特殊性再現〉，https://www.projectfulfill.com/uploads/3/1/1/6/31169469/%E5%BE%9E%E5%9C%B0%E6%96%B9%E8%89%B2%E5%BD%A9%E5%88%B0%E5%8F%B0%E7%81%A3%E6%80%A7%E7%9A%84%E5%A1%91%E9%80%A0-%E5%BC%B5%E6%99%B4%E6%96%87_2019___1_.pdf。瀏覽日期，二〇二三．十．二十九。

146 〈相思樹……（第一）……丸山晚霞〉，《臺灣日日新報》，一九三一．二．二十八。〈《帝國的思考》：如何定位殖民地的「風景」？台灣國立公園與「山地」〉，https://www.thenewslens.com/article/123639/page4。瀏覽日期，二〇二三．十．三十。

147 吳介祥，〈用農作風景建構的符號體系（一）島嶼生活與地景：檳榔、甘蔗、香蕉、椰子樹〉，*ARTalks*，https://talks.taishinart.org.tw/juries/wch/2020033006。瀏覽日期，二〇二三．十．二十九。

一種不自然的自然景觀，臺灣不僅被當作一個「熱帶化」的殖民地，也成為日本對臺灣殖民科學化成果下的景觀。

史蹟與天然紀念物

一九三〇年代的恆春海岸，南臺灣的漁民曾在此發現儒艮的蹤跡，也曾捕獲過，並在三〇年代被票選為天然紀念物，而且是第一次選就上榜。其中一位委員就是寫《臺灣通史》著稱的史學家連橫。這次的公告是一九三三年十一月，那是臺灣第一批在《史蹟名勝天然紀念物保存法》公布後的史蹟名單，共有史蹟八件，天然物六件。其中史蹟有：北白川宮能久親王殿下澳底御上陸地、北白川宮能久親王殿下臺北御遺跡、北白川宮能久親王殿下彰化御遺跡、芝山巖、諾保蘭城址（基隆市社寮町）、遮蘭城址（臺南市安平）、舊城址（高雄市前峰尾）、琉球藩民墓。而天然紀念物有：芝山巖、海蝕石門、北投石、泥火山、儒艮、雉（帝雉）。在這些天然紀念物中，帝雉在當時可是非常珍貴的動物。一九一九年，菊池米太郎受殖產局委託，到新高山一帶捕捉帝雉，過程相當艱辛，好不容易捉到三對，後由阿里山經嘉義送回臺北，最後運送回東京，敬獻給天皇。[148]

關於這樣的新史蹟調查，我在《大阪朝日新聞臺灣版》也曾讀過類似新聞，那是一九三五年十二月十七日，該日報紙的右下角的幾個字「臺灣史蹟巡禮」吸引著我，裡面介紹了三個史蹟，「墾丁寮遺跡」、「龜山本營之址」、「石門戰蹟」。[149]為什麼在這時出現介紹史蹟的新聞？原來一九三五年總督府公布了一批新史蹟的名單，其中很多中選的古蹟，之所以被列入，主要與官方要塑造民眾的歷史記憶有關。

一九三五年七月三日，總督府史蹟名勝天然紀念物調查會史蹟部，開會通過了三十七處的新史蹟。其中，臺北州八處、新竹州十處、臺中州九處，臺南州十處。到了該年年底，該調查會又公告了其餘的史蹟名稱，總計有六十處。其中，北白川宮殿下御遺跡三十四件，一般史蹟二十件，還有天然紀念物六件（動物二件、植物三件，地質特殊一件）。這批名單計有：臺北城的四座城門、普羅民遮城、能久親王的御終焉之地、圓山貝塚、圓山大砥石、臺南城門、恆春城址、安海街御社營所址、紅樹林、墾丁寮遺跡、龜山本營之址、石門戰蹟、太巴塱社蕃屋、古令埔碑、社蕃屋。[150]

有關《史蹟名勝天然紀念物保存法》，則先要看日本內地的發展。早在一九一九年四月十日（大正八年），日本就已發布法律第四十四號，通過了《史蹟名勝天然紀念物保存法》，有六個

148 〈國土愛護の精神を喚起する　史蹟名勝天然記念物の保存事業　完璧は島民の協力に俟つ〉，《臺灣日日新報》，一九三三・十一・二十八。

149 《大阪朝日新聞臺灣版》，一九三五・十二・十七。

150 〈御遺跡地として　卅七ケ所を指定　史蹟名勝天然記念物調查會の史蹟部で議決〉，《臺灣日日新報》，一九三五・七・四；〈史蹟名勝天然記念物　欲于臺博前指定之　北白川宮殿下遺跡卅四處〉，《臺灣日日新報》，一九三五・八・二十七。

條文，其中第五條修正後，使得原有法條適用於臺灣，並規定，當年度只進行調查。[151]第五條內容為：「內務大臣得指定地方公共團體，而為史蹟名勝天然物之管理。前項管理所要費用，當該公共團體負擔，國庫對前項費用，得補助其一部。」到了一九二九年五月二十八日，臺灣才援引日本母法並修正通過適用於臺灣的版本。第五條修正為，當要實行於臺灣時，「內務大臣」要改為「臺灣總督」，另外「得補助其一部者」也調整為「時或得全部補助」。[152]

一九三〇年二月二十七日，《史蹟名勝天然紀念物保存法》的臺灣施行令中改正敕令正式在臺公告。[153]當時官方的說明是，史蹟保存法已經在內地施行已久，卻沒擴展到臺灣，但總督府內務局早有實行的意思，並陸續在昭和四年至六年這三年間，進行了調查。因此這次法令的公布，目的就在於調查臺灣島內有價值的古蹟，指定為史蹟、名勝或天然紀念物。當時報紙也提到，臺灣其實有許多臺灣人士所熟悉的名勝，像是七星郡的江頭廟、士林芝山巖、臺中州日月潭、臺南的夢蝶園、竹溪寺、澎湖的文石書院，此外還有許多著名的地質、動植物等。因而，對這項法令的公布相當樂觀其成，認為可以讓總督府安心調查，進而發揮臺灣特色。[154]

一九三〇年臺灣的《史蹟名勝天然紀念物保存法施行規則》於九月二十一日，根據總督府令第三十五號公布，自當年的十一月一日開始實施。有了這項施行規則，總督府有了依據的準則，立即開始認真地調查島內的各種史蹟。當然，首要之務是籌組調查會。所以同年十月十六日發布訓令第八十四號，公布了調查會的規程，裡頭明白記載調查會的成員由來。調查會的委員由總督府部內官吏，或有學識經驗者若干名，由總督任命或囑託。場所設立在總督府，會長由總務長擔任，副會長由內務局長擔任，其他幹事由府內高等官吏任職，書記也由府內人員兼任，一切人員由總督任命。除了官方代表外，也選出了一些民間人士與會，像是連雅堂、美國陸軍步兵中佐小林準、稻垣藤兵衛、尾崎秀真、谷河梅人。這裡頭的名單，個個來頭都不小。之後，這調查會又以委員的專長進行分組，分為史蹟名勝組與天然紀念物組。史蹟組有：井手薰、宮原敦、村上直次郎、移川子之藏、小林準、鼓包美、尾崎秀真、谷河梅人、稻垣藤兵衛、連雅堂。天然紀念物組有：平坂恭介、青木文一郎、中澤亮治、日比野信一、早坂一郎等。

到了一九三一年十月，這批委員依據分配到的調查地點，進行初步結案，並彙整印刷，共調查到全島史蹟有一百五十三件、名勝七十九所、天然紀念物八十七處，每項後面附有簡單說明。儘管我們見不到這委員會是如何討論這些入選名單的，但是可以看出，他們的確是經過層層的討論才決選出來。例如，一九三二年十二月十七日，報載十五日時，委員會開了一次討論會，出席的委員中，史蹟的有六名，天然紀念物的有七人，主席小濱內務局長，當下指示委員要採取「嚴選主義」來決定。此外，當時可能是財政緊縮的關係，並未附上未來要執行的預算，因而是採取

151 〈史蹟名勝天然記念物保存法　第五條を修正して本島に實施　本年度は調查のみ〉，《臺灣日日新報》，一九二九・五・二十七。
152 〈史蹟名勝天然記念物保存法　第五條を修正して本島に實施　本年度は調查のみ〉，《臺灣日日新報》，一九二九・五・二十七。
153 〈臺灣三勅令　公布〉，《臺灣日日新報》，一九三〇・三・一。
154 〈史蹟名勝保存法　臺灣施行令改正　督府已著進行調查〉，《臺灣日日新報》，一九三〇・三・三。

漸進的方式，配合財政情況來逐年指定。臺灣總督府一共進行了三次大調查，分別是一九三三、一九三五及一九四一年，直到戰事白熱化才暫為停歇。[155]

國立公園的選定與田村剛

我們現在所熟悉的國家公園，在日治臺灣又稱為「國立公園」，其實早在一九二〇年代，臺灣就已經有了「國立公園」的規劃。當時共有三座候選地被規劃為國立公園，分別是大屯山、阿里新高山及太魯閣三地。一九三〇年代是這三座國立公園規劃底定的時代，其理念可以上溯自日本眾議院於一九二五年提出的「國立公園建議案」。[156]日本自一九二一年起，內務省衛生局最早在全國候選了十八處地點。[157]之後，在鐵道省、遞信省與民間的力促下，為了要招徠外來遊客，提高觀光收入，一九二七年設置了國立公園調查會，選定了十六個候選地點進行調查，其中較熱門的候選地點有：上高地、日光、富士山、十和田湖、雲仙嶽、小豆島、大沼公園、屋島。[158]

一直要到一九二九年八月，所有候選地的調查工作才完成。到了一九三二年，調查委員會總會重新公布了最新的十二處地點，計有富士、日光、日本北最高峰、阿寒、大雪山、十和田湖、大台原、瀨戶內海、伯耆大山、阿蘇、霧島、雲仙。[159]最後又限縮到五、六處地點。當時的《臺灣日日新報》就為此名單中沒有臺灣景點，感到惋惜。然而，儘管不在獲選名單中，但臺灣也搭上這波國立公園調查的浪潮，開啟了籌設的各項工作。

在這波調查工作中，最著名的就是日本田村剛博士的來臺調查工作。這位森林學博士的意見對於日本政府決定何者能獲選成為國立公園有舉足輕重的地位。他曾於一九二八年起三次來臺勘查新高山、太魯閣及大屯山三處預定地。[160]在一九二八年二月那次考察阿里山一帶後，一下山就在嘉義公會堂公開演講，田村博士的意見相當受到媒體的重視，《臺灣日日新報》一連四天刊出專題，標題為「就阿里山一帶創設一大國立公園」。[161]田村在這一場看來是嘉義地方邀請的演講

155 「史蹟名勝天然紀念物指定（一九三三・十一・二十六）」，《臺灣總督府報》，第一九六六期，國史館臺灣文獻館，典藏號：0071031966a003。

156 〈國立公園建議案〉，《臺灣日日新報》，一九二五・二・十五。

157 〈國立公園候補地　日本アルプス調查を了へた田村博士は語る〉，《臺灣日日新報》，一九二五・二・十五。

158 〈愈よ十六の　國立公園內定　改めて國立公園調查會に　附議し決定する〉，《臺灣日日新報》，一九二七・六・十三。

159 〈國立公園問題　漸く具體化　明年度に經費二萬圓計上　外人觀光客の誘致を圖る〉，一九二九・八・二十五。

160 〈阿里山一帶を　國立公園に　する大計畫具體化　公園學の權威者　田村剛博士近く來臺〉，《臺灣日日新報》，一九二八・一・二十七。

161 〈新高の靈峰　阿里山森林　陳有蘭溪の神祕境を取入た　一大國立公園　其施設經營に關する　（一）　田村博士の一大抱負〉，《臺灣日日新報》，一九二八・三・九。〈新高の靈峰　阿里山森林　陳有蘭溪の神祕境を取入た　一大國立公園　其施設經營に關する　（四）　田村博士の一大抱負〉，《臺灣日日新報》，一九二八・三・十三。

中提到，他考察的範圍是阿里山、新高山、八通關、東埔、日月潭一帶。一個國立公園要能成立，不能只靠官廳的力量，還必須有地方的支持。[162]國立公園和一般公園大不相同，美國對洛磯山脈一帶的自然地理調查開啟了設立國立公園的運動。園中到處都是高達一萬多英尺的高山，以及令人讚嘆的間歇泉，為了要妥為保存這樣的生態，才有了設置國家公園的規劃。要達到國立公園的標準，有三大要素：偉大優美之風景、能夠永久保存的天然景物、任何人都可以利用此空間。日本自一九二〇年代以來的國立公園設置運動，正是受到美國這方面經驗的影響。[163]

新高山一帶是否適合當作國立公園，田村的看法如下。田村博士發現新高山的自然區域大小約為六萬町步，相較於美國的十五萬町步稍嫌過小，若和富士山的五萬町步相比，則算是大的。其範圍北從阿里山麓算起，東則沿著陳有蘭溪的東埔溫泉，南則自新高主山，延南走南山南玉山之分水嶺，西則以塔山為起點。這樣的範圍算是當時日本最大的國立公園候選地。若以相對高度來看，從新高山頂到山麓的嘉義，落差一萬幾千尺。此外，這個區域普遍是八千尺的高山，一萬尺以上的有九座，算是少見的地理景觀。此處還有陳有蘭溪的峽谷地形，比日本內地的黑部峽還更為壯觀。其地質為第三期水成岩，能與之比擬的只有加拿大與日本的大河。樹種方面則有柏杉與阿里山的紅檜原生林，和美國相近。這樣比美國的國立公園都還特殊的景觀，若不能好好保護，將會受世界嘲笑。田村博士也評斷了新高山的不足之處。唯一的缺點就是阿里山一帶沒有湖水，所謂：「無水則風景不潤」，好在臺中州有陳有蘭溪及好幾條注入此地的溪流及瀑布，其水量不輸於日本的華嚴與那智。此地還有一特色，可以和日月潭結合成一整個遊覽系統，靠著這一帶豐富的氣候變化，吸引遊客。這樣的地理優勢位置，可作為東亞的一大休養地。[164]

此外，這裡地理形勢雖然險峻，但平坦地區也多，相當適合興建旅館或別莊。阿里山鐵道沿線，是田村認為最好的地方。此外，鹿林山可以開闢為大型旅館，結合東埔溫泉，作為眺望遠景與休閒養身之地。若泡湯溫度太高，還可以引流至陳有蘭溪與風賖溪的合流處，在該地另築溫泉場。還可以增設數處徒步或騎馬可到的休養地。即使這裡夏季多雨，但能在此觀賞雨如銀線般的雨景，反而可以增添趣味。在經營管理方面，田村博士則建議可仿效歐美，考慮架設登山鐵道。在建設之餘，他還不忘提醒一切國立公園的開發建設該注意的環保問題，務必做到不破壞大自然。除了管理監督、登山鐵道、道路應由國家來出面外，其餘娛樂設施、溫泉、土產選定、登山引路人組合、公園宣傳等事情，則必須交由民間的力量來做。[165]

在宣傳方面，也可以效法歐美等地，乘船則分發小冊子，以風景圖片及文字吸引導引遊客；並可以在遊覽引路會社的店面放置模型與寫真，以及安排美女在門外接待。[166]凡此種種，都是田村博士對新高山的調查印象以及經營建議。由於日本政府對於殖民地臺灣及朝鮮的做法是將內地國立公園法實行於臺灣，因此打算在兩地各選出一處成立國立公園。由於是否得以成立國立公園

162 〈諸羅／博士謹演〉，《臺灣日日新報》，一九二八．三．十二。
163 〈就阿里山一帶　創設一大國立公園（一）　田村博士之大抱負〉，《臺灣日日新報》，一九二八．三．十三。
164 〈就阿里山一帶　創設一大國立公園（三）　田村博士之大抱負〉，《臺灣日日新報》，一九二八．三．十七。
165 〈就阿里山一帶　創設一大國立公園（四）　田村博士之大抱負〉，《臺灣日日新報》，一九二八．三．十八。
166 〈就阿里山一帶　創設一大國立公園（四）　田村博士之大抱負〉，《臺灣日日新報》，一九二八．三．十八。

牽涉到地方經費的運用與觀光收入，各地的地方人士對此都感到相當熱衷，不僅頻頻舉辦演講、公聽會，甚至各類請願、陳情活動紛紛出爐。

一九二九年五月，臺中州市協議會員新高山登山隊一行代表松岡富雄、二瓶源五、常見秀夫三人，即前往臺中州知事的官邸，就以新高山為中心籌設國立公園一事陳情。[167]一九三一年四月十七日，嘉義市役所為了要振興市容，推動地方發展，特別訂定該年度最重要的大事就是推動阿里山國立公園的活動。該市為此特別成立振興調查會，提出該協會設立案。並以阿里山為中心，將新高山及日月潭等名勝連成一體，極力促成成立阿里山國立公園。他們會趁著總督到訪嘉義社口為吳鳳廟舉行落成儀式時，聯合市協議會會員，一同向總督陳情。[168]

由於聽說臺灣的三處候選地最後只會選出一地，各地彼此競爭的消息時有所聞。一九三二年七月二十一日的《臺灣日日新報》就是如此下著標題：「阿里山太魯閣峽接近決定國立公園期，兩地將開始猛烈運動戰」。這兩地的所在地分別在嘉義和花蓮港，各自籌組了國立公園期成同盟會及東臺灣勝地宣傳協會彼此較勁。[169]直到一九三五年八月二十七日，《臺灣日日新報》刊出一則新聞，說到臺灣國立公園法即將於九月中公布，十月一日實施。一九三五年九月，經由臺灣國立公園委員會的決議，正式公告公園候選地為：新高阿里山、次高太魯閣及大屯山三處候補地。[170]此法公告後，由總督指定公園委員會的人選，召開委員會，聽取各方意見。其間，尚須多次進行調查國立公園的主要條件及次要條件，總計每年預估花費三萬圓。除了官方的委員會之外，民間也成立了「臺灣國立公園協會」，主旨在透過講演會、展覽會、活動寫真、短冊子，普及國立公園思想與促進事業，以及推動國立公園成立的任務。例如大屯國立公園協會就趁一九三五年五月田村博士來臺探勘國立公園選址時，邀請他到鐵道旅館進行演講。[171]一九三六年四月十八日，臺灣國立公園協會又於教育會館舉辦國立公園展覽會，目的在鼓吹登山及宣導國立公園知識。[172]主要的展覽項目包括以獎金徵選候選地的風景寫真、動植物寫真、登山用品寫真、內地登山用品及日本國立公園的風景寫真等。[173]此次參與的團體一共有：大屯山國立公園協會、臺灣國立公園臺中協會、阿里山國立公園協會、新竹州及高雄州鐵道部等。

一九三七年十二月二十七日，臺灣總督府正式公告大屯山、新高阿里山及次高太魯閣三處為國立公園。國立公園協會隨即進行了一系列的推廣活動：舉辦展覽會、發行寫真集、書畫集、郵

---

167 〈新高山を中心に　國立公園の計畫　臺中市の有力者連　その實現方を陳情〉，《臺灣日日新報》，一九二九・五・二十三。

168 〈以阿里山為中心　國立公園促進策　以資關係地方發表〉，《臺灣日日新報》，一九三一・四・十七。

169 〈臺灣の國立公園は　阿里山か太魯閣峽か　嘉義と花蓮港の競爭　いよいよ白熱化さん　候補地の決定期近づくにつれ〉，《臺灣日日新報》，一九三二・七・十七；〈阿里山太魯閣峽　接近決定國立公園期　兩地將開始猛烈運動戰〉，《臺灣日日新報》，一九三二・七・二十一。

170 〈臺灣の國立公園法　九月中旬迄に公布　指定は年內には間に合ふまい〉，《臺灣日日新報》，一九三五・八・二十七。

171 〈田村博士の講演會　廿五日夜鐵道ホテルで〉，《臺灣日日新報》，一九三五・八・二十七。

172 〈けふの催し／國立公園展覽會〉，《臺灣日日新報》，一九三六・四・十八。

173 〈國立公園協會の展覽會〉，《臺灣日日新報》，一九三六・四・十四。

票、繪葉書，還發起國立公園運動、健行活動、栽種吉野櫻等等。[174]可惜的是，這一切的調查與規劃，到了一九四〇年初期，戰爭爆發，原有的規劃案完全停擺，往日彼此競爭關係的各公園協會，也不再有任何推銷自家國立公園的活動。一九四三年九月之後，報紙上就再也沒有國立公園的相關新聞，直到中華民國政府來臺後，才有新的規劃。[175]

四、打造記憶：百年學校裡的奉安庫

大榮國小成立於一九一四年（大正三年），名稱為「花蓮港廳林田尋常高等小學校」，提供林田移民村之小孩就讀，一九四一年（昭和十六年）改名「林田國民學校」，戰後一九四六年改名大榮國民學校。大榮國小校內之教師宿舍及奉安庫，分別於二〇一二年被花蓮縣政府指定為歷史建築，隔年定為縣定古物。

有關日治時期花蓮奉安庫的調查，目前所見的文章不多。僅在潘繼道教授的文章〈花蓮林田村日治時期「奉安庫」與「社日」遺跡踏查〉中有初步的研究，以下則在此基礎上做進一步的調查。[176]筆者曾於二〇一七年調查的大榮國小位在林田村，是臺灣總督府於一九一四年，於花蓮港廳成立的第三個官營移民村，重點是農業，位置在現今鳳林鎮的東北方。日治時期分為南岡、中

174 〈待望の臺灣國立公園誕生す／三國立公園の誕生　邦生のため喜びに堪へぬ〉，《臺灣日日新報》，一九三七．十二．二十七。

175 〈新たに六ケ所　國立公園の候補地決る〉，《臺灣日日新報》，一九四三．八．十。

176 《臺灣文獻》，別冊三十五（二〇一〇年十二月），頁四八－五六。

野、北林三個部落。現今的行政劃分則為大榮里、北林里。潘繼道的文章中提到的幾個重點如下：

一、奉安庫目前收藏在大榮國小的儲藏室。屬於中野部落。

二、奉安殿、奉安庫、奉安所（奉安室），為日本殖民統治下灌輸天皇神格化意識形態，強化忠君愛國、皇國民精神，加強對臺灣人進行皇民化，所建立的教育、教化設施。其方式是在學校、政府機關、軍事單位、神社等場所，安置當時天皇、皇后肖像的「御真影」與「教育敕語」謄本。「御真影」與「教育敕語」謄本，平時放置在奉安設施內，在重要節日，如紀元節、天長節、新年、明治天皇生日的「明治」四大節日，再加上臺灣的「始政紀念日」。進行典禮時，由全體教職員及學生對「御真影」行最敬禮，校長會恭讀「教育敕語」，並進行訓誨。

三、大榮國小前身是林田小學校，是林田移民村子弟就讀的學校。

四、林田小學校的奉安庫保存狀況良好。長一百三十三公分、寬約八十公分、深約六十六公分。奉安庫的本體上緣冠有五七桐紋的圖案。左右扇門有鳳凰圖案。左扇門有日式密碼鎖、右扇門有五七桐紋。田調時奉安庫無法開啟。奉安庫所在的儲藏室為水泥外牆、木造屋頂的日式建築。推測是教室或辦公廳舍。

五、外牆上有「青訓」二字，應該與日治時期的部落青年訓練有關。

作為一般古物的大榮國小奉安庫

我們最早對奉安庫的認識來自於文化局網站，資料如下：

種類：生活及儀禮器物。主要材質及特徵：鑄鐵大型保險庫。尺寸：長一百三十三・七公分，寬七十七・六公分，厚六十七・五公分。奉安庫為日治時期各級學校供奉教育敕語（勅語）抄本與天皇、天后「御真影」（玉照）的大型保險庫，外表上有「五七桐紋」。「五七桐紋」，乃桐花紋的代表，在三片桐葉上，中央有七朵桐花，其左右各配置有五朵桐花而成為圖案。根據日本WEB版周刊《家紋》第七號介紹，據說在平安時代，桐跟竹子、鳳凰即成為天皇服裝上的裝飾，結果，人們自然而然地把它當作是皇家的家紋。[177]

每逢開學典禮時，全體師生會固定前來參拜，並聆聽日本天皇的「教育敕」。「教育敕語」由日本明治天皇所頒布，將其謄本下賜各級學校，作為維新政府的國家主義式教育理念。一般先收納於箱櫃內，稱之為「奉安箱」、「奉安櫃」或「奉安庫」，需安置於校長室內或安全處。目前「奉安庫」尚保存於校園內，但內部並無任何「教育敕語謄本」保留下來。登錄理由有：⑴見證日治時期精神教化及官營移民村內日人子弟學校的歷史，具有歷史意義及史事淵源。⑵該奉安庫之鑄鐵造技術，是臺灣早期工業技術之代表樣式。其五七桐紋、鳳凰紋樣及日式密碼鎖都非常細緻，具有藝術造詣及科學成就。⑶花蓮縣境內仍保有如此完整之奉安庫並不多，具有珍貴及稀

---

177 潘繼道，〈花蓮港廳壽小學校奉安殿遺跡〉，《臺灣文獻》，別冊十九（二〇〇六年十二月），頁三一。

3-22　倉庫內部圖

3-21　大榮國小存放奉安庫的倉庫

3-24　花蓮港玉置行字樣

3-23　倉庫屋頂有日治時期的木材商店字樣

有性。[178]根據來自於二〇一三年七月一日府文資字第 1020111096A 號，登記為「古物」。網站上登錄理由寫得很清楚，有三項：見證歷史、技術珍貴與物件稀有。

二〇一七年的九月十三日，我們的文物普查團隊首次對大榮國小做初步的考察。大榮國小的奉安庫，目前「安置」於大榮國小校內倉庫中。就其實際的保存情況，真的用「安置」字眼比較妥當，不像是有特別收藏，放置於恰當又醒目的地方。比較像是一件雜物，被放置在學校的庫房裡。這裡頭有各種體育用品器材、交通指揮器具、清潔用品、教具、樓梯、各種廢棄不用的物品，通通被放置在這樣十多坪的庫房空間。從外牆、屋頂、建材及文字可推測，這棟建物在日治時期，有可能是間校舍，最主要的判斷根據來自於屋頂木材上的日本木材會社字樣，以及外牆上的「青訓」這兩項。

事實上，各地的奉安庫命運大不同，例如雲林虎尾的合同廳舍就是被放在已經改為文創團體入駐經營的咖啡館空間一角，位置相當醒目。可惜的是，虎尾的奉安庫已經腐蝕斑駁得相當嚴重。大榮國小倉庫的外牆有兩種顏色，靠近學校大草坪的是土黃色的，開有外窗，上頭有水泥製雨遮。雨遮上頭有個菱形圖案，上頭寫有「青訓」二字。原來外窗現在則被用黑色屋瓦遮蔽，無法對外。靠教室走廊同一排的倉庫外牆則是顏色較白，似乎有在原來的建物上重新修補的痕跡。

由以上四張木造屋頂木板的字樣，可以判定這棟建物過去曾是日治時期林田小學校的其中一

178 資料來源花蓮文化局網站：https://www.hccc.gov.tw/zh-tw/CulturalHeritage/Detail/145。瀏覽日期，二〇一七．九．十三。

棟校舍。從木板建材上頭出現的「花蓮港玉置行」，或「玉置商店」的字樣，或許可以找到一些線索。從林玉茹的文章〈殖民地邊區的企業——日治時期東臺灣的會社及其企業家〉中，我們在「日治時期東臺灣重要的企業家及其事業」表格中，找到了玉置商事的名稱。創辦人是花蓮港物產株式會社代表玉置彌四郎，他於一九一四年來到東臺灣。擔任過的職務及經營的企業有花蓮港物產專務及社長（一九三六）、玉置商事（一九三九）、臺灣新報董事、花蓮拓殖社長（一九三九）。由此可推測這間校舍的建材來源與花蓮地方產業的關聯。此外，透過一九三三年（昭和八年）的《東臺灣展望》裡頭的廣告，也可以見到花蓮的玉置金物店廣告，販賣的商品有「伐木」一項，因此可推測，林田小學校的青年訓練所這間倉庫，在日治時期建造時，其木材來源就是出自於這間玉置商店／玉置金物店。179

有關這間寫有「青訓」的房子，我們透過與廖高仁校長的訪談得知這是林田小學校內給畢業的小學生繼續就讀的「青年會」教室。

3-25　1933 年《東臺灣展望》裡的廣告

蔣竹山：（插話）所以校長後來那個大榮，現在放奉安庫，那間木造的倉庫。
廖高仁：（插話）是木造的還是水泥的？
張雅綿（助理）：木造那間。
蔣：他那個是日本時代就有的嗎？
張：水泥隔壁那一間，木頭的。
蔣：因為他屋頂……
廖：（插話）是哪一間？
蔣：就是他旁邊是辦公室，旁邊有一間小的……
張：（插話）就是水泥房搭的一個木房。
廖：是老建築嗎？
張：對，老建築。
廖：就是那個轉角那一間嘛。
張：那以前是放什麼東西？
廖：那個上面還寫青訓，那個青訓是青年學校的東西。
張：對。

179 謝謝花蓮老照片收藏家葉柏強老師提供的圖像檔。

蔣：上面有日本時代的字。

張：那個房子以前就是雜物間嗎？

廖：那個就是倉庫嘛。

張：以前就是倉庫？

廖：他那個以前是放兵器的，早期有放。

廖：因為青年學校有一點軍事訓練嘛，他裡面有一些軍事訓練的東西。

蔣：因為上面的屋頂是木頭的，然後有字。

廖：對對對。

蔣：有些寫花蓮港什麼的。

廖：因為他全校改建就剩下那一棟，因為我到大榮……

蔣：（插話）你說那一間是做兵器？放兵器的？

廖：以前應該是像兵器……

張：是水泥那間還是木頭？

廖：是水泥那一間。

張：木頭的那間是倉庫？

廖：應該是。

張：那校長跟你請問一下，那種青年學校，女子青年學校，那跟國民學校是同時存在還是學生要選邊讀？

廖：因為日本時代，一般來講，這是移民村很特別的，一般學校都有青年團，像水璉國小這樣，對不對，他們都有青年團，他都有紀錄，什麼時候青年團成立？團員有幾人？他們都有紀錄，青年學校的由來是這樣，因為移民村的小孩六年級畢業了以後很少升學。

張：為什麼？

廖：六年畢業了以後很少讀中學。因為家裡人手不夠，還有一個是鳳林到花蓮很遠啊，所以他們很多青年就沒有就業。因為十三歲，十五歲，那這個還要成長，所以他們早期就有青年會。

張：青年會？

廖：最先叫做青年會。

張：就是給國民學校畢業的學生進去。

廖：對，他們就組織了青年會。那青年會指導老師就是學校老師兼任，那因為是兼任，所以就比較親密，所以他們每一個部落都有青年會館。部落裡面有一個房子，叫青年會館，青年會館是青年練習柔道、練習劍道，還有進修研習農業。這些進修的場所，每年有對抗賽，劍道對抗賽、柔道對抗賽。後來這個演變成叫做青年訓練所，再演變成青年學校。

張：所以這個算是非正式的機構，還是正式？

廖：後來變成青年學校是正式的。

張：青年學校就是類似現在初中的意思嗎？

廖：對，初中的意思。

張：他有年齡、時間限制嗎？

廖：兩年制。

張：因為吉安也有，吉野青年學校。

廖：對，豐田也有。

張：移民村才有？

廖：對。

但據一九三〇年（昭和五年）版的《花蓮港廳管內概況及事務概要》中的資料，青年會與青年訓練所是不同的單位。究竟林田小學校的木頭屋頂老房子是青年會的場所還是青年訓練所，可能比較偏向是後者。若是青年訓練所，那這房子就有可能是一九三〇年才落成的教室。

吉野村與林田村居民會根據一九二六年（大正十五年）四月敕令第七十號，發布青年訓練所令，根據這命令，吉野村於一九二七年九月設置了青年訓練所，而林田村則於昭和五年（一九三〇年）設置青年訓練所，設有修身公民科、普通科、職業科的訓練課程，培養青年的技能、志氣，兼有身心與素質的磨練，共收有學生二十二名。在《臺灣教育沿革誌》中的第八篇第五節「青年訓練所」中對於大正十五年四月所頒發的敕令，有進一步的說明。其目的是訓練未能入學中等以上學校之青少年的身心，同時以之令其體會國體觀念，謀求國民資質之提升，並期將來在實際社會中不至於處身困難。[180]第一條的內容為：「青年訓練所以鍛鍊青年之身心，提升國民之資質為目的。」第二條：「得在青年訓練所接受訓練者，概為十六歲以上，二十歲以下之男子。」第五條內容則講到，訓練項目為：「修身及公民科、教練、普通科、職業科。」同一節資料還提到：「昭和五年十月一日於林田村、昭和六年九月十三日於豐田村，分別設立了與吉野村相同由居民會設立了青年訓練所。」[181]關於這點，又可補充《花蓮港廳管內概況及事務概要》所提到的部分。

奉安庫的形制分析

在既有的調查基礎上，本次文物普查，我們有更新的調查發現，最大不同是內部可以開啟，讓我們可以見到奉安庫的內裝細節。此外透過相關文獻，我們大致推證出這個奉安庫的製作年代。大榮國小的奉安庫為鐵製的金屬櫃，基本上就是一般保險箱的樣式，外加上特殊皇族紋飾及木作內盒。過往的調查中沒說明這鐵櫃一共三道門，最外層為兩扇厚達十公分左右的金屬門，中層為厚度約五公釐之金屬門，最內層為兩扇木板門。陳美惠在〈鹽水公學校內奉安庫之歷史

180 財團法人臺灣教育會編，《臺灣教育沿革誌》（南投：國史館臺灣文獻館，二〇一〇），頁四八八－四八九。
181 《臺灣教育沿革誌》，頁四八九。

意涵〉一文中提到鹽水國小前身嘉義國語傳習所鹽水港分教場的奉安庫。[182] 該校的奉安庫屬於小型的保險櫃，高約一米，寬不到六十公分，雖不算氣派，但不難看出特別的設計。該奉安庫為單扇櫃門，外部漆有金色雙鳳凰圖案，鐵門正中央有燙金「奉安庫」三個字，以及有日式密碼鎖。大榮國小燙金的圖案及密碼鎖與鹽水國小的一樣，但沒有奉安庫的字樣。從外觀、內裝、樣式、工藝、密碼鎖等細節，可以推論當時很多這類型的奉安庫是日本製。像是花蓮女中的奉安庫的開鎖標誌上就寫著TOKYO AKASHI，類似宜蘭的天送埤車站內的奉安庫上頭的製造廠商商標，上頭寫著「東京阿野製」，明顯可看出是從日本工廠製作好運送至臺灣。

透過一九四〇年的《臺灣日日新報》，可以找到當時來自日本的奉安庫，有的是經由金庫店代理、引進到臺灣。從圖3-26可見，這家的奉安庫是小林製造，在皇紀二六〇〇年時出的紀念型，上頭還強調御真影及御敕語的奉安庫，是由臺灣總代理大平金庫店販售。大榮國小的奉安庫上頭雖沒有寫何處製，推斷也是日本製的，因此文化局網站上說明登錄為一般古物的文字「該奉安庫之鑄鐵造技術，是臺灣早期工業技術之代表樣式」，這句話可能要修正，這技術應當是日本當時

3-26　1940年《臺灣日日新報》中的奉安庫廣告

的保險箱工業技術，而不是臺灣的。

奉安庫與御真影

花蓮縣文化局將大榮國小的奉安庫登錄為古物的理由之一是：「見證日治時期精神教化及官營移民村內日人子弟學校的歷史，具有歷史意義及史事淵源。」在這次的文物普查過程中，我們找出了大榮國小為何會有奉安庫的原因，以及何時擁有這座奉安庫的時間。現在我們所認為是古物的奉安庫，在日治時期臺灣，這座金屬保險箱的最主要功能就是裡頭保管有天皇及皇后照片的「御真影」，以及「教育敕語」。簡單地說，重點是在前者的「御真影」。這座承載物之所以重要，主要是裡頭的物件，而不是這個保險櫃。因此，要談奉安庫的社會生命史，我們必須了解御真影與當時教育體制的關係。換句話說，我們必須放在教育文化史的脈絡去理解奉安庫與御真影。

首先，我們要探討的是大榮國小何時開始有奉安庫。奉安庫本身的物件上頭沒有任何蛛絲馬跡可以透露細節，我們就可能必須從御真影著手。有兩條關鍵線索提供我們理解這個出現的時間點，一個是《まこと》，另一個是《花蓮港廳管內概況及事務概要》的資料。一九二八年第八十

182 陳美惠，〈鹽水公學校內奉安庫之歷史意涵〉，《臺灣風物》，五十七卷三期（二〇〇七年九月），頁六九—一〇一。

一期的刊物《まこと》，記載了一九二七年臺灣總督府向日本的宮內省申請八十三組御真影，隔年的十一月，御真影透過海運從日本運到了基隆港。[183]

文章內容如下：

> 總督府向宮內省申請中御真影八十三組，既於去年九月二十七日下賜。由竹下社會課長捧持，十月一日底抵本島。當日和田文書課長，偕屬官十名，服禮裝至船中出迎。奉持納在長一尺八寸，幅一尺四寸厚八寸之奉安箱五箇之御真影，由驛前棧橋上陸。石黑文教局長，為總指揮官。於基隆市各學校生徒奉迎裡，安置在驛內貴賓室。移乘同四時二十分，與基隆發列車聯絡之特別列車，於五時十八分抵達臺北驛。受河原田長官、各部局長、官民有志出迎。自驛前，以自動車，於沿途睹列室內各學校生徒奉迎裡。直到總督府，同五時半，安置在府內奉安室。豫定於三日午前九日在府內，舉奉戴式。

從這段文字中可以看出，這批御真影經過一年的申請，於一九二八年的十月一日送抵達基隆港，由總督府的文書課長協同下屬官員十人，著禮服至船中奉迎。這批御真影是裝在五個木箱中，長寬高分別是：五十四．五四、四十二．四二、二十四．二四公分。由此箱子的大小或許可以判斷出一張御真影的大小不會超過這個尺寸。接著由總督府石黑文教局長擔任總指揮官，驅車由基隆各級學校夾道歡迎，恭送至基隆火車站的貴賓室。然後搭特別列車護送至臺北車站。最後的終點站是總督府的奉安室。

《まこと》文中還將下賜的機構與學校名單列出來：

御下賜各官衙及諸學校如左。（〇印為此次受御下賜光榮）

總督府

高等法院、臺北地方法院、臺中地方法院、臺南地方法院、臺中地方法院、臺南地方法院、警察練習所、〇臺北帝大、臺北醫專、臺北第一師範、〇臺北第二師範、臺南師範。

臺北州廳

臺北一中、〇臺北二中、臺北商業、臺北工業、臺北一高女、〇臺北二高女、〇臺北三高女、〇宜蘭農林、〇基隆高女、末廣小、旭小、壽小、臺北南門小、建成小、樺山小、宜蘭小、金瓜石小、基隆第一小、〇新莊小、〇龍田公、〇老松公、〇太平公、〇蓬萊公、〇大龍峒公、〇朱厝崙公、〇東園公。

183 作者不明，〈御真影　八十三組　下賜本局〉，《まこと》，八十一期（一九二八年十一月），頁一二。

新竹州廳
〇新竹中、〇新竹高女、新竹小、桃園小。

臺中州廳
〇臺中市役所、臺中一中、彰化高女、臺中一小、臺中二小、彰化小、〇豐原小、南投小。〇東勢小、〇埔里小。

臺南州廳
臺南一中、〇臺南二中、臺南一高女、〇臺南二高女、嘉義農林、〇嘉義中、嘉義小、斗六小、竹園小、南門小。

高雄州廳
〇高雄中、〇高雄高女、高雄一小、〇高雄二小屏東一小、〇屏東公。

臺東廳
臺東小。

花蓮港廳

花蓮港小、吉野小、豐田小、林田小、〇玉里小、〇新城小。

澎湖廳

馬公小。

從以上資料可看出幾個重點。當時授予御真影的花蓮學校有花蓮港廳小學校、花蓮港小學校、吉野小學校、豐田小學校、林田小學校、玉里小學校、新城小學校，一共七所。其中大榮國小的前身林田小學校就在其中。這頒授的時間是一九二八年十一月，可以推測大榮國小的奉安庫最晚不會晚於這個時候出現。也就是說一九二八年十一月已經有了奉安庫，甚至更早。因為這七所中，玉里與新城小學校是第一次獲頒御真影，其餘之前就已經下賜過。

此外，《花蓮港廳管內概況及事務概要》記載了這批到了總督府的御真影，何時下賜到地方。一九二八年（昭和三年）的《花蓮港廳管內概況及事務概要》，記有一九二八年十月五日，御真影曾下賜至花蓮港、玉里、吉野、豐田、林田、新城等各小學。[184]由此可見，十月一日送到總督府，十月五日就已經下賜到各地方，林田小學校已經於十月五日收到御真影。奉迎御真影對

184 花蓮港廳編，《花蓮港廳管內概況及事務概要》第三冊（臺北：成文出版社，昭和三年影印版，一九八五），頁九二。

當時的教育機構而言是一件大事，因此會將這件事寫在官方的花蓮港廳的概況調查報告書中。由於有的學校不是第一次接到總督府的下賜御真影，所以收到新的天皇天后御照之後該如何處理舊的，《花蓮港廳管內概況及事務概要》也有記載。在昭和五年，一九三〇年的資料中，提到有個「奉還」的儀式，將舊的照片繳還至總督府，最後還要送還至日本的宮內省。[185]這件大事，當時十月四日的《臺灣日日新報》也曾記載過。

奉安庫的費用

一座奉安庫大概要花費多少錢，《臺灣日日新報》裡有一些記載。例如一九二九年的五月二十二日就提到，高雄第一小學校的奉安庫花費了二千三百五十四圓，而高雄的第二小學校的花費是二千四百四十八圓，若以當時一個公學校教師的薪水四十圓來看，這費用相當高。[186]這個設置可能不單只是保險箱單獨

3-27　奉安殿內部

3-28　橫須賀市立高等女學校御真影奉安殿

的金額，還有周邊設備。這兩間小學校奉迎的御真影與林田小學校的是同一批，同樣是一九二八年十月那批。若以此來看，奉安庫的設置有時會在接到御真影之後才有。所以林田小學校的奉安庫的設置時間，若不是在御真影到以前就有，就有可能像高雄的例子，是御真影下賜之後，隔年才架設好。

若和龍安公學校的奉安殿相比，設置一座奉安殿花費要二千九百多圓，價格又比奉安庫高些。[187]有些學校設的是奉安殿，而不是奉安庫，像是臺東公學校裡頭就有一座奉齋殿。一九三五年的五月二十九日就記載了一張照片說裡頭供奉著御真影與教育敕語的謄本。臺東公學校的奉安殿的金額花費約一千圓。[188]奉安殿的實際樣貌長得怎麼樣？圖3-28有更清楚的奉安殿圖像，地點是日本橫須賀市立高等女學校。

---

185 花蓮港廳編，《花蓮港廳管內概況及事務概要》第五冊（臺北：成文出版社，昭和五年影印本，一九八五），頁四六。

186 〈御眞影奉安庫の請負工事落札〉，《臺灣日日新報》，一九二九・五・二十二。

187 〈龍山公保護者會奉安殿工事　按七月落成〉，《臺灣日日新報》，一九二九・五・二十八；〈龍山公學校　奉安殿落成〉，《臺灣日日新報》，一九二九・十・二；〈龍山公學校　奉安殿落成〉，《臺灣日日新報》，一九二九・十・三十一。

188 〈臺東公校內に奉齋殿を建設　卅周年創立記念に〉，《臺灣日日新報》，一九三五・一・二十九；〈寫眞は其の奉齋殿と御尊影奉安殿及び勅語謄本奉安殿の全景である〉，《臺灣日日新報》，一九三五・一・二十九，〈御眞影奉安殿　臺東公で建設〉，《臺灣日日新報》，一九三五・五・十九。

然而，也不是所有叫奉安庫的就一定長得像個保險箱，也有些是像奉安殿的規模與樣式，例如岩手縣的例子。這些費用由誰支付？是學校還是地方？透過報刊資料，我們看到的大多是地方募資，像是商會、保護者會、地方保正。有的資料則顯示是由庄長捐贈，像是一九二九年新竹州苗栗郡公館庄庄長的例子，公館及鶴岡兩所公學校的敕語奉安庫就是由前任及現任庄長捐贈。[189]

奉安庫落成式

奉安庫落成時都會有盛大的落成儀式。目前沒有關於大榮國小奉安庫的落成資料，我們可以借助其他學校的資料看其大概。《臺灣日日新報》記載，臺南州新營小學校的奉安庫在一九三二年十二月二十三日落成，舉行了落成儀式。過程有五個階段：奉迎、奉還、奉戴、奉拜及落成。所有參與的人員還要進行分組，共有：奉迎係、奉拜係、設備係、湯茶係、警衛係、祝賀係及救護係，動員的人員相當具有規模。[190]接受我們口訪的廖高仁校長提到他以前當學生時的歷史記憶，以及後來他在大榮國小服務的四年裡，對奉安庫的印象。

廖：我小時候就看過，我們以前在學校讀書的時候就是有這個東西。

張：大榮國小以前有奉安庫，也有奉安所。

廖：他有奉安所嗎？

張：您的……富源……

廖：（插話）我不太清楚。因為我在大榮服務過，我在那服務了四年。
張：對，然後，那所以有看到那個庫嗎？
廖：有啊，金庫。
張：那時候是放什麼東西？
廖：那個本來是金庫。那個裡面放什麼？放教育敕語。
張：您任職……就是已經戰後了嘛。
廖：戰後，那個已經沒有用了。
張：它就沒有放東西了？
廖：對阿，沒有放東西了。鳳林國小也有，玉里國小也有。
張：鳳林國小有？
廖：有。
張：現在好像沒了……
廖：現在是放在哪裡我不知道，我在鳳林國小服務過。

189 〈新竹／設奉安庫〉，《臺灣日日新報》，一九二九．一．十八。
190 〈御眞影奉安庫　落成式擧行〉，《臺灣日日新報》，一九三二．十二．二十二；〈全島一の御眞影奉安殿新營小學校庭に建設　二十三日奉戴式擧行〉，《臺灣日日新報》，一九三二．十二．二十四；〈新營／奉安眞影〉，《臺灣日日新報》，一九三二．十二．二十八。

廖：我在鳳林國小服務過，他那個是金庫你知道嗎？那個是日本時代的金庫。金庫。那後來改良成奉安庫，那裡面放什麼？它放一個是皇帝皇后的照片，和教育敕語。

蔣：（插話）就天皇玉照。

廖：這個是教育敕語的由來，因為那個上面有寫明治幾年，那一篇文裡面有寫明治幾年皇帝詔曰這樣，就是這樣意思，大概是這種東西，就是教育敕語，那個就是這個東西，就是放那個教育敕語和天皇照片的，因為以前按照天皇拜。日治時代的學生，每天早上早晚像他們住校的，他有很多就是住校的學生，早晚要向皇宮和那個伊勢神宮，早晚要敬禮，要遙拜，遙遠的遙，要遙拜，學生以前要遙拜，早晚，就是像住校生這樣。像我們以前徒步上學的，那每天早上升旗完就要向東北的方向，我們我在富源國小向東北的方向，向遠在東京的皇宮和那個伊勢神宮行禮。

廖：是啊。早上升旗完，每天啊。因為那個是忠君愛國的教育，所以他有這個東西，那他意思是說，我們為什麼要這樣遙拜，那事實上他們的祭司都很清楚，就是寫的是要祝福皇帝安泰，皇帝就是很平安，安泰，那祝福我們的幸福這樣，那意思是，遙拜的目的是，他寫得很清楚。因為我有幫他們寫，我知道。因為這也是我最近做的，因為東里國小我是很早幫他做，因為東里國小很早去的時候，他學校就有沿革誌，他有地方沿革誌，那地方沿革誌那本喔，大概民國七十一、二年啦，現在已經一百多年了。

筆者在大榮國小也找到一本《林田尋常高等小學校教職員履歷書》，裡頭記載了日治以來的學校教職員履歷，有位清永吾一就寫到他一九二九年（昭和四年），曾在林田小學校擔任訓導工作。雖然資料未記載有關奉安庫的事宜，但可以讓我們看到這間學校在奉安庫設置的前後階段的老師資料。

花蓮女中的奉安庫

一九三一年（昭和六年）的《花蓮港廳管內概況及事務概要》，提到花蓮港高等女學校，也就是現在的花蓮女中，是要到這一年的十一月二日，才下賜御真影。由於這批資料在這之前完全沒有提到御真影的下賜，且一九二八年的下賜名單中，七所學校完全沒有花蓮女中，我們或許可以推測花蓮女中的奉安庫的安置不會早於一九三一年。透過報刊資料的查閱，有關日治時期花蓮女中的資料不少，但談到奉安庫或御真影的資料不多，僅在一九三一年十一月三日的《臺灣日日新報》中提到，報載一九三一年的十一月二日，當日上午九點，花蓮港高等女學校接到從花蓮港

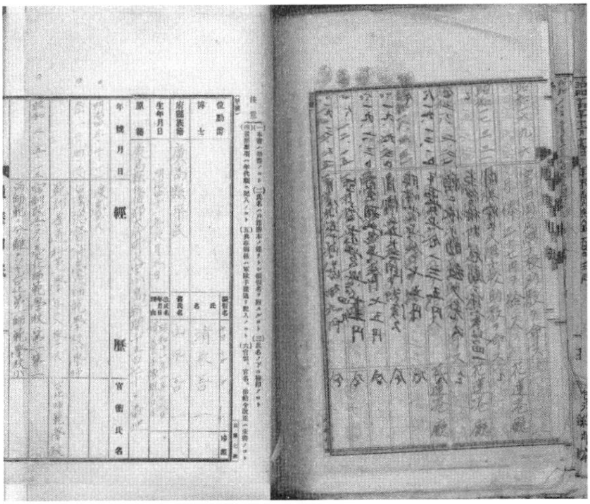

3-29 《林田尋常高等小學校教職員履歷書》內頁

廳辦公室送來的御真影，並舉行傳達式。[191]類似的奉達式或奉安式，一九三八年八月二十五日的《臺灣日日新報》，也記載了當時的花蓮港中學校，也就是現在的花蓮高中，在二十四日接到了廳辦公室送來的御真影。[192]

由於資料不多，以下則透過口述訪談來了解花蓮女中奉安庫的歷史以及當時女學生的學校生活。據花蓮女中張宏達老師表示，日治時期，高中、國中、國小的學校大多會有奉安庫，像國小的奉安庫就是水泥製成，且固定在校園內，活動式的奉安庫就是高中以上所屬，花女奉安庫以前是在校長室，戰後移到別的處室。[193]張老師提到，要拆日本建築的行政大樓之前，曾在舊大樓角落發現奉安庫，雖然不清楚是什麼，但認為應該是重要文物要保存下來，後來就一直存放在總務處的倉庫。現在存放在日治時期校長宿舍的奉安庫從校園搬過來已約有八年。即使是年資較久一點的老師，也不清楚奉安庫的故事，大多認為是廢棄的保險櫃，但張老師認為是有價值的物品，因此特地保留下來。

花蓮港高等女學校的校長井上正男於一九二七創校時就任命為校長，一直做到一九三八年，共服務了十二年。現在花女奉安庫所在位置就是當時井上校長的宿舍。根據花蓮縣文化局網站：「校長宿舍則建於昭和四年（一九二

3-30　花蓮女中的校長宿舍

九），依照建築面積，為『高等官舍第三種』，等級相當於今日鄉鎮市長公館，可見當時高等女學校校長受尊重的社會地位。花蓮港高等女學校校長宿舍為日式木造宿舍，全棟使用檜木建材，格局為傳統日式房屋配置，外牆則使用雨淋板設計，此設計除了可防雨外，還有隔溫的功效，是日本人在明治維新時代由北美洲引進的工法；屋頂形式也特別，具有時代意義。」[194]

一開始奉安庫是鎖住打不開的，應是鑰匙遺失，所以沒再打開過，後來學校請鎖匠來開鎖，裡面存放一些民國六十幾年的傳票，推測大概是總務處、會計室有使用過。奉安庫外觀損壞的部分並無修復，且在搬運過程中有些微受傷，但內部保存完好，特殊花紋也都還在。之前辦畢業校友聚會，也無人知道奉安庫的故事，即使是日本老校友也不知情，因奉安庫是放在校長宿舍，平常人並無法接觸它，僅有校長會使用，一般朝會時，學生也只能面對從奉安庫裡取出來的天皇詔書之類的相關文書，奉安庫並不會出現在學生面前。也因此，透過上述大榮國小的例子，我們認為要理解奉安庫的物的社會生命史，不該只有關注奉安庫這保險櫃本身，還要注意到裡頭的御真

---

191 〈花蓮港高女への御眞影傳達式〉，《臺灣日日新報》，一九三一．十一．三。

192 〈御眞影傳達式　花蓮港中學へ下賜〉，《臺灣日日新報》，一九三八．八．二十三；〈御眞影御下賜〉，《臺灣日日新報》，一九三八．八．二十四；〈御眞影奉安式〉，《臺灣日日新報》，一九三八．八．二十五。

193 九．十九花蓮女中奉安庫訪談，時間：四：〇〇－五：〇〇，地點：花女舊校長宿舍，訪談者：張宏達老師、蔣竹山老師。

194 https://www.hccc.gov.tw/zh-tw/CulturalHeritage/Detail/43。瀏覽日期，二〇二三．十一．二十。

影及教育敕語的歷史。後來中華民國政府遷臺後的老師，大多不知道奉安庫的功能，因此把它拿來作其他用途，像是保險櫃。張老師認為因為以前花女層級算高，所以此奉安庫規格也比較大。整個校長宿舍的管理與修復，皆為張老師負責，張老師主要專業為英文科。這個校長宿舍不外借，僅花女自行內部辦活動使用。

校長宿舍建成後，才開始建造花女的校舍，校長宿舍的屋齡比花女校舍還要久，花女校舍屬日式建物的行政大樓。校長宿舍裡的古書，有少部分為日治時期的日文書，其餘多從圖書館拿來

3-31　校長宿舍內奉安庫

3-32　奉安庫內部

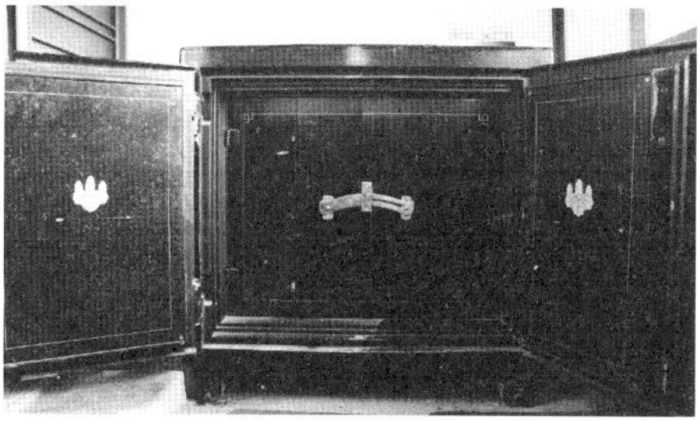

3-33　奉安庫的兩道門

存放的，也有一些是學校老師捐贈。校長宿舍的整修，原本是要拆除，後來張老師決定接手修復，經費為教育部中部辦公室出資協助，因建物狀況不佳，已無法依一般修復程序進行，因此依靠某任校長的人脈，加速修復進行，修復依據原有的格式進行，為了不破壞建物本體，因此不增加破壞結構的設備（如：空調）。修復前，因無人看管，建物內部殘破不堪。戰後，校長皆住在校園裡，校長宿舍反而無人居住而雜亂不堪，直到隨國民政府遷臺的林韻芬老師闔家入住，屋況才又稍有改善，林老師師丈過世後，她才搬離校長宿舍，此後空屋四、五年。因校長宿舍不被認為是校史的一部分，所以校長宿舍內的文物，並無人做紀錄，宿舍修復的紀錄則由張老師負責。校長宿舍的外部環境，不定期請總務處派人來除草整理，內部環境則請學生打掃。校慶時會邀請日籍校友來參觀，但大多對校長宿舍較無印象，有印象者，為戰前幾屆，但年紀已非常大，記憶也不甚清楚。日籍的學生名冊，已被時任總務處的老師護貝保存。

學生跟奉安庫做近距離的接觸，大概只有在朝會時，透過校長傳達。以前很多校長在火災時，為了死守天皇詔書而喪命，因此後來才有鐵製奉安庫的出現。奉安庫為日本製造、輸入，不是民間使用的保險箱，裡外皆有特殊的紋路。奉安庫的外門有特殊紋路，因時間久遠而落漆，門上的鑰匙孔，一邊可使用，另一邊為故障，鑰匙孔上有疑似製造廠商的商標。

塑造歷史記憶

有關花蓮女中奉讀教育敕語的資料，我們可以透過一九三一年一月的《臺灣日日新報》找到。[195]一九二七年，花蓮港高等女學校一月一日設置，同年借用花蓮港小學校一部分校舍當作教室，招收了五十二位學生。一九三〇年（昭和五年）十二月十五日才完全落成，校地共有一萬坪，建物七百零九坪，宿舍三百八十五坪，校舍建築總經費達二十七萬。一九三〇年十二月十七日舉行學校落成儀式時，在豬股松之助廳長、西村街長及其他官員的列席觀禮下，唱日本國歌〈君が代〉，並由第二任校長井上正男引領大家奉讀教育敕語，並進行致詞。

這樣的儀式不僅在花蓮進行，也在全臺的中小學進行，透過這些奉安庫及教育敕語，日本帝國正在建構國民的忠君思想、國民精神以及歷史記憶。

195 〈設備完全の花蓮港高女落成式　十七日盛大に擧行さる〉，《臺灣日日新報》，一九三一．一．十八；〈設備完全の花蓮港高女落成式　十七日盛大に擧行さる／同校沿革〉，《臺灣日日新報》，一九三一．一．十八。

第四章

感官

物的日常影響

一、讓黃旺成全身搔癢的南京蟲

來自中國的臭蟲——南京蟲

「南京蟲」（なんきんむし）又名臭蟲，又稱床蝨（bedbug）。現在應該少有人聽過「南京蟲」這名詞，這種昆蟲就像是過街老鼠一樣，可是日治臺灣社會人人喊打的害蟲之一，和蝨子及跳蚤齊名。這個詞怎麼來的，常見的說法是十九世紀末明治維新以來，於日本與中國經由神戶港密切的貿易往來，商船將中國的這種害蟲帶入日本。這是日本方面的解釋，也是他們對這種小蟲的刻板印象及偏見，但在近代中國的稱法不同，通常稱之為「臭蟲」。就如同「南京豆」、「南京雞」一樣，日本社會對於許多來自傳統中國的物品都會冠上「南京」二字，有外來的舶來品的意味。與人類日常生活相關的臭蟲有二種，一為溫帶臭蟲（Cimex lectularius），另一為熱帶臭蟲（C. hemipterus）。臭蟲的生命週期，一般可存活一年，依食物充足與否及溫度不同，雌性臭蟲可產卵兩百至四百顆。臭蟲常產卵於寢具之縫隙，棲息在室內的床板、床墊、釘孔、木材接縫處及床罩邊沿等。日間都在縫隙間潛藏，主要為夜間活動。臭蟲在剛剛孵化出來時呈半透明，顏色較淺，吸血後轉為褐色。臭蟲主要是夜出性吸血，被叮咬奇癢無比，且會持續一至二週的皮膚紅腫。[1]

臭蟲長久以來就是令人困惱的害蟲之一，過去曾經在許多國家間蔓延過，近年來臭蟲再度成為常見害蟲，在歐洲、美國、澳洲等國造成相當困擾的問題。就曾有學者提醒：「在殺蟲劑長期使用下，國內的臭蟲已多年不見蹤跡，但去年陸續接獲五件民眾投訴，希望國人注意。徐爾烈表示，國內案例的起因多與跨國旅遊或家中有外國訪客有關，尤其歐美蟲害日趨嚴重，民眾入住國外旅館後，可能一不小心就讓臭蟲跟隨行李回國，甚至帶入家門。」[2]

日治臺灣的南京蟲問題相當嚴重，常成民眾日常生活的困擾。一九〇〇年的十月十日，臺北國語學校的宿舍及圖書館出現了大量的南京蟲，當時經由總督府臺北監獄醫官水川的協助下，特地仿效監獄的做法，採取了在兩、三日間集中方式進行驅蟲。[3]新聞中提到的醫官水川經查相關

---

1 西方有關臭蟲的研究可見，Lisa T. Sarasohn, *Getting Under Our Skin: The Cultural and Social History of Vermin* (Johns Hopkins University Press, 2021)。在《深入我們的皮膚》一書中，作者講述了一個引人入勝的故事，描述害蟲如何成為社會譴責和排斥的個人和階級的象徵。這些生物是如何從煩惱變成社會恥辱的？害蟲如何被人們認為是害蟲？薩拉森以英國和北美為中心，解釋了「害蟲」這個標籤如何使非人化和暴力成為可能。她描述了愛爾蘭的克倫威爾派和美國邊境的美國騎兵如何透過警告「蟲卵會長成蝨子」來為屠殺辯護。納粹不僅將猶太人標記為害蟲，還在大屠殺期間在毒氣室中使用殺蟲劑殺死他們。

2 〈吸血臭蟲重見江湖！學者，出國旅行立即清洗衣物〉，https://news.ltn.com.tw/news/life/breakingnews/1246191。瀏覽日期，二〇二三・九・五。

3 〈國語學校の南京蟲〉，《臺灣日日新報》，一九〇〇・十・十一。

資料，可能就是監獄的囑託醫水川龍太郎，根據檔案，這位特約醫生曾於一九〇三年向臺北監獄提出辭職申請，時間點跟《臺灣日日新報》的新聞很接近。[4]臺灣民眾和南京蟲「作戰」而引起火災的事情時有所聞。一九〇九年四月一日，艋舺布帛集散地廈新街一帶吳桂芳的處所就因此發生火警，原因是有位女炊事員林勉點了油燈籠找南京蟲，不小心引燃火災，好在火勢不大很快被撲滅，僅蚊帳、坐墊及衣物遭到焚毀。[5]這種對民眾日常生活造成困擾的現象，一直要到一九三〇年代，臺灣社會才有改善的機制。除了改善環境衛生之外，面對南京蟲的威脅，最有效的則是除蟲化學藥品的發明。

南京蟲的印象與體驗

一九三九年，日人增田信在臺灣鐵道協會編的《臺灣鐵道》連載了一系列海南島旅遊的經驗談，其中〈海南島の話（四）〉中提到他在海南島遇到南京蟲的經驗。[6]有關海南島的故事，在日本進攻該地之後，被報紙、雜誌和書籍介紹過很多次。像是日本有間雜誌社報導說：「海南島有大蛇，有點類似臺灣的百步蛇。另外，在臺灣根本不存在一種少見的水果叫菠蘿，非常好吃。」

增田信在文章中還講了不大有人知道的旅行奇談或漫談。他認為對旅行者來說，最困難的問題是南京蟲。他入住的旅館，價格低廉但環境骯髒。旅行者自己帶食物，住旅館只是為了避免外宿被蚊蟲攻擊。遺憾的是，住那間旅館也有非常多的南京蟲。帶路的當地人覺得還好，因為根本細微到看不到南京蟲，所以已經習慣了那樣的環境。但那種情況令他毛骨悚然。對在地人而言，已經習慣到可能沒有南京蟲就睡不著。但增田信真的不能接受南京蟲，他認為在此作戰的日本軍人應該也是對南京蟲有很大的困擾。[7]

一九三三年八月三十一日，擔任《臺灣民報》記者的黃旺成在日記中提到遇到南京蟲的經驗，當時他的稱法是被座榻的木虱所咬，手腳都會紅腫，奇癢無比。所謂：「藤榻似生木虱〔蝨〕，近日來手足皆被咬，隆腫發癢難堪。」寫下這感受的當日，黃旺成的友人午後來訪，有李澤潢、林維吾、張如松、郭金瑞〔穗〕，大伙閒聊茶樓劣跡，說茶樓老闆叫來警察逮捕三位客人。為了替被檢舉人抱不平，一行人晚上就到茶樓點小菜、麥酒三本，大聲喧譁以示抗議。[8]一九三四年九月十七日，黃旺成約七點起床，嗽盥後無暇上廁即從事洗掃，就在自己的床鋪發現木

---

4 〈臺北監獄医務嘱託水川龍太郎ノ辞職願ニ依リ嘱託ヲ解ク〉，國家文化記憶庫，https://memory.culture.tw/Home/Detail?Id=0000918004&IndexCode=th。瀏覽日期，二〇二三・九・六。有關囑託醫的研究可參考陳文松，〈日治臺灣大西南沿海鹽業囑託醫與地域社會〉，《歷史臺灣》，九期（二〇一五年五月）。

5 〈南京蟲から小火〉，《臺灣日日新報》，一九〇九・四・二。有關廈新街的商業活動，可見卓克華，〈艋舺行郊初探〉，《臺灣文獻》，二十九卷一期（一九七八年三月），頁一八八－一九二。

6 增田信，〈海南島の話（四）〉，《臺灣鐵道》，一九三九・六・十二，頁七七－八〇。

7 增田信，〈海南島の話（四）〉，《臺灣鐵道》，一九三九・六・十二，頁七七－八〇。

8 《黃旺成先生日記》，一九三三・八・三十一。

蝨，大小殆不可勝數，於是徹底地打掃，把被、褥、蚊罩全部洗過，希望能夠將蟲卵一併清除。從七時半直忙至十二時半才告一段落，午餐即再從事工作，一共只打掃了臥室及曝晒棉被的內裡，直到下午三點半才有空洗澡換衣。[9]

一九四一年，葉盛吉赴日重考日本第六高等學校時也有類似的體驗。當年的六月十八日，他到圖書館去，沒錢的時候是一天兩餐主義，所以餓得厲害。傍晚到釘宮君和盧君的住處去，被招待晚飯，吃完再到圖書館去。正在用功的日人不少。在日記中他寫道當日的效率不錯，很想念回家路上的支那麵和紅豆湯。小孩敲著木板，喊著「小心火燭」，大人則提著燈籠走。夜風又大又涼，京都不知是蚊蟲多還是有臭蟲，被叮得好慘。這則日記透露出，被南京蟲咬傷的感覺跟蚊子有點類似，有時候可能無法辨別。[10]

一九四六年的生活科學研究委員會編的《家庭の三害蟲》中提到，南京蟲就像是各種來自中國的唐物一樣，被日本當作是舶來品，但這是害蟲而非名物。最初原產地是中國，也稱作臭蟲、扁蟲、壁蟲。傳到日本後，又稱為鎮台蟲、寢台蟲，也有部分地方用床蟲稱呼。[11]

南京蟲所帶來的困擾與防治

南京蟲咬人是六親不認的，不僅是對一般民眾造成困擾，就連第一任臺灣總督樺山資紀來臺也難以倖免。一八九八年四月二十四日的《臺灣日日新報》就報導，臺灣總督剛從日本搭橫濱丸來臺途中就曾因被南京蟲咬傷而發燒，之後又在官邸遭南京蟲咬傷。[12]這來臺時間指的就是一八九五年，樺山被任命為臺灣總督，同日開廳。清政府方面在五月二十五日由美國駐華公使轉告，以李鴻章之子二品頂戴李經方為交割臺灣全權特使。日方由樺山資紀在五月二十八日率領總督府的官員及公使水野遵、島田外務書記官乘日輪「橫濱丸」前來。雙方抵達基隆外海後，樺山資紀就在橫濱丸上，與清代表李經方進行交接工作。[13]當時的船艦橫濱丸，就成為臺灣總督的首間臨時辦公室，直到六月五日才抵達基隆，選擇基隆稅關作為第二個臨時總督府。[14]

日本總督府有關南京蟲的防治，從日治初期到一九二〇年代，大多是消極的基礎設施改善，這從鐵道部的火車車廂改善計畫可以看出。南京蟲帶來的困擾也曾引起臺灣鐵道部進而改善火車車廂的座椅設備。一九一九年七月起，總督府鐵道部開始在南北的急行列車中打造有臥鋪的寢台車。其規格比照日本內地，一台的造價要三、四萬元，隔年則編列了四台的經費。臥鋪的樣式採抽拉式躺椅，一間可睡六人，較舊式椅子還要平穩。另有一等車廂，共可容納十六人。[15]一九二

---

9 《黃旺成先生日記》，一九三四．九．十七。
10 《葉盛吉日記》，一九四一．六．十八。
11 生活科學研究委員會編，《家庭の三害蟲》，一九四六。
12 〈街談巷說　新總督南京虫に嚙まる〉，《臺灣日日新報》，一八九八．四．二十四。
13 一八九五年（明治二十八年）五月二十九日，雙方抵基隆外海。https://zh.wikipedia.org/wiki/%E6%A8%BA%E5%B1%B1%E8%B3%87%E7%B4%80。瀏覽日期，二〇二三．九．七。
14 https://storystudio.tw/article/gushi/about-government-of-taiwan。瀏覽日期，二〇二三．九．七。
15 〈試造寢台車〉，《臺灣日日新報》，一九一九．七．二十五。

一年三月三日的《臺灣日日新報》也記載鐵道部的一項新計畫，內容重點是關注健康與清潔，臥鋪車廂及三等車廂的座椅是用織物包覆木板。[16]日治臺灣的火車車廂分為三級，[17]三等車廂坐的多為臺人，有鑑於臺人旅客大多有赤腳的習慣，不太注意整潔，並常攜帶折疊的及藤製的物品，很容易成為南京蟲滋長的溫床。鐵道部遂將較容易造成不潔的布料座椅改換成皮革包覆的座椅，更換之後，車廂內遭到南京蟲咬傷的客人抱怨就少了許多。如此一來，不僅方便用消毒水清潔，也易於打掃，較能降低南京蟲的繁殖及咬傷。[18]

此外，像是晒書或是晒梅干方式的「土用干」也是二〇年代臺灣校園中常見的對抗南京蟲的晒蟲法。一九二六年七月二十二日的《臺灣日日新報》對此就有提到臺北師範學校如何將本島人寄宿生的床具趁著放假日，搬到操場上去晒太陽，藉此殺死南京蟲的方式。[19]

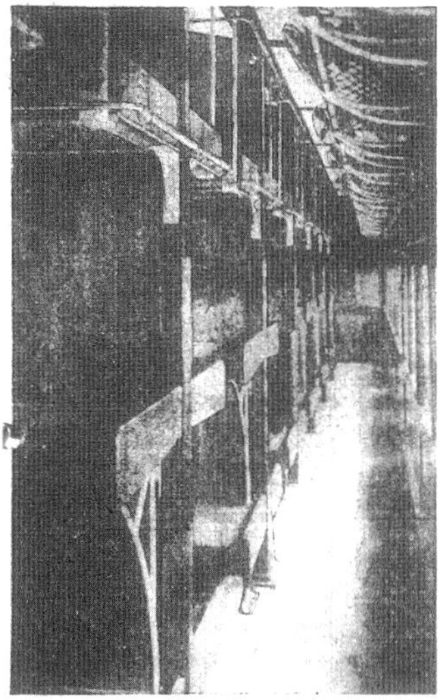

4-1　火車的臥鋪車廂

4-2　學校裡的床具曝晒陽光

東亞的南京蟲敘事

丁文江有個與南京蟲攻防戰的故事，故事是說丁有回搭小船去四川，這小船上南京蟲特別多，即使在白晝也肆無忌憚，當時人都已經知道這種日本人取的名字南京蟲就是臭蟲。丁文江對此物最為畏懼，原因是科學家頭腦認為血是最為寶貴的東西，而且在旅行中，營養不良怎麼能允許此輩小東西偷襲，因此特別注意來攻擊的敵人，不敢鬆懈，但無法完全抑制，最後只好出奇招。他首先叫僕人拿臉盆出來，每盆裝滿水，然後丁裸足入盆，四周都是水，臭蟲雖然不能游泳，但會待在盆的四周，也只能望盆興嘆。丁文江最後將這樣的遭遇寫在他的日記中，以當作是入川的紀念。新聞還提到這是過去的事，要是換到現在，區區小蟲怎麼會是美國戰爭期所發明的DDT對手，只要一噴灑，什麼蟲卵都要退避三舍。[20]

16 〈衞生と清潔を主に　寢臺車と三等車賣店　板張を布張りに　鐵道部の新計畫／南京蟲〉，《臺灣日日新報》，一九二一．三．三。

17 小牟田哲彥，《大日本帝國時期的海外鐵道：從臺灣、朝鮮、滿洲、樺太到南洋群島》（臺北：臺灣商務印書館，二〇二〇）。

18 〈衞生と清潔を主に　寢台車と三等車賣店　板張を布張りに　鐵道部の新計畫／南京蟲〉，《臺灣日日新報》，一九二一．三．三。

19 〈寢台の土用干　南京蟲退治の臺北師範學校〉，《臺灣日日新報》，一九二六．七．二十二。

20 〈名人趣史：丁文江與南京蟲攻防戰〉，《上海灘（上海一九四六）》，二十期（一九四六年），第四版。

臺灣總督府醫學校的青木大勇曾發表〈「黑死病」和南京蟲之傳染關係〉一文，探討了關於「黑死病」和南京蟲之傳染關係。文章提到，德國舉行「黑死病（鼠疫）」會議的時候，由其研究人員提出而聞名於世。隨著世界學術的進步，關於這件事情的知識也有進展，「瘧疾」與「瘧蚊」的相互作用震撼了學術界。臺灣曾有許多地方遭到南京蟲的影響，不僅臺灣人的床遭殃，連日本人也一樣。而且這種情況下，「鼠疫」作為一種東亞的流行病，常年都在傳染，死亡的人數越來越多。[21]

首先，關於鼠疫和南京蟲之傳染關係，說明對蟲子和一般傳染病的關係之南京蟲動物學的記載，並且以實驗方式來證明南京蟲和鼠疫的傳染關係，然後要解釋其防疫方法。作者希望有一天有所成果，當時只能預測大概。

此外，許多傳染病是由昆蟲的媒介蔓延的，雖然以往學者已經講過這件事情，但到現在還是沒能夠讓人明白。如今デビエン先生弄清蒼蠅和「癱」的關係，知名的昆蟲學者マグニン先生稱讚デビエン先生的論說。透過這件事情，不只是醫學者，昆蟲學者也應該反省。新的知識將在整個世界湧現，這是一個很好的前景。漢堡（德國第二大城）的ドクトルジモン先生釐清了蒼蠅和「霍亂」的關係，エルザン先生在自己的實驗室證明其關係，還有スピルマン先生和ハウシヤルター先生，他們論證了結核病、蒼蠅和跳蚤的關係。一八九七年的時候，敖德薩的チクチン先生研究蜱蟲和回歸熱的關係，確認了蜱蟲有蔓延的可能性。另外，ドクトルジモン先生也對跳蚤和「鼠疫」的關係有研究，他質疑「為什麼死亡好幾個小時後的老鼠擁有感染力，經過二十四小時的沒有感染力」，他對這個研究充滿熱情。如今他弄清楚了，關鍵在跳蚤的生物特性，這種蟲會讓宿主的動物發生厥冷，習慣會離開舊的宿主去新的宿主。在與「鼠疫」的問題上看到了希望。在有關瘧蚊的研究方面，義大利的ロッス、ラベラン和グラアシー等提出了優秀的論述。其他像有名英國醫生マンソン先生非常熱心研究，探討關於「血絲蟲」和「蚊子」的關係，以及「瘧疾」和「瘧蚊」的關係。總之，昆蟲和傳染病的關係是，隨著生物昆蟲學的發展越來越清楚。[22]

當時的看法有以下幾點：

一、昆蟲透過叮咬和刺傷直接植入病原體。

二、昆蟲的咬傷會讓人搔癢，粘附在昆蟲身體上的致病毒會進入到人體中。若昆蟲被壓碎的話，體內的病原體也可能通過皮膚進入。

三、刺口及搔癢的地方，病毒粘附在皮膚或衣服上會進入到人體中。

四、昆蟲把病毒散布到餐具上。

21 青木大勇，〈「黑死病」和南京蟲之傳染關係〉，《臺灣醫事雜誌》，第三篇四－五號（一九〇一年），頁一六一－一七〇。

22 青木大勇，〈「黑死病」和南京蟲之傳染關係〉，《臺灣醫事雜誌》，第三篇四－五號（一九〇一年），頁一六一－一七〇。

南京蟲的動物學記載

〈「黑死病」和南京蟲之傳染關係〉這篇文章的第二部分提到了南京蟲屬於昆蟲類的有吻類，壁蝨族，學名是 Acanthia lectula，日文叫床蟲、壁蝨、鎮台蟲、寢台蟲，臺灣叫黑蝨，中國大陸叫臭蟲。[23]普遍身長四到六毫米，肚子的最大闊三毫米。上體部分是黑褐色，吻觸角肢是茶褐色，身體可以分為頭、胸、肚子三個部分。

在地理學的擴散方面，早期以印度為擴散的中心，之後歐洲和日本也都有。而在中國和朝鮮早已存在，臺灣也從很久以前就發現有南京蟲。青木大勇認為：如今擴散的中心地方是靠近中國那邊。因此，有「中國人」的場所，到處就有這個蟲子。日本人叫牠「南京蟲」。反之在日本，尚未蔓延到各處，但以後若有許多外國人來日本的話，可能會越來越嚴重。現在，長崎、橫濱、神戶、新潟和函館等商業地方及東京，常會發現這蟲子的存在。[24]

十幾年前，南京蟲在名古屋的鎮台（一個軍隊的單位）被確認。後來，蔓延到一般家庭，有時候嚴重到建築物因此要燒掉（在日本，鎮台蟲跟寢台蟲，這些名稱是這時候有的）。此外，飯島先生寫的〈體寄生動物篇〉，提到一八八七年的時候，曾在東京的某旅館確認過南京蟲身影。

青木大勇還從古書找出史料兩、三段，證明以前就有南京蟲。《醫方類聚》第一六六卷中記有關於壁蝨的條目就是明證。裡面有「聖惠方大全本草是齊醫方瑣碎錄」的記載。若壁蝨侵入則難以處理，需透過細研蒼木白膠香，薰燒床下，才能驅趕蟲子。《五雜俎》則說，壁蝨夜則緣床入幕，嚕人遍體成瘡，縱雖至廣庭懸床空中，亦自空飛至，南人其地輒宛轉呼號不可耐，無計以除之。又《五雜俎》談到壁蝨，說：「閩中謂之木蝨，多杉木中所生。」《本草綱目》則說：「壁蝨則臭蟲也，狀如酸棗仁，咂人血食，與蚤皆為床榻之害。」[25]

今津佛國博士與南京蟲防治

有關臭蟲防治，到了一九三〇年代，隨著化學藥劑的發明，開始進入不同階段的發展。當時最著名的是今津化學研究所開發出來的イマヅ（今津）蠅取粉及イマヅ（今津）芳香油。今津化學研究所的創辦人是今津佛

4-3 《臺灣日日新報》中的防治南京蟲漫畫

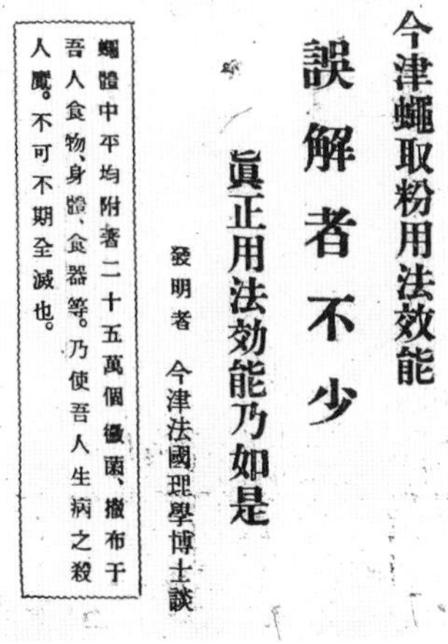

今津蠅取粉用法效能

誤解者不少

眞正用法効能乃如是

發明者 今津法國理學博士談

蠅體中平均附著二十五萬個黴菌、撒布于吾人食物、身體、食器等。乃使吾人生病之殺人魔。不可不期全滅也。

4-4 《臺灣日日新報》中的今津蠅取粉廣告

23 民國報刊資料庫中有很多臭蟲的文章，本節暫時不處理這部分的資料，待日後另文增補。

24 青木大勇，〈「黑死病」和南京蟲之傳染關係〉，頁一六三—一七〇。

25 青木大勇，〈「黑死病」和南京蟲之傳染關係〉，頁一六三—一七〇。

國博士，當時報紙也會以今津法國博士稱呼。[26]他所開設的這間研究所專門研發對付害蟲的藥物，像是蒼蠅、蚊子、跳蚤、蟑螂，其中又特別強調對南京蟲的效力。這些除蟲藥劑的發明大大改善當時臺灣社會的生活環境。那時的漫畫再現了這樣的現象，例如有報紙圖像描繪一位躺在床上的男子，舒適地拿著扇子在搧風，絲毫不怕周遭飛舞的蚊蟲，右邊則是一位研究者在開發新藥劑，其中一瓶試管就是針對南京蟲。左上方文字還強調有了這些混合藥劑的發明，從此可不用掛蚊帳。

今津佛國博士曾把蒼蠅形容成「大可畏之殺人魔王」。一九三〇年七月十三日的《臺灣日日新報》，他教導民眾認識蒼蠅會傳染各種可怕的疾病。[27]無論日本或臺灣，我們很容易在一九三〇年代的報紙見到這位博士的衛生學說，他所談論的重點多是在呼籲民眾要注意該如何殲滅這些害蟲、該如何做好家庭衛生，以及該如何有效使用今津蠅取粉。[28]今津佛國是位商社主管、發明者、衛教者，更是一位商人。他常在各級學校宣導害蟲與環境衛生的關係，打著就是販賣他們自家商品的主意。イマヅ蠅取粉及イマヅ芳香油就是當時最為普遍的消

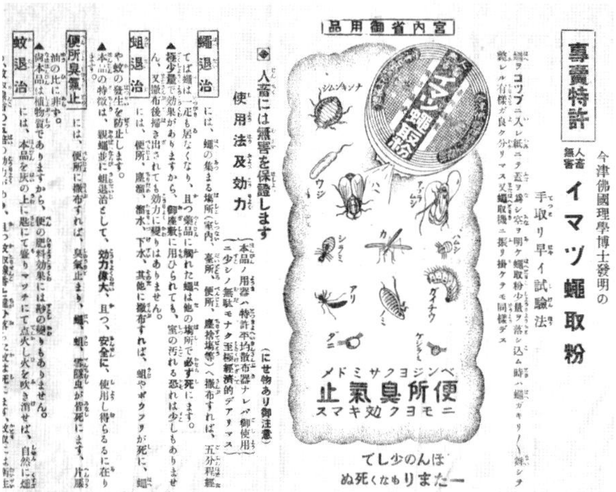

4-5 昭和初期的蠅取粉廣告

除害蟲的主要利器。今津佛國博士是這樣宣傳他在大阪所開設的害蟲驅除研究所：「余所經營今津化學研究所，專研究家庭害蟲，及植木農作物害蟲之驅除。乃本邦唯一研究所。」[29]

イマヅ蠅取粉及イマヅ芳香油何時出現在臺灣？時間大概不會早於一九二七年。[30]當時這個產品的關鍵字要到一九二七年六月二十三日才在新聞上出現第一條資料。雖然一九二七年就已經有了這個產品的新聞，但真正普及可能要到一九三〇年。這個新產品要如何使用イマヅ蠅取粉來對付居室中榻榻米裡的南京蟲？一九二八年的新聞已經開始教導民眾如何使用。[31]一九三〇年代的報紙到處可見既是衛生宣導又像是商品廣告的文宣。譬如報紙會有標題寫道：「全市一齊（自

26 〈今津蠅取粉用法效能　誤解者不少　眞正用法効能乃如是／蠅取粉之香氣　毒瓦斯之作用〉，《臺灣日日新報》，一九三一．四．十一。

27 〈蒼蠅害死二百萬人同胞　大可畏之殺人魔也　請如此殲滅〉，《臺灣日日新報》，一九三〇．七．十三。

28 〈蠅と家庭衞生　全國各府縣立高等女學校に於て　今津佛國理學博士講演／南京蟲退治〉，《臺灣日日新報》，一九三一．四．十六。

29 〈今津蠅取粉用法效能　誤解者不少　眞正用法効能乃如是／驅除南京蟲〉，《臺灣日日新報》，一九三一．四．十一。

30 〈衞生上梅雨中は　便所に必ず　イマヅ蠅取粉をマキ　蠅、ウジを全滅し　臭氣を止められよ！〉，《臺灣日日新報》，一九二七．六．二十三。

31 〈南京虫退治は　南京虫用、特製（赤罐）　イマヅ蠅取粉　に限る〉，《臺灣日日新報》，一九二八．五．九。

三日至十日止）南京蟲退治日」。內容強調要消滅南京蟲，就得全市一起舉行，一次是七天，如此才能有所成效。[32]若僅是少數家庭實行，則難免會造成南京蟲移往他處繼續繁殖的後遺症。他們還會搬出官方的調查報告，像是根據衛生實驗所的實驗結果，來說服民眾對付南京蟲的最有效方式就是使用イマヅ芳香油。這種油性的除蟲劑是裝在深色的玻璃瓶中，通常瓶身會寫著除了用於廁所的除臭外，用來驅蟲及消毒的功效更大。

透過新聞報導，我們可以見到商家會強調這是特許專賣的商品。在使用時，得先將芳香油裝在要價五十錢的ヒーローー牌噴霧器中，然後對著地面噴灑，僅三十秒就可以見到成效。文宣中還會特別強調對床單、衣物不會汙染。使用後，還須再另外搭配使用南京蟲專用的イマヅ蠅取粉，灑在床席邊及角落，如此才能根絕南京蟲的繁殖。若是大面積的地方像是公共場所、工廠及食堂，這些廣告宣傳也教導要改用新出品且效果較佳，價格六十五錢的水龍式灑粉器。[33]

南京蟲與戰爭

隨著イマヅ蠅取粉及イマヅ芳香油在居家及公共場所防蟲的普及使用，其影響力更擴及到戰場上。一九三七年中日戰爭開打後，日本部隊會發給士兵一些「慰問袋」。日本殖民初期，與戰役有關的慰問袋新聞中，尚未提到這裡頭有任何預防蚊蟲的藥品，一直要到中日戰爭開打後才陸續可見。[34]當時的一些海報上，還會特別強調，除了生活必需品之外，最不可或缺的就是這個攜帶方便的綠色小圓盒イマヅ蠅取粉。這是提供給日軍士兵，在中國江南一帶夜宿時，得以對付南京蟲的良方。有了這樣除蟲化學武器，大大提高了士兵的士氣，難怪當時的《臺灣日日新報》會這樣下標題：「支那兵には恐れぬが，南京蟲には閉口」，它解決了這些日本兵在與中國戰爭時夜宿野外的最大夢魘。[35]

從南京蟲思考近代東亞醫療史研究

以往近代東亞的疾病研究課題大多是從社會史的角度來探討，近來則改從殖民醫學的角度重

4-6　防治臭蟲廣告

32 〈全島一齊（自三日至十日至）　南京虫退治日　請如此退治之〉，《臺灣日日新報》，一九三〇・七・七。

33 〈厭惡之南京虫　須用イマヅ芳香油捕除〉，《臺灣日日新報》，一九三〇・七・二十二。

34 〈慰問袋品何者為適〉，《臺灣日日新報》，一九一三・七・十一；〈選擇慰問袋〉，《臺灣日日新報》，一九一四・六・三；〈銃後國民の赤誠　二千九百萬圓を突破　慰問袋その他を合算すれば　四千萬圓以上と見らる　日露戰爭以來の　各種獻金集計〉，《臺灣日日新報》，一九三七・三・六；〈江南の將士へ贈る慰問袋　四千七百餘集る〉，《臺灣日日新報》，一九三七・十二・三。

35 〈支那兵には恐れぬが　南京虫には閉口　元氣な第一線部隊將兵の近況〉，《臺灣日日新報》，一九三八・六・二十六。

新省視帝國主義醫療，這可以日本學者飯島涉的研究為代表。他在〈作為歷史指標的傳染病〉一文中提到：「醫療以及衛生事業是推行殖民主義最重要的工具。在世界各地的殖民地，許多醫學家以及動物學家推動了傳染病以及熱帶醫學的發展，以此為基礎，在建立醫療、衛生行政的幌子下，殖民統治得以強化。包括日本在內的歐美各國均試圖對中國進行侵略，這也是帝國醫療強行進入中國的過程。為對抗帝國醫療，中國開始著手建立衛生事業，中國的衛生事業是在應對鼠疫流行的情況下建立起來的。」[36]此外，李尚仁、劉士永、范燕秋的研究也是採取殖民醫療的角度來探討近代中國或臺灣的公共衛生制度的建立經過。這些研究幾乎有一致的共識，那就是「在某種意義上，所有的現代醫學都在進行一種殖民的過程，他們追求的是對身體的壟斷權力」。這些研究提醒我們，若把「帝國」納入考量，我們就不會陷入以現代醫學為標竿而忽略帝國擴張的歷史脈絡。[37]

在以往，有關日治時期藥品與商業的研究，少有專論，目前僅見皮國立《當中藥碰上西藥》的通俗著作。劉士永的〈醫學、商業與社會想像：日治臺灣的漢藥〉是少數這方面的佳作。他受到美國歷史學者高家龍（Sherman Cochran）、柯浩德、雷祥麟的研究影響，特別強調消費文化的研究視角。劉士永舉高家龍的《中國藥商》的例子說明，正因為本地的藥商經常能夠以「在地化」的廣告手法，打動消費者的購買欲，進而創造出一個穩定的消費網絡，使得藥商和西方公司、消費者三足鼎立。該書的兩個關懷面在於，一是以西方為基礎的跨國藥業公司，能否不顧地方差異而同質化全球化的消費；二是西方以外是否只有跨國公司能向這些地方推動西方消費文化。

劉士永的問題意識在於漢藥科學化與科學中藥在臺灣社會該如何理解，一般民眾所賦予的各種想像又有怎樣的歷史淵源？這篇文章主要在釐清相關名詞「科學中藥」與「科學漢方」定義的基礎上，了解臺灣醫藥界研究中醫藥材的歷史，並探討科學中藥發展的文化與想像特質。劉士永認為，一九三〇年代之後，脫離了漢藥的臺灣漢醫學，從此之後無法找到適當的施力點，僅能憑漢藥材走入現代藥理實驗室中，或包裹科學的外衣成為民眾醫療經驗的一環。他並舉出實際例子，就是一九二〇年代以來，日本科學漢方以民間成藥的方式，如女性滋補補品中將湯及咳嗽藥粉龍角散等席捲藥品市場，臺灣藥局與藥店架上販賣的藥品常可見到這類商品。當時日本主要的藥品公司幾乎都有這類商品，並經常在廣告中以帝大或醫博科學研究、實驗證明有效等詞句來宣傳。此外，受到日本富山商人，以及科學漢方及成藥盛行所衍生的「掛藥包」賣藥行為，也漸漸成為戰前臺人醫療行為的重要事項。一般藥品的藥價與診療支出，仍是患者選擇求診資源時的重要因素。

本研究參考上述研究成果，其關注重點在動植物、藥與商業的關係。這種研究手法不僅有全球視野，也帶有文化轉向特色。說到這種博物學與物質文化史的研究，就不得不提朗達・施賓格（Londa Schiebinger）與柯浩德的貢獻：施賓格的《植物與帝國》(*Plants and Empire*)，以

36 飯島涉，〈作為歷史指標的傳染病〉，收入余新忠編，《清以來的疾病、醫療和衛生》（北京：生活・讀書・新知三聯書店，二〇〇九），頁三七。

37 李尚仁編，《帝國與現代醫學》（新北：聯經，二〇〇八），頁一二。李尚仁，〈帝國、殖民與西方醫學〉，收入王文基、劉士永編，《東亞醫療史：殖民、性別與現代性》（新北：聯經，二〇一七）。

及英國醫學史家柯浩德的《交換之物：大航海時代的商業與科學革命》（*Matters of Exchange: Commerce, Medicine, and Science in the Dutch Golden Age*），這兩位學者不約而同地都關注到物的流通、商業及醫學知識間的相互影響。之後，柯浩德延續他上本書的方向，在《醫學社會史》（*Social History of Medicine*）的二〇一三年八月號，與提摩西・沃克（Timothy D. Walker）策畫了一個專號「動員醫學：近世大西洋世界的貿易與治療」（Mobilizing Medicine: Trade & Healing in the Early Modern Atlantic World）。[38]柯浩德在〈近代早期大西洋世界的藥物流通〉（Circulation of Medicine in the Early Modern Atlantic World）一文提到，在過去十年，醫療歷史的脈絡研究，開始吸引了史家的目光。這些緣起於對構築早期世界史作品的物質與跨國文化興趣的增加。

柯浩德還提到，近來在許多有關商品活動以及物品的全球化學術著作的基礎上，開啟了醫療史的新方向。許多英文著作將焦點集中在醫學知識的流通上。[39]瓦利斯（Patrick Wallis）提到了英國的醫療商品貿易的重要性。而威佛（Karol Kovalovih Weaver）的《醫學革命者》（*Medical Revolutionaries*）則指出非洲對大西洋世界的醫學知識的融合所產生的貢獻逐漸受到認可。[40]「動員醫學」（Mobilising Medicine）這個專號提供我們觀看醫療史一種新的視角。其中的作者都是對歐洲與大西洋世界的各區域學有專精的學者，但這回他們所關注的焦點在於大西洋世界的醫學的相互聯繫，但不意味有個明顯的疆界，因為大西洋世界只是其中的一個焦點，有時會跨越至全球的範圍。然而這樣的焦點也讓我們了解到區域間的民眾互動，是否是自由的、強制的或相互協商的。其目的在將這些集合在一起，以顯現環繞大西洋周邊與民眾有關的醫療是相互混雜的，不僅受到歐洲人所去之處的歷史影響，也與歐洲本身的歷史有關。

他們認為醫療不僅只是一種觀念和實踐，也是那時商業與殖民事業架構中的一部分。就柯浩德而言，近世以來，西方人尋找有用的藥物驅使著無數的人與物在全球移動，此現象延續了數世紀。這種尋找有用物資在新的全球商業中扮有重要地位。在探尋香料與醫藥的過程中，促使歐洲人與大西洋邊緣的人們有了進一步的接觸。當他們在進行醫藥交換時，一些像是新世界的外科與新奇資訊的革新，也同時出現。這種交換線路的連結造就了大西洋商業，使得歐洲的船隻不僅載送著人與貨物，還運送著知識到各處。[41]

---

38 這五篇文章分別是：Harold J. Cook and Timothy D. Walker, "Circulation of Medicine in the Early Modern Atlantic World," Renate Wilson, "Trading in Drugs through Philadelphia in the Eighteenth Century: A Transatlantic Enterprise"; Londa Schiebinger, "Medical Experimentation and Race in the Eighteenth-century Atlantic World"; Pablo Gomez, "The Circulation of Bodily Knowledge in the Seventeenth-century Black Spanish Caribbean"; Timothy D. Walker, "The Medicines Trade in the Portuguese Atlantic World: Acquisition and Dissemination of Healing Knowledge from Brazil (c. 1580–1800)," *Social History of Medicine*(2013/8).

39 Harold J. Cook, Timothy D. Walker, "Circulation of Medicine in the Early Modern Atlantic World, " *Social History of Medicine*,26:3(May 2013), pp.337-351.

40 Karol Kovalovich Weaver, *Medical Revolutions: The Enslaved Healers of Eighteenth-Century Saint Domingue*, Champaign, University of Illinois Press, 2006.

41 Harold J. Cook and Timothy D. Walker, "Circulation of Medicine in the Early Modern Atlantic World," *Social History of Medicine*, 26:3 (August 2013), pp.337-351.

除了商業與醫療的關注重點外，有的學者則特別運用報刊中的廣告來進行研究。張仲民的研究強調物質文化與商業文化，他對近代中國最重要的補腦藥「艾羅補腦汁」進行考察，嘗試分析在近代中國的身體建構過程中，以廣告為媒介的商業與消費所起的作用及意義。他不只關注廣告中的論述，還採取文化研究的分析技巧，分析廣告的敘事結構與修辭特色。和以往廣告研究者最大不同在於，他特別對廣告作者的背景做了許多考證，找出大量讀者及消費者對艾羅補腦汁及其廣告的回應資料。[42]

除了在醫療史的脈絡下關注以上課題外，有些學者則以「文化裝置」的都市史與消費文化角度觀看資生堂如何從一個製藥小店發展成日後的跨國藥妝事業。和田博文的《資生堂という文化裝置（1872-1945）》是這方面課題的傑作，醫療僅是書中關注的一部分而非重點，但足以啟發我們如何進行藥的消費文化與全球史的研究。[43]資生堂如何吸收當時西方製藥的經驗進而轉而在地化成為日本品牌，之後向海外拓展或許是日後臺灣史研究可以進一步探查的部分。像是一九二〇年代的臺灣文人日記裡就常透露到臺北的資生堂買藥的經驗。文青的一天除了休閒、購書、逛街購物外，醫療也是要事一件。像是新竹地方菁英黃旺成就提到會到東門町的臺北赤十字病院看病、照X光，或是到府中街的藥鋪資生堂買藥。

以上這幾個例子都可見到強調跨國、連結的重要性，尤其是這種運用報刊資料中的廣告來研究醫療史的取向，這些都是可以再進一步深入探討的部分。這波醫療史的文化轉向與全球視野，的確開展了過往醫療史研究未曾關注的課題。其中，全球視野是這些文章或專書特別強調的研究取向。然而，全球醫療史不必然就否認地方醫療史研究的重要性，這方面，已經有學者進行了思考。這種概念落實到現實研究中，我們可舉保迪（Laurent Pordie）所編的當代世界中的西藏醫學的研究為例。[44]《當代世界的藏醫》（*Tibetan Medicine in the Contemporary World: Global Politics of Medical Knowledge and Practice*）這本書顯示了全球機制的視野無須犧牲對地方、鄉村實踐者的研究。全書所關懷的是全球的與地方的如何相互地影響及產出。

當前的臺灣醫療史的研究已有一些課題比較接近本文所說的全球視野的研究取向，但二者並不能畫上等號，原因在於許多著作尚未以全球史的視角來看問題。儘管有些論著已經相當接近全球史的概念，但並未明白揭示這樣的詞彙，例如《多元鑲嵌與創造轉化：臺灣公共衛生百年史》一書。[45]總地來看，全球醫療史提供我們在研究臺灣醫療史時，許多可以參照的研究視野。第一，過往的國家疆界和國族主義的分析範疇與架構，已經無法讓我們有效地理解過去的歷史。全球視野的醫療史則讓我們跳脫了原本的民族國家史觀，改以更宏觀的角度探查跨國與跨文化的醫療問題。二，打破了中心與邊緣的概念。改從東亞的邊陲醫學經驗反省歐洲帝國中心；或以東亞

42 張仲民，〈補腦的政治學「艾羅補腦汁」與晚清消費文化的建構〉，《學術月刊》，二〇一一年第九期。
43 和田博文，《資生堂という文化装置（1872-1945）》（東京都：岩波書店，二〇一一）。
44 Laurent Pordie,ed., *Tibetan Medicine in the Contemporary World: Global Politics of Medical Knowledge and Practice* (London and New York: Routledge, 2008).
45 范燕秋編，《多元鑲嵌與創造轉化：臺灣公共衛生百年史》（臺北：遠流，二〇一一）。

生活方式對比歐洲文明病。[46]其三，破除過往史學將西方醫學傳布的過程描繪成現代科學「傳播與吸收」的過程的迷思。全球醫療史所強調的是將「帝國」納入思考，思考帝國殖民擴張的歷史脈絡。第四，唯有了解英美的傳教醫療活動，以及日本在東亞殖民地引介西方醫學過程中扮演的關鍵角色，才能對東亞醫療史有深刻的理解。第五，過往僅將臺灣史、中國史、世界史分為三塊的學科劃分界線應當打破，醫療史課題有許多是跨國、跨區域的，唯有將視野放在比較、聯結、合流、空間轉向等全球史的特色下，[47]才能理解近代東亞醫療史的特色。[48]

二、自轉車的普及與竊案

帝國史視野下的移動與物

近來有關「移動」的課題，成了日本帝國史研究的重點之一。像是阿部純一郎的《〈移動〉と〈比較〉の日本帝國史》，[49]就從作為統治技術的觀光、博覽會及田野調查，探討日本帝國在

46 關於這點，可見李尚仁的文章，〈健康的道德經濟：德貞論中國人的生活習慣和衛生〉，收入李尚仁編，《帝國與現代醫學》（新北：聯經，二〇〇八），頁二二三－二六九。有關中心與邊緣的討論，可見，Natalie Zemon Davis，〈去中心化歷史：全球化時代的地方故事與文化交流〉，《江海學刊》（二〇一三年三月），頁二五－三二。

47 塞巴斯蒂安・康拉德（Sebastian Conrad），《全球史的再思考》（臺北：八旗文化，二〇一六）。

48 中東源著，任正爀譯，《コレラ、朝鮮を襲う：身体と医学の朝鮮史》（東京都：法政大學出版社，二〇一五）；川端美季，《近代日本の公共浴場運動》（東京都：法政大學出版社，二〇一六）。這系列叢書還有醫師的社會史、健康的社會史、國民皆保險的時代、近代日本的醫療與患者。

49 阿部純一郎，《〈移動〉と〈比較〉の日本帝国史：統治技術としての観光・博覧会・フィールドワーク》（東京都：新曜社，二〇一四）。

擴張的過程中，各種的觀光活動、移民的人群移動，產生的不同族群間的接觸與交會，所形成的不斷的「比較」，主題涉及：人類學調查、博覽會、原住民展示與觀光、國際觀光。交通的變革是促成日治臺灣民眾得以大量移動的關鍵，尤其是鐵道交通的改善。鐵道網的範圍擴大，載運著民眾由次要城市往大都市移動，改變了近代東亞的空間距離。小牟田哲彥的《大日本帝國の海外鐵道》[50]說的就是這種故事。本書從旅行的角度切入，介紹了日本帝國海外領土如臺灣、朝鮮、關東州、滿洲、樺太、南洋群島的鐵道史特色。

在一九三〇年代的臺灣，日記中常記載民眾會透過鐵路交通北上到臺北這座大都會。例如一九三〇年九月十六日的《水竹居主人日記》就提到，這位豐原的地方菁英張麗俊在午後一點多時坐急行列車北上，經三十五個車站才抵達基隆，這時天色已暗。這種鐵道帶來的速度感，張麗俊是這樣描述的：「急行車之速也，自豐原至基隆三十五驛，只苗栗、竹南、新竹、桃園、臺北、八堵六驛車暫停人上下而已，餘俱馳過。」[51]臺南佳里小鎮醫生吳新榮的日記也提到，他常從臺南坐夜車到臺北，一趟下來，天亮就可到目的地。一九四〇年十二月三十一日就記有他為了到基隆海關接從南京回來的父親及弟弟，特地北上，那趟車坐的是夜行快車，但卻不怎麼舒服，是在很擁擠的情況下才到了臺北。他說道：「昨晚為了搭乘夜快車北上，先到了臺南。……晚上十一點四十分的快車，擠得無立錐之地。今晨到了臺北站下車，沒睡好又加上疲憊，倍感旅途之苦。」[52]

急行夜車是當時民眾南北移動時常利用的搭車時段，省去住宿費或許是重要考量，但除了擁擠的感覺外，有時就算有位子，但冰冷的座椅仍是相當不舒服。吳新榮在一九四〇年二月十三日就提到，有次搭夜車由臺北返回臺南時，剛好有艘日本內地的船班到達，使南下的火車顯得特別擁擠。他搭乘的是十一點多的快車南下。數天來的疲勞，一下子全都湧現，只能冷冰冰地在三等列車睡了一晚，直到嘉義站時才醒。[53]帝國史研究中除了關注鐵道交通的變革外，影響民眾日常生活的新式交通工具腳踏車的普及也是重點。[54]

國立臺灣歷史博物館寄贈的《臺灣新民報》，我概略翻閱一遍後，找到幾幅當時報紙的腳踏車廣告。一九三三年六月三日這張，圖中一位騎士拉兩顆氣球，上頭各寫了「富」與「士」的大字，氣球左邊帶出霸王號與宣傳號的名稱，氣球右邊則寫有這車是日本第一品牌的字樣「日本一！」。廣告的左下方腳踏車圖案的後頭則寫有製造商是東京的大日本自轉車株式會社，發行商則是日米商店株式會社。由此可見，製造與發行應是兩家不同的公司。[55]這台腳踏車也曾在幾

---

50 小牟田哲彥，《大日本帝國の海外鐵道》（東京都：東京堂，二〇一六）。

51 《水竹居主人日記》，一九三〇．九．十六。

52 《吳新榮日記全集》，一九四〇．十二．三十一。

53 《吳新榮日記全集》，一九四〇．二．十三。

54 近來翻譯了許多西方腳踏車研究的論著，參見（法）弗雷德里克．赫蘭，《自行車的回歸（1817-2050）》（北京：中國社會科學出版社，二〇一八）；（英）托尼．哈德蘭德、（德）漢斯．埃哈德，《自行車設計200年》（北京：北京聯合出版，二〇二一）；（英）漢娜．羅斯，《自行車改變的世界：女性騎行的歷史》（北京：社會科學文獻出版社，二〇二三）。

55 《臺灣新民報》，一九三三．六．三。

年前的國立臺灣博物館「流轉的奇蹟：臺灣民生與腳踏車特展」展示過。日治時期的報紙有相當多腳踏車的廣告，新聞更是不計其數。若透過《臺灣日日新報》資料庫的進一步檢索，有關「自轉車」的新聞約有兩千多條。[56]在其中，我們發現日治臺灣有關腳踏車的新聞有以下幾種：腳踏車遠乘會、競技比賽、腳踏車取締、腳踏車數量增加、日米商店舉辦內地旅行、腳踏車竊案、腳踏車課稅、腳踏車更換鑑札、腳踏車交通意外、日米商店募集海報圖案、ラーヂ商標問題、腳踏車贈品抽籤等等。

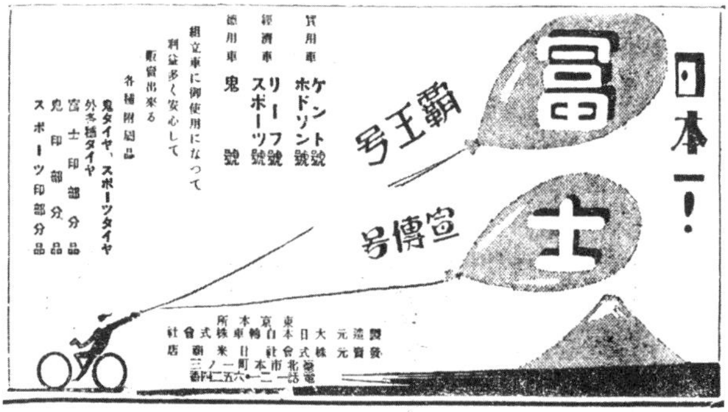

4-7　報紙中的富士霸王號廣告

4-8　國立臺灣歷史博物館的腳踏車特展（蔣竹山攝）

消費

若以時間來看，早在一九〇〇年前後的新聞中，就已經常出現下列的關鍵字，像是腳踏車與傳書鳩、腳踏車比賽、腳踏車與水牛的競爭、腳踏車課稅、腳踏車周遊世界、腳踏車的取締、腳踏車練習場的開幕、競爭會、俱樂部的成立。相較於一九一〇年代的初期發展還僅限於少數人的使用，一九二〇年代則是有普及的趨勢。從當時臺北或整個臺灣來看腳踏車的總數量，也可以見出當時民眾的腳踏車擁有率已經相當普遍。在當時一台腳踏車大概需要多少錢？根據《臺灣日日新報》的資料，平均一台要五十至八十圓。這樣的價格在一九二〇年代，若和當時物價相較，將近要花掉一位公學校教師一個月的薪水，這不是一般民眾可以消費得起的商品。

自一九二〇年代起，腳踏車已經從奢侈性消費變成大眾性消費。早在一九〇三年時，報紙就已經統計出當時臺北的腳踏車數量有三百台，基隆三十台、臺中三十台，臺南約六十台，價格從一般的七、八十圓到競技用的一百四、五十圓。[57]到了一九二〇年八月七日，新聞顯示當時全島約有七萬台腳踏車，總金額估計破三百萬圓。若以人口比例來看，這數量已排在日本帝國的首位。其中，本島內各地區的排名，屏東第一、臺北其次，再來是臺南。[58]以臺北為例，一九一九

---

56 共二千七百八十四條資料，最早的一則新聞是一八九六年十月四日〈新自轉車〉。

57 〈臺北の自轉車商況〉，《臺灣日日新報》，一九〇三・十一・十四。

58 〈臺灣の自轉車〉，《臺灣日日新報》，一九二〇・八・七。

年十一月的《臺灣日日新報》有統計，光是當年四月底，就有五千八百台腳踏車，到了十月底，已有六千九百多台，等於半年內增加了約一千餘輛。當時的商店及有外送的料理店，幾乎都擺有兩、三台腳踏車在門口。[59]一九二六時，臺北已增加到兩萬台。[60]到了一九二九年，各地方政府才藉由自轉車鑑札交換（牌照）的機會課稅，對於數量有更精確地掌握，像是臺北州就有三萬輛以上的腳踏車，這和一九一九年相較成長得很快。[61]

自轉車鑑札與管理

由於臺北市區的腳踏車逐漸增多，腦筋動得快的商人開起了停車場來。日新街南市的一塊空地，有位李鳥九租下這當腳踏車停車場。其範圍不到十丈，可放腳踏車四輛，兩輛為下等。上等的停一個小時要價四十錢，次等的要價二十五錢，進出的人相當多，平均下來一天可以賺十元以上。[62]隔沒多久，有位游阿鴻在真人廟附近也開了一家腳踏車停車場，收費同日新街，可停五輛，其中四輛上等車，一輛下等車，七月十三日開幕當天，以半價收費，故入場的車不少。

當時對腳踏車的管理，有個舟車檢印的規定，須在期限前檢印，這有可能是鑑札的前身。從新聞中可以看出一九〇三時臺北廳轄下的各種車輛數量。像是一九〇三年六月十一日，經檢驗過的船隻有七百艘、貨車六百台、人力車七百輛、腳踏車則只有三十輛，新聞中就特別針對腳踏車申報數字過少的事情提出批評看法，認為腳踏車擁有者多為中上流人士，可能對於這種事漠不關心，許多人都圖個事後補驗的心態，這群人應該予以懲處。[63]

最有效的腳踏車管理制度還是自轉車鑑札，也就是腳踏車的牌照制度。每台腳踏車購買後都要到指定單位去申請證照，官方會發給車主一個小牌照綁在腳踏車上，當作身分驗證，主要是可以課稅，另一方面也因為有了牌照可以降低偷竊率。目前所見最早提到的鑑札資料是出現在一九〇六年六月二十六日的《臺灣日日新報》。[64]一九一九年九月十八日，這部分的資料提到各廳在自轉車鑑札辦理中，經過改良之後，已不太會輕易剝落。就連官方單位的腳踏車使用的標記有木札，或泥除，因為不統一，所以取締上並不方便。在那之後，就開始統一樣式。車主可以在兩、三日中領到新的鑑札。[65]鑑札更換的方式，新聞中也有報導。一九二二年，臺北州的更換時間是四月一日至四月三十日截止，臺北市內及七星郡是在州稅務課，除此之外的時間各自不同，例如新莊郡是四月十日至十一日、文山郡是四月十二至十三日、海山郡則是四月十四至十五日。[66]一

59 〈臺北の自轉車增加〉，《臺灣日日新報》，一九一九．十一．十八。
60 〈二萬台　近くの　自轉車鑑札　引換を　一日から開始〉，《臺灣日日新報》，一九二六．十一．十八。
61 〈自轉車鑑札交換　臺北約三萬台〉，《臺灣日日新報》，一九二九．十一．十八。
62 〈本島人自轉車場〉，《臺灣日日新報》，一九〇三．七．十四。
63 〈舟車檢印〉，《臺灣日日新報》，一九〇三．六．十二。
64 〈自轉車に乘る人〉，《臺灣日日新報》，一九〇六．六．二十六。
65 〈自轉車鑑札統一　官衙使用車亦領取〉，《臺灣日日新報》，一九一九．九．十八。
66 〈自轉車鑑札改正〉，《臺灣日日新報》，一九二二．三．二十九。

九三五年的例子是，臺北州於四月一日公告，於四月六日開放在州廳大樓更換，於四月十二日截止。除了固定場所更換之外，也設置了四處的臨時更換地：小南門空地、第一公學校空地、大稻埕陳姓宗祠、太平公學校空地。[67]若是過期了才來補辦，則要繳交十錢的手續費。[68]

競賽與競走會

初期的腳踏車引進到臺灣時，除了少數商家運貨使用外，大多是比賽用途的腳踏車。腳踏車的比賽，一九〇三年的臺北市街就已經開始舉辦，該項比賽是由臺北自轉車俱樂部協會舉辦，場地在南門街的運動場，第一名的若松金之助獲得銀質獎品一份，成績是七分四十二秒半。[69]獲獎後的若松還代表俱樂部成員參加大阪的全國自轉車比賽。他可是當時臺北腳踏車界的第一人，曾獲得日本《大阪每日新聞》的第一等金牌。[70]當時的自轉車俱樂部成員約有兩百五十名，之後跟尚武會合併後增加至四百位。自轉車俱樂部最後又併入體育俱樂部，成為其中的分支「自轉車部」。[71]

體育俱樂部有時也會辦腳踏車團體騎乘的計畫，一九〇三年九月十一日，這單位辦了從俱樂部騎車到北投的活動，每人收費五十錢，不限會員，到目的地北投後才開始拍攝及用餐。[72]遇到節慶時，主辦單位也會以自轉車競走會的方式慶祝活動，增添熱鬧。像是臺中天長節時，臺中廳的官員於梅乃家舉行祝宴，而臺中公園內則有自轉車競走會，常盤町則有藝妓遊行，軍隊中則有大隊、工兵隊在部隊裡角力。[73]當體育俱樂部第二次總會時，也看到有各項的體育活動，其中的自轉車競技場就是繼第一次兒玉總督提供一千三百圓之後新建，又募得二千八百元予以改建。體育俱樂部大會時，自轉車部也進行了二十四回的比賽，獎項豐厚，有俱樂部的金牌、時事新報的金牌，以及臺灣日日新報社的銀杯，觀看者相當踴躍。[74]

竊案

在現有搜尋到的腳踏車資料中，數量最多的則是失竊的新聞。當時新聞常以「自轉車泥棒」的字眼下標題，自一九二〇年代之後，這種社會事件有增無減。若仔細分析這些社會新聞，雖然偶爾會見到一、兩條單一腳踏車的竊案新聞，但大多數仍是有關竊盜的數量及龐大金額的描述。

---

67 〈自轉車鑑札改正　引換舊鑑札〉，《臺灣日日新報》，一九三五．四．二。

68 〈自轉車鑑札引替は早く〉，《臺灣日日新報》，一九二五．八．十五。

69 〈臺北自轉車俱樂部競走會〉，《臺灣日日新報》，一九〇三．一．二十七。

70 〈黃菊白菊　自轉車〉，《臺灣日日新報》，一九〇三．十一．三。

71 〈体育俱樂部と自轉車俱樂部〉，《臺灣日日新報》，一九〇三．三．十四。

72 〈自轉車遠行〉，《臺灣日日新報》，一九〇三．九．十一。

73 〈臺中天長節〉，《臺灣日日新報》，一九〇三．十一．七。

74 〈體育俱樂部總會〉，《臺灣日日新報》，一九〇三．十一．十一。

例如當時常見的標題有：「竊取自轉車五十餘台」、「自轉車店主嗾使雇人盜車，贓品約五千圓」、「竊取自轉車五十餘台」、「自轉車盜難　既に百台，此價格金八千圓」、「專盜自轉車既三十台，現尚究餘罪」等等。由此可見，一台腳踏車的失竊，在當時社會並不少見，也不稀奇。當時這類失竊新聞之所以會上報，多少是因為查獲的失竊次數過於頻繁且數量眾多。

當時竊賊最常下手的地方有總督府、圖書館、法院、醫院、銀行等地的腳踏車停車場。此外，官衙及會社門前也是歹徒竊盜的好目標。他們常會數人合作，彼此照應進行偷竊。例如一九三〇年九月十三日的《臺灣日日新報》就記有，受雇於人的十七歲少年黃來福自該年六月以來，就在總督府後門建成町附近的赤十字社醫院、臺北醫院及商工銀行的門前偷竊腳踏車。這些得手後的腳踏車最後則由二十四歲的雇主在其所開設的腳踏車店銷贓。剛好被眼尖的南署刑事發現形跡可疑，才帶回派出所查問，最後終於問出一共偷過五十台腳踏車，價值五千圓。[75]有時數量龐大，警察還會將嫌犯及贓車陳列展示並登報。例如一九四〇年八月九日，《臺灣日日新報》就記載斗六郡曾查獲竊盜集團在三年內偷遍高雄、嘉義，然後將一百多台贓車運至斗六銷贓。從圖4-9中可看出，在官署旁的空地停滿被竊取而來的腳踏車，警察及三名嫌犯就站在腳踏車前合影，明顯有警世作用。[76]

4-9　斗六警察破獲腳踏車竊案合照

腳踏車的使用經驗

讀者若想要進一步了解腳踏車如何帶來日常生活的便利性，這項商品如何從日本影響到臺灣，有關腳踏車的生產、流通與消費之間的環節自然不能忽視。像是神奈川大學經濟學教授滿薗勇的《日本行大眾消費への社會胎動：戰前期日本の通信販售と月賦販售》，裡頭就提到當時日本是如何透過產業、同業組織、腳踏車商店、目錄與消費者建立起販售網絡。[77]腳踏車的課題不僅僅是觀看交通工具普及性的變化的很好指標，更可以放在帝國、技術與商業發展的脈絡來探討，甚至可以談到這項工具的特性如何打造出戰時日軍在太平洋戰爭時的「銀輪部隊」。

到了一九三二年，新聞更提到臺北市區幅員廣闊，不論上中下流階級，都迫切需要腳踏車，連臺北醫院院長，又或者是臺人杜聰明博士，也靠腳踏車通勤上下班。日記裡也可以常見到有關民眾對使用腳踏車的實際感受，像是吳新榮就常提到腳踏車的便利性比汽車還好。一九四二年九月的吳新榮日記中就記載：「昨夕，和李自尺、黃騰，三人騎腳踏車到臺南去，比不按照時間開車，而且經常故障的汽車方便又輕快。」[78]

---

75 《臺灣日日新報》，一九三〇．九．十三。

76 《臺灣日日新報》，一九四〇．八．九。

77 滿薗勇，《日本行大眾消費への社會胎動：戰前期日本の通信販售と月賦販售》（東京都：東京大學出版社，二〇一四），頁三一八，書中《日米富士自轉車八十年史稿》提到富士腳踏車一台價格一百三十五圓。

78 《吳新榮日記全集》，一九四二．九。

三、味素的全球化與在地化

一九〇七年，池田菊苗博士結合當時的化學工業，從昆布中萃取而出的「うま味」，一種在傳統五味：甘、鹹、酸、苦、辛，另外創造出來的獨特味道。一九〇八年，他與鈴木三郎助以這項含有谷氨酸鈉（Mono-sodium-L-Glatamate，簡稱MSG）成分的調味料製造法，取得一四八〇五號的專利權。剛開始時，曾一度取名為「味精」，隨後才定名為「味の素」（以下通稱味素）。一九〇九年，池田博士在東京第三十一屆化學學會的年會上以「新調味料」為題，正式對外公布味素調味料的發明。同年的《東京朝日新聞》已在廣告中列出全國三地區代理店的名稱，例如關東的代理店是東京本町的「鈴木洋酒店」。隨著川崎工廠的建立與鈴木商店株式會社的設立，味素在日本的製造逐漸走向工業化與商業化。[79]

味素的發明者池田菊苗曾在回憶錄中提到，大約是在一九〇八年時，他和太太參加共進會時得來的靈感。當時他在會場取得該會的產品之一昆布後，開始構思如何研究昆布煮熟之後的汁液成分。池田博士認為食物除了有甜、酸、苦、鹹之外，還有在柴魚、昆布湯頭裡的「うま味」（umami）。如果能單獨取出這一味，可以省去熬湯的時間與步驟。因此開始思考這一些好喝的湯頭的真面目，試著分析出成分，並開始思考如何才能大量生產這些成分。

他提到有三個動機促使他進行研究，一是日本民眾營養問題。調味料在食物中的關係，加上了甘美的調味料，即使是粗茶淡飯，也會讓人胃口大開。供給價廉物美的調味料，就是增進國民營養的方法。第二個動機為化學上的問題。池田所處的時代正是合成香料興起的時候，以適合味覺為目的的調味料，這種甘味香料正是那時化學工業的強項，提醒他如何開創一條新的研究頭緒。第三種動機是為了打破一般人認為理科的化學不能應用於一般日常生活的誤解。

在這三種動機的激勵下，他開始研究昆布煮汁中的特別物質成分。經過數十種上等昆布的蒸煮，除去多餘出來的食鹽、甘露糖醇（Mannit）及鹽化加里等物，經過最後分離的殘液，得到谷氨酸鈉。這是一種在酸甜苦鹹四種已知味道之外的另一種味道「うま味」。然而，這項發現要如何量產成為商品，則要歸功於鈴木三郎助的鈴木製藥所的投入發展。

就池田菊苗而言，把未知的東西找出是相當困難的事。實驗中他們僅靠自己的舌頭找出「うま味」，最後發現所謂的「うま味」是「谷氨酸」。這並不是新元素的發現，谷氨酸在以前就已被發現，可是沒人知道它是存在於昆布「うま味」，從這角度看可以說是一項新發現。從這一發現得知味增、醬油等我們平常使用的調味料中都有含谷氨酸等各種胺基酸。從現今發達的研究技

79 有關東亞味素研究的幾種方法，請見蔣竹山，〈食物史新趨勢：近代東亞味素研究的幾種視角〉，收入皮國立編，《華人大補史：吃出一段近代東亞補養與科技的歷史》（臺北：時報文化，二〇二三）。本文為上述這篇文章的延續性研究，為國科會專題研究計畫成果，計畫名稱「味の素在東亞的生產、流通與消費（一九〇八－一九四五）：一種全球史的取向」，計畫編號 104-2410-H-259-021-MY2。

術來看，這一些研究並不困難。可是當時從未有人做過，要找出沒有人找過的東西是相當困難的，他們不眠不休花了長久的時間才找出現在的結果。

透過味素，我們可以見到在第一次世界大戰前後，日本的化學工業是如何與食品業有緊密的結合。這裡頭涉及以下課題：川崎工廠的建設、鹽酸加里的製造、大阪出張所的開設、味素如何馴服民眾、味素的經濟價值。此外，味素成為一項化學商品之後。如何打入日本的料理業，甚至中華料理的市場，也相當值得關注。本節主要透過《臺灣日日新報》與鈴木商店株式會社的企業史資料，探討從一九一五年到一九四五年間，發生在臺灣各地的味素偽造案，其內容是什麼？為何會發生偽造案？製作味素的企業如何因應？官方如何管理？對民生又造成什麼影響？

觀察日治臺灣的城市文化發展，消費文化是一項相當重要的指標，[80]在解讀消費文化的過程，物質文化的歷史，提供了我們重要的依據。[81]根據美國學者桑德（Jordan Sand）的研究，味素之所以能成功打入日本料理市場，起初是針對家庭主婦，強調味素是文化生活中不可或缺的調味料。由於一九二〇年代起，受教育的女性激增，家庭主婦對新科學的接受程度比較高，味素遂搭上了日本家庭近代化的潮流。[82]當然，味素的流通並非一路順遂，它也曾遇到過民眾不信任的階段，例如一九一八年，東京及大阪就曾出現過民眾以為味素的原料來源是蛇的疑慮。此事曾嚴重影響到鈴木商店登報聲明原料絕對與蛇無關。味素不僅流行於日本，至一九二〇年代後，我們可以見到這項商品流通至東亞的臺灣、滿洲及中國的上海等地，甚至連美國都可見到它的蹤跡。味素在臺灣的普及和日本相反，是由餐廳推廣至家庭，大眾對於味素接受的程度很快。味素在臺灣的流行則可從仿冒品充斥的現象看出特色。[83]

在史料方面，主要有兩大項，報刊資料與味素產業的株式會社的社內檔案與社史。初步先以日治時期《臺灣日日新報》中的味素資料為主，找出文章中常出現的關鍵詞，如會社負責人、代理店、吉野屋、初代社長、煮賣屋、專賣制度、特約店、臺灣出張所、臺灣味の素販賣株式會社、仿冒味素等等，以這些名詞為線索，開始搜尋相關的當代研究文章。目前已經初步蒐集了日

80 山本武利，《百貨店の文化史：日本の消費革命》（京都：世界思想社，一九九九）。

81 Penelope Francks, Janet Hunter，《歴史のなか消費者：日本における消費と暮らし，1850-2000》（法政大學出版社，二〇一六）。伊藤るり、坂元ひろ子等編，《モダンガルと殖民地的近代》（東京：岩波書店，二〇一〇）。

82 ジョルダン・サンド（Jordon Sand）著，天內大樹譯，《帝国日本の生活空間》（東京：岩波書店，二〇一五）。

83 歷來的近代日本食物史研究中，甚少提到味素，僅見以下這本。昭和女子大學食物學研究室編，《近代日本食物史》（東京都：近代文化研究所，一九七一）。直到近來的美國學者 Jordon Sand 的《帝国日本の生活空間》才有一章處理這個主題。近代臺灣飲食史方面則有曾品滄與陳玉箴的研究可以參考。陳玉箴，〈日本化的西洋味：日治時期臺灣的西洋料理及臺人的消費實踐〉，《臺灣史研究》，二十卷一期（二〇一三年三月），頁七九－一二五。曾品滄，〈日式料理在臺灣：鋤燒（スキヤキ）與臺灣智識階層的社群生活（一八九五－一九六〇年代）〉，《臺灣史研究》，二十二卷四期（二〇一五年十二月），頁一－三四。陳玉箴，〈食物消費中的國家、階級與文化展演：日治與戰後初期的「臺灣菜」〉，《臺灣史研究》，十五卷三期（二〇〇八年九月）。喬治．索爾特的《拉麵：一麵入魂的國民料理發展史》（新北：八旗文化，二〇一六），也是一本很好的近代日本食物史研究範例。另外，有關食品的偽造案，歐美史學有較多的研究，參見比．威爾遜，《美味欺詐：食品造假與打假的歷史》（北京：生活．讀書．新知三聯書店，二〇一六）。

治時期《臺灣日日新報》、《大阪朝日新聞臺灣版》、《臺灣時報》、《臺南新報》等報刊的新聞、廣告及漫畫圖像。此外，還需蒐集物質文化的資料。這方面有味素的紙盒及鐵鋁罐包裝、廣告看板、實體海報、電車廣告、慰問袋，以及各種博覽會的展覽館宣傳與展品。日治時期的家庭日記簿、料理書裡也有許多有關味素與烹調的訊息。

在二十世紀前半葉，很少有商品，能像味素行銷得如此成功，既國際化，也有在地化特色。「味の素」的歷史研究關注的重點，不僅是在味素如何透過當時的化學工業，打造出調味料的重要品牌，還要以全球史的視角，探討這個企業是透過何種方式打進海外市場？

味素在日本的初期發展

販賣初期的味素，把商品放在藥用玻璃瓶裡，外面貼一張貼紙，包裝相當陽春。當時售價為四十毛，包裝是請女工用手工的方式包裝，並用小貨車來搬運，採取家庭手工業形式。

明治四十二年（一九〇九年）十一月在京橋區南傳馬町一丁目十二番地（現在的中央區京橋一之六）設店鋪，販售量漸漸地增加。當時加工處在該店鋪的二樓，由兩名女工進行。開始賣大、中、小瓶（大一圓、中五十毛、小二十五毛）。接著販賣八十毛的德用罐、二圓六十毛的小罐、四圓六十毛的大罐，漸漸出現商品的樣貌。在店面的展示櫃裡擺放了小麥、麵粉、麩素、澱粉、味素的樣本。展示從原料到成為味素之間出現的副產品。在屋頂架一座大型電燈看板，在公司內設立廣告組，味之素本鋪漸漸成形。展示櫃的背景按照季節的變化，請來平福百穗、一條成美、寺澤孝太郎等有名畫家來畫。此外在電車內海報、報紙廣告，也有請這些大師來畫廣告。這時期鈴木三郎助已從日本化學工業株式會社離職來擔任店鋪監督。

味素每日都有做出貨統計，一開始目標是一日賣十多貫目（一貫三．七五公斤），一個月賣三百貫為理想。不久就達成三百貫的目標，而改成五百貫。同年開始在東京《朝日新聞》刊登廣告，並在市營電車張貼海報。同時也出展發明品博覽會。因為是完全新的商品，需要從頭到尾的宣傳。要試用時應該用熱水把它融化就可以品嘗，可是大部分的人都直接大量地放入嘴中。因為量過多導致味道不佳而不喜歡本產品。當客人了解它是拿來作湯頭用，也會一次加太多而導致同樣的結果。大眾不習慣用少量就有效的東西，因此開始在包裝裡放入鋁質的小湯匙。

接著就是選擇其他販賣處。最初在東京從本町的淺野惣三郎商店賣給各藥妝店。之後開始賣給本町一丁目的鈴木洋酒店和銀座的龜屋鶴五郎商店，並在報紙廣告上也刊登該店名的地址。之後獲得大日本麥酒株式會社的介紹，和該公司同系列的店鋪做推銷。鈴木洋酒店是第一家特約店，之後在國分、日比野共三家特約店，川井、逸見、大久保、山屋、倉島、川手、大野屋、神崎、三沢屋、高橋、田下、伊沢屋、龜屋等二十店鋪則為副特約店，但這些都沒有正式的書面合約。

在京阪地區以松下商店為主的六、七間店鋪來賣。因為需要自行擴展販賣範圍，派出許多店員對於各店家進行推銷。可是對於不知道賣不賣得出去的商品，沒有店家會想賣，因此採取專門鎖定幾家店面，每日派人去該店家詢問是否有賣味素後，再去推銷的方式。不只是雜貨店或公賣局，甚至也到餐館、旅館，做商品的推銷。有時候會推著箱車到一般家庭做推銷，這些推銷的過程大多不順利。大概二十家中只有一家會聽他們的推銷，雖然如此，他們也開心。對於一般家庭會告訴對方，附近有販賣的店家。他們常在資料反映，這樣的推銷遠比保險公司拉保險來得辛苦。

除了登報廣告等宣傳方式之外，也有嘗試當時流行的「東西屋廣告」。所謂東西屋廣告就是廣告遊行，穿著公司廣告服的音樂隊一邊演奏一邊揮旗，並發廣告單與試用品。當時全日本大約只有五台汽車，味素公司就租借其中一台來做宣傳。

味素在日本推廣過程中，最難的應該是打入傳統的料理店，這些廚師們用昆布熬湯習慣了，要改變習慣有點困難。有位廚師本山荻舟，就曾在會社史料中表示他的使用經驗，他認為在重視傳統的日本料理界中大部分廚師都是保守主義者。在日本有柴魚花高湯、昆布高湯等各種高湯，這一些高湯是從以前相傳下來的，現在有必要學習這來路不明的味素來熬湯？許多廚師及料理愛好者，包括他自己都有這樣的想法。某一天叫了兩碗外賣的麻糬湯。在其中一碗試著加了半匙的味素來做味道的比較，結果令人驚訝，他記得是十四、五年前約一九一八年的時候的事。從此以後開始使用味素。到了現在還有很自豪地說自己絕無使用味素或是有使用卻不承認的廚師。本山荻舟認為味素的特徵在於它是一個味蕾的連接物。當你使用醬油、糖、味淋等等各種調味料時，味道經常不會合而為一，這時加入少量的味素，這些味道立刻融合，做出所謂醍醐味，有種畫龍點睛的效果。各個味道獨立時並不美味，能調和這些味道的味素任務重大。

原料蛇說傳言與日本的仿冒味素

味素不僅流行於日本，至一九二〇年代後，我們可以見到這項商品流通至東亞的臺灣、滿洲及中國的上海等地，甚至美國都可見到它的蹤跡。當然，味素的流通並非一路順遂，它也曾遇到過民眾不信任的階段，例如一九一八年起，東京及大阪就曾出現過民眾以為味素的原料來源是蛇的疑慮。此事曾嚴重影響到鈴木商店要登報聲明原料絕對與蛇無關。

味素的原料包括「蛇」這妄想不知道是以什麼為根據的，從早期就廣泛地在全日本擁有類似的傳言。有一說法是在淺草寺或大阪四天王寺內等熱鬧之處賣蝮蛇乾的香具師（類似現在的街頭藝人）為了讓自己的商品好賣而說：「很多人聽到蝮蛇乾都會覺得很噁心，可是你們知道嗎？在家用的味素的原料就是這一個呢！」味素公司知道後馬上報警處理，可是他們就像蒼蠅一樣，因為沒有店面，怎麼趕都趕不走。

在關西地區則有「伊勢的淹物如此美味是因為壺底淹了蛇肉」如此的傳說。味素同樣擁有一種特別的味道，這美味可能來自蛇肉，這樣的傳說在關西地區也開始流傳。為了迎合一般大眾喜愛奇異故事的心理，新聞或雜誌上，常刊登上述的傳言。一九一八年（大正七年）發行的雜誌《スコブル》裡就刊登了像味素的廣告般的假廣告。一九一九發行的雜誌《赤》裡刊登了碗裡有蛇並寫著「文明的最新調味料味之素」的字樣。

一九二二年，《一癖隨筆》的作者宮武外骨在書中以〈味之素是青大將〉為題，寫味素雇用抓蛇師，把蛇當作原料，因產量過高，有計畫要蓋養蛇場等內容。[84]也有資料提到，味素的製造

84 味の素沿革史編纂會編纂，《味の素沿革史》，一九五一，頁八四。

地川崎工廠原本在多摩川的堤防外，當初附近長滿了雜草而有許多蛇，因此附近居民也相信味素加蛇說。直到關東大地震後，為了救濟附近居民的飲食，提供大量的麵粉，從此之後居民知道工廠裡擁有大量的麵粉，才相信味素的原料來自麵粉而非蛇。[85]

之後味素本鋪廣告部為了要破除這樣的謠言，原本打算在報紙上刊登：「現在多處有味素的原料使用蛇的謠言帶給本公司相當的困擾，如果有人能證明我們使用蛇，將予十萬元獎金並關閉工廠。」但獎金一事未取得警方同意，因而改為在東京的各大報刊登半版廣告，內容改為「對天發誓，味素絕無使用蛇為原料」，並刊登社長的聲明書。[86]此外，因為放在玻璃瓶販賣，許多人誤認味素是化妝品，甚至有人拿它來洗頭。也有一些人因為不知道使用量，一次用一瓶而抱怨難喝又貴。開賣後五、六年，仍有這樣的現象出現。

一九二〇年代，在鈴木商店還未推出金色罐裝的味素時，容量最大的是兩百錢的特大罐，在這時期的大阪出現了更換內容物的偽造品。這時候的味素容器的蓋子與罐子本身是分開的，只用一般的紙膠帶封住商品。[87]受到一九二三年東京大地震的影響，日本的味素偽造品開始大量出現，時間約是一九二三年。第二波是一九二四年。到了一九三〇至以一九三一年，有了第三波的流行。針對第一波流行，鈴木商店的做法是郵寄警告文件給各販賣店，提醒他們

4-10　味素公司的報紙闢謠廣告

注意是否有偽造品味素。[88]除了打著「味素」名稱的仿冒品之外，在一九二六至一九三〇年間，東京、大阪及京都各地還出現了各種類似商品，據味素公司當時的調查，品項約有三、四十種，較著名的有味の光、味の王、味の蕾、味の精、味の力、味司、美味、白鹿、味天下等等。[89]

一九二五年，大阪天滿宮地區的蒲燒鰻魚店家帶著特大罐的味素到大阪支店投訴風味不佳，經查驗後才發現是味素裡參雜了大量的乳糖和澱粉的仿冒品。與以往不同的不是再利用，而是完全的偽造品。味素公司與警方聯手調查之後，發現在大阪市內有廠商專門製造假的味素，查緝到所使用的原料、器具與包裝，甚至還有印刷廠。最後警方逮捕了所有嫌犯。[90]

此後，味素公司開始思考因應的方法，他們發現會有這樣的仿冒，主要是包裝上的漏洞。最後促使他們與東洋製罐株式會社合作，開發出一款易開罐式（ヘリングボーン式巻取缶）的新包裝。一九二六年，日本味素公司與富士製紙株式會社合作，在瓶裝味素上使用特殊印刷的包裝。

84 味の素沿革史編纂會編纂，《味の素沿革史》，一九五一，頁八四。
85 味の素沿革史編纂會編纂，《味の素沿革史》，一九五一，頁八五－八六。
86 味の素沿革史編纂會編纂，《味の素沿革史》，一九五一，頁八六－八七。
87 味の素沿革史編纂會編纂，《味の素沿革史》，一九五一，頁一五三。
88 味の素沿革史編纂會編纂，《味の素沿革史》，一九五一，頁一五三－一五四。
89 味の素株式會社社史編纂室，《味の素株式會社史》（味の素株式會社，一九七一），頁一四四－一四五。
90 味の素沿革史編纂會編纂，《味の素沿革史》，一九五一，頁一五四－一五五。

與關東地區相較，關西地區的仿冒商品較多，特別是在大阪地區。[91]到了一九三〇年，京都及大阪一帶已經可以見到特小罐的味素仿冒品。

皇族參觀的加持

一九二六年（大正十五年）五月十三日，是日本產業協會總裁伏見宮博恭王殿下來參觀川崎工廠的紀念日。在前一年的十二月，味素公司邀請總裁來參觀味素工廠。總裁對於日本的產業發展與國際貿易有相當的興趣，因此決定來參觀。當日由博義王妃殿下、敦子女王殿下、博英王殿下並與石塚產業協會會長、杉原副會長，以及夫人們與家族共同來參觀。來臨後與公司的幹部們一一打招呼，接著社長介紹公司的歷史。參觀工廠後，總裁問了以下幾項問題：

1. 主要外銷地是哪裡？
2. 是否成為上流社會才會使用到的商品？
3. 是否有開放專利權的想法？
4. 味素的容器上所顯示的原料成分裡有大豆，有用到大豆嗎？
5. 與鰹魚花比起來，價格如何？會不會引起鰹魚花商的不滿？
6. 社長住哪裡？每天都會去工廠嗎？
7. 國外的麵粉與國內的麵粉的品質與價格的比較？

8. 男女員工比例？員工福利？是否有大夜班？是否有供宿？
9. 在製造上特別需要技術的地方？
10. 是否有擴張的計畫？

味素公司為了慶祝這光榮時刻，取消了當日下午以後的作業，社長還帶著工廠幹部拜訪總裁御宅。為了慶祝，隔日給予工廠員工全員特別禮金。此外為表達謝意，還在各新聞登全版的感謝廣告。

之後，味素在一九二七年（昭和二年）四月二十四日，又迎接久邇宮殿下的蒞臨。殿下與妃殿下與事務官、屬官兩名在下午兩點多來訪。由社長呈上鈴木商店簡介及社長履歷等相關書物後開始參觀。參觀完後給予公司御紋章附銀製杯組與金一封。在下午四點五十四分歸寓所。在參觀時提了兩個問題：

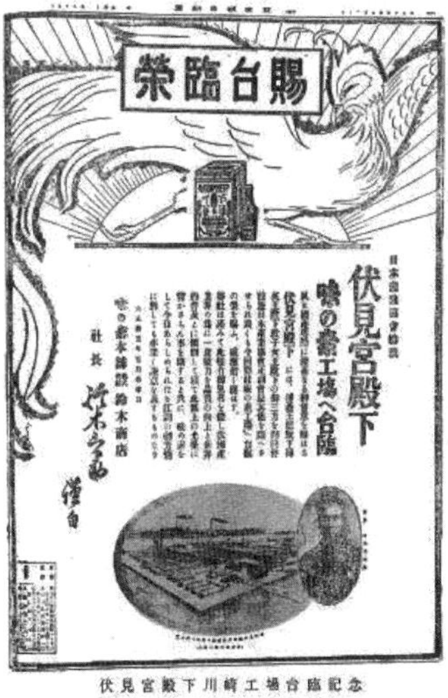

4-11　伏見宮殿下參觀味素工廠的廣告

91 《味の素沿革史》，一九五一，頁一五五。

問：世界上有類似的商品嗎？

答：義大利與法國有類似的商品，可是性質不同，成為調味品的只有味素。

問：創造動機是？

答：其他有未來性的事業都被三井、三菱等大企業獨占，因此想做他人無法模仿的事業，加上對於本事業已經做出興趣。

同樣地，隔天也給予工廠員工特別禮金，社長與工廠長（鈴木六郎）前往寓所致謝，並宣示會為了國家產業發展，積極地推廣至世界市場。

日治臺灣的味素偽造案

事實上，味素在臺灣的仿冒情況比日本要早，目前所見的資料裡，早在一九一六年就有案例發生。一九一六年十月，臺中街小販津田發現臺北廳大稻埕新店尾街的趙春榮偽造他所販賣的味素，立即通報警務課進行調查。仿冒者的作法就是收集正宗味素的空罐，調和麥粉及其他原料，讓色澤類似正宗商品，由於包裝的金屬罐相當精巧，從外觀根本看不出有何差別。[92]到了一九一九年，仿冒味素除了是用麥粉調配，還出現其他物品。一九一九年三月六日的《臺灣日日新報》顯示，有衛生官員出差調查食用品，在中南街臺灣人開的雜貨店中，查獲仿冒的味素。其包裝與真品無異，經檢驗，發現是芋片、粟粉，還混雜了一九一六年案例中所沒有的魚類骨粉及鹽。有的則是用所謂的小蘇打粉混合，所以色彩相當接近。這篇報導特別提到，這並非單一現象，當時臺灣各地都有這樣的仿冒味素出現。因而必須嚴格取締，並提醒消費者特別留意味素的真偽。[93]

桃園仿冒案之後，直到一九二四年，才再大量出現偽造味素。一九二四年為竹山郡的例子，在竹山庄雜貨商葉萬枝店裡發現假造味素，經郡警察課層層查訪後，發現仿冒品的源頭是嘉義街西門的雜貨商金源昌。價格為一打四元二十錢，其中的包裝印刷字樣和原裝進口的一樣，但商標卻魚目混珠，做了些微變化，和真名發音些微不同，為「あちないもど」（ajinaimodo）。帶回化驗之後，證實為假冒品，內容物其實是魚骨粉混合澱粉。[94]有的仿冒者會購入真正的味素盒，再參雜其他調味料。一九二五年，臺北警署的兩位刑事大間知及陳培甲，打聽到大稻埕下奎府町林陳發與在專賣局工作的兒子林松柏涉嫌改造味素，牟取暴利，遂前往調查。果然查獲兩人自七月二十日至八月一日間，向太平町的不明雜貨商周國，購買五十錢重的一罐、二十錢的三罐，拆除封條後，取出兩成真品，再混合白砂糖及食鹽，然後貼回封條。再以三圓五錢及一圓六十五錢的價格轉賣出去。這種手法，透露出仿冒者是將真品一瓶拆成五瓶容量，以量賺取價差。[95]

---

92 〈味の素偽造〉，《臺灣日日新報》，一九一六·十·六，第七版。
93 〈味の素の模造品　桃園の本島人雜貨店〉，《臺灣日日新報》，一九一九·三·六，第六版。
94 〈假造味素〉，《臺灣日日新報》，一九二四·三·六，第六版。
95 〈改造味素〉，《臺灣日日新報》，一九二五·八·七，第四版。

一九二六年，基隆有位藥商陳鵬昇，與人合夥，將乳糖、鹽及正宗的味素混雜一起，然後裝入真味素罐中，轉賣至鄉下地區的雜貨店。在臺中則查獲仿冒者，以乳豆十兩，炒鹽五兩，做成味素，光靠味覺分辨不出。轉賣之後，獲利高達九倍，購買者不下二千人。這種現象到了戰時體制時仍層出不窮。就連報紙上打的味素廣告也提醒消費者眼睛要睜大一點。一九二四年八月十八日的《臺灣日日新報》就主打「廚事要話」，標榜這味素的功效大家都已經知道，只要做菜時加一點點，就可以不費勁地馬上擺出一道好菜，而且不用花費什麼錢。左下角也同樣提到販售地點，除了上述三種外，還另外加了茶莊。光是一九二四年的偽造味素的金額就達一萬圓以上。這麼多的仿冒味素與偷竊，部分原因起於一九二三年東京大地震導致的供需失調。大地震後，東京鈴木商會在川崎的工廠受損，暫停了味素的生產，計畫改由在大阪新建一座工廠代替。由於檢舉假貨案件過多的緣故，光憑肉眼很難判別味素真假，為維護一般商店的信譽，一九二四年十一月時，州衛生課被授權全天候免費鑑定民眾送來的味素。[96]

由於味素在當時算是高級調味料，單價不便宜，報紙中常可見偷竊味素被抓的故事。一九二六年十一月四日，七星郡汐止街，有位蘇姓偷兒，趁參加親戚蘇爾民的公祭，順手就將一瓶味素帶走。剛好被昔日有嫌隙的密探所見，上報到汐止分局，以竊盜罪論處。此事之後被喪家知道，區區一瓶味素，在喪葬費中不算什麼，更何況是族人，遂希望不要當成竊盜來看。但汐止警方公事公辦，最後鬧到街長那，還是無解，一時成為街頭巷尾的八卦。[97]

有的偷來後立即轉賣獲利。一九三〇年，有位熱海的周二刑事外出查案，在縱貫路的萬得飲食店發現可疑人物，查獲嫌疑人李冬，盤問下才發現這人不久前偷過兩瓶味素，分別以一圓十錢及一圓二十錢賣給了飲料店。從一九二八年開始，臺灣與日本同步販賣金色罐，水晶體狀的味素比其他類似商品容易辨別，因此較容易管理是否是真品。在日本內地用金色罐的客戶大部分都是魚板業，其次是餐館。在臺灣則是餐館，尤其是小吃攤販特別愛用。這種新的味素包裝問世後，也帶來一些消費文化的變化。在臺灣不管是在哪一個城市的市場，一年四季都有小吃攤販，這些小吃攤販特別愛用味素，有一些店家會把大量用過的金色罐放在店門口當裝飾，或是放在桌上當作是放筷子的容器。其中有一些攤販是掛羊頭賣狗肉的惡劣店家，在店面放著味素空罐，卻使用其他類似調味料。味素公司會經常派員工來巡查，當發現使用別家商品的話，就不再給任何贈品及優惠。這些店家若被警告會失去商譽，人氣也會下滑，因此大部分商家會選擇道歉，並承諾之後都會使用正宗的味素。

4-12　味素的各種包裝樣式（蔣竹山攝）

96　〈味の素の鑑定　州の衞生課て〉，《臺灣日日新報》，一九二四．十一．十八，第二版。
97　〈一矸味素亦擒嚴究　街長喪家均說無情〉，《臺灣日日新報》，一九二六．十一．四，第二版。

金色罐的價格相對於其他包裝要來得便宜，因此一些小商店習慣將它分成三錢、五錢及十錢等小包裝來秤重販賣，這樣的販賣形式成為「零賣」或「秤賣」。一般臺灣民眾認為買五十錢、一元的罐裝，不如買散裝的比較經濟，因此「零賣」這樣的消費形式立刻在全臺盛行。在臺日人大部分是買罐裝，而臺灣本地人則是買零賣品。當時在臺灣連香菸都能一根一根地賣，其他從大包裝拿出零賣的商品還有酒及醬油。這種零賣的販賣額逐年不斷提高，卻也造成市場需求量大，在有利可圖的情況下常使得店家開賣假貨，味素公司因而常會主動巡查這一些零賣品。

在臺灣的金色罐中有的會內藏五十錢、一圓、二圓、三圓、五圓等「現金券」，以此製造買氣，吸引顧客。這一些優惠活動在日本是無法做到的，而是由各販賣店自行貼錢支付。有時誇張的店家會把裡面的內容物也一起換掉而賣假貨，一旦發現這一些行為，味素公司都一律報警處理。

不管是什麼樣的商品，只要好賣，價格就難以維持。特別是在臺灣販賣的味素。當時味素、啤酒等是流通的主流商品，可是到了一九三一年以後，啤酒成為專賣品，只剩味素，開始出現了嚴重的亂賣行為。因此味素公司進行現金券活動及抽籤券活動，並給予販賣成績較好的店家獎狀與獎金。味素公司相當積極地禁止亂賣，可是成效不佳。公司只好請代理店縮短代款買賣的歸款時間，從原本的六十天降至四十五，再至三十天。當時味素公司怕特約店會因此倒店，特約店貸款的金額都相當可觀。

除了偽造品的問題外，味素公司還要面對的是同類型商品的競爭，辰馬商店的「白鹿」與大阪興業會社的「食の元」。一九三〇年十月十四日的《臺灣日日新報》中新聞〈將に起らんとする　調味料界の巴字戰　味の素と白鹿と食の元　鈴木商店の對や如何〉，詳細刊載了味素面臨

的挑戰。[98]當時臺灣四間代理商的年營業額是一百五十萬圓，越智與吉野屋各分得三十萬，西村與桑田各得十五萬。在後面兩個類似產品的大量廣告看板、資金與販賣網的夾擊下，原本為臺灣人所根深蒂固使用味素這品牌的地盤開始受到蠶食。報紙特別強調這樣三強混戰的局面讓臺灣島上的調味料界更加地有活力與朝氣，也打破了長期以來的味素壟斷調味品圈的局面。

銷售制度的在地化

在進一步分析味素偽造風潮的背後消費情況前，有必要先認識味素如何傳到臺灣來的，以及代理商的經營策略與消費。當時臺灣的味素主要由兩家企業特約代理，北部及中部多是吉野屋，南部則由越智負責。這兩家的營業額就占了五十萬圓，可見銷量之大。到了一九二五年，需求量又大增，全島營業額達七十萬圓，一年內就增加了二十萬圓之多。代理區塊又分得更細，凡東部到臺中都是由吉野屋代理，臺中到嘉義則由臺北越智分店經銷，嘉義以南則由臺南越智本店統籌。

作為外來奢侈品的味素是何時正式引進臺灣來？據味素公司社史資料顯示，在一九一〇年五月，臺南越智商店的岡部徹來東京旅行，他們住在南傳馬町，旅館附近就有鈴木商店。岡部看招

98　〈將に起らんとする　調味料界の巴字戰　味の素と白鹿と食の元　鈴木商店の對や如何〉，《臺灣日日新報》，一九三〇．十．十四，第三版。

牌後來該公司拜訪。岡部來日之前，曾在臺灣日日新報社代理部看見有在賣味素，引起他的興趣。取得經營權後，共批發了大瓶裝（一圓）及中瓶裝（五十錢）、小瓶裝（二十五錢），以建議售價的八折價買進兩千圓的數量回臺。

臺北的吉野屋晚了岡部氏半年來東京與鈴木商店交涉。這時臺南的越智商店、臺北的吉野商店成為特約店。以臺中為中心各分南、北部的販賣區域。因為這兩家店與出差員之間的協助之下，進行相關宣傳、增設販賣店等等不斷地在全島推廣味素。僅僅三、四年間販賣量增長了許多。

一九一四年九月味素公司社長鈴木三郎首度前來臺灣視察，對他而言，臺灣是味素前往中國大陸地區的基礎，也是一個重要的跳板。相對於日本國內，臺灣的銷售成績驚人，知道味素在華人界頗受歡迎，經社長的認可後直接從臺灣賣給福州，並與當地的公隆洋行簽約。在上海則是委託給位在日本租界的大正屋販賣。因為這一次的視察而影響日後在中國及滿洲地區的味素發展。由此而知，味素在臺灣的流行是先從路邊攤販開始，之後再漸漸地影響到一般家庭。這口味很合臺灣人的胃口，加上因為天氣暖和，花費在居住、衣服的也不多，可以花在飲食的費用相對多，才會如此迅速地傳開。此外，物資豐富、收入不錯也是原因之一。一九二〇年，鈴木三郎社長再度來臺。這時在臺灣已有一、兩種類似商品，頗讓社長驚訝。這時候公司準備高達八千多圓的獎品進行臺灣限定的特賣。期間共賣出六十萬圓的成績。因為這一次特賣的關係，在全臺各地增加了許多味素的販賣店，並普及至一般家庭裡。

當時越智商店在臺北也有支店，與吉野屋協調之下進行販賣。原本越智商店是賣雜貨、化妝品，吉野屋是賣罐頭、麵粉的商店。兩家店的共同商品只有砂糖與味素。雙方老闆都是好友，因此各種協調都相當順利地進行。一九二二年，總公司與這兩家商店正式簽約為臺灣的一手特約店（代理店），販賣成績因此不斷增長。一九二三年起，關於臺灣的販賣事務從本店移轉至大阪支店來管理，這時的負責人為北川利一。[99]

吉野屋商店原本是安田治太郎個人經營的商店，可是在一九二〇年的金融風暴的影響下導致商業交易失敗，使得大量財務損失。這一事件造成鈴木商店龐大負債，促使公司不得不調整內部情形。六月十日要求吉野屋也要進行內部調整。

一九二六年，當時臺灣所賣出的味素收入相當可觀，販賣額年年成長。一九二五年的消費總額有七十萬圓，一九二七年更快速上升至一百一十萬圓。[100]一九二七年四月，為了將來能穩定交易，避免販賣責任都交給越智商店會造成過度負擔，因而把吉野屋商店的組織改為株式會社。因為這樣的做法，使得安田氏不再走高風險的路線，而將販賣重點項目從麵粉、砂糖改至罐頭、味素等商品，營業額因此不斷增長，之後每一年都獲利增加。[101]

一九二九年臺北的西村商會、桑田商會加入代理店的行列。早在一九二二年就認為無法把臺灣的龐大市場只給越智、吉野兩家店來負責。一開始試著請吉野屋用較便宜的價格賣給桑田商店

99 〈北川利一氏（鈴木味の素大阪支店長）〉，《臺灣日日新報》，一九二六．十一．四，第四版。

100 〈味の素實行增加　本島で年額七十萬圓〉，《臺灣日日新報》，一九二五．七．九，第三版。〈本島と味の素　昨年は百十萬圓〉，一九二八．一．十，第三版。

101 〈味の素鈴木常務視察〉《臺灣日日新報》，一九二七．二．二十二，第三版。

來解決這塊味素的消費市場大餅。可是此後每一年的販賣額不斷上升，光靠這兩家代理店根本無法負荷。加上當時有辰馬商店的「白鹿」等數種類似的調味料從阪神地區來臺，讓鈴木商店認為有再增強臺灣的販賣網絡的必要性。[102]在這一方面，鈴木商店花了一番功夫說服兩家商店，最後以在這三年內，兩家新設代理店需要付給前兩家費用，來保持兩家的商權才達成共識。可是味素的賣況超過預期，在增加兩家代理店後各店家的收入並未減少。一方面這是鈴木商店一向尊重代理店的利益而不勉強對方的態度，這讓每一次的交易都相當順利。[103]

這四家商店掌握全臺的味素販賣權。在臺稱為代理店，鈴木商店則稱該店家為「特約店」。之後因為在這四家之下設立了多處特約店，為了和這一些特約店做區別，一律把這四家店稱為「代理店」。在這四家代理店之間簽下合約書，從內容可見味素這商品如此地被重視。在合約書中寫到此四家店以總收入再按照比例分發金額，這是為了避免惡性的競爭產生。可是要在三十天內繳交自家收入的部分，在執行上相當困難，各店家都不斷地延長自己的繳交期限，這可能是在這場競爭中無法避免的事。

趁味素發售二十周年，第一代社長鈴木三郎助來臺，並且在臺北、臺南兩地邀請總督等重要人物及代理店來慶祝。他還去全臺各地視察。由於和越智老闆有私交，因此都由越智氏一路陪同。[104]鈴木三郎助訪臺時曾接受《臺灣日日新報》記者的採訪：

> 這一次終於實現期待已久的臺灣行，主要是來問候顧客兼視察。在臺灣有許多味素販賣店，在臺北有出張所，穩固各地盤並不斷地擴大範圍。今年剛好是我開始本事業的二十周

年。因此來臺與顧客們打招呼，順便視察臺灣的各個商工業產業。我從事化學工業已有二十年的時間，在這二十年間嘗了很多的苦。由於本身就對於化學工業這一方面相當有興趣，同時相信能對國家有所貢獻，因此選擇這事業。曾全力地研究碘、味素的製造開發。這是因為其他纖維工業、鐵道業、製糖業等等相關工業事業，沒有政府或資本家的支持難以做起，我個人不想靠他人的援助做事業，可是化學工業本人有獨立自營的自信，不斷地解決困難，奮鬥至今日。到現在不只能外銷，對於國家也多少有幫助，讓我相當地欣慰。

關於在今日不景氣的現況下，調味料「味素」的販賣是否也受影響等疑問。這部分因為不景氣的關係，民眾並不太會使用以往的奢侈的調味料，反而簡單又方便的味素受到歡迎，販

102 〈將に起らんとする　調味料界の巴字戰　味の素と白鹿と食の元　鈴木商店の對や如何〉，《臺灣日日新報》，一九三〇．十．十四，第三版。

103 〈不景氣と味の素　類似品の壓迫は無が賣行に影響〉，《臺灣日日新報》，一九三〇．六．二十七，第三版。

104 〈味の素の大抱負　來臺した店主　鈴木氏の談〉，《臺灣日日新報》，一九二九．十一．十四，第七版。〈味の素店主の官民招宴〉，《臺灣日日新報》，一九二九．十一．十七，第二版。一九二九年十月七日在東京會館舉辦「味素開賣二十周年紀念活動」，邀請了特約店、販賣店及其他與公司相關的商號。十月十一日在大阪堺卯樓招待了京阪神地區的特約店，並陸續在各地區招待相關販賣店（其中十一月有來臺灣舉辦兩場）。並藉此為了感謝廠商在現場頒發金盃、銀盃、銀洋盃、紀念獎金與證書。在年末給予社員二十周年紀念特別獎。一九二〇年開賣十周年紀念時給予每一家商家感謝狀與獎金，因為當時規模並非如此龐大才能這麼進行。可見在這短短十年間味素的銷售範圍擴張如此快速。

賣量已成倍成長。我們認為當民眾懂得節儉，味素會更加受歡迎。

在臺灣任何事物都比本人想像的還要發達，回國後會好好宣傳臺灣這好地方。不管是基隆、臺北或臺中，文化程度都不輸給本國的中型城市。產業方面也比想像中的還要發達，交通情況也相當好，人民的生活也相當的充足，唯一遺憾的是本國人（內地人）未增加。那麼適合居住的地方卻很少有移居或永遠居住的人民，大部分都是賺了一筆錢就回日本（內地），這是相當可悲的現象。希望日後這一部分會有良好的政策出現。

這一次本人拜訪全臺的販賣店。大部分的店面，乍看之下是一間寒酸的店面，進去會發現是內容相當充實的店。在這樣的店為何能賣出這麼多的味素？讓本人相當佩服。以本人的觀察，店內的經營費用並不多，以量取勝的店家為多數。可見臺灣人民的經濟能力或許比日本內地人來得強。沒有足夠的經濟能力無法在競爭上獲勝，關於日本內地人的發展還有很大的改良空間。[105]

很明顯地，當時臺灣的味素銷售數字的確讓總公司刮目相看。從中也看到臺灣的販賣方式的特色是什麼。此行對鈴木商店在臺灣的未來經營方針有很大的啟發。一九三〇年，為了擁有穩定的販售價格，在四家代理店下做特約店制度，把全臺各地有名的食材店、雜貨店數十店收編為特約店。會社也給予優惠條件供貨，不久以這一些店家為主，在各地組織「味素會」，味素的販賣網則越來越廣。

味素專賣店的出現

第三代社長鈴木三郎助來臺數次，對於味素的販賣相當積極。在臺灣旅行經常靠著汽車訪問各個村落，對於各販賣店的狀況、需求等自行視察實際情況。其中一個例子。一九三〇年，來臺時詢問從高雄前往旗後渡輪的船長是否會使用味素，船長回答說每一天會買五錢的零賣品，每一次都怕買到假貨。社長因此知道有一些假貨，會特別在鄉下流行，同時也發現一般民眾對於味素的需求量很大。累積了這些經驗之後，進而提案研發出味素的專賣店制度。

所謂專賣店制度就是把認真做的小商店變成為代理店。由特約店嚴選店家，並將「味素專賣店」的看板給該店家。只要在有這看板的店家買味素，就能買到純正的商品，加上金色罐不賣給專賣店以外的店家，以這樣的方式獲取顧客的信賴。味素公司經常派人至專賣店進行檢查，一旦發現有賣其他相關產品或偽造品，就取消該店資格。專賣店獲利因此增加，店面數量也不斷擴增，最後全臺共有五百多家專賣店。由於銷售成績良好，一九三四年九月，公司特別招待全臺主要的特約店店主約三十五人至日本，參訪東京、京都、大阪、奈良以及川崎工廠，前後訪問一個月。大部分的人都是第一次來日本，因此相當受歡迎。[106]

---

105 味の素沿革史編纂會編纂，《味の素沿革史》，一九五一，頁四五二－四五三。

106 〈味の素內地觀光團〉，《臺灣日日新報》，一九三四．九．五，第五版。

出張所的設立也可看出經營策略的改變。一九二九年，在臺北築地町設立臺灣事務所，由宮治年春擔任主任。一九三二年，由伊藤正男擔任主任，宮治氏轉任至合同鳳梨株式會社販賣部主任。一九三三年在本町三丁目建立新社屋，事務所就跟著轉到這一處。新建築的用地是在一九二九年社長來臺時決定購買的七十九坪土地。之後又在事務所樓頂搭建了九十五尺高的霓虹燈塔。一九三四年七月，臺灣事務所升格為出張所，伊藤因私事而離開公司，由井谷龍太擔任出張所代理所長。

味素製造的副產品

味素以麵粉為原料，在製造過程中會產生較味素體積大二十倍左右的小麥澱粉。以量來看小麥澱粉可以說是主要產物。一開始味素的產量並不多，可是接著銷售量增加，使小麥澱粉的處理成為味素公司棘手的問題。剛開始是賣給糍糊粉店，但這樣無法處理如此大量的澱粉。因此第一代社長拜託鐘紡的武藤山治社長，研究是否能當作織布糊。當時鐘紡會把麵粉泡在水裡幾天之後，把浮上來的黴菌沖走，重複這動作直到麵粉裡完全沒有蛋白質為止，再把這純澱粉拿去煮，這又需要相當大的空間。整體看來是相當經濟的方法。因此味素公司能便宜地提供純澱粉給織布工廠。

臺灣的報紙常會報導製造味素所產生的副產品如何再利用的新聞。由於川崎工廠的乾燥設備不完整，初期使用日晒的方式晒乾，導致來不及供貨，只好直接賣生澱粉。可是因為生澱粉含有水分，容易腐爛，常受客戶抱怨。川崎工廠的火力乾燥設備完成之後，還是會有一些品質不穩定，這部分對於品質管理相當嚴格的鐘紡業常有抱怨。一九二三年，因來不及乾燥而委託岐阜的澱粉製造業協助做成乾燥澱粉。這一些精緻澱粉，因為川崎工廠的乾燥設備完工而能自行製造，不再需要請其他家澱粉業幫助，品質也相對穩定，被稱為「味素澱粉」。這些味素澱粉在紡織業相當受歡迎。味素的產量年年激增，已超過紡織業的需求。從此開始研發使用大豆，不會製造出澱粉的味素。

到了戰時，味素的製造因為原料取得的問題而供應量銳減，也連帶影響到日常的民生消費習慣。林獻堂的日記就透露出味素已經要經過特別的管道才能取得：「晚會五弟，告以明日將往關子嶺浴溫泉治療足痛，他教余須帶米及雞、豚肉、手電灯，又與余味素一小瓶，因旅館之料理無可口之物也。是時培英亦在，示余『可人』第五唱四聯，就中佳者有二聯，甚喜其進步之速也。夜仍灯火管制。」[107]

一九二〇年代的味素仿冒風潮到了戰時並未消失，反而有新的變化，其中一個就是「硼砂」的出現。然而，儘管一再查緝，但防不勝防，一九三九年在彰化就查獲暴利商人，以石膏粉混入味素中販售。此外，硼酸及雞骨粉也是混充原料的大宗。正所謂「殺頭生意有人做，賠錢生意沒人做」，一直到戰時體制開始，這仿冒味素的現象還一直存在。

107　一九四三年四月六日。

一九三八年十一月左右，在臺北出現幾家販賣品質極差的味素攤販。臺北州衛生課獲南北雙方警察的協助下，調查出約兩百位違法攤販時發現這樣的事實。十二月二十三日，北警察署衛生組找出這一些黑心商品的製造發售點。該廠商位在臺中市綠川町五之八，名為五洲商會。該店店主名為蘇慶，把這一類商品稱為同商會製造朝日印調味料。一箱裝（三百匁入）賣五圓七十錢至六圓。販賣範圍不只在市內，還擴及新竹、臺北等地。該調味料的百分之五十是味素，其他加入了硼砂、麥粉各百分之二十、食鹽百分之十的混和物。在一九三九年五月，臺中州彰化警察署在火車站做貨物的抽檢時，發現多數調味料裡有混入石膏粉。進行調查後發現是彰化市西門，名為施直的製造販賣。他在約百分之三十至四十的味素中加入石膏粉，以一罐七圓的價格賣出，該商品的名稱是「味之光」，販賣地區相當的廣。

此外，被檢舉的還有臺中市新高町的何榮進，他是加入硼砂並以「真好味」的名稱販賣。同樣在臺中市若松町的陳木，他則是加入石膏以「味之福」的名稱販賣。臺中市新富町的洪樹旺則是加入硼砂以「味之譽」、「日用味」、「美味」等名稱來販賣。臺中市錦町的陳福來則是加入硼砂以「福樂味」、「壽味」等名稱販賣。

官方是如何處置這種參雜了硼砂的味素，報紙中也有些許記載。一九三八年十一月二十五日，《臺灣日日新報》就提到臺北州的衛生單位查獲仿冒的味素，貨源來自臺中市綠川町，經查驗，這批偽造味素的真品只有罐裝的一半，其餘則是摻了百分之二十的硼砂、百分之二十的麥粉，以及百分之十的食鹽。最後這些人是以違反「臺灣防腐劑取締規則」予以處分。[108]有關違反防腐劑使用規定，直到一九四一年，政府才對於特定食品的防腐劑使用規範，開始公布更明確的使用令。[109]

味素與全球史

味素的研究不僅有助於我們了解日治時期的產業特色與消費文化，也可以對於當前的食品安全問題，提供了一種歷史縱深，協助我們去對日治及戰後食品工業的發展，有種不同於傳統，將此類課題置於經濟史或產業史脈絡來研究的做法。這促使筆者試圖在這些學者的飲食文化史的研究基礎上，進而探索味素的全球史。我們所關注的不僅是味素在日本的生產，更關注這項新興商品如何與當時的城市生活、消費文化、廣告模式與宣傳相結合，進而推廣至海外地區。若以一種物的生命史的角度來看味素的發展史，它不僅在日治時期臺灣食物史中占有重要角色，更從殖民母國日本擴及到東亞其他諸國。當時不只東亞受到影響，就連歐美也可見到味素這樣的調味料商品。

透過探討味素的東亞的生產、流通與消費的方式，我們不僅可以理解日治時期日本產業史發

108 〈不正調味料の販賣元が判明　臺中の奸商が全島へ賣捌く〉，《臺灣日日新報》，一九三八・十一・二十五，第八版。

109 〈特定の食用品に　防腐劑を使用　本島に愈よ使用令公布〉。

展的特色，也可以理解日治時期受日本勢力影響的幾個東亞地區，是如何接受了這項新商品，並進行了一場感官與味覺文化的新體驗。這裡頭有味素發明與化學工業的技術史與產業史問題、有負責販賣活動的株式會社鈴木商店的企業史與經濟史問題，有在海外銷售與推廣的廣告與消費文化的文化史問題，也涉及與二十世紀的飲食文化變遷有關的感覺史課題。此外，在戰時體制下，其因應與變化，更涉及了殖民體制的政治史課題。因而，透過味素的全球視野研究，我們更能理解一項商品的全球化特色。

上述這些全球史的研究例子，有助於我們探討日本明治以來的味素與化學工業是如何結合的，我們可以探討味素的工業化、味素的發明、川崎工廠的製造技術、第一次世界大戰下的製藥事業、創業時代的販賣活動、海外市場的擴大。當日本的味素經驗成形後，又是透過什麼的方式，將此項商品向海外擴大販售。在此，未來將探討大正至昭和的發展，如何從鈴木商店鋪到「味の素」本鋪。此外，我們還需探討國內市場的擴大與海外市場的開拓，以及中日戰爭後的大陸進出口的變化。日治臺灣味素的歷史只是味素作為一種新式調味料的「社會生命史」（social life）中的一環，要理解這段時期的味素歷史，就必須將視野跨越邊界，以全球史來考察味素的歷史。唯有如此，我們才能全面地理解近代日本所發明的味素，如何在東亞流通、宣傳與消費的過程。

近期食物史研究新方向

近來日本食物史學者岩間一弘提到，除了中國料理之外，近代中國的文明被許多國家超越。二十世紀前半的帝國日本殖民地有臺灣和朝鮮，兩地的中國料理發展皆受到日本的影響。[110]

韓國最有代表性的中國料理就是炸醬麵。炸醬麵是由大豆等食材做成黑味噌醬料，然後再加炒洋蔥和豬肉等材料的麵料理。其源頭來自仁川港勞動者的食物，約一九〇八年左右，第一次出

---

110 岩間一弘，《中国料理と近現代日本－食と嗜好の文化交流史》（東京都：慶應義塾大学出版会，二〇一九），頁一－二六。全書內容有：中餐從何而來？第一部分：近現代日本的中餐（戰前日本的「中餐」——國內的接待和「中餐館」的情況；中餐在日本的接受：歷史部分——聚焦明治時期至一九五〇年代的東京；中華料理在日本的接受情況：烹飪部分——聚焦於明治時期至一九五〇年代的東京；中華料理在日本華僑社會中建立的一些趨勢——神戶——聚焦大阪；京都的中餐——傳統的創作與美食的歸屬；從熊本中餐「太平宴」作為「鄉土菜」的思考——「封閉」並打通食材、脈絡、文化；中餐的本土化日本的廚師與產業組織的變遷）。第二部分：跨境中華料理（廚師與烹飪教育家——臺灣出口到日本的「中華料理」——聚焦一九四五年至一九七〇年時期；炸醬麵路——穿越二十世紀東北亞的流浪之旅；朝鮮半島逐漸接受「中國菜」——著眼於分裂後的韓國；全球政治中的僑民創造華人美食；對華文教育與中國「飲食文化」的思考——聚焦在中文文本中的例子）。第三部分：中國美食的文化與政治（「中國美食」何時誕生？——《新報》）透過詞彙分析一九二〇、一九三〇年代出現的菜餚；上海調味品製造業與市場競爭——聚焦中國味精與日本味之素；太平洋戰爭期間的飲食與健康——在華日本戰俘吃什麼？北京老吉的興衰餐廳——以全樹德為例）。

現在仁川山東會館餐廳的菜單上。炸醬麵除了韓式泡菜或生洋蔥以外，偶爾會搭配醃蘿蔔，這則是受到帝國日本殖民的影響。如今的炸醬麵不僅是韓國的「國民美食」，也是海外韓國人身分認同的代表食物。[111]

一九二〇年代初期的臺灣，「江山樓」和「蓬萊閣」這些中國料理店（酒樓），除了有福建料理外，也提供中國各地的料理（華北、四川、江蘇、浙江、上海、廣東等）。但是一九二三年，皇太子巡視臺灣，他在江山樓所吃過的經典料理，則被日本人視為「臺灣料理」，不是「支那料理」。同時，臺灣的中國料理店開始日本化，有「御料理」的木牌看板、日本料理及日本酒、日本啤酒、咖啡、蛋糕、穿和服的招待及講日文的藝妓和酌婦。[112]

其次，日式便當開始普及到臺灣及「滿洲國」成立後的中國東北。另一方面，殖民地或屬國的飲食文化也會影響到殖民母國。例如，一九三二年滿洲國成立後，南滿洲鐵道株式會社和日本交通公司就開始製作「滿洲料理」。[113]

此外，日本帝國主義對中國料理的影響，最重要的就是味素。在東亞擴張的味素銷路是和帝國日本的勢力版圖相重疊。在臺灣，最初的販賣成績還較日本內地好，人均味素的年消費量最高。在中國，味素和仁丹一樣被視為是日本商品，所以一九一九年之後，受到抵制日貨運動的影響，上海出現了中國自製的品牌「天廚味精」，以民族主義及愛國心的販賣策略，成功地擴大市場，銷售到香港及新加坡。[114]

《中国料理と近現代日本》書中的幾篇文章，各自就研究的料理個案提出了許多豐富的看法。西澤治彥的〈「中國料理」何時出現？：以《申報》的料理詞彙為例的分析〉，以《申報》

（一八七二至一九四九）資料庫，分析中國料理分類詞彙的首次出現或用法，探討清末民初，作為「國民料理」的中國料理的形成過程。中國料理的「唐菜」、「中國菜」、「華菜」和「中餐」的詞彙是和西洋料理的「番菜」、「外國菜」、「西菜」和「西餐」的詞彙有對應關係。一八八四年左右，《申報》開始使用「中國菜」、「華菜」的詞彙，在這之後，才出現「西餐」、「中餐」的用語。[115]

在中國，吳蘊初這位企業家則代表近代中國的「愛國企業家」、「民族資本家」，透過「味精」這調味料的發明與製造，影響了化學工業的發展，因此被稱為「味精大王」。李培德的〈在一九二〇至一九三〇年代上海的調味料製造業與市場競爭：注目中國的味精和日本的味之素〉，主要是探討同時代資料，天廚味精廠和味素的商品開發、商標、廣告內容和販賣戰略的比較。[116]

111 《中国料理と近現代日本—食と嗜好の文化交流史》，頁五。
112 《中国料理と近現代日本—食と嗜好の文化交流史》，頁六。
113 《中国料理と近現代日本—食と嗜好の文化交流史》，頁六。
114 《中国料理と近現代日本—食と嗜好の文化交流史》，頁六—七。
115 《中国料理と近現代日本—食と嗜好の文化交流史》，頁二八五—三〇一。
116 《中国料理と近現代日本—食と嗜好の文化交流史》，頁三〇五—三二二。上海市檔案館編，《吳蘊初企業史料・天廚味精廠卷》（上海：檔案出版社，一九九二）。

貴志俊彥的〈太平洋戰爭下的食與健康〉，用外交史料館的檔案及立命館大學國際和平博物館的收藏，探究中日戰爭期在華日本俘虜的食生活。在重慶國民政府的俘虜收容所中國廚師的指導下，日本俘虜協助做菜，比中國兵的伙食或日本兵在家鄉吃的食物還要好。但是，當戰況惡化時，物價高漲則使俘虜們的飲食品質降低。[117]

此外，近期臺灣年輕學者的新作也分別將食物史與許多課題產生連結。像是郭忠豪研究食物中的權力滋味、醫學食補與知識傳說；侯嘉星的編著則透過物種與人類世這主題，討論植物、動物作為藥材、食療在各產業所扮演的角色。[118]這部分臺灣學者較日本又多了物種的研究，而非只在飲食身上。日後雙方可再進一步地交流。

4-13　報紙中的味素廣告

四、三井物產會社進口的朝鮮人參

從東北人參到高麗參

臺灣民眾即使不懂中醫，或多或少都吃過人參，因為它可以補元氣，調適臟腑。據研究，從中醫學大辭典、實用中醫辭典、歷代名醫良方所蒐集的一萬五千兩百個方劑中，查出含有人參的方劑約有兩千四百個，占百分之十五，即每六十三個處方中就有一個含有人參。

傳統中國自古以來，許多的食物與藥物並沒有嚴格的劃分，許多平常在吃的東西，也可以作藥，它在形態上並沒有區別。不像西藥，都經過精煉，與一般食物的形態截然不同。然而，怎麼樣進補？用什麼來補？在中醫的觀念中，把人分為熱性與寒性體質，體質熱者採寒補；反之，寒

117 《中国料理と近現代日本—食と嗜好の文化交流史》，頁三二三—三三八。

118 郭忠豪，《品饌東亞：食物研究中的權力滋味、醫學食補與知識傳說》（臺北：允晨文化，二〇二二）；侯嘉星主編，《物種與人類世：20世紀的動植物知識》（臺北：前衛，二〇二三）；陳元朋，〈導論：當代臺灣學界飲食史研究的創新與守成〉，《中國飲食文化》，十九卷二期（二〇二三年十月），頁一—二。

者熱補。而且中醫對於各種食物及藥物的性質及味道，分為「四氣」與「五味」，並根據每個人的體質來調配補藥。一般常見的補藥有提供女人養血的「四物湯」，藥材包括：當歸、川芎、白芍、熟地；供男人補氣之用的「四君子湯」，其藥材包括：人參、茯苓、白朮、甘草。四物湯與四君子湯八味合併則成為「八珍湯」，男女通用。若再加上黃耆、肉桂則成為「十全大補湯」。補冬時期來時，一般中藥愛用者，一提起進補藥材，大多會以人參為主藥。日治時期，臺灣消耗的人參大部分自韓國進口，戰後由於韓國政府加強推銷，人參不只是臺灣人消費較多之藥材，也逐漸推廣至世界各地。

在進入近代臺灣的人參進口課題前，有必要先初步認識明清以來的中日韓三地的人參貿易往來的大致圖像。筆者最早開始接觸全球史這一領域主要來自對清代人參史的研究。對我而言，清代人參的歷史有跨區域消費的問題，需要像近來研究菸草、瓷器、白銀、皮毛等物品一樣，放在全球與跨文化的視野下，才能了解此時期的消費現象。清代人參的歷史可以說就是東北人參的商品史。易言之，東北人參在清代的發展呈現一種商品化的過程，在這商品化的過程中，國家權力扮演了最主要的角色。清代的東北人參，民間又慣稱為遼參。明中葉以前，遼參並非是最受歡迎的人參品牌，此時山西上黨人參的知名度甚至高過遼參。明末以後，隨著女真族在此地區的開發及貿易經營，人參成為當時東亞邊境間的交換貿易中數量最大宗的物品。除了政治的因素主導了這一商品的發展之外，原本排行第一的上黨人參也因長期大量開採，數量上已不敷市場需求。當時許多筆記或文集中頻頻出現對遼參的讚美之詞，例如最常見的說法就是人參會隨著王氣轉移，這種文人筆記下的「王氣所鍾」或「地氣所鍾」的說法成功地塑造了人們對遼參的社會想像。[119]

清朝入關之後，清帝國對於人參的經營管理變得更為積極，從初期的八旗採參制到乾隆朝的官參局的設立，我們可以看到清政府逐漸地將人參的生產及管理當作官僚體系運作的一部分。康熙年間那種授權給王宮貴族任意在劃分好的參山中採參的例子已不復見，取而代之的是加強盛京將軍與吉林將軍對轄區參場的經營管理。無論是招商刨採制或者是官雇刨夫制，最大的受益者都是內務府所要服務的宮廷貴族及官僚。此時的官參局就在這個參務管理的制度下扮演了執行者的角色，這個機構在乾隆朝的設立代表參務制度的官僚化的發展。從參務章程的制定，我們可看出無論是盛京、吉林或寧古塔的參務管理，在參務制度的規範下，仍逐漸發展出各自的特色。為了要因應各地採參的實際狀況，無論是參票的發放，還是人參的繳交，都有不同的規定，例如參餘銀、燒鍋制的出現都反映了參務制度的地方化發展。

在參務管理逐漸地方化的發展過程中，有時會出現制度運作的僵化情形。乾隆五十九年的參務案與嘉慶十五年的秧參案的出現，可說是乾嘉時期參務管理的變奏。前者說明了地方官員為了要配合中央的人參採收數量要求，不斷地浮報採收成績；後者則反映了當中央還在執著於人參是否真假的迷思時，地方早已經接受了秧參的出現是不可避免的現象。

東北人參的採收雖然讓清政府從中獲取不少的利益，但我們也不能忽略每年承攬人參開採的

119 有關本草、藥物與商業的研究，可參見以下兩本書，蔣竹山，《人參帝國：清代人參的生產、消費與醫療》（杭州：浙江大學出版社，二〇一五）；高晞、（荷）何安娜編，《本草環球記：五世紀以來全球市場上的藥物、貿易與健康知識生產》（北京：中華書局，二〇二三）。

官商、攬頭、刨夫及參商們，藉由這個共同參與參務開採及販賣的過程，形成了一種利益共同體。參商當然是這個群體中獲益最大的團體，他們有的是單槍匹馬到盛京去購買刨夫的餘參的山西商人或蘇州商人，或者是江南地區專門承購由內務府發放出來參斤變價的庫儲參的蘇州參商或兩淮參商。經由他們的轉賣，人參在江南消費市場的價格離它們在東北的原產地的價格翻了好幾倍，乾隆及嘉慶年間的價格是清代歷年來價格最高的時期。這種價格巨幅變動的背後，其實反映的是當時人參流通的特色。乾隆年間，內務府每年新收、除用及奏准變價的人參數量相當可觀，這些人參主要流通的地方是溫補文化最為盛行的江南地區。

透過《乾隆朝奏銷檔》，我們可以發現，當時幾個負責銷售人參的重要機構如江南三織造、各地鹽政或者是粵海關，身負銷售庫儲人參的重任，人參價格的居高不下和他們從中哄抬價格有關。他們之所以任意抬高價錢，一來是他們看準了當時的人參消費市場已經商品化有關。透過人參消費指南書，我們可以見到江南的參商成功地塑造出人參的幾種重要品牌，各地區對人參的品味的區分益形嚴明。在這裡，我們看到了紹興人喜歡「紹糙」，浙人喜歡「片料」，南昌樟樹鎮農民喜歡「蘆頭」，建寧人喜愛「中條」。東洋的日本人更是有他們特殊喜愛的口味，從當時在日本出版的人參專書，我們發現日本的許多人參來自中國，而這些由在日本長崎經商的參商所寫的人參專書和同時期中國出現的人參書一樣，主要是提供廣大的人參商人及消費大眾辨識人參及如何購買人參。二來則與人參數量的逐漸減少有關，乾隆年間人參數量若和康熙及雍正年間的人參數量相較，明顯少了許多，在食之者眾的情況下，價格自然會節節攀升。

然而，清中葉為何有那麼多人願意出高價購買人參，這與當時醫療觀念的改變有關。人參的消費及流通的數量在乾嘉時期更為普遍的因素與此時溫補文化的盛行密不可分，清代溫補文化的醫療觀念加深了人們對人參療效的認識。在明清醫書中常可見醫家談論當時社會普遍好用補藥的風氣，這種補藥風氣影響所及的範圍上至富貴人家，下至貧苦百姓。清代的狀況又較明代來得普及，尤其是江南地區。當時富貴之家不管有病沒病，常以服補藥來補身，其對補藥的療效深信不疑，已經到了所謂「用參附則喜，用攻劑則懼；服參附而死，則委之命」的地步。可見當時的病家相當深信補藥——尤其是人參的療效。清代江南社會好服補藥的風氣與醫者及病家的態度也有關係，原因之一是醫家較容易取得病家對醫者的信任。這樣的溫補文化改變了民眾對人參使用的需求增加。

明清中朝的人參交流

過往的研究多集中在官方檔案上，從朝貢體制角度看人參問題。這類著作有兩個問題，一是僅關注制度的流變，缺乏人在裡頭的角色；二是未從物質文化及醫療史的角度探查。我們可以透過《燕行錄》及文集資料為主，探討明清中朝之間的醫藥交流。事實上，透過朝鮮文集中的各種疏稿、參議、參書及人參弊端的討論，正可看出人參是影響當時政治、經濟與社會文化相當重要的藥物。有關中朝的醫事交流，可以醫事活動為核心，具體探討明清時期的中國仕紳與朝鮮使臣的相互往來，也能探討醫療與藥物互動的情形，以及醫療活動背後所反映的社會變遷與文化心態。透過明清物質文化研究回顧，我們可以看出從域外看中國的角度近來漸漸受到重視。然而這些課題過度集中在《燕行錄》的文化交流上，而未涉及醫藥交流的課題。[120]有關中朝醫藥交流史的幾個重要課題，可以將研究取向放在物質文化的角度來思考，其次從北京的參局切入，引領讀者認識這些出現在中國的人參是怎麼來的？這些和朝鮮的朝貢貿易制度有何關聯？當時朝鮮的人參來自何處？這些是山參還是家參？朝鮮邊境的人參產地為何是中朝爭端的起因？朝鮮官員為何常抱怨人參弊端是施政上的一大困擾？在這樣的歷史脈絡下，我們才知道近代東亞的人參交流的源流概況。

朝鮮文集中有許多有關人參通商與藥物交易的討論，由資料可以看出，中朝的藥物流通並非是單方面的，其實有許多藥物流通至朝鮮的例子。乾隆年間，李瀷的《星湖先生全集》就記有中國境內藥材比以往較少輸入至朝鮮，反而多銷往日本。文中提到，當時中國江南流通的肉桂等物品已經在朝鮮的市場消失近四十年。其餘如交廣等地的錦緞、黃連等物，也不再流通至北京，而四川一帶的鏡面之砂，也斷絕數十年。甚至連西域的藥品也很少見到。反倒是流通至日本，原因何在？李瀷提出的解釋是，這是征戰的關係引起疆域的限縮及管制，像是發動遼左民眾參戰的西韃之役。[121]

反觀日本，該地相當重視人參的療效，視參如命，一地若有人參，患者有時會先清洗後浸泡飲用，又或是手握來治療。該地更瘋傳，凡是感染疫病死亡者，大多會以沒有食用人參為藉口。李瀷說這話時，朝鮮人參價格，醫局一根都要價幾千錢，更何況需參更急的日本。透過李瀷的觀察，可看出乾隆時中朝日三方的藥物流通有嚴重的短缺情形，對於一位朝鮮士人，所思考的人參問題，不僅是中國，還要面對日本的情況。他所舉出的參價高漲的原因之一是朝鮮的官方貪腐，任意取訓局銀錢，沒收國內人參，私自壟斷的緣故。

到了清末，我們可以見到中朝人參的交易已經延伸至開放通商的天津。一八八一年金允植（一八三五－一九二二）的《天津談草》則記載了中國天津海關督署邀金允植作客時的問答紀錄。雙方的溝通主要透過通譯，其中有段關於人參的問答。譯者問朝鮮使者，人參為朝鮮的上等貨品，為何不多種植，轉賣他國。朝鮮人員的回答是：「人參多則價隨以賤。」[122]一八八一年三月四日，海關道周馥以李中堂之意，邀請朝鮮申時量與首堂李應浚前往北洋大臣衙門，雙方就通商事宜進行筆談。其中有一條即針對紅參開放貿易之事進行討論。朝鮮官員提到，紅參原為朝鮮

---

120 以往，學者參考的文獻是二〇〇一年韓國學者林基中所編的一百冊《燕行錄全集》。目前可見的出版物，有二〇〇一年所出版的《燕行錄全集》三八〇種，以及二〇〇八年出版《續集》裡的一〇七種，此外有二〇〇二年至二〇〇四年所出版的一〇六種《燕行錄》題解。《燕行錄全集》的架構，是以年代、路線、作者及作品形式，作為分類標準。整體來看，《燕行錄全集》所收的作品，大部分集中於明清交替時期，完成於十五世紀的《燕行錄》並不多，其中百分之六十集中在十七、十八世紀。就路線來看，相當多的內容，記錄的是陸路的過程。透過這些資料，我們可以了解大多數《燕行錄》作者在來中國時具有正使的身分，因而可推測目前的《燕行錄》內容，多由其任務相關的紀錄中，個別整理而成。且大部分的版本，是以韓國當時通用的漢字所寫。由於《燕行錄》資料的特殊性，此研究在中國大陸、韓國及日本都已經漸漸受到學界的重視。反觀臺灣目前投入這項研究的人力，相較於明清史研究的社會文化史或醫療史而言，明顯偏低。

121 李瀷，《星湖先生全集》，卷二十七，一九二二刻本。

122 金允植，《天津談草》，林基中編，《燕行錄全集》，第九十三冊，頁二一二三。

珍貴物資，卻長期受限於中國法令，禁止進口。對此，朝鮮商人紛紛反映紅參不該禁止，應當多多種植，以增加稅收。另外朝鮮人員反映，近年來私參販賣已經超過官參，而且日本趁隙將日本人參大舉銷往廣東、福建及上海等地，頓使北京人參價格暴跌，這似乎不只是中國的問題，也可能影響至各國。為了解決上述爭議，朝鮮人員進而提出在條約中增加紅參開放通商的規定。[123]

近代臺灣的人參藥用與商業

人參的食用與進補有密切關係。臺灣人的冬令進補，從昂貴的人參、鹿茸到羊肉爐、薑母鴨，一般男子大多喜歡進補可壯陽補腎功能的補品。中醫界常提醒民眾藥補或食補時，應先弄清楚個人體質特性，否則隨便進補很可能破壞體內生理平衡，反而會有副作用。中醫認為冬令進補是一種習俗，天冷時人體虛弱畏寒，利用雞、鴨肉類配合中藥進補，其作用在補充營養，增加身體抵抗力及免疫力。需要進補的人應依據個人體質特性選擇補品。像是中年男子因工作負荷重，體力消耗大，熱性體質有腎陰虛現象者，應選擇六味地黃丸；如屬寒性體質、腎陽虛者應選擇八味地黃丸十全大補湯、補中益氣湯等熱性藥材。有一種人屬於陰陽兩虛，既怕熱又畏寒者，則該選龜鹿二仙膠最適宜。人參除了是重要中藥材之外，更是食補良藥。中醫常說：「藥補不如食補。」也就是說，與其吃補藥，不如在飲食上多注意營養。與其身體弱了再補養，不如從基本上把身體養好，可以享受健康之樂。在中醫觀念中，藥補不如食補，平時營養充足而均衡，生病的機會就減少。

有關人參的藥用故事，可以從日治時期以來的臺灣報刊中找到許多相關新聞。一九二六年六月六日的《臺灣日日新報》有篇文章〈科學界人參考〉是這樣介紹人參的功效：「病有萬，藥亦萬，不能以一藥治了萬病，而為人參一種，萬病俱宜，故為百藥之首。全球世界古今哲人，莫不貴之種之，中西所產非不多也。唯高麗所產，最補優貴者，以其效神功大。一斤半斤，足以當他產幾十斤之力也。」高麗參，也就是朝鮮人參。在日治時期，其知名度遠遠超過以往中國的東北人參，成為民眾認知中最為珍貴的藥材。[124]

日治時，朝鮮的人參要進口到臺灣來，主要是透過三井物產會社這家公司專門代理，直接向朝鮮總督府購辦。[125]像是一九一五年的大稻埕的捷茂藥行，店裡所販售的人參，都是經由這家公司代理進口。[126]當時從朝鮮進口而來的人參，主要會針對臺灣人的慣習客製化，所挑選的人參無論色澤條數，都比較符合臺人的需求及嗜好。一九一六年時，每年透過三井物產所進口的人參數量，可達一萬斤左右。其價格較為低廉，已經由以往的每斤兩百三、四十圓，降價至兩百二、三十圓。由於朝鮮人參是貴重的滋補藥材，很受臺灣人喜愛，需求量大。[127]但一九一六年之前，

123 《天津談草》，林基中編，《燕行錄全集》，第九十三冊，頁三一二。
124 〈科學界人參考〉，《臺灣日日新報》，一九二六・六・六。
125 〈朝鮮人參好評〉，《臺灣日日新報》，一九一六・九・三十。
126 〈朝鮮人參之改良〉，《臺灣日日新報》，一九一五・五・二十四。
127 〈人參の下落〉，《臺灣日日新報》，一九一六・一・二十三。

進口至臺灣的人參，多由上海、香港及廈門輾轉，以致價格較高。直到三井物產代理後，其管道可直通專賣的朝鮮總督府，故價格可以便宜到四成之多。在那時期，每年進口的朝鮮人參，總值可達八萬多圓。[128]

有關朝鮮人參的生產概況，也是臺灣報紙刊載的重點。一九一六年九月三十日的《臺灣日日新報》就記載朝鮮北方人參，正值開花期，附近的在地居民正準備入山採參。其產地在鴨綠江上游，大約在渭流、江界及厚昌郡等地，以及慈城郡一帶的國有森林地區。其中，又以江界及厚昌郡出產得最多。由於是總督府管轄下的林場所負責，所以限制私自採參，僅對當地人小部分開放。

除了報紙會刊載朝鮮的野生人參資訊外，也會記載人工栽培的人參。到了一九一八年，經過參政改革、病蟲害防治研究，採取了新的除蟲方法，以及土壤改良，六年人參的採收量雖然只有往年的三分之一，但總產量卻超過往年，可達四萬五千斤之多。[129]一九二七年七月三十一日的《臺灣日日新報》則提到朝鮮的人參栽培地點在中西部的開城一帶，占地兩百多萬坪，年採收量有三萬五千斤。栽種時宛如稻秧，需經過六個月移植。移植後一年，主要枝幹才長成；第二年，枝幹左邊分出一枝旁支；第三年，會自主幹右方長出枝椏；第四、五年，才會長出第四個枝條；至第六年不再分枝，人參至此才長成熟。六年養成的人參，此時需要採收，若過此時間，則會開花不會結果。人參的花多為紅色帶有點青色。人參種植過的土地，需標記休耕二十年，讓土地休養恢復。這種人參栽培方式，類似菸葉，是由民間耕種，收成後繳納給朝鮮總督府專賣局，不得私自販售。[130]

朝鮮人參進口至臺灣，除了作為藥材在大稻埕的中藥行及商鋪販賣外，也會以其他商品形式出現。像是當時的臺北府中街的永照堂中藥館，就會專售人參與葡萄酒合製的人參規鐵酒。[131]而全臺唯一的臺北日本芳釀會社工廠，更以朝鮮人參為藥引，搭配滋補藥材，釀造出人參益壽酒、人參延年酒。除了臺北之外，也在各地開設分店。像是嘉義北港媽祖廟前，就開設有這家株式會社的華麗西洋風專賣店，銷售成績不俗。[132]一九二七年四月二十日，臺北市本町永井德昭向總督府專賣局申請大阪攝津酒造株式會社的「雙福印人參規那鐵葡萄酒」的輸入許可，總督府專賣局最後以第一二八九號核准，此處的規那是日文的金雞納，是治療瘧疾的名藥。[133]

當時的報紙常會刊載人參效力的各種故事。例如一九二六年三月十九日的《臺灣日日新報》提到某人參商鋪的主人，夜邀友人在大稻埕怡和巷的歌妓玉雲家飲酒作樂，被友人虧說歌妓年紀輕輕，就已經生下一子，且體型較一般嬰兒大，直說是人參功效強大的緣故。[134]報紙也常有涉及

128 〈朝鮮人參賣行〉，《臺灣日日新報》，一九一六・二・四。
129 〈本年人參收穫額〉，《臺灣日日新報》，一九一八・五・二十八。
130 〈人參栽培法　張李二氏實見談〉，《臺灣日日新報》，一九二七・七・三十一。
131 〈販賣人參規鐵酒〉，《臺灣日日新報》，一九一六・十一・十九；〈人參規那鐵葡萄酒〉，《臺灣日日新報》，一九一六・十一・二十二；〈人參規那鐵葡萄酒〉，《臺灣日日新報》，一九一六・十二・四。
132 〈新製人參益壽酒〉，《臺灣日日新報》，一九一六・十二・九。
133 「雙福印人參規那鐵葡萄酒輸入命令（昭和二年四月三十日附）」，《臺灣總督府專賣局》，一九二七・四・二十，國史館臺灣文獻館，典藏號：00100630006。
134 〈趣語　人參效力〉，《臺灣日日新報》，一九二六・三・十九。

人參的社會新聞事件，一九二六年東石郡朴子街，有位三十四歲的李茄苳，就謊稱自己是朝鮮人參出張所的主任，投宿臺南赤崁園召妓喝酒，都以記帳方式消費，三個月內共欺騙兩百六十五圓。之後又逃至臺中，以支票方式，至志水人參店購買六百圓的人參，到期後支票則無法兌現，遂遭店家提告詐欺。[135]

除了朝鮮人參外，當時有些人參是來自中國東北的長白山人參。以一九二三年的統計，該年的南滿三港的輸出，共有二十四萬六千零二十斤，總價有四十七萬一千四百八十七兩。由於有這樣的管道，當時臺灣也常見有來自於中國的人參行商。一九二九年就曾發生過中國人參行商的殺人案。主要事件為新竹州新竹街的三十歲人參商人曾連生與二十五歲的同業殷盛發，兩人至竹東郡龔有發家中賭博，將資金輸光後，遂起歹念，將龔騙至竹東的雜樹林中殺害，並奪取身上現金逃去。兩人最終被捕，被臺北地方法院求處死刑，最後判決為無期徒刑。[136]

由於人參是貴重藥材，常引起宵小覬覦，相關竊案頻仍，與日治時期的腳踏車及相機竊案，都是報紙常見的內容。一九二九年的十月，就曾發生過臺北永樂町的陳仁福，才十九歲，就竊取乾元藥行的人參，再轉售給太平町博愛藥房的陳賜麟，先後獲得三百多圓，都拿去花費在銅床、洋廚、蚊帳及招妓上。[137]一九三〇年的十月六日，基隆蚵殼港，也發生一件人參行商黃德保及其弟黃德祥，正準備要開店時，就遭數十名醉漢闖入暴力相向，並強奪店內財物。[138]一九三三年，更有西螺的警察，逮捕了來自中國廣西的三十三歲黃義真，這嫌犯在鄉下以花言巧語販賣假人參，詐騙金錢。被害人遍及新營、嘉義、虎尾、斗六及竹山五個地方。[139]

日治時期臺灣人參藥材的社會生命史故事，到了一九四九年之後，大致雷同，但也因專賣制度的取消及新市場機制，發展出一些新的型態。像是一九六〇年代時，為區分食品用及藥品用之人參，內政部規定今後食品飲料業製造之產品，不得引用「高麗人參」的名稱。內政部指出，「人參」為我國名稱，載於《本草綱目》藥典，其產於韓國者為「高麗參」沿用已久，如無藥效之食品飲料使用「高麗人參」之名稱，與藥品混淆不清，一般食品飲料自不宜使用「高麗人參」品名，以嚴密進行藥物食品管理。

4-14　報紙中的高麗參廣告

135 〈兩案俱發　一詐稱人參商人　一破壁窃取現款〉，《臺灣日日新報》，一九二六・五・三。

136 〈人參行商之殺人案　九日午前中在法廷　由吉江檢察官峻烈論告之後求刑死刑〉，《臺灣日日新報》，一九二九・四・十；〈人參行商人の殺人事件　公判開廷〉，《臺灣日日新報》，一九二九・四・十。

137 〈竊取人參犯判決　購銅床洋廚蚊帳與愛妓　贓品故買亦有罪〉，《臺灣日日新報》，一九二九・十・二十二。

138 〈醉漢十餘名が　人參行商を蹴殺す　強盜が目的の大膽な犯行　基隆蚵殼港の怪事〉，《臺灣日日新報》，一九三〇・十・六。

139 〈販假人參　被害達五郡〉，《臺灣日日新報》，一九三三・九・二十五。

五、地震：新竹、臺中州的創傷記憶

一九三五年四月二十四日，《臺灣日日新報》第八版大幅報導發生在新竹州及臺中州大地震的消息，其中，有幅地圖很特別，這是一張日本治臺後的地震分布圖，整張圖以手繪方式描繪出一八九五年以來幾次影響臺灣的強烈地震的地點，並附上簡單文字說明，就連標題也是手寫字體。這樣不正式的手描地圖出現在當時臺灣最重要的報紙上，其事情的緊急性可想而知。[140]

講到臺灣的大地震，現在大家的直覺反應可能是九二一大地震，少有人記得一九三五年的四月二十一日，臺灣也有一次大地震的經驗，地點就在新竹州及臺中州。[141]在此之前有這樣的經驗是一九〇六年（明治三十九年）三月十七日的嘉義大地震。那一次，可是全臺有

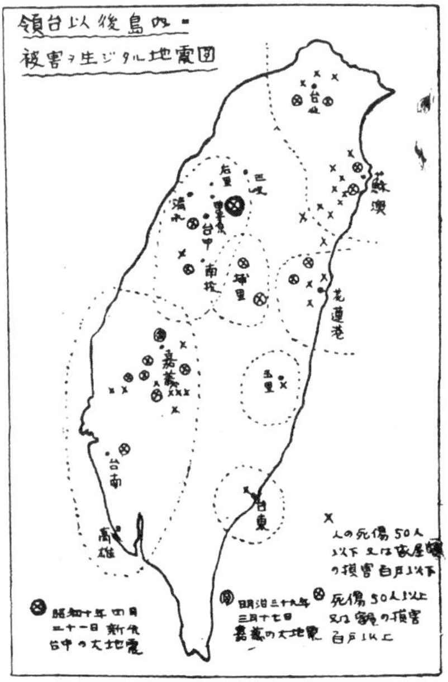

4-15　臺灣歷來強震區域分布圖

感的地震。隔天的臺北觀測站立即公布了測震紀錄，那時的地震算法不同於我們現在是寫幾級震度，而是以強震、弱震區別。當時新竹臺中屬強震、臺南弱震、基隆在強震之弱、花蓮港弱震，澎湖在弱震之弱。最大震幅，第一回震十六粍，第二回震八粍。[142]

《臺灣日日新報》的災難報導的迅速也令人驚訝。才在地震的隔天，新聞就已統計出災害結果，新竹州及臺中州兩地的死亡人數超過兩千六百人，重傷六千多人，家屋全倒及半毀的有兩萬一千多戶。其中，又以臺中州較為嚴重，光是死亡就已有一千六百一十七人。四月二十二日的報

140 〈領台以後島內地震図〉，《臺灣日日新報》，一九三五・四・二十四；〈明治卅四年以後の本島の大地震四十回の多きに上る〉，《臺灣日日新報》，一九三五・四・二十四；〈自上空俯瞰地震地　崖崩屋倒慘狀歷然　特派員飛機同乘記〉，《臺灣日日新報》，一九三五・四・二十四。相關研究見李毓嵐，〈日記中關於地震的敘述：以一九三五年新竹－臺中大地震為例〉，《逢甲人文社會學報》，四十四期（二〇二二年六月），頁八三－一二二頁。

141 〈二十一早大地震　新竹臺中強震　死傷家屋倒壞無數　震源在新竹州後龍溪上流〉，《臺灣日日新報》，一九三五・四・二十二；〈大甲清水　地震火災　救援隊出動〉，《臺灣日日新報》，一九三五・四・二十二；〈中部大地震狀態　豐原郡下被害甚巨　死者千餘傷者近萬人〉，《臺灣日日新報》，一九三五・四・二十二。

142 〈地震調查〉，《臺灣日日新報》，一九〇六・三・二十一；〈昨日の地震　臺北測候所〉，《臺灣日日新報》，一九〇六・三・三十。有關地震研究，可見思堅，〈日本賑災小記：讀《想像災難：東京與一九二三關東大震災的視覺文化》〉，《香港01》，二〇一九・三・十一。瀏覽日期，二〇二三・十一・五。另見ジェニファー・ワイゼンフェルド著，篠儀直子譯，《関東大震災の想像力》（東京都：青土社，二〇一四）。

紙還仔細描述了地震剛開始時是上午六點二分十七秒，持續了三十秒，震央在新竹南部的後龍溪。報紙這樣描述災況：「殊如臺中山間，隧道崩壞，鐵橋破壞等，汽車亦不通，臺中州下，因地震勃起火災，極見慘憺云。」[143]

災難情況有多嚴重，看看臺中大甲郡下的清水街、沙鹿及梧棲三地，報紙的描述是全滅的情況就知。在沙鹿市區，天公廟以北，清河商店街前一帶，公學校前一帶，以及媽祖廟地區的房屋幾乎全毀；而街庄役場、派出所、御皇殿、天元堂也都損毀。其中，壓死者有三十五名、重傷的有四十八名，輕傷者無數，其中從廢墟中急救出來的有三十多人。地震後的災民，多無棲身之所，只能以空地為家，每天繼續處於餘震的恐慌之中。[144]記者在報導災難實況之餘，也注意到，沙鹿不像其他地區，地震發生後，立即有報紙刊載，地方人士爭先準備慰問品救濟，這地方由於消息不通，以致沒人關注。從空中看地震災情，又是一番景象。四月二十四日，《臺灣日日新報》就有特派員與代理總督深川文教局長，搭乘義勇專賣號，午後一點二十分由臺北練兵場起飛，沿著海岸線飛往災區。到了竹南上空，即可見臺灣民眾搬出家具，在屋外避難。到了後龍、通霄、大甲往南。以時速一百二十里，高度四百米方式飛行，所見到的是草葺家屋傾壞，歷歷在目。飛到大甲上空時，自大甲溪上流至豐原，再到內埔、神岡，也是房屋損毀嚴

4-16　地震後房屋毀損照片

重。到了臺中州上空時，機體傾斜迴旋，在火車站前廣場上空，投下了通信筒，裡面有特派員的親筆書，一個是給日下臺中州知事，一個是給新竹州知事，都算是空中的慰問狀。過了彰化後，才降落在鹿港飛行場。[145]

4-17　深川文教局長搭乘飛機視察地震災情

4-18　地震後鐵軌變形照片

143 〈中部大地震狀態　豐原郡下被害甚巨　死者千餘傷者近萬人〉，《臺灣日日新報》，一九三五・四・二十二；〈二十一早大地震　新竹臺中強震　死傷家屋倒壞無數　震源在新竹州後龍溪上流〉，《臺灣日日新報》，一九三五・四・二十二；〈最大の地震　臺中州下の被害調べ〉，《臺灣日日新報》，一九三五・四・二十二。

144 〈慘死者路傍に累累　阿鼻叫喚の生地獄　豐原郡神岡は全庄倒壞し　慘！清水街は全滅　本社特派員實見記〉，《臺灣日日新報》，一九三五・四・二十二。

145 〈自上空俯瞰地震地　崖崩屋倒慘狀歷然　特派員飛機同乘記〉，《臺灣日日新報》，一九三五・四・二十二。

事實上，地震過後，總督府就立即派內務局長親自巡視慰問地方，並下達一些指示。[146]在救護方面，地震隔天，救護事業就進行到臺中州各地。小濱內務局長先從苗栗視察到後龍。後龍原本前年就遭逢水災，此次又碰到地震，雙重衝擊下幾乎全毀。新竹州到大湖、銅鑼一帶，道路崩潰，因而在救護上相當困難。南庄的台車軌道，在官方投入救援後不久，暫時修復。二十二日午後兩點，內務局長到了竹南郡役所，此地剛經歷餘震，郡的辦公廳舍部分倒塌，局長只好上樓聽取簡報。由於臺中州的道路網相當完備，加上處置得宜，加速了救護的進度，清水街的火災很快就受到控制。其中，由於地理位置上，卓蘭、石岡、屯子腳、神岡、梧棲是在一條軸線上，所以影響慘烈。至於這條斷層帶之外的豐原、大甲，幾乎沒什麼大礙。而以新竹大湖為中心，苗栗、竹南及竹東等地也相當慘烈。在緊急應變下，所有臺中州轄下的重傷者，全部收容在臺中醫院。[147]

災後，臺灣各地開始賑災活動，募款音樂會是其中一種形式。例如一九三五年七月九日，在吳新榮住所的臺南佳里，就由臺灣新民報社主辦，臺灣文藝聯盟佳里支部後援下，舉辦了新竹臺中大震災義捐音樂會。午後七點，在蔡培火的率領下，帶了音樂家林秋錦、留日鋼琴家高慈美、陳信貞、留日音樂家蔡淑惠、高約拿等音樂家，到佳里公會堂表演音樂，撫慰傷痛的記憶。[148]除靠音樂會巡迴義演外，各地的街庄協議會也紛紛響應，號召市民捐獻。斗六實業協會則透過在斗六世界座開演素人劇來義捐。有的民眾則直接開著車子載送物資到災區。像彰化北門外陳有財就送來兩千五百斤的蕃薯，彰化南門外的阮榮輝也捐贈三百斤的紅糖糕；還有的送鹽魚八十斤、醃蘿蔔三百斤、白米十五袋。[149]此外，日本曾有過一九二三年關東大地震的類似經驗，對此也感同身受，民眾也紛紛表示對地震的慰問。其中，拓務省的所有職員，原本捐出月薪的百分之一，作為地震的慰問金，但日本全國官吏也擬捐月薪百分之一，使得拓務省又額外調高至百分之二。[150]

從對災情的掌握，到調配人力親赴現場救災，再到一些行政及社會經濟的調控，可看出當時的殖民政府是多麼迅速有條理地在處理救災問題。在地震的第三天，總督府就根據緊急部局長會議決定，撥出罹災救助資金，比照內地震災先例，由國庫的第二預備金支出，給兩州基金二百一十二萬圓。又通知遞信部，針對罹災地、使郵便儲金非常支還。另一方面通知財務局金融課，針對各銀行的預金支以及急送資金的問題，儘量給予方便；且須延長開業時間，以方便災民的銀行辦事。

讓我們看看災後第三天，總督府是如何調配物資的。二十四日時，總督府的震災救護事務所收到各地的回報，物資缺乏，其中新竹州尤其嚴重。此問題一發現後，立即徵調了桃園及新竹等

146 總督府檔案對此有所指示。「新聞號外」（一九三五．四．二十一），〈昭和十年臺灣總督府專賣局公文類纂新竹、臺中州下大震災關係〉，《臺灣總督府專賣局》，國史館臺灣文獻館，典藏號：00103506001。

147 《臺灣日日新報》，一九三五．四．二十二。

148 〈地震多死傷　家屋構造大有關係　通衢道路亦要整備〉，《臺灣日日新報》，一九三五．四．二十六。

149 《吳新榮日記全集》，一九三五．七．九。

150 〈救助品を震災地へ急送〉，《臺灣日日新報》，一九三五．五．一。〈拓務省全職員　捐俸賑恤〉，《臺灣日日新報》，一九三五．四．二十三。

地的貨車，負責食糧的配送，但只能到達竹南，其餘交通困難，無法配送。此外還向臺北緊急採辦米以外的民生必需品。地震發生後，宗藤郡守就駐守在郡役所，接收各地傳回來的情報，並與警備官員磋商，督勵各郡可援助的警察官、壯丁團，傾注全力復舊。二十二日一早，就吩咐州土木課提供避難所的建築材料，而後分配到內埔、神岡兩地。這兩庄分別在公學校運動場及附近空地搭建收容所，這種入口八間、深四間的草葺臨時屋共有十棟，每棟可收容一百三十人，兩庄預計可收容三千名。[151]

對於這種重大天災，如何處理或安置遺體，是一大問題。當時的報紙就報導，災害地的人士，有的家屋倒毀，有的人畜死傷正自救無暇，可是卻有一部分的民眾，或許囿於迷信的緣故，不願接近死骸。其中，本島人多避不向前，只有內地日人勇往邁進，編輯認為這是一種迷信，是民族的弱點。相對地，報紙也會報導一些正面助人的新聞，清水街的楊肇嘉就是受到讚揚的例子。楊家在地震時全毀，一家幸運逃過一劫，楊遂帶頭指揮家族，搬運在瓦礫堆中的殘骸，而且對傷病患者的緊急治療及配給糧食，不遺餘力。南投街壯丁，於二十一日，徹夜不眠，準備一切，二十二日凌晨，就由武村部長親自帶領出發，五點過後到了后里，眾人就在一間倒塌的大型建物齋堂中找尋倖存者及救出傷患。[152]

地震發生後過幾天，立即有來自日本的各界人士的親自慰問。四月二十九日，一艘名為朝日丸的輪船進入基隆港，船上有慰問地震的永田代議士、臺北帝大的濱口教授、九州帝大的伊藤理學博士六百一十人。永田代議士接受記者採訪時回答說，他這回來臺灣，主要是帶來民政黨總裁的慰問狀，向總督及各地方表達致意。他認為這是自明治以來的第三大地震，僅次於關東及濃尾，由於各項救護措施迅速展開，所以被害程度大大降低。九州大學的伊藤教授被訪問時則說，就地震原因來看，地質學者都判斷是斷層或地滑，這都該再進一步討論。他所服務的單位是地球物理學研究部門，預計在臺灣待兩週。此次震源離地表較近，約十公里的淺震源；可是一般的大地震皆為深層地震。此次，因為震源較淺，所以破壞的範圍不廣，算是不幸中之大幸。另外，雖然地震不是太強，但由於本島建築的老舊，所以受損影響才會如此嚴重。[153]在伊藤之外，來的還有東大地震研究所的高龍太郎，研究一般地震的高橋及鈴木。還有齊田是來從建築學角度研究地震的震度，為了提供日後臺灣的建築作參考。[154]

地震一周年後，新竹州及臺中州都為死難者辦理追悼紀念儀式，並展示一年來的重建工作成

151 〈內埔神岡兩庄にバラックを急造　庄民三千名を收容の為〉，《臺灣日日新報》，一九三五・四・二十三；〈急築假屋　收容三千名〉，《臺灣日日新報》，一九三五・四・二十四。

152 〈清水街楊肇嘉氏　見義勇為收拾死屍　不敢近屍者寧無愧死〉，《臺灣日日新報》，一九三五・四・二十六；〈楊肇嘉氏は自ら　死體片づけ〉，《臺灣日日新報》，一九三五・四・二十六。

153 〈內地學界から續續　地震研究に來る　九大の伊藤教授、東大からも三氏　民政黨から永田代議士來臺　朝日丸入港〉，《臺灣日日新報》，一九三五・四・三十；〈內地學界から續續　地震研究に來る　九大の伊藤教授、東大からも三氏　民政黨から永田代議士來臺　朝日丸入港／永田代議士談〉，《臺灣日日新報》，一九三五・四・三十；〈內地學界から續續　地震研究に來る　九大の伊藤教授、東大からも三氏　民政黨から永田代議士來臺　朝日丸入港／濱口臺大教授談〉，《臺灣日日新報》，一九三五・四・三十。

154 〈為研究中部大地震　內地各界接踵來臺〉，《臺灣日日新報》，一九三五・五・一。

果。[155]臺中州在隔年一九三六年三月，就出版了《昭和十年臺中州震災誌》。[156]新竹州在臺中州之後兩年，一九三八年也出版了《昭和十年新竹州震災誌》。[157]這兩本書詳細記載了所有關於這次地震的各種訊息。首先，有震災的概況、震度分布與強度、斷層、餘震的回數、被害狀況、死傷者、家屋受損、非住家受損、官設公設建物、廟宇、會社、工廠受損；或者產業受損情況。其次，提到了皇室的御仁慈、同胞愛；也講到救護情況，舉凡被害情報的蒐集、應急救護、對死者的措施、受傷者的治療、罹災民的救護、震災地的衛生。此外，還提到警戒警備、產業復舊，交通應變、通訊應急；或者是復興計畫、自力更生運動、都市計畫。最後，還詳實羅列了有關地震的學術技術、震災美談及感想，以及震災慰問文等等。若非驚人的行政動員與救災體系的發揮，不可能在這短短時間內完成這樣的工作。

環境變遷對歷史的影響，除了地震之外，颱風對臺灣民眾而言，也是另外一種創傷記憶。此外，還有來自中國華北的沙塵暴。一九二一年的四月十三日，來自蒙古的一陣黃沙吹向華北地區，不僅北京，整個中國北方都淪陷為黃沙所覆蓋。根據北京電報所的消息，北京因此還白晝點起角燈。東京電報也說十五日清晨的大阪、靜岡、敦賀及日本各地，皆是天空紅塵一片，日光頓時變為黃白色，一時人心惶惶，大概也是蒙古黃沙吹來的緣故。隔天一早，整個北臺灣也受到蒙古黃沙的影響，灰濛濛一片，雖是大白天，但不見日光，一般民眾對此現象都嘖嘖稱奇。據故老說法，北京歷來也不曾有過如此嚴重的天氣變化，是九十年來僅見的現象。這影響當然不只有臺灣，就連更南方的菲律賓也受到波及。[158]

六、一張文協演講傳單中的停電史

二〇二一年，五一三的全臺大停電，估計共有四百萬戶住家與公司行號，在下午三點到八點實施分區供電。對於突如其來的停電，道路交通號誌失靈，交通打結，商家停電沒法做生意，工廠停電產業線停擺，各地也爆出多起民眾電梯受困的例子，民眾紛紛抱怨，這停電到底是天災，還是人禍，提出各種質疑。最慘的是，五天內還發生了兩次。相較於上一次的二〇一七年的大停電，已隔了好幾年。[159]

155 〈東京で臺灣震災横死者追悼〉，《臺灣日日新報》，一九三五．五．九；〈震災横死者を東京で追悼法要　曹洞宗東京寺院主催〉，《臺灣日日新報》，一九三五．五．十；〈佛教各派聯合の横死者追悼法要　平塚長官ら多數參列し　きのふ西本願寺で〉，《臺灣日日新報》，一九三五．五．二十一。

156 臺中州編，《昭和十年臺中州震災誌》（臺中，臺灣新聞社，一九三六）。

157 新竹州編，《昭和十年新竹州震災誌》（新竹，山中印刷所，一九三八）。

158 〈蒙古黃砂襲臺灣〉，《臺灣日日新報》，一九二一．四．十八。

159 〈513大停電周年　臺灣不缺電?疫情讓用電增加，「一出事就是大事」〉，https://www.cw.com.tw/article/5121153。瀏覽日期，二〇二三．十．二十三。

這樣的停電場景，日本殖民臺灣時的大稻埕也有過。講到日治時期的停電史，有一張「電力會社糾彈演講的宣傳單」，相當有意思，既可以反映當時的停電概況，也可以呈現地方菁英對民生問題的抗議歷史。剛好二〇二一年是臺灣文化協會一九二〇成立的百周年紀念，這張傳單正可以具體而微地說明那時代的啟蒙精神。

從圖4-19中可看出，並未標明年代，據相關文獻來看，可能是一九二八年，推估是當年的次數實在太過頻繁。傳單上頭僅有舉辦活動的時間十一月十九日晚上七點。這活動是臺灣民眾黨臺北支部所主導，在大稻埕舉辦的民眾講座。為了吸引民眾來參加，特地設計了這樣的傳單來宣傳活動。

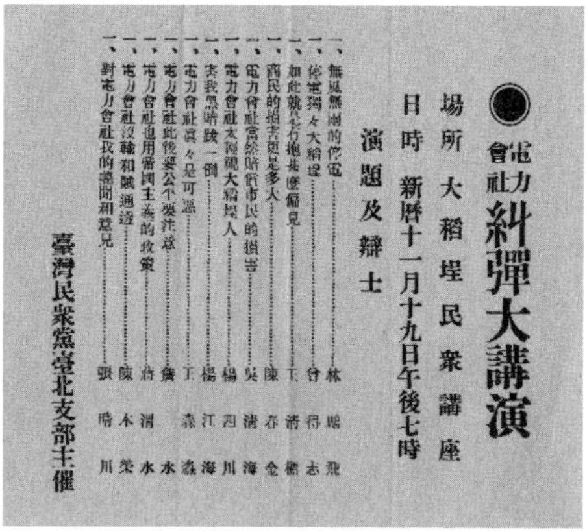

4-19　臺灣民眾黨臺北支部主辦的講座傳單

活動主旨在批判電力會社這個機構。傳單上頭寫著演講題目及講者名字，共有十二位演講者及十二個講題重點。這傳單中講者有我們都不太熟悉的林鵬飛、曾得志、丁清標、陳春金、吳清海、楊四川、楊江海、丁森淼、詹水、陳木榮及張晴川；但也有大名鼎鼎的蔣渭水。講題則包含：「無風無雨的停電」、「停電獨獨大稻埕」、「如此就是有抱甚麼偏見」、「商民的損害更是多大」、「電力會社當然賠償商民的損害」、「電力會社太輕視大稻埕人」、「害我黑暗跌一跤」、「電力會社真真是可惡」、「電力會社此後要公平、要注意」、「電力會社也用帝國主義的政策」、「電力會社和賊串通」及「對電力會社我的聽聞及意見」。

傳單其中一項抗議的主題是大稻埕商家常會遇到的問題，那就是沒有特殊理由就停電的現象。之所以會成為臺灣民眾黨臺北分部的大眾演講抗議主題，就表示這是件一九二〇年代相當重要的民生問題。[160]當時民眾黨宣傳的事情很多，常透過傳單號召大家出席民眾講座。像是要求真

160 一九二〇年代，報刊中有關停電的新聞相當多，例如〈又しても　臺北の停電　約一時間に亙つた〉，《臺灣日日新報》，一九二二・十一・二十五；〈昨夜の停電　全市の暗黑廿四分間〉，《臺灣日日新報》，一九二三・六・十五；〈基隆街に於ける　停電の影響〉，《臺灣日日新報》，一九二三・七・四；〈苗栗街の停電　本年中に復舊困難〉，《臺灣日日新報》，一九二三・十二・十三；〈新竹の豪雨　停電で市街暗黑〉，《臺灣日日新報》，一九二四・八・六；〈停電理由　天送埤からの　送電線故障〉，《臺灣日日新報》，一九二四・九・六；〈臺北全市の停電〉，《臺灣日日新報》，一九二五・六・十五；〈四日の停電　臺北の一部〉，《臺灣日日新報》，一九二六・七・四；〈五穀先帝の祭典中突如停電　歡樂境は忽ち暗黑世界〉，《臺灣日日新報》，一九二七・五・二十八；〈稻埕大正街方面　停電終夜　營業は全く封鎖され　一般民家も大恐慌〉，《臺灣日日新報》，一九二八・七・七；〈稻市停電終夜　營業全部封鎖　一般民家大恐慌〉，《臺灣日日新報》，一九二八・七・八；〈大稻埕方面　停電頻頻〉，《臺灣日日新報》，一九二八・十・二十三；〈大稻埕方面　停電問題　點燈時繰上　と共に意見交換〉，《臺灣日日新報》，一九二八・十一・二十一；〈大稻埕多年停電大問題　北區町委員保正會及臺北商業會　決議要求電力會社施設複線及早一時間送電　該社特派國弘課長聲明〉，《臺灣日日新報》，一九二八・十一・二十一；〈昨夜の大停電〉，《臺灣日日新報》，一九二九・四・二十七。

正的地方自治，這可以一九三〇年六月五日的「大家覺醒起來要求真正的地方自治吧」傳單為代表。這件為臺灣民眾黨宣傳部發行的宣傳單，左下角有臺灣民眾黨宣傳部的署名，並註明地點位置在真人廟邊。傳單上還有臺灣歷史博物館字樣的浮水印。真人廟就是現今大稻埕著名的法主公廟，地址在臺北市建成町一丁目二四四番地。從光緒二十三年的臺北街道圖可以看出，法主宮廟最早是位於新興街與法主宮街的交叉口。日治時期重修，至一九六八年道路拓寬而改建。傳單左下角另外寫有發行人為蔣渭水，印刷人為黃天麟，印刷所為黃塗（？字體不清）活版所，地點為臺北市北門町三番地。

這張傳單的主要訴求是針對農民、工人、學界、商人、青年、婦女及一切沒有政治自由的民眾。當時臺灣民眾黨的主張有以下幾項：

一、地方自治應該要做到真的自治。
二、改議員的官選為民選。
三、機關應該作為議決機關。
四、市街庄長應由人民選出。
五、地方稅的金額應該由民選議員來決定。

透過這五項訴求，臺灣民眾黨呼籲民眾真正的地方自治已經快要出現，大家應該覺醒，一起來連署支持。傳單最後提出支持的方式是到黨部及支部，現場提供建議書，讓滿二十歲以上的民眾蓋印章或蓋手印。從各種政治議題到民生問題，都是傳單宣傳的重點。類似傳單中的停電抗議，報紙也可常常見到。

早在一九二八年七月八日，《臺灣日日新報》就報導，六日下午三點半時，臺北地區風雨交加，宮前町松山方面送電線，大正街附近發生故障，導致大稻埕一直到深夜都沒有電來。該區整片漆黑，營業完全暫停，各劇場、電影院都停演。一般民眾對於這種停電情況感到異常迷惑，更對電力會社這機構的處置措施緩慢，頻頻抱怨。[161]

一九二八年十一月二十一日的《臺灣日日新報》更為詳細。新聞提到，大稻埕人口十多萬，商業繁盛，乃全島經濟的中心，不論是事業或是生活都亟需用電。但自從開始供電以來，至今十多年來，一直不時有停電的困擾，常造成商家的有形與無形損失。以往儘管有怨言，但缺有力組織可以代為發言，表達抗議心聲。直到臺北商業會成立，會員幹部開始拜訪電力會社，最初也吃閉門羹。此後十一月十九日，北區町委員保正會及臺北商業會，特別在町委員會事務所樓上再次開會，會中重申該年景氣不佳，正準備加強銷售，最後做出以下決議。[162]

決議內容要求改善電力設施，增加複線，並要發電所不時送電。商業會舉例說之前就發生過，大稻埕的永樂座一遇到停電數小時，電影院已售出的票就要退還，而且要用一等券的票退

161 〈稻市停電終夜　營業全部封鎖　一般民家大恐慌〉，《臺灣日日新報》，一九二八．七．八。

162 〈大稻埕方面　停電問題　點燈時線上　と共に意見交換〉，《臺灣日日新報》，一九二八．十一．二十一。

還，對商家來說是筆相當大的損失。又町委員保正會也提出，大稻埕這區管內所繳的電力費用，一個月高達六萬圓，為電力會社的最大客戶。但對於區內停電卻置之不理，在座一百多人都認同若電力會社再不予理會，將會拒繳電費，或者是按停電多久就扣除多少電費。這招果然有效，最後電力會社派出層級較高的營業課長，正式提出解決聲明。最後決定開始進行松山地區的工事，對於配電區域重新做調整，並增加複線。預計在一九二八年中開工，並趕在隔年二月完工。

然而，雖然大稻埕的電力供應改善了，全臺的停電事件還是層出不窮。最後，回到停電抗議宣傳的載體「傳單」，我們可不要小看這一張小小的傳單，在那個時代，靠著各地方的印刷所，一份傳單可是少則千張，多則印萬張。許多民眾就是靠這種宣傳，參與了各種啟蒙講座。這裡頭不僅能微觀一九二〇年代的抗爭史、思想文化史、印刷史、出版史，更是理解民眾訊息流通管道的文化史。

第五章

移動

戰時體制與戰後日常

東亞的日記文化

一九三〇至一九四〇年代，東亞似乎有著共同的日記書寫與出版文化，必須將日記放在這樣的歷史脈絡中，才比較能夠理解以下提到的幾部日記。以下探討戰爭時期的日常所運用到的是這幾部日記：《吳新榮日記全集》、《竺可楨日記》、《北平日記》、《蓮娜・穆西納日記》。

田中祐介主編的《從日記文化詢問現代日本：人們如何書寫、被書寫及留下紀錄》就是一本談論日記的書寫文化的重要著作。明治以來，日本透過學校教育學到讀寫能力的許多人開始寫日記，日記是滿足人們寫作欲望的一種媒介。另一方面，日記也是寫給他人看的。日本學界對日記出版文化有較多的討論。田中祐介就提出以史料、物品及行為這三點為主軸，考察近代日本的「日記文化」。[1] 正如《從日記文化詢問現代日本》所探討的重點。人們渴望寫日記的原因是什麼？為什麼人們不只要寫下與自己有關的事件，還寫下自己內心的想法呢？[2]

本書分為三部分：作為史料的日記、作為物品的日記、作為行為的日記，這些總稱為「日記文化」。編者提出幾個重要問題：像是近代日本的「日記文化」是怎麼樣形成及展開的？眾多寫日記的人們生活是怎麼影響近代日本社會並帶來改變？。

第一是「作為史料的日記」。近代日本的日記研究的學術書相繼出版，除了《日記に読む近代日本》之外，還有二〇一六年開始刊行的《日記で読む日本史》。此外有鈴木貞美的《日記で読む日本文化史》及黑澤文貴、季武嘉也合編的《日記で読む近現代日本政治史》。就日本而言，有關明治以後的日記資料很多，有商業出版的日記、以私家版而刊行的日記、刊載日記本文的學術誌、一般雜誌、研究著作或雜誌專號等二手文獻、手寫日記本，這些合起來有超過四千筆資料（總稱為福田日記資料收藏）。日記是研究歷史很珍貴的史料，但是我們不能完全相信它寫的內容。日記經常是在意別人／讀者眼光的自我演出空間。[3]

第二為作為物品的日記。把日記當作物品，主旨在關注日記本的實際生產和流通相關的文化。在日本日記本第一次公開被出版的是，國立印刷局製作的一八八〇年《懷中日記》及《當用日記簿》。之後，徹底改變這種狀況的是博文館的進場。博文館從一八八七年成立以來迅速發展。一八九五年，它發行了招牌雜誌《太陽》、《少年世界》和《文藝倶樂部》，同年首次出版了《懷中日記》。[4]

---

1 田中祐介編，《日記文化から近代日本を問う　人々はいかに書き、書かされ、書き遺してきたか》（東京都：笠間書院，二〇一七）。

2 https://diaryculture.com/books/。瀏覽日期，二〇二三・十一・五。《日記文化から近代日本を問う：人々はいかに書き、書かされ、書き遺してきたか》，〈總論〉。二〇一七年又出版了田中祐介編的《無数のひとりが紡ぐ歷史：日記文化から近現代日本を照射する》（東京都：文學通信，二〇一九），編者認為「日記不只是讀者方便論證的資料，更是與未知他人的邂逅，是產生各種新鮮問題的磁場。在尊重作者的人格和生活的同時，他仔細解讀紙上寫下的每一個字，避免任何先入為主。如此一來，過去的話語就會再次活起來，震撼今天讀者的話語和思想，促使他們重新思考。換句話說，我們透過閱讀日記遇到的是一個個體的他者，他不能被還原為社會屬性或特定的歷史經歷，或者說，他是無數他者中的一個」。

3 《日記文化から近代日本を問う　人々はいかに書き、書かされ、書き遺してきたか》，頁一二一一七。

4 《日記文化から近代日本を問う　人々はいかに書き、書かされ、書き遺してきたか》，頁一二一一七。

博文館的日記出版，透過在全國擴大自己的銷售網絡，建立了一個出版王國，取得了巨大成果。《當用日記》和《懷中日記》以外，還有《家庭日記》及《小學生日記》。市場販賣的日記本不僅在全國各地發行，而且還被送到了戰場。一九三九年末的博文館廣告說，祝賀次年即將到來的「皇紀兩千六百周年」。還出現了《給將兵日記》，可以放在慰問袋中，送到戰場給士兵使用。[5]

第三是作為行為的日記。關注作為個人和社會習慣浸潤的日記行為，如何塑造作家的心理和行為。有學者將日記定義為「國民教育裝置」，日記被定位為「培養國民觀」的適當方法。[6]

我很喜歡蒐集日記，目前手邊的數量已超過百種。最早關注日記是十幾年前在寫明末仕紳祁彪佳時所用的《祁忠敏公日記》，那時寫的是晚明的醫病關係。此後，就持續關注起日記這種文類。之後二〇一三年在寫《島嶼浮世繪》時，又大量引用了中研院臺史所建置的「臺灣日記知識庫」，其中看得最勤的是「吳新榮日記」，為了翻閱方便，還特地買了國立臺灣文學館出的全套《吳新榮日記全集》。

這些年我更將日記研究延伸到歷史教學上。像是「新文化史專題」，我會帶領學生共讀當代學者利用日記所寫出來的論著。例如沈艾娣的《夢醒子：一位華北鄉居者的人生（一八五七－一九四二）》，這書利用的就是《劉大鵬日記》。儘管她不是第一個運用這個日記的學者，但令人印象最深刻的研究還是《夢醒子》。借用美國清史專家羅威廉的評語，這書「從一位偏遠鄉村下層紳士的視角，它使讀者宛如置身於這一遙遠的時空之中，為我們打開一扇窗，來理解國家大事如何與日常生活接觸，以及這些大事對於生活和普通民眾觀念的真正影響」。

一、戰爭的全球微觀史：臺南／北平／遵義／列寧格勒

移動不僅與交通工具的變革有關，戰爭有時也會帶來各種的移動，舉凡逃難、移民、從軍、部隊移防等課題都與戰爭息息相關。以日治時期的戰時體制臺灣為例，過往，我們對於一九三七年中日戰爭的爆發原因與影響有相當多的歷史書寫，卻對戰爭發起國日本殖民體制下的臺灣生活知道甚少。通常我們會在各種相關書籍上看到形容這段時期歷史特色為「戰時體制」。教科書是這樣描述當時戰時體制形成的背景：「一九三〇年代，日本國內受到世界性經濟大恐慌的影響，產生經濟及政治危機，結果造成日本軍部勢力抬頭，並加緊對外侵略腳步。一九三一年，發動九一八事變，占領中國東北。一九三七年七月，製造盧溝橋事變，中日全面開戰。」除了北進之外，日本也在一九三六年正式「南進」，積極展開侵略行動。

5 《日記文化から近代日本を問う　人々はいかに書き、書かされ、書き遺してきたか》，頁一一二－一一七。

6 《日記文化から近代日本を問う　人々はいかに書き、書かされ、書き遺してきたか》，頁一一二－一一七。

臺南

戰時體制下的空襲

隨著軍事行動的擴展，日本全國進入戰時體制，臺灣也不可倖免地捲入戰爭洪流之中。為了因應軍事需求，臺灣總督又回到日治初期的武官總督體制。一九三六年，海軍大將小林躋造出任總督，提出了「皇民化、工業化、南進基地化」三政策，成為戰時體制下統管臺灣的最高原則。

臺灣民眾何時感受到戰爭即將到來？一九三七年的七月七日或許是個重要的時間點。儘管近年來有關戰時體制下的臺灣研究越來越多，但多偏向政治、社會及經濟方面的研究，少有從民眾的生活感受著手。透過日記或許是我們微觀戰時體制下的臺灣民眾生活的另一個重要管道。

一九三七年七月七日，臺南小鎮醫生吳新榮在這一天僅寫下這幾個字：「正義如不滅，良心遍世界。」雖沒有太多描述，但明顯已經表明他對這場戰爭開打的態度。在這之後到年尾的日記裡，雖然沒有太多有關中日戰事的直接描述，但開始對戰爭造成的生活影響有所著墨。中日戰爭後的半年內，常出現在臺灣民眾日記中的戰爭事務字眼有：空襲警報、國防獻金、出征、送別會、防衛團、民風作興委員會、愛國婦人會、慰問品、軍機獻納促進會、青年團、國民精神總動員、南京陷落祝賀會等。[7]

例如九月一日，吳新榮午後在佳里勸募國防基金，成績相當亮眼，幾日下來已經累積到兩千六百多圓了。[8]隔天，他和友人拜訪北門郡役所，報告募集國防獻金的經過及協議日後的方針，隨後則到公會堂參加送別三位即將出征人士的歡送會。出征送別會並非都辦在公會堂，有時會在公學校的講堂。[9]九月九日，北門郡動員出征的人士達二十六人，吳新榮參加了送別會，對於聽聞到近日要動員軍夫的說法特別留意，當日的日記並特別記錄下來。[10]

在戰爭初期，臺灣民眾對於中國戰場的日軍動態，常透過行動表示支持。例如九月二十七日，佳里居民當晚就舉行了河北保定的陷落祝賀會，沿路提燈慶祝。[11]不只男性要參與動員活動，婦女也參與後勤性質的婦人會。吳新榮妻子雪芬在十月二日參加了愛國婦人會及佳里婦人會，每天都縫製日章旗作為前線戰士的慰問品。吳新榮更被任命為防衛團團員及軍機獻納幹事，擔任統領戰爭後方的大眾指導者。[12]此外，至公學校講堂觀看青年團的演劇，也是這時候的戰時體制下活動之一。

除了上述的戰爭動員外，戰爭也帶來了物資的短缺與物價的高漲。十一月十六日，他提到因為戰爭的關係，他當年中要建築新居的計畫完全無限期地延期了。最主要是因為材料缺乏及地價高漲，使得他的診所開業五周年的計畫因而中止。[13]在十二月二日的日記裡，他則寫了戰爭第一

7 《吳新榮日記全集》，一九三七．七．七。
8 《吳新榮日記全集》，一九三七．九．一。
9 《吳新榮日記全集》，一九三七．九．二。
10 《吳新榮日記全集》，一九三七．九．九。
11 《吳新榮日記全集》，一九三七．九．二十七。
12 《吳新榮日記全集》，一九三七．十．二。
13 《吳新榮日記全集》，一九三七．十一．十六。

年的奇異現象：「烏蟻群生、紅蟻多產、惡瘧流行、嚴冬不寒。」[14]對於臺灣民眾的戰爭出征，吳新榮以下的這段話或許代表部分民眾的心聲之一：

午前中，送臺灣軍夫出征，臺灣人於時完全分擔了兵役啦，總是這歷史的變動期，臺灣人也參加歷史行動是極其當然的。中國史上被外國民族滅亡已有兩回了，第一回，宋後被北方蒙古民族來侵，第二回，明後被東北方滿洲民族來略，這回是第三回，被東方民族來寇，這也算可算是民族的運命了。將來或被南洋民族或是安南民族滅亡也不可知。[15]

志願出征軍夫的新聞對於民眾的戰爭感受或許更為直接。一九三八年一月七日，吳新榮就已經見到回鄉的軍夫受到村民夾道歡迎的場景。透過他們的一手消息，得知這些志願兵並未直接參戰，吳新榮有了和平即將到來的錯覺。[16]

吳新榮認為日本國力的膨脹是必然的，若任何人無法阻止日本擴張的話，我們主張日本應該北進或南下。北方有俄羅斯最大島嶼庫頁島、遠東的沿海洲、堪察加半島，那裡有豐沛的油礦、漁場及森林，掌握這些地方則可完全支配日本海、顎霍次克海。向南的話，則有南洋的米及砂糖、菲律賓群島的棉，領有這些地方則可將太平洋與印度洋一起納入，這麼一來，日本可以完全成為「島帝國」，不至於演出所謂的「東洋悲劇」。最終將可以由「白人支配」的主張改變為「黃種人之自由」。這種戰爭的體會，吳新榮形容為「真正的冬天終於來臨了」！[17]

臺灣民眾的空襲初體驗

事實上，臺灣民眾的戰爭經驗不是從中日戰爭爆發後才有的，其實早在此之前的平日，臺灣民眾就參與了各式各樣的演練。一九三七年三月十一日的《臺灣日日新報》就記載了九日晚間的島都臺北實施了空襲的燈火管制。當晚六點五十五分，發布空襲警報，一時臺北成為黑暗世界，所有通行中的汽車都停駛關燈，直到七點十五分才解除第一階段的空襲警報。到了晚上九點，又發布第二次警報，隔二十分鐘解除，所有警戒管制到十點才結束。這樣的空襲警報演練主要是隨著陸軍紀念日的活動而進行，涵蓋的範圍應當是全臺。像是花蓮在紀念日這天，也於午後五點半，召集了第三大隊、街防衛隊、特殊防衛隊、官衙、街民等，於六點全體動員，開始警備演練，進行了數次的燈火管制及判別瓦斯種類的活動，直到九點才結束。[18]

臺灣首次遇到空襲在何時？原來不是到戰爭末期才有，早在一九三八年就有。從吳新榮的日記得知，一九三八年的二月二十三日。這一天午後，吳新榮接到防衛團的緊急召集，救護班奉命前往佳里的金唐殿集合。[19]在吳新榮記錄的隔天，又提到有十二架敵機從南方飛來，使得他們的

---

14 《吳新榮日記全集》，一九三七・十二・二。
15 《吳新榮日記全集》，一九三七・十二・十九。
16 《吳新榮日記全集》，一九三八・一・七。
17 《吳新榮日記全集》，一九三八・一・七。
18 《臺灣日日新報》，一九三七・三・十一。
19 《吳新榮日記全集》，一九三八・二・二十三。

救護班又緊急集合。這是他第一次聽到防空警報的下達消息，不久就收到傳令報告，有數架飛機在臺北上空襲擊。儘管事實與詳情都不明，但吳新榮推測：「恐怕這是臺灣，不，是日本第一次的被空襲吧。」對此，吳新榮很感慨地說，當時大多人是透過收音機的廣播得知這消息，由於並未親身經驗，未曾目睹真正空襲，因而大多會將這類消息當作是幻想，依舊採取「天下太平」的態度過生活，絲毫不覺得有戰爭的氣息。

外海空戰：「臺灣沖航空戰」

從一九四四年十月起，吳新榮感受到連續五天空襲經驗，平均每天有一千架飛機來襲，是島內前所未有的大規模空襲。當年十月十二日，他曾親眼目擊過空戰。據日記描述，當天凌晨三點發布空襲警報，開始全員配備與躲避。到了七點鐘，敵機的大編隊已經出現在曾文溪上空，展開對戰。他曾三次見到敵機燒成火球往地面墜落。[20]

在連續空襲的首日，剛好是吳新榮的兒子夏雄滿四個月的日子，在以往臺灣習俗裡，家人會準備紅桃祭拜祖先，娘家則會送禮祝賀。這一天因為空襲則無法進行任何慶祝活動，慘的是三餐只有米飯拌砂糖吃。空襲第二日的凌晨三點，吳新榮就被叫起來開戰時非常會，商議如何在早晨六點時動員鎮上居民，指導每一戶如何透過燃燒野生雜草樹葉來製造煙霧。吳新榮事後才知道這種煙霧在空襲時曾發揮很大的效果。當日吳新榮外出看診途中看看街道情況，發現家家戶戶終日都在燻煙，寫下「如此忠誠而善良的國民，我看了感動掉淚」這樣的感想。[21]

或許是參與地方動員團體的事務，吳新榮對於戰事的掌握相當清楚。十月十三日他在日記提到，敵軍的航空母艦有一千多架飛機來襲，遭臺灣擊落的有一百多架。對吳新榮而言，此次空襲讓臺灣民眾覺得日本已經掌握了反攻的轉機，若真如此，臺灣成為戰場也該滿足了。面對連續空襲，吳新榮規劃了好幾處可以避難的處所：有將軍老家、下營的徐清吉、北門的漢醫大舅張善惠、麻豆的李自尺、白河的黃奇珍。為了防範空襲，他還特地將由賽璐珞所製造的易燃物品汽油和洋娃娃移動至屋後安置。[22]

第三天時，他聽聞到有跳傘被俘美軍的口供消息，得知美軍第一天的目標是軍需工廠，第二天是軍事設施，第三天是一般民間。這種轟炸方式讓吳新榮有了新的覺悟，認為是種「無差別轟炸」。所幸他已經將家中的避難設備完成，無論敵人以什麼方式來襲，都能應對。由於空襲的緣故，一切收音機、通信及交通都中斷，連不遠老家的將軍一帶都無消息，好在前一天有壽坤親自跑一趟老家帶回來的消息，才令吳新榮稍微放心。儘管如此，他還是牽掛家中長輩，為此，他終夜難眠，遂摸黑找出珍藏已久的椪卡龍酒，喝了幾杯，快到天亮才有睡意。但一早，他就被班長叫起來準備煙霧及其他配備。[23]到了空襲第四天，吳新榮總算能趁著空襲空檔，將蓋在防空壕上

20 《吳新榮日記全集》，一九四四．十．十二。
21 《吳新榮日記全集》，一九四四．十．十三。
22 《吳新榮日記全集》，一九四四．十．十三。
23 《吳新榮日記全集》，一九四四．十．十四。有關收音機與戰爭的研究，參見貴志俊彥、川島真、孫安石編，《戰争・ラジオ・記憶》（東京都：勉城出版，二〇一五）。

的榻榻米搬進屋內睡覺。跟平常不同的是，他是穿著全副武裝在休息，儘管不舒適，但或許是兩、三天的疲倦感一下湧現，他和妻小擠在一張大蚊帳中，一覺到天亮。[24]

在這幾天的空襲中，吳家不僅自己躲空襲，在吳新榮父親的安排下，還接待了從臺南來的朋友躲在小雅園。吳新榮在日記中寫說小雅園自空襲後，就開放舊的防空壕讓來自琉球的逃難民眾使用，估計可以容納五家三十多口人。此外，我們得知，當時逃難的民眾還有來自南方的屏東及高雄，準備徒步或坐牛車逃往虎尾、臺中。看著這些人疲憊的樣子，使吳新榮深深感受到戰爭的現實及民眾的命運。[25]

到了第五天，吳新榮透過管道得知，這個前所未有的大空襲中，美軍被擊落的軍機約兩百架，但更好的戰果是在海上，已經捕獲敵方機動部隊，並且擊沉了航空母艦級以下的艦艇三十餘艘。在這一天，受到連續空襲的影響，為了要守住診所，保護家人，再加上藥品器材不足及交通工具欠缺的緣故，吳新榮做了以下決定：限制或辭退兩種情況的外診，分別是直轄之外的遠路看診及燈火管制時的夜間外診。[26]

十月十二日以來連續五天的戰鬥，稱之為「臺灣沖航空戰」。十月十九日的吳新榮日記裡將這次航空戰稱之為大東亞戰爭以來的最大戰爭，他描述道：「敵方艦隊據說是太平洋第三艦隊的第五八機動部隊，總計有四十五艘的損失。即使臺灣全島被空襲而有三百餘架的我軍機未返回，但是敵人的損失要比此更龐大。」然而，事實上，美軍的船艦並未有像日本宣傳的這樣，遭受到重大損失，這似乎只不過是當時日本軍方的誇大之詞。[27]

一九四五大轟炸

一九四五年的新年一開始，吳新榮就感受到空襲的壓力。一月三日，他從收音機就聽到全島空襲的廣播。在躲防空壕的瞬間，就能聽到遠處的砲火隆隆。[28]一月十七日，他記載了連續的空襲讓他感覺到已經成為日常生活中的一部分，弄得工作幾乎歇業。根據描述，當時的空襲遍及全島，新竹、彰化、臺南及馬公的損害相當嚴重。[29]

對吳新榮而言，雖然物質上沒有太大的打擊，但精神上讓他焦躁不安。這種敵人的神經戰術，對民眾的生活也有很大的影響。他偶爾會趁著救護勤務時補充營養，但戰爭時的孩子們可能就沒有這樣的機會。吳新榮的補給之道就是趁值勤時和同僚抽籤，輪流到西美樓酒家喝一杯或吃壽喜燒。

一九四五年四月十日，吳新榮在日記提到，美軍的空襲是由南部逐漸往北部移動，尤其在南部雨季來臨時，南部的空襲可能會減少。當時攻擊的順序大致是由屏東、高雄、臺南、嘉義、彰

24 《吳新榮日記全集》，一九四四．十．十五。
25 《吳新榮日記全集》，一九四四．十．十五。
26 《吳新榮日記全集》，一九四四．十．十六。
27 《吳新榮日記全集》，一九四四．十．十九。
28 《吳新榮日記全集》，一九四五．一．三。
29 《吳新榮日記全集》，一九四五．一．十七。

化一路向北。透過報紙的訊息，當時已經能夠判斷出美軍的陸上機已經集結在沖繩。在沒有空襲的日子，吳新榮還是要趁空檔外診。[30]一九四五年四月九日，他就搭著人力車到臺南七股篤加村幫人看病，一路上經過的是因為陣地構築而破壞的道路，路況惡劣，儘管如此，他竟然還能看完清水書店所發行的《臺灣文化論叢》第一輯。[31]

蓋防空壕

一九四一年二月二十日，吳新榮的鄰居借用他們家的後花園蓋防空壕，條件之一是順便另外幫他蓋個新的防空壕，以作為佳里醫院之用。不到幾天的時間，他們就在花園西側完成了一座佳里地區最堅固的防空壕。從一九四五年一月的日記看來，吳新榮家中的防空壕有四座，且每座都有不同的人員分配。第一防空壕是榮樑、南星、南圖、夏雄，第二是雪金、南河及亞姬子，第三是岳母、朱里、吳的二弟國卿的長女翠霞，第四是井上、藥局生長旺、有財。此外，若他父母親來的話則分配在三、四防空壕。

在日本政府的命令下，民眾挖防空壕避難的政策已持續好幾年。隨著一九四五年太平洋戰事的激烈化，防空壕的強化工作勢在必行。多數的防空壕像吳新榮家的一樣，經歷了重挖、強化、掩蓋、重修的階段有五次之多。一九四五年二月十五日，吳新榮為了趕在雨季來臨前整建，開始構思重建防空壕。他從老家將軍將原有舊藏的粗大福州杉木運到佳里，和以往分散式的設計不同，此次預計增建一座最高防禦力的建物，遂開始委託小雅園粗重工作的重要助手。十八日時吳新榮家裡的防空壕增建的工程約已完成三分之二，進度為第一日挖土，之後每日的不同進度分別為：立梁柱、編竹、疊磚、鋪頂蓋，到了第六天堆土完後就算完工。在戰時資源缺乏的情況下，要興建一座防空壕並不容易，除了剛好有現成的木材外，吳新榮也很幸運地找來了鐵、石灰、磚塊、穀物及竹子等材料。落成後，他還打算要安置千手觀音，作為守護神。

躲空襲是日治末期臺灣人的共同記憶，不僅人要躲飛機轟炸，就連家中祭拜的菩薩也要。一九四五年三月二十二日，吳新榮提到他回老家將軍時，他母親就建議要將神位移到防空洞內奉祀。為此，吳新榮特別製作了簡易的神位，以南鯤鯓代天府的照片包上紅布，寫上了觀音佛祖、五府千歲、保生大帝及中壇元帥的名稱。

柴薪的欠缺在戰爭後期越來越嚴重，吳新榮對此感到非常焦慮，通常要動員各方來尋找。一九四五年四月，他從各個地方搬來了堆積如山的木材，一方面可以強化防空洞，一方面可以維持生活所需到戰爭結束。其中有來自將軍的甘蔗頭、大道塭的印度田菁、外渡頭的田菁頭、同安寮的甘蔗果、一保及二保的龍眼柴、後營及新寮的木麻黃。

空襲對民眾的日常生活有許多影響。以吳新榮為例，在新年元旦時，許多以往的習慣都有所變化。從一九四四年的年底起，他就沒有送出任何一份年節禮物，一來是物資缺乏，另外是覺得沒有必要。此外，由於金錢不被看得那麼值得重視，也未發出紅包給小孩及家人。以往呼朋引伴

30 《吳新榮日記全集》，一九四五．四．十。
31 《吳新榮日記全集》，一九四五．四．九。

的喝酒慶祝，這一年也跟著取消。這年破例的還有由於底片缺貨，再加上家族成員在精神上未能完全一致，元旦這一天，全家福紀念照片的拍攝也取消。

身為救護團員，吳新榮常會在空襲之後，奉命參與救護。從日記看，救護的範圍不限於佳里而已。一九四五年一月四日，他一早就到救護站集合，中午正要回家吃飯時，收到郡本部發出到北門庄的動員令。他隨著警察隊一進村莊，看到的災難損害比預料的還嚴重，每間房子都遭到轟擊。其中，他伯父的屋子被炸彈直接擊中，全家五口都壓在瓦礫堆中，只救出一人，帶回佳里救治。巧的是，他伯父在空襲時正好不在家，逃過一劫。其餘吳新榮的朋友，曾在日本東京醫專就讀的王金河、鹽分地帶文學同仁的王碧蕉、佳里青風會成員的王登山等家族，也倖免於難。或許是因為北門這個地方有港灣設施、有存鹽倉庫、有偽裝的粉碎工廠，連這樣不起眼的地方都被轟炸，這次的經驗讓吳新榮切實感受到戰爭已經迫在身邊，更感覺到防空壕的重要性。[32]

終戰

到了一九四五年戰爭末期的八月時，有關空襲的紀錄越來越少，反而受影響的不是因為空襲，而是天災。八月一日，吳新榮提到一場大雨，將他最高級的、充滿自信的防空壕沖得完全崩塌。連日的大雨，佳里地區發生前所未有的水患，家屋浸水，道路大水氾濫，防空壕塌陷，樹木大量傾倒。[33]隔了幾天，他回到將軍老家探視，情況的嚴重，似乎預告這場戰爭即將結束。這是六年來的第一次大水災。透過恢復正常的收音機及報紙訊息，他在九日得知日蘇已經進入開戰狀態。[34]最後記載空襲的情況是八月十二日，這天，他見到有二十四架B24轟炸機分四個編隊通過佳里上空，似乎是空襲嘉義，但並未聽到爆炸聲。[35]

關於戰爭的結束，在日本投降的八月十五日這天，日記這樣記載：

今天上午到下營保甲事務所為瘧疾患者做採血檢驗。從下營歸途中，遇到謝得宜君，告訴我中午有重大事件廣播。回到家要開收音機，卻沒電。到晚上，鄭國津君倉惶而來，告訴我重大廣播的內容。恰中我先前告訴徐清吉、黃朝篇兩人的預言，連我自己都嚇一跳。[36]

八月十五日的日本投降這天，對臺灣的大多數民眾而言，可能就像是這位臺南小鎮醫生吳新榮，並未有太多情緒上的反應，僅簡單寫給朋友提醒他要回家聽收音機而已，這就是終戰日，八月十五日。

32 《吳新榮日記全集》，一九四五・一・四。
33 《吳新榮日記全集》，一九四五・八・一。
34 《吳新榮日記全集》，一九四五・八・九。
35 《吳新榮日記全集》，一九四五・八・十二。
36 《吳新榮日記全集》，一九四五・八・十五。

北平

董毅與《北平日記》

一九三七年七月七日，日軍進攻盧溝橋，史稱七七事變，北平淪陷。中日的軍事衝突大多發生在北平城外，北平城內沒有遭到日軍猛烈地轟炸，戰爭的破壞相對較小。北平的淪陷與南京明顯不同，一九三七年七月二十九日，駐紮在北平的軍隊大致撤退，北平秩序由地方保安隊維持。八月一日，「北平地方維持會」成立，八月六日，日軍進入北平城。北平淪陷大致可以分為三個時期，第一期，一九三七年七月至一九三八年，為北平社會的恢復發展階段，大致恢復到戰前的水準。第二期，一九三八年至一九四二年，為相對發展繁榮階段，身為華北的政治中心，社會秩序相對穩定。第三期為一九四二至一九四五年，為北平社會的逐漸衰退，走向崩潰的階段，這一時期由於戰爭形勢變化，物資短缺，物價高漲，民眾生活受到衝擊。

我們這一節的主角是一名叫做董毅的大學生。他在一九三九年至一九四三年，寫了《北平日記》，讓我們清楚看到淪陷區北平的日常生活。[37]董毅原是福建人，生於一九一九年一月，一九三八年考入輔仁大學國文系，四年後一九四二年畢業，之後十二月進入銀行工作。董毅的父親董元亮，曾擔任奉天省財政廳長，但一九三九年過世，年七十九，此後董家因為沒有太多存款緣故生活開始陷入困境，有時還要靠變賣東西或向親友調度過日子。董毅父親過世後家道中衰，他與父親無子嗣的元配李娘及其生母，以及弟弟妹妹共同生活。

我們現在所看到的《北平日記》是在一九八〇年代時從他家中流出，之後輾轉到市場。二〇〇六年十月，由收藏者王金昌先生在北京報國寺文化市場發現。王金昌先生與董毅及其家屬進行溝通，在取得同意後，才進行日記的整理。二〇〇九年一月，人民出版社先出版一九三九年的日記。後續整理後，於二〇一五年八月才完整出版。[38]《北平日記》共有一百五十五萬餘字，記載了董毅從一九三九年至一九四三年在北平淪陷區生活的各式各樣經歷，特別是一個普通的青年學生和市民的社會生活狀況與內心精神世界。同時，日記也記錄了董毅視野下北平的社會狀況與各種生活。[39]

在北平的案例中，董毅天天寫日記，也會偶爾翻閱過去的日記。一九四一年三月十九日，董毅翻閱去年寫的日記，回想去年此時正是整日與女友斌廝混的日子，看了自己的肉麻記載，覺得有點難為情，且往事不堪回首。[40]

---

37 董毅著，王金昌整理，《北平日記（一九三九年－一九四三年）》（北京：人民出版社，二〇一五）。

38 董毅著，王金昌整理，《北平日記（一九三九年－一九四三年）》（北京：人民出版社，二〇〇九）。

39 有關《北平日記》的研究，可見黃偉，〈北平淪陷時期大學生的電影生活——以《北平日記》為中心考察〉，《電影文學》，二〇二〇年十九期；魏坡，〈淪陷區青年學生的日常生活與民族主義——以董毅《北平日記》為例〉，《民國研究》，二〇一九年一期；丁芮，〈卓克華：董毅《北平日記》中的北平淪陷區生活〉，《天津師範大學學報（社會科學版）》，二〇一九年一期。

40 《北平日記（一九三九年－一九四三年）》，一九四一．三．十九，頁七五二。

生活網絡

從日記來看，董毅的日常生活網絡多為同學與親戚，他們多屬於中層以上家庭。董毅選擇交友對象比較注重對方的程度、家庭條件及言行，交往的同學大多家庭條件良好，有一位的父親是北平金城銀行行長舒令泓，同學王慶華的父親為北京市工務局局長。雖然董毅的家庭條件較為困難，但從社交網絡來看，仍屬於中等階層。

大風

一九四一年三月十一日，董毅上午去了輔仁大學上課，剛去時天氣不錯，可是上了一小時莊子回來，又起風了，一路上騎腳踏車一直被土和風吹臉追著跑，董毅對北京城的塵土飛揚及大風相當不滿，回到家後急忙洗臉才好一些。[41]隔天天氣還不錯，沒有風的天氣就能夠讓董毅相當滿意。[42]三月十三日，這一天天氣算是晴天，雖然有風，但不算大，對董毅而言，往北走時是逆風，也相當費勁。風大的時候，簡直寸步難行。董毅往北走的路還不算短，平常二十分鐘可到的路途，要走半小時才到，還會沾滿身上一堆土，還全身冒汗。[43]董毅在日記寫道：「近來，凡是一颳風的天氣，我準會不高興，真是恨透了。」[44]甚至一大早就陰天，也會引起董毅的不高興，又或是影響到他的生活情趣。

一九四一年，三月十四日，陰天，他一清早就有課程，還要帶小妹出門。在老城牆邊一帶，都是駱駝，他還差一點一出門就撞到拉駱駝的，董毅對此感到相當厭惡。[45]這一早，董毅一心急，就開始煩躁，什麼事都看不順眼，什麼都埋怨。他怨她小妹這麼近為何自己不會去上學，怨道路不平，人、車及駱駝擠在窄窄的路上，讓人十分難以通行。連他出門前穿件棉袍扣釦子都嫌要一層一層、一顆一顆，扣了半天才扣完，感到相當麻煩，還不如西服方便，每件衣服一、兩個釦子穿上就沒事。[46]到了下一週一樣的早上莊子課時，董毅照慣例頂著大風騎腳踏車。他一樣抱怨春天的風既撩人也可恨，但土更可惡。[47]這種在春天吹著大風打在董毅身上的土，可能也正是上一章地震一節提到吹往臺灣的蒙古沙塵。北平三月的春風，在董毅的形容下，一點也不「春風得意」，一直到三月底，他還在說：「真是春風得意，不過太得意了，揚得土滿天飛，都成了黃色，人真有些受不了。風我真是恨得她切骨了，春天本是明媚的，被風一攪，全不是那回事，桃花這兩天正開，這下全作了風的犧牲品了。」[48]

41 《北平日記（一九三九年－一九四三年）》，一九四一．三．十一，頁七四四。
42 《北平日記（一九三九年－一九四三年）》，一九四一．三．十二，頁七四四。
43 《北平日記（一九三九年－一九四三年）》，一九四一．三．十三，頁七四五。
44 《北平日記（一九三九年－一九四三年）》，一九四一．三．十三，頁七四六。
45 《北平日記（一九三九年－一九四三年）》，一九四一．三．十四，頁七四六。
46 《北平日記（一九三九年－一九四三年）》，一九四一．三．十四，頁七四六。
47 《北平日記（一九三九年－一九四三年）》，一九四一．三．十八，頁七五一。
48 《北平日記（一九三九年－一九四三年）》，一九四一．三．二十六，頁七五八。

健身

董毅有段時間很喜歡健身，會至圖書館借或買一些健身有關的書來練身體。[49]像是一九四一年三月十八日，午後看完《健美的速成法》，覺得這本還不錯，考慮有時間會買一本來參考。[50]一九四一年四月五日，董毅午餐後看趙竹光譯列戴氏所寫的《肌肉發達法》。[51]董毅因為沒有錢買運動用品，鐵啞鈴要二毛五一磅，拉簧八元五毛一條，他都買不起，只好搬幾塊磚頭來健身練力氣，但不好用。[52]有時也會挑一會小石子，散散步，鍛鍊一下。[53]

護照

那個年代要順利離開北平，不是那麼容易。一九四〇年三月十七日，董毅去同學家拜訪，才知道王慶華，拿著日本大使館發的護照，一路安全抵達上海。當天董毅從慶華母親那得知這個消息，有點不太能置信，他的老同學就這樣離開北平。去上海是念書還是做事？董毅完全沒有構想，且有一點點的惆悵。董毅認為上海比北平好，北平是個死地方，上海活動比較多。對此，董毅覺得自己被困在北平，一步走不得。[54]

露天快速照相機

一九四一年三月二十一日，董毅下課後路過絨線胡東口，發現路兩旁有四、五台經濟露天快速照相機，隨照隨取相片，當時已經有室內的照相館有這種服務。他直覺認為這是一種投機事業，為的就是因應日本政府的管制政策。當時的規定是凡是要出北平城者，或是辦一些事情，大多需要身分證件，且要有照片證明，因此才會有街頭照相機的出現，完全是提供給市民便利，以因應上面的政策。[55]

日本憲警

淪陷後的北平城，在民眾的日常生活記載中，有關日本人的描述並不太多。一九四一年四月七日，董毅曾經碰過有日本憲兵與中國警察組成的戶口調查團登門查訪，那一次只是隨便看看，連人口都沒問什麼，也沒看什麼書信，只隨便瞄一眼，不到五分鐘就走了。董毅的判斷是他們這戶看起來有老有小，又是正經人家樣子，以致沒有嚴查必要。臨走前，還在大門口貼上一張字條，上印有「春季戶口調查」，下頭還有個小圓圖章，來的日本憲兵叫竹澤，懂中國話，也會認一些字。[56]

49 《北平日記（一九三九年—一九四三年）》，一九四一・三・十五，頁七四八。
50 《北平日記（一九三九年—一九四三年）》，一九四一・三・十八，頁七五一。
51 《北平日記（一九三九年—一九四三年）》，一九四一・四・五，頁七六七。
52 《北平日記（一九三九年—一九四三年）》，一九四一・四・七，頁七六九。
53 《北平日記（一九三九年—一九四三年）》，一九四一・三・十五，頁七四九。
54 《北平日記（一九三九年—一九四三年）》，一九四〇・三・十七，頁三七六—三七七。
55 《北平日記（一九三九年—一九四三年）》，一九四一・三・二十一，頁七五四。
56 《北平日記（一九三九年—一九四三年）》，一九四一・四・七，頁七六九。

戰爭描述

董毅常常閱報，他對戰事資訊的獲取大多是來自於這個管道。一九四一年三月二十一日，上完課回家，閱報後，得到一些新的戰事消息。像是北平從三月三十日至四月三日止，要舉行「華北強化治安運動週」，就沒有其他什麼值得關注的新聞。倒是前幾天有提到中共與重慶政府日趨決裂，實情如何似乎不大明朗。透過報紙，董毅也知道相當多的國外戰爭新聞，像是當時近東巴爾幹已經危機四伏，德軍進駐保加利亞，美軍已經從希臘登陸，南斯拉夫態度有點微妙，董毅評斷英德必加入其中任一方，但無論加入何方，都難免戰事之苦。[57]

一九四一年九月十八日這天，正是他大學最後一年第一學期的上課第一天，平安地度過了這一天。他形容北平不是什麼好地方，平靜得很，人民也很老實，逆來順受。上海則不然，這一天搞不好又會弄出新花招出來。董毅抱怨北平人民麻木不仁，頹廢無知，他寧願去上海受一點刺激的空氣。[58]九月十七日，新聞報導美國船隻在海上連日遭到日本的偷襲擊沉，董毅感覺德美的戰爭不久將會開火，太平洋風雲也日漸緊張起來。[59]

九月二十二日，董毅繼續聊到九一八紀念日，南京、廣州及上海都出了一些小事，但這一天北京城內沒什麼事，平安度過這一份安穩沉靜的空氣很重要，不用特別再提及。還強調北平人民酷愛和平，守秩序又順從，皆非其他城市可以比擬。[60]特別是上海鬧得特別厲害，每天都有槍聲，董毅說讀到這種新聞，不會感到慚愧嗎？他質疑南方的國民性太強，連南京貨都不賣日本人，要賣也特別得高，洋車也不拉日本人。對此，北平這份和平，對董毅來說安靜孤寂無聞，鬱悶的空氣只有加增令人頹廢萎靡不振，並且安樂得叫人不去想什麼，不管一切，忘記一切的可怕地方，以致令他空閒時只好去睡覺，忘卻一切地方。也因為如此，他有了此地不可久留，打算明年此時離開北平去他處的念頭。

遊園

董毅常跟友人去景區走走，像北海、護國寺都常出現在日記中。一九四一年三月二十七日，朋友李景岳拉他去北海，北海後門離輔仁大學（恭王府）相當近，步行穿過十剎海就是。以往到這邊都是冬日，可溜冰、看雪，別無可觀，但三月春天則風光明媚。北海池中常可見有小船兩三隻漂浮其中，園內也會有日本人遊客，會在各個景點間拍照。董毅去的那天是星期四，遊客較假日為少，沿著湖邊散步其間，特別感到舒適，此時桃花樹已盛開白花，讓人感受到春天的到來。[61]

物價

一九四一年三月二十七日，董毅逛北海的這天中午，他和友人在北海園區的濠濮間餐館吃水

57 《北平日記（一九三九年－一九四三年）》，一九四一．三．二十一，頁七五四。
58 《北平日記（一九三九年－一九四三年）》，一九四一．九．十八，頁九二九－九三〇。
59 《北平日記（一九三九年－一九四三年）》，一九四一．九．十七，頁九二九。
60 《北平日記（一九三九年－一九四三年）》，一九四一．九．二十二，頁九三三。
61 《北平日記（一九三九年－一九四三年）》，一九四一．三．二十七，頁七五九。

餃，上一次和友人老王來這個地方已經間隔兩年了。他們點了三十顆水餃，要價一元二角，茶水費每人另加二角，還有稅金一元八角五分，他們感覺當了冤大頭，連平常出手闊綽的友人李景岳都嫌太貴。當天下午一點四十分逛完北海後，董毅又回到學校上「《漢書》研究」兩小時，四點下課後在校門口遇到友人小馬，拉他去附近的護國寺廟會走走，董毅因為中午那一餐吃到肚子不舒服而不敢亂吃，友人吃了炸雞子，又買了三毛錢的大蘋果兩顆，覺得划算。[62]之後，董毅一人又到口外大街看洋貨，又遇到一群朋友，就結伴一起逛舊貨。董毅看上一款美國製的兩截式「電石筒」（電石燈），他殺價至一元，未成交，最後被友人劉冠文以一元三角搶先購得。但在另一攤位，董毅又看到一樣的產品，只是反光罩較髒，玻璃磚薄的品項，其餘都還算新，在劉的協助殺價後，以一元購得，相當滿意。在電燈尚未普遍的時代，係以油燈、蠟燭、電石等作為夜間照明工具。[63]這種電石燈又稱「電土燈」、「水火燈」、「瓦斯燈」、「水月電燈」、「磺火燈」。文中這種電石燈在臺史博的庫房還可以找到，是以下座放置電石，又稱電土，為碳化鈣（CaC2），上座盛水，因水接觸到電土會釋放乙炔氣體，於噴火嘴點燃可做照明之用，透過上座的旋桿調節水流下的速度。[64]

電影

董毅這位大學生上課之餘，除了交女朋友外，休閒活動花最多時間的應該是看電影。一九四一年一月八日，他抱怨每月只有七十元，額外再加上從表兄那得來的錢每月也只有多數十元，也是不夠。一家七口人的生活，全擔在這位不久後就要大學畢業的國文系同學肩上，他都不知道該怎麼辦才好。[65]當天午後，他為了要紓解心中的壓力，就獨自冒著下雪天跑去Rex戲院看電影《草莽英雄》。但這錢是白花了，董毅相當失望，直說還不如去真光戲院看，這八毛的電影費有點冤枉。這一天，他將這一年所看過的電影而留存的電影海報有數十張，每年花在看電影的費用將近數十元，對他而言算是多的。好在他這七、八個月因為與前女友分手，都是獨自一人去，董毅很慶幸覺得省下一筆錢。[66]

遵義

相較於淪陷區北平的大學生日常，大後方的遵義則呈現另一種樣貌。浙江大學在中日戰爭期間，一共經歷過了四次的遷移，第一次，從杭州遷徙到浙江天目、建德（一九三七年九月至十一月）。第二次遷移到江西泰和（一九三八年一月至六月）。第三次遷到廣西宜山（一九三八年十

62 《北平日記（一九三九年－一九四三年）》，一九四一．三．二十七，頁七五九。

63 《北平日記（一九三九年－一九四三年）》，一九四一．三．二十七，頁七五九－七六〇。

64 https://collections.nmth.gov.tw/CollectionContent.aspx?a=132&rno=2000.001.0032。瀏覽日期，二〇二三．十．二十二。

65 《北平日記（一九三九年－一九四三年）》，一九四一．一．八，頁六八五。

66 《北平日記（一九三九年－一九四三年）》，一九四一．一．八，頁六八五。

月至一九三九年十二月）。第四次則遷移到貴州遵義（一九四〇年二月至一九四六年五月回到杭州）。當日軍自北海登陸，桂南陷落，浙大校長竺可楨於一九四〇年底緊急透過校務會議決定遷移至貴州。本節處理的時間段限就是浙江大學第四次西遷至貴州遵義的階段，時間約從一九四〇年十二月至一九四五年戰爭結束。抗日戰爭時期，國民政府遷到重慶，遵義成為名副其實的大後方。遵義為貴州第二大城市，古稱播州，與重慶相隔約三百多公里，聯繫兩地的是川黔公路。北通重慶，南接貴陽，為川黔渝交通要道。[67]

歷來學界對浙江大學在遵義的發展歷史，大致有以下幾個重點：

一、歷史地理：閔廷均及黃群從遵義的地理環境、人文積累方面探討浙大西遷遵義，不僅是時局所迫，也是遵義人民積極創造條件，以博大胸懷爭取的結果。[68]

二、社會文化影響：胡洁娜認為浙江大學西遷實現了先進文化向偏遠地方的知識傳播，實踐了服務於民的大學精神；[69]黃群則認為浙江大學在遵義的辦學，推動了當地的抗戰、社會文化與工農業的發展；[70]裴恆濤有關浙大西遷辦學的啟示點出，其成功與竺可楨校長的人格特質、求是精神的宏揚，教學科研的實踐結合了地方社會的發展，並充分獲得地方民眾的支持；楊達壽則描述浙大辦學對貴州科學教育的影響。[71]

三、學生運動：學者曹心寶則探討浙江大學在遵義的學生愛國民主運動，此外她也研究了浙大在遵義的「倒孔運動」。[72]

四、資源配置與權力之爭：像是何方昱，談到浙大在遵義、湄潭及永興等地，因資源分配問題，與國民黨貴州省地方勢力有所牴觸，引起地方黨部藉口反共，積極涉入大學校園事務。[73]

五、日記與人：這類文章大多以竺可楨為主角，談論大學校長的理念與情操。[74]

六、知識分子的生活苦困。[75]

---

67 閔廷均、黃群，〈浙大西遷遵義的歷史地理思考〉，《遵義師範學院學報》，十二：五（二〇一〇年十月），頁六一－六二。

68 〈浙大西遷遵義的歷史地理思考〉，頁六一－六四。

69 胡洁娜，〈天時地利人和：淺析遵義對浙大西遷的促進作用〉，《教育文化論壇》，六期（二〇一〇年六月），頁一一六－一一九。

70 黃群，〈抗戰時期浙江大學西遷與遵義社會文化之發展〉，《思想理論雙月刊》，一〇九期（二〇〇七年三月），頁七八－八〇。

71 裴恆濤，〈抗戰時期浙江大學西遷辦學及其啟示〉，《溫州大學學報．自然科學報》，三十一：三（二〇一〇年六月），頁四九－五四。

72 曹心寶，〈浙江大學在遵義的倒孔運動探究〉，《廣角鏡》，十二期（二〇一四年十二月），頁二五六－二五八。何方昱，〈戰時浙江大學校園中的三民主義青年團〉，《史林》（二〇一五年第三期），頁一五二－一五九。

73 何方昱，〈資源分配與權力之爭：以戰時浙江大學內遷貴州為中心〉，《近代史研究》，二〇一六年第一期，頁一〇六－一二三。

74 楊思信，〈戰時浙江大學的訓育與風波：以竺可楨日記為考察中心〉，《甘肅社會科學》，二〇一六年第五期，頁一五六－一六〇。

75 鄭會欣，〈戰時後方高級知識分子的生活貧困化：以幾位著名教授的日記為中心〉，《抗日戰爭研究》，二〇一八年第一期，頁五九－七七。

以下將透過《竺可楨日記》探討浙江大學遷移至遵義時實際面臨到的日常挑戰。探討的重點有：作為一個外來的城市大學，落腳於西南邊城，浙大的領導團隊最先面臨的問題是什麼？浙大如何解決師生的搬遷問題？浙大如何面對校舍空間的問題？浙大如何透過各種活動，一方面打造浙大學生的歷史記憶，一方面透過招收在地新學生，以增進與地方的關係。在戰時體制下，遵義的頻繁物價波動如何影響浙大師生的日常生活？[76]

移動：宜山到遵義

一九三九年十一月二十六日，浙大已經聽聞日軍攻占了廣西南寧，經行政會議決定，浙大繼續上課，待日人占領賓陽後才開始停課，出發前往貴州，預計書籍及儀器留在小龍鄉，男生步行，女生則由校車送到合適地方。但這個時候的學生似乎無法安心在課堂中上課了。[77]十一月二十七日，自治會主席虞承藻召集自治會重開會議，會議場面混亂，有學生沈自敏不准參與會議的教職員擅自離開會場；也有學生批評過去遷校過程太過狼狽。最後學生達成五點共識：其中有兩條，一是立即停課，二為搬遷準備，並要求竺可楨校長給予回覆。但竺可楨仍堅持上課照常。在這個時刻，要遷移到何處及時間則不關學生事宜，主張由學校校務會議決定。在當日的日記裡，竺可楨對於學生的批評態度不以為然，認為過往的搬遷，完全沒有教職員放棄所帶物品潛逃的事，卻有過學生一遇到危難，立即逃避還導致溺死一人。[78]

一九四〇年一月十一日，浙大召開行政會議，決議將一年級於二月一日前遷移至貴陽，二月十五日開始再停課數日，於三月一日前集中到遵義。這樣的學生遷移是有學校的補助，一年級學生每人可獲旅費三十五元，二、三、四年級補助較多，每人五十元。當時在廣西宜山的學生有四百三、四十人，女生約五十人。[79]一月十二日，竺可楨協同一些老師乘車先行遷移至貴陽，一路花了兩天時間。十三日晚上教育部長陳立夫在貴陽的省黨部招待教育界同仁，竺可楨趁此機會在此會見了陳立夫、貴州教育廳長張志韓及大夏大學歐元懷。根據竺的日記，該次會議，他向陳提出了遷校費用需要三十一萬，但陳立夫對於經費感到驚訝。在往後的幾天，日記裡記載，陳立夫只肯在教育部經費中的救濟費項目撥出六萬給浙江大學。這經費若與北大遷移至昆明時給的十一萬相比較，則顯得有點過少。[80]竺可楨認為這些費用只能用作救濟學生、教員之用，無法應付搬遷儀器所需費用。竺特別強調北大沒有儀器可搬運，但浙江大學則有兩千個箱子要移動。為此，竺還特地拜訪貴州省主席吳鼎昌，請予以協助盡早完成遵義湄潭公路的修復，好方便人員與貨物的運送。竺並安排友人至財政部鹽務局運輸處協調車輛，由於至都勻的車不多，若是空車，每兩噸要價四百零三元，平均每噸每公里要一點二元。日記提到，他大哥之子竺士楷過來一趟，十一

76 有關西方學界的中國抗戰史研究的概況，可參見劉本森，〈英國學術界中國抗戰史研究的過去、現狀與趨勢〉，《國際漢學》，二〇一九年第三期，頁一九二－一九九。
77 《竺可楨日記》，第七卷，一九三九年十一月二十六日，頁二〇九。
78 《竺可楨日記》，第七卷，一九三九年十一月二十七日，頁二〇九－二一〇。
79 《竺可楨日記》，第七卷，一九四〇・一・十一，頁二七四。
80 《竺可楨日記》，第七卷，一九四〇・一・十三，頁二七五－二七六。

人及行李五百公斤，就花費了二百八十元，比公路車還貴上三十元。[81]

事實上，對於大批的教職員及學生，浙大並非是全員負責接送至遵義，而是給予補助費的方式讓人員自行前往目的地。一九四〇年一月二十六日，記載有四十位同事已到達離貴陽不遠的都匀小鎮，要求派校車去接，對此竺可楨特別請陳鴻逵轉交信件說明有困難，要大家自行前往遵義。這事讓竺可楨決定，凡從宜山自行前來的教職員，單身者補貼五十元，有家眷者貼一百元。

當時一人從杭州一路西遷至貴州遵義有可能會花費一千三百多元，其中就有一位教員束星北，到了遵義後，就找上竺可楨，訴苦這一趟共花了千元，借貸六、七百元，要求學校給予補助。竺可楨的答覆是：

> 余謂學校須顧本身經濟能力，而對於同人不能〔不〕一例看待，故津貼單人每人五十元，有眷者每人百元，已屬最大能力，而許多人得殊不足以補其損失於什一。但學校固不能專顧少數眷屬行李眾多之人，即如余個人單遷移費已費千三百元之巨，於得一百實不足以償其所失，不過略表學校之微意耳。[82]

可見，在這樣不斷移動的過程中所有的花費，學校只能象徵性地補貼差額，實在無力照顧到所有人的需求，尤其像束星北這樣攜帶眾多行李的人。對此，束星北的回應是認為竺可楨無政治手腕，做事太遲疑，才會讓他們遷移這麼多趟損失慘重。

借居：校舍空間的租與借

浙大準備從宜山遷移到貴州時，並未確定最後會落腳在何處，遵義與距離三十一公里外的青岩鎮都是可能的地方。一九四〇年一月九日的日記提到：「接伯韓、劍修電，主張全校移遵義，並主張放棄青岩鄉村師範。」[83]這則日記提到的伯韓、劍修來電，兩人都大有來歷。前者指的是姜琦，他曾於一九四〇年十一月起，擔任過西北聯大教授兼教務長、遵義浙江大學訓導長、社會教育學院及中央大學等校教授，也兼任教育部訓育委員會專任委員及參事。而劍修則是倫敦大學碩士，一九三八年曾任湖北省政府委員兼教育廳長的陳劍修（一八九六－一九五三）。因此這個時間點有可能是這兩人曾以教育部訓育委員會與教育官員的立場來電，說明教育部的立場主張遷移至遵義，並跳過青岩鎮鄉村師範這個學校空間的選擇。

竺可楨認為選擇遵義這個地方，可能是張孟聞及儲潤科等人慫恿在政府部門說得上話的陳劍修出面的緣故。當然遷校貴州的事最後是由教育部長陳立夫拍板定案。雖然教育部同意遷校，但大陪同而來的陳劍修則堅持一年級一定要遷到遵義。[84]竺可楨雖然電話上回覆並不放棄青岩，但大致明白中央的政策，遂於一月十二日啟程從宜山前往貴陽。十四日竺一到貴陽，青岩鄉村師範校

81 《竺可楨日記》，第七卷，一九四〇．一．十六，頁二七八。
82 《竺可楨日記》，第七卷，一九四〇．二．二，頁二八八。
83 《竺可楨日記》，第七卷，一九四〇．一．九，頁二七二。
84 《竺可楨日記》，第七卷，一九四〇．一．九，頁二七三。

長黃質夫就前來拜訪，表示鄉村師範已於去年改為國立，以專收苗人為主，共有學生二百人，打算遷往貴陽東邊的榕江，所以青岩的房屋家具可以完全移交給浙大。鄉村師範的空間為真武觀，也不是正式的學校建築，共有辦公室三間，六十人教室有兩間，三十人及四十人的各有兩間。原來的空間也有另外一個單位保育院計畫移入，但該院院長表示隨時可以取消。[85]

除了鄉村師範的空間可以當作校舍外，竺在青岩到處找尋可用的校舍，但很多地方早已有不同單位在使用。像是趙氏宗祠方言講習所有通訊兵團，趙公專祠有中心小學、衛生事務所，彭宅有前鹽務稽核所。其中，趙公祠最大，但已經被三、四個機關所占用。[86]一月十七日，竺可楨到遵義，在浙大水利工程教授屠達及其餘友人的陪同下，找尋可用校舍。北街郵政局是最先探查的地方，其次是江公祠。這裡辦有一小學，有學生三百人，建築良好，視野開闊，可居高俯瞰整個遵義城。下頭則有何家大宅，出租為戲院，據估計若改為浙大處所，可住學生三百數十人。附近還有周公館，可作為圖書館。若沿著城牆到經緯司，有一戶宅可作女生宿舍。

一月二十五日，竺可楨又去青岩看處所。原本住在真武觀裡的保育院陳維坤院長，還帶著十多名學生住在裡頭，卻一反過去同意的說法，堅決不讓；反而數次欲以萬壽宮與趙公專祠與鄉師的慈雲寺對調。對此，竺可楨認為兩地不能住浙大三百名學生，因管理不便，且慈雲寺已由教育廳撥給女師附小使用，遂拒絕這樣的交換條件。[87]有時為了要取得校址，竺可楨會動用各種校友關係去遊說原單位讓出空間。前述青岩鎮的趙氏宗祠方言講習所有通訊兵團駐紮，竺可楨為此，還專程去貴陽通訊兵團拜會團長王濤，兩人有共同朋友浙大校友趙德華，經過這一層關係，王濤立即打電話去青岩營部，下令讓出營區。[88]

城裡的遵義師範學院也是相當不錯的浙大處所選擇之一，裡頭有八間教室兼禮堂、辦公室及寢室，很適合浙大一年級使用。當時浙大史地系教授張其昀在這過程中也先行協調過各單位。遵義縣長劉慕增即曾應允浙大可以遵義師範學院為根據地。陳立夫部長與地方仕紳在遵義師院演講時，就主張遵師應該將屋舍讓給浙大，而由浙大負責修繕梧村之費用。但等到屠達來此，遵師學生迫使浙大辦事處撤銷，恐他們有鳩占鵲巢的嫌疑。[89]關於遵師的適宜，鬧到貴州省教育廳張志韓（一九〇〇－一九九七）也前來關切。到一月二十一日，教育廳最後決定遵師不得讓給浙大使用。在西遷高校與地方的角力下，此舉使得竺可楨決定浙大一年級學生轉往青岩。

在遵師拒絕遷出的清況下，實際上住在遵師的學生人數大約只有四、五十人，兩邊常因為一些制度上的要求引起衝突。一九四〇年二月一日，遵師突然將大門關閉，限制進出時間為上午十點半到十一點半，下午四點至五點。事先未與浙大老師聯繫，導致學生不知情，因此有外出不得而毀壞鎖頭及衝撞大門之舉。[90]遵師教務主任周賢模前來告知雙方造成的誤會。竺可楨則責怪遵

85 《竺可楨日記》，第七卷，一九四〇．一．十四，頁二七六。
86 同上，頁二七六。
87 《竺可楨日記》，第七卷，一九四〇．一．二十五，頁二八三。
88 《竺可楨日記》，第七卷，一九四〇．一．二十七，頁二八五。
89 《竺可楨日記》，第七卷，一九四〇．一．十七，頁二七八。
90 《竺可楨日記》，第七卷，一九四〇．二．一，頁二八八。

師應該提早通知學生要鎖門的要求，對於學生毀損公物應譴責，但也不應藉機煽動學生抗議，為此竺趁機修理了對方。隔天竺可楨到遵師看在校生，又得知前晚遵師周賢模利用晚上召集師生訓話，並對浙大學生多所批評，這又引起雙方的嫌隙。竺可楨再次又提醒遵師注意此事。[91]

在找屋的過程中，竺可楨常對在地的貴州人士面對浙大的態度表達不滿。輕微的例子有跟縣立初中校長約好看屋被放鴿子，嚴重的則是在地官員的出爾反爾或從中作梗，或者是以條件要脅浙大接受。像是根據屠曜明的說法：

> 遵義人士對於江公祠並非不肯讓給，惟必須浙大留遵義。余對於遵義人士，尤其是縣長劉慕曾之不實際援助而但敷衍面子為是極為痛心。迄今浙大尚未能得一處公共房子，可以不出租金，不加修理者。[92]

前文提到的遵義縣長劉慕曾，看似同意浙大取得遵義師範的校舍，勿遷移去湄潭，但實際上只是為了他自己的面子。竺可楨對於浙大需要付出大筆租金及修繕費才能取得公共房子，深感不滿。這是過去在建德、泰和及廣西宜山未曾遇到過的經驗，常增添找屋過程的變數。因為以往常不用花費一元就能取得處所，如今卻到處碰壁又要花錢租屋及修繕，竺可楨才有如此感慨。像是「但樓不高，無廚房，且出路壞。索價五十元，無一顧價值」，又或是「至江公祠，見駐兵未退。辦公室只一間，且有職員七八人住在內，實則逼仄也」。[93]遵義縣長在空間的分配上擁有極大權力，常會左右哪一個單位能取得遵義的公家處所。有一回交通銀行某陸姓高層願意將何家巷的房子租給浙大，但劉縣長為了要討好四十二兵工廠廠長陳正修，硬是決定將這屋讓給兵工廠。最後又是浙大同事動用留學法國這層關係，勸退了兵工廠廠長。[94]

除了上課教室的找尋安排之外，浙大也在遵義城中找尋各種校舍可用空間。有儲藏儀器地點的禮義垻、老蒲場，有楊柳街的女生宿舍。浙大在校舍的選定方面，不見得每次都可以協調到原軍方單位願意搬出，常會遇到與軍隊互爭居所的例子。一九四〇年五月二十三日，竺可楨聽說八訊處預計在二十六日遷往湄潭，為了要搶先一步占有文廟等處，就必須先移往湄潭，遂定二十五日由農學院學生步行前往。有關農學院遷移至湄潭的事，並非所有教師都表示贊同，尤其有些科系的課程問題，最感麻煩，其中農化系最為明顯。此外困擾的還有四年級學生再兩個月即將畢業，若再度移動，恐有困難。儘管如此，五月二十四日還是做出決議，五月二十五日出發。五月二十五日時，已有第一批學生自三渡關走二十五公里距離至湄潭。[95]五月二十九日，第三批農院二、三年級學生從遵義出發前往湄潭。到了六月四日，農院四年級學生仍不願前往湄潭，造成校方極大困擾。為此，竺可楨於六月六日特別召集農院學生談話，六月七日又召集了一次。竺可楨

91 《竺可楨日記》，第七卷，一九四〇．二．一，頁二八九。
92 《竺可楨日記》，第七卷，一九四〇．二．五，頁二九〇。
93 《竺可楨日記》，第七卷，一九四〇．一．三十一，頁二八七。
94 《竺可楨日記》，第七卷，一九四〇．二．五，頁二九〇－二九一。
95 《竺可楨日記》，第七卷，一九四〇．五．二十三，頁三六二－三六三。

對三十多位前來開會的農院四年級學生，解釋遷湄潭的經過。他強調各教員均主張農院二、三、四年級除農化系外，乃全體遷湄潭。[96]

從當時四年級學生對此事的態度來看，可得知學生對於學校事務仍擁有表達意見的權利與機會。六月八日，陳鴻逵前來告知竺可楨，四年級大多數同學經討論表決，仍不願意前往湄潭。此事經陳的斡旋後，學生退一步願意遷移，但必須留五位同學至六月底，且書籍與儀器必須留下。竺可楨對學生的態度頗有怨言，在日記裡寫道：

> 此明是鬧意氣之事。因二、三年〔級〕從學校之命遷往湘潭，不能令彼等長此曠課也。故餘隻允念慈、鴻遙二人留至二十號，而四年級全體學生亦一律須於二十號以前往湄潭。[97]

竺可楨認為學生的舉動根本是意氣用事，最後仍然堅持所有學生必須在二十號前前往新校區湄潭，其中僅有兩位同學可留至二十號這天。經過與學生協調後，農學院學生決定二十號前前往湄潭，此事才作定案。

校園生活

浙大在貴州躲避戰爭的日子，散居在各處。共計遵義有六百四十一人、湄潭一百七十九人、永興四百四十四人、龍泉分校一百六十二人。若以年級來分，先修班四十人、一年級合龍泉五百六十六人、二年級三百九十二人、三年級二百五十五人、四年級一百七十三人，共一千四百四十人。[98]

浙大將學生遷往後方貴州，對當局而言，是否符合國家政策，在當時有一番論辯，竺可楨為此事曾花費好大工夫才說服層峰。當時教育部與行政院批准的遷移費是十四萬元。在遷移的過程中，雙方也在討論大學生究竟對戰爭有何幫助。最後拍板定案，內部協調最好成立一個戰地服務團，組織一個長期性的機構，每人可前去服務一年，這對戰爭或許有點幫助。經竺可楨與政府高層協商的結果，說服了他們相信大學生在前方確定有貢獻，在全民抗戰時期應該踴躍參加，不然全民就排除掉大學生這一個階級了。[99]

浙大在貴州的經費是一件大事，竺可楨在日記中常記載詳細數字。一九四〇年二月二十二日提到，教育部來函通知，該年加發增班、增級、增薪費用十五萬六千四百元，建設費八萬元，研究費四千元，先修班一萬六千八百元，總計有八十九萬三千三百八十四元。[100]一九四一年四月，竺可楨也記載了該年度預算總額，較上一年增加了不少。共計一百一十八萬四千元。其中專款部分要花在實驗學校六萬、建設費十萬、師範生膳費兩萬一千六百元，實際可以支配者約一百萬。

96 《竺可楨日記》，第七卷，一九四〇・六・七，頁三七二。
97 《竺可楨日記》，第七卷，一九四〇・六・八，頁三七二－三七三。
98 《竺可楨日記》，第八卷，一九四一・四・二十六，頁六六。
99 《竺可楨日記》，第七卷，一九四〇・二・二十六，頁三〇四。
100 《竺可楨日記》，第七卷，一九四〇・二・二十二，頁三〇一－三〇二。

當時浙大貴州連龍泉的薪水一年要六萬一千元，工資一萬元、辦公及營運費三萬元，共計十萬一千元。這些經費加總起來已經超過預算許多，且不含設備費，由此可見戰時教育經費的拮据。[101]

浙大遷移到貴州時，竺可楨很在意師生關係，尤其是涉及到感情的師生關係。當時教育部會密件通知校方不正當男女關係。一九四〇年二月十九日，竺可楨接到教育部來函，說軍委會政治部任職的郭志嵩告發陳逵與女學生有不當關係。陳逵原本在上海及安徽就各留有一妻許氏與唐氏，都是過往在平魯大學時任教的學生。此人被舉報平時喜歡勾引女學生，常稱病請假陪女學生出遊。在宜山時，被同學舉報，曾與一位女同學至下梘山洞中有不軌行為。學校停課之後，又與張墨娟、王漢英兩人先期離校。此舉有違師道，建議解除教授職務。[102]

塑造浙大學生在戰時貴州遵義的歷史記憶，浙大最常做的方式是舉辦紀念會。一九四〇年的八月一日，浙大在播聲電影園開浙大成立十三周年紀念大會。竺可楨講述浙大在抗戰時期於貴州的特殊使命。到場的教職員、學生共三百多人。竺提到昔日有王陽明貶於龍場，遂有知難行易之學說，在貴州不到兩年，而聞風興起，貴州文化因而振興。因此要大家效仿王陽明的精神，以一千餘師生竭盡所能，當有用於貴州。希望在抗戰時期，浙大人可以貢獻生產物質各盡所能。他舉例說當時滇緬公路中斷，汽油缺乏，鹽價飆漲，從四十五分一斤到一元一斤，前浙大教授朱庭祜在後坪一帶發現鹽礦，相當值得鼓勵。而當時雖然缺乏良好儀器，但黃海研究所在五通橋就地取材，以五倍子製作消毒劑、攝影藥品、草綠色染料等，以此相較，浙大的設備可聊勝於黃海，應該更能有所發展。[103]紀念週的學生反應如何，一九四一年四月二十一日提到，該週的活動十一點開始，竺可楨報告在重慶參加三次會議的經過，但底下講話的人數太多，是前所未有的現象。

在後方貴州，學生來源不易，如何招生是個問題。日記中多次記載有關招生事宜。浙大常與聯大、中央大學三校舉行招生聯合會議，參與者除竺可楨外，另有羅家倫、潘光旦。一九四一年四月十日，他們三人議決日後採取聯合招生，以浙大、中央、聯大及武大四校為限，地點在重慶、成都、昆明、貴陽。外加麗水或衡陽、萊陽。考試由聯大主持，衡陽閱卷由浙大主持。出題分別由浙大出國文、中外史地、中外歷史；中大出英文、生物、中外地理；武大出數學、甲乙公民；聯大出物理、化學。報名考試限八月一日至十日，閱卷歸主持考試之學校。志願分四個，額滿時招生委員會有分配的權限。學生旅費自行負擔，報名費五元。[104]

學生成績也是竺可楨相當關注的項目，他曾記載一九四一年的全校平均九十分以上的只有九人，電機系的丁成章九十四．二六最高。其中一年級成績最差，尚不及二年級，其中理學院成績最壞。若以各年級算，八十分以上者，一年級二十一人、二年級五十三人、三年級四十三人、四年級四十七人。[105]

101 《竺可楨日記》，第八卷，一九四一．四．二十六，頁六六。
102 《竺可楨日記》，第七卷，一九四〇．二．二十，頁三〇〇。
103 《竺可楨日記》，第七卷，一九四〇．八．一，頁四〇七。
104 《竺可楨日記》，第八卷，一九四一．四．十，頁五五。
105 《竺可楨日記》，第八卷，一九四一．五．三十，頁八六。

外地人的貴州體驗

竺可楨日記中對於後方物價的波動記載得相當詳細。由於經濟困難，各學院的助教代表常會拜訪竺可楨，要求早點發放米糧補助款。一九四一年四月在遵義的米價，每位學生一月份一元，二月份三元，三月份七元九角，當時浙大全校教職員共一千三百多人，所需計一萬四千餘元。由於這筆款項中央一直尚未核撥，只好浙大代墊。[106]

竺可楨的日記對於遷移至貴州的日常生活記載得相當詳細，對於記日記一事，也曾表達他的看法。一九四一年四月四日，他讀到貝內特（Arnold Bennett）的《如何生活》，書中提到記日記第一目的在乎真實，日記與小說相反，日記之價值與日俱增，數百年之後，所記載的瑣事，都有其價值，對此，竺可楨相當表示認同。由於貴州取得日記本不易，竺可楨有時會寄信友人，特別要求寄一九四一年度的《國民日記》給他。[107]竺可楨的日記本原本不過四、五角，但到了貴州，突然漲價到三元。竺可楨在日記裡也常透露當時後方物資缺乏，很多進口物資的管道和以往不同。大多是由梧州經肇慶、廣州轉運進來，其背後能有能力進行這些物資進口的，多為地方有力人士及「漢奸」走私而來，每噸運費自香港到梧州將近要一千五百元。[108]

環境衛生問題也是來到貴州的這批移入者相當在乎的事情。其中像是臭蟲問題。一九四〇年九月，竺可楨提到，連續兩個月來，每晚都要起來抓臭蟲，甚至一晚三、四次，多則到一晚四、五十次之譜。他常為此感到困擾。剛到遵義時，臭蟲以西廂房居多，竺可楨睡的東廂房較少，到了九月，則剛好相反，變成竺可楨居住所在地變多。[109]竺可楨所說的臭蟲，就是上一章的南京蟲，這蟲子在中日戰爭時，對日本軍人也造成相當大的困擾。

列寧格勒

圍城：戰爭與食物

一九四一年六月二十二日，納粹德軍進攻蘇聯的那個夏天，列寧格勒居民怎麼也沒有預想到，再過半年戰爭會降臨。十六歲的列寧格勒女學生蓮娜．穆希娜（Lena Mukhina，一九二四－一九九一）的日記，奇蹟似地被保存下來。[110]首先我們需要先認識一九四一年至一九四二年的冬天，可算是圍城期間最可怕的死亡時期，這樣的歷史背景讓我們得以更清楚地認識蓮娜和她的同學、親友所經歷的許多悲慘事件。城市的面貌在戰爭初期就已經完全變了樣。短短幾週內，列寧格勒布滿了敵軍轟炸時用來掩蔽的壕溝，軍人及民眾裝有防毒面具的袋子特別引人注意。商家店鋪的櫥窗及許多雕像都以木板及沙堆阻擋保護著，公寓及機關場所的門窗玻璃貼滿交叉膠帶。當戰爭逼近時，包含蓮娜在內的五十萬列寧格勒居民多次來到西部區域建築防禦工事。一九四一年

106 《竺可楨日記》，第八卷，一九四一．四．二十八，頁六七。
107 《竺可楨日記》，第七卷，一九四〇．九．三十，頁四四七。
108 《竺可楨日記》，第八卷，一九四一．五．二十，頁八一。
109 《竺可楨日記》，第七卷，一九四〇．九．二十，頁四四一。
110 蓮娜．穆希娜（Lena Mukhina）著，江杰翰譯，《留下我悲傷的故事：蓮娜．穆希納圍城日記》（臺北：網路與書，二〇一四），頁四－一三。

九月在蘇聯的頑強抵抗下，德軍還是成功地由南邊及西邊包圍了列寧格勒，在當時共超過兩百五十萬民眾陷在這樣的圍城中。其中，只有拉多加湖成了這個城市與外界的唯一對外聯繫管道。[111]

列寧格勒圍城是人類歷史上最為慘烈的戰役之一，近乎九百天（一九四一年九月八日至一九四四年一月二十七日）的封鎖，死傷無數，造成人道災難。一九四一年九月初，德軍抵達列寧格勒外圍時，希特勒把行動的目標改成攻占莫斯科，因而他沒有攻下列寧格勒，決定包圍它，讓它餓屈。原本希特勒以為列寧格勒人會因為轟炸、飢餓而投降，可直到二戰結束列寧格勒依舊沒有倒下，被外界視為「神話」。[112]列寧格勒圍城時期城中許多人都會寫日記，寫的人雖多，但是在戰爭寫作環境非常惡劣的情況下能堅持寫日記，且不受戰亂遺失而被完整地保留下來的並不多。蓮娜．穆希娜，一名十六歲女生的日記成為本節的重點。[113]

近來有關這方面的西文研究已經相當可觀，但中文學界卻少有人關注，隨著日記的翻譯出版，才陸續有研究者開始撰寫論文，許惠敏的〈飢餓、疾病與生存：從《蓮娜．穆希娜日記》看列寧格勒圍城〉就是一篇相當好的論文。[114]論文的重點為：以蓮娜．穆希娜日記為例，試圖說明列寧格勒圍城時期饑荒之下普通市民的日常生活。文章透過蓮娜的視角及其他史料，探析圍城前後蓮娜生活發生什麼變化？蓮娜以及家人處於食物配給制最底層，饑荒給日常生活帶來什麼影響？政府採取什麼補救措施？二戰期間世界各國實行配給制，為何唯獨列寧格勒發生死亡人數最為慘重的饑荒？長期的饑荒給人體帶來什麼疾病與心靈創傷？無法逃離列寧格勒，且位於配給制底層的市井小民依靠什麼力量生存下來？這篇論文嘗試從饑荒、疾病與生存條件三個角度，分析蓮娜的戰爭經驗與蘇聯政府塑造的英雄、勇敢、愛國主義的圍城記憶有何不同之處。對我而言，我最感興趣的是戰爭時期的食物問題。

饑荒

根據研究，列寧格勒剛遭到圍城時，德軍轟炸了當時最大的巴達耶夫糧倉，隨著戰火陸續蔓延，剩下的糧食不足以供應這個城市居民的日常生活所需，人民的糧食配額因而大幅度削減，也進而導致饑荒的出現。然而近來研究告訴我們，這饑荒不全然是德國人的問題，在此之前，蘇聯的農業政策就不得民心，導致農民與政府對抗，以致糧食減產。較嚴重的是，戰爭開打之時，列寧格勒的糧食儲備不足以應付長期戰爭，但政府官員對此毫不重視。史達林對於這場饑荒視若無睹，無論是報紙還是廣播，都幾乎不提這城市的糧食問題，直到一九四三年饑荒快要結束時，《真理報》才刊出城內有糧食緊張的問題。[115]

---

111 《留下我悲傷的故事：蓮娜．穆希娜圍城日記》，頁四－一三。

112 有關圍城的微觀史研究，請參見許惠敏，〈飢餓、疾病與生存：從《蓮娜．穆希娜日記》看列寧格勒圍城〉，國立中央大學歷史研究所碩士論文，二〇二一，頁一。

113 Ales Adamovich and Daniil Granin, *Leningrad Under Siege: First-Hand Accounts of the Ordeal* (S Yorkshire: Pen and Sword Military, 2007) , p. 56.

114 許惠敏，〈飢餓、疾病與生存：從《蓮娜．穆希娜日記》看列寧格勒圍城〉，國立中央大學歷史研究所碩士論文，二〇二一。

115 〈飢餓、疾病與生存：從《蓮娜．穆希娜日記》看列寧格勒圍城〉，頁一五－四八。

英國史家莉琪・科林漢（Lizzie Collingham）就曾在一本有關戰爭與食物的專書提出以下看法：儘管有關列寧格勒圍城的文獻多得不計其數，但少有人知道，德國當時的想法是，這座城市的居民餓死，只是盡可能地消滅眾多蘇聯人口的大型計畫中的其中一個環節。就算是當地居民願意投降，德國仍然下達嚴厲指令禁止德軍接受，當時的說法是：「面對一百三十五萬人口的城市，完全不事生產，光靠糧食配給來過活，我們也沒辦法。」因此，將德軍的糧食運到已占領的列寧格勒是不可能的事。[116]科林漢在書中還提到有段故事，塔蒂安娜一家人住在德軍占領區的一座小鎮，離列寧格勒六十公里，秋天時，他們宰殺山羊來吃，一整個星期都吃山羊，院裡的花草幾年前就都吃光了，後來她母親把所有家當都拿去換馬鈴薯，到了十二月嚴冬時已經無東西可換。她母親並未因此灰心，轉而殺了家裡的貓兒煮湯吃，還用樺木屑煮成稀飯，結果一家都吃了反胃。直到一位德國裁縫師傅前來投宿，給了麵包才救了這一家人。這種飢餓政策也用在德軍對付烏克蘭的基輔與哈爾科夫的人口案例中。[117]塔蒂安娜的悲慘故事，等下我們在蓮娜的日記中也可以看到。

虛弱是蓮娜在日記中一再記載的事情。「我們一天比一天虛弱，我和媽媽努力保留體力，盡量坐著或躺著。……不過有趣的是，我們並不算是真正的挨餓，我和媽媽上床睡覺的時候，甚至經常感覺吃得很飽，但是我們的身體器官已經好長時間沒有吸收到必須的營養，像是油脂和糖，這兩樣是不可或缺的。我們進食，填飽肚子，然後感覺到虛假的滿足，但身體消化這些食物之後得到的營養少得可憐。」[118]

利用木工膠來改造成食物，是當時應付食物不足時的變通方式之一。蓮娜在一九四二年一月十日提到，當她媽媽有事去找沙夏阿姨時，學到了一個新發明，這事或許能救了蓮娜一家。沙夏阿姨讓她媽媽嘗了用高級木工膠做成的肉凍，還給她們一塊同樣的膠，要她們也試試。蓮娜母親回去後立刻動手做，首先煮開兩碗水，放入整塊膠，沸騰後分到碗盤裡，放到窗邊，待天亮起床時，膠凍就已經大功告成。蓮娜非常喜歡這個味道，直說加點醋味道更好。這東西嘗起來像是肉凍，彷彿放進嘴邊是肉，而且完全沒有木工膠的味道。就當時的蓮娜而言，這東西對身體沒有危害，反而很營養。當時認為高級的木工膠本來就是用家畜的腳蹄或角製成，有些還會特別買小動物帶腳蹄的腿肉做成悶肉或肉凍。對蓮娜而言，這樣她們不用糧票就能得到額外的食物。她媽媽的劇院也有一模一樣的膠，恰巧不久之前因為工作需要，才從庫房裡訂了四公斤，數量約二十塊，光是一塊就能做出滿滿的三碗肉凍。知道這樣的變通辦法之後，她媽媽開始腦筋動到這種木工膠身上，若是能一直有貨源的話，她們一家就能吃上一個月的美味營養肉凍。[119]

列寧格勒圍城之時，民眾是有什麼就吃什麼，蓮娜在那段期間也吃過貓肉。一九四一年十二月八日，日記中記載，她當天在學校沒有領到果凍，但發了四分之一公升豆漿製成的凝乳，相當

---

116 莉琪・科林漢（Lizzie Collingham）著，張馨芳譯，《戰爭的滋味：為食物而戰，重整國際秩序的第二次世界大戰》（臺北：麥田，二〇一二），頁二三二。

117 《戰爭的滋味：為食物而戰，重整國際秩序的第二次世界大戰》，頁二三三。

118 《留下我悲傷的故事：蓮娜・穆希娜圍城日記》，頁二五五。

119 《留下我悲傷的故事：蓮娜・穆希娜圍城日記》，頁二五六－二五七。

美味，蓮娜帶回家和媽媽及阿卡分享。當天阿卡排隊買肉，拿到很棒的美國製壓縮肉，非常肥美沒有骨頭。對蓮娜而言，當天比較遺憾的是沒有拿到糖果和奶油。晚上時，她們一家喝了美味的湯，裡頭有肉及通心麵，而貓肉還可以吃兩餐、美國肉三餐。[120]

蓮娜有時會用物品與人交換食物，或者是賣東西換糧食。一九四二年四月十七日，蓮娜將鐘賣掉，換得一百二十五盧布和兩百五十克麵包。在此之前，她還曾用紫苑繡花毯和一名軍人交換了兩百克的麵包。當天她去合作社重新登記了糧票。這政策主要是一九四一年十月實施第一次的糧票重新註冊，目的在防止糧食票卡的濫用，並杜絕偽卡糧食買賣。在這之後，市民每個月都要重新註冊一次。一九四二年四月的註冊到四月十八日截止。[121]

在糧食不足常挨餓的情況下，蓮娜還是相當堅毅地面對生活的各種挑戰，有時還會趁空檔去進行各種休閒，像是跟《北平日記》的主角一樣，喜歡看電影。四月二十日這一天，從食堂回家後，她放下在食堂買的那塊肝和剩餘的麵包，出門散步，走到巨像電影院，買了張票終於看了一場電影《香檳華爾滋》。在日記中，這位小女孩寫到，她也想要像電影中人物一樣，過著光鮮亮麗、舒適奢華的生活，以音樂、舞蹈，及各式各樣休閒娛樂作消遣。蓮娜看完電影還有感而發地說，這場戰爭，剝奪了列寧格勒所有居民的娛樂，在戰爭爆發之前，他們在各方面都是模仿美國人，絕大部分都是。他們非常喜歡國外的東西，對她而言，沒有什麼東西是蘇聯自己的，全都是從美國人那借來的。所有的玩樂、消遣、服裝、爵士、探戈、情歌、廣告、街道、無軌電車、汽車、商店，這些都是外國的。她相信，一旦戰爭結束，他們又會循著過去的途徑，以美國人的方式，漸漸改善自己的生活。[122]

二、村裡村外：眷村的日常

眷村與遷移

一九四九年國共內戰的局勢使國民政府退守臺灣，大批的軍民也跟著遷移至此，成為近代中國因內戰而引發最大的人口移動。之後政府更在全臺各地建立八百多個眷村，安置遷移來臺的軍民。眷村的居民身分為軍人及其家眷，來自中國各地，保有各種不同省籍的語言與生活習慣。如今許多臺灣的眷村在政策、都市更新計畫的實施下，面臨被拆除的命運，許多眷戶被迫遷移，昔日的榮景不再。眷村作為當代臺灣的重要歷史記憶與空間，眷村文化的保存刻不容緩。[123]

120 《留下我悲傷的故事：蓮娜．穆希娜圍城日記》，頁二二二－二二三。
121 《留下我悲傷的故事：蓮娜．穆希娜圍城日記》，頁三五五－三五六。
122 《留下我悲傷的故事：蓮娜．穆希娜圍城日記》，頁三六一－三六二。
123 董維琇，〈眷村作為文化遺址場域——回溯水交社集體記憶與離散歷史〉，《博物館學季刊》，三十五卷四期（二〇二一年十月），頁七五－九一。

「眷村」像是臺灣社會的新興聚落，集結了多個眷舍而成。臺灣社會通常視「眷村」為軍眷之村，但各個軍種、情治、警察單位及政府部門其實也有提供眷舍。「眷村」源於一九五六年的「軍眷住宅籌建運動」，由「中華婦女反共抗俄聯合會」主席蔣宋美齡號召，發動工商界與民眾共同捐獻經費，利用國有土地興建眷舍，解決軍官兵居住的問題。根據一九八二年時的統計資料，當時全臺有八百七十九個眷村，共九萬八千五百三十五戶。這些以軍種或文宣代號為名的新村，分布於全臺各地，北從石門，南至恆春，依附在各軍駐地。[124]

總統夫人嘉惠軍眷資料展

一九六三年一月二十八日，在臺北三軍軍官俱樂部展出「總統夫人嘉惠軍眷資料展覽」，前往參觀的有各國駐華使節，各軍種總部高級官員和各界人士三千多人。全部展出的資料分為「軍眷住宅」、「軍眷子弟教養」、「軍眷生產就業」和「軍眷醫療」等四部分，分別顯現出從一九五六年到一九六二年，總統夫人蔣宋美齡對軍眷們的深切關愛和照顧。[125]展出的圖片和模型指出：蔣總統夫人領導的中華婦女反共抗俄聯合會，從一九五六年八月至一九六三年，共計興建了六期軍眷住宅，合計一萬七千棟，其中分配給陸軍八千零三十六棟，海軍二千四百六十九棟，空軍三千五百七十七棟，聯勤一千三百六十四棟，警備總部二百棟，憲兵二百棟，國防部直屬單位一千一百五十四棟。[126]

此外，在軍眷子弟教養方面，共設立育幼院和幼稚園一百五十一所，每期收公教遺屬孤兒和軍眷子女一萬五千七百二十人。從一九五七年到一九六二年，蔣宋美齡曾領導婦聯會開設了四百一十八個會計、中英文打字、文書、縫紉車繡、藺草做花、刺繡、編結和教員補習訓練班，訓練了二萬八千八百九十八名軍眷，學會謀生技能。此外，在婦聯會的輔導下，參加居家生產、入廠生產、合作生產的軍眷，有八萬四千一百零一人，獲益金額有新臺幣二千五百九十萬六千四百三十九元。就任中學教員、小學教員、幼稚園教員、褓姆、文書、店員、打字員、醫務和技工的軍眷有一萬二千七百九十四人。

「藺草做花」也成為戰後眷村生活的重要一環。在本書第三章中已經將藺草的日治時期歷史做了詳細介紹。但戰後臺灣有段時間的手工業的外銷是中斷的，直到一九五三年才開始。臺灣的手工業品在日本殖民時期外銷產值年達三百餘萬美元，就業人數有二十萬人以上，但在第二次大戰時期，因運銷阻斷，逐漸衰落。當時的《聯合報》特稿就表示，因為手工業產品在臺灣已有相當的基礎，而且手工業生產是整個社會及廣大農村的家庭副業，成本低可容納就業人數多，如果積極提倡，利用民間多餘勞力，從事勞務輸出，不獨可增加外匯，亦能繁榮經濟，安定民生。[127]

124 江濡因、陳佳利，〈眷村、博物館與性別：論龜山眷村故事館之性別展演博物館與文化〉，《博物館與文化》，二期（二〇一一年十二月），頁五三－八七。

125 〈總統夫人嘉惠軍眷資料展覽〉，《聯合報》，一九六三．一．二十九，一版。

126 〈總統夫人嘉惠軍眷資料展覽〉，《聯合報》，一九六三．一．二十九，一版。

127 〈手工業品外銷　數額歷年增加〉，《聯合報》。一九五七．七．十五，二版。

根據當時的統計資料，在一九五三年外銷的手工業產品種類甚少，竹類僅有竹葉、竹竿、竹簾、竹器等，裝飾品類有珊瑚裝品、貝殼製品等，帽類有柯太基帽、恩飛羅帽、檜木帽、林投帽、馬尼拉帽、李奧那玻璃帽、棕櫚帽、巴拿馬帽、紙帽、玻璃絲帽、大甲帽、銀鬚草帽等，海草類有海草地蓆、海草繩，革織類有坐蓆及草拖鞋，此外尚有豬鬃、蒲草紙漂白玉蘭葉、雕刻木器等。[128]

除了藉由展覽見到眷村的日常，我們也可以透過蔣宋美齡的行程認識眷村。一九六四年十一月十九日，她到她一手打造的各地眷村進行巡視，她以六個小時的時間，巡視了臺北近郊的五個軍眷新村。垂詢國軍眷屬們的生活情形，並視察環境衛生設施。她對國軍官兵眷屬的家庭生活，非常關心，曾籌建軍眷住宅二萬三千幢，一九六四年正在興建中的還有一萬二千多幢。在那時蔣宋美齡曾派遣婦聯會的衛生輔導小組，駐村改善環境衛生及家庭衛生。她巡視第一期已完成改善環境衛生及家庭衛生的十四個眷村中的五個村，每到一村，都很仔細地巡視軍眷們的家庭，看看廳房、臥室、廚房，連廁所的衛生設備，也沒有忽略過。[129]她還告訴國軍眷屬們說，家庭能注重衛生，可以增進全家人的健康，也是增進家庭的幸福。她並且指示在眷宅前後的空地上，多種些花木果樹，來美化環境，以及垂詢軍眷們的生活情形。她在海軍影劇五村曾發現海軍上士史錫成夫婦共有十一個孩子，對他們的清廉生活很關心，除頒給新臺幣一千元，表示慰問外，並交代該村自治會會長鄒燁，設法配一幢較大的房子給他們。她所巡視的是松山婦聯五村，內湖影劇五村、內壢自立新村、埔心成功新村、士林忠勇新村。她對這五個眷村環境衛生的改善工作，表示很滿意。但希望對下水道的衛生，能再加強改善。[130]

一九六五年十月時，蔣宋美齡號召興建的婦聯會第九期（鼎興計畫）軍眷住宅一萬一千六百多幢也陸續完工。十月十六日，婦聯會總幹事皮以書陪同眷宅籌建委員及有關單位代表一行三十餘人，先後視察桃園龜山陸光二村一千幢，以及筆者小時候住過的眷村桃園大湳陸光四村五百幢、臺中四張犁陸光十村二百幢、高雄鳳山海光四村六百五十幢等建築工程。[131]

眷村的家庭副業

除了上述的藺草做花的例子之外，當時的婦聯總會也

5-1　筆者小時候的眷村陸光四村內部樣貌，畫面中父親單手抱著我。

128 〈手工業品外銷 數額歷年增加〉，《聯合報》，一九五七．七．十五，二版。

129 〈蔣夫人巡視五軍眷新村　垂詢眷屬生活情形　視察環境衛生設施〉，《聯合報》，一九六四．十一．二十，二版。

130 〈蔣夫人巡視五軍眷新村　垂詢眷屬生活情形　視察環境衛生設施〉，《聯合報》，一九六四．十一．二十，二版。

131 〈萬幢軍眷住宅　現正陸續完工〉，《聯合報》，一九六五．十．十七，三版。

會協助推廣眷村的婦女從事各種家庭副業。一九六五年三月七日的《聯合報》就提到，婦聯總會為使全國各界人士明瞭軍中眷屬推展家庭副業改善生活的實況，於六日上午十時半，在該會舉行記者會，詳細介紹軍中眷屬推展家庭副業的成果。陸軍、海軍、空軍、聯勤、憲兵、警總等單位軍中眷屬，均選出代表參加，她們希望能以此成果，影響三軍眷屬，繼續推展及擴大，使全體軍中眷屬能夠獲得更為幸福的生活。在記者會上，軍中眷屬代表們，曾攜帶一部分家庭副業樣本，如刺繡、塑膠花，及飼鳥等，供與會人士參觀。會中婦聯總會總幹事皮以書，強調軍眷的家庭副業，不但為國家爭取外匯，並使軍眷生活更趨安定，相當具有介紹與推廣的意義。[132]

一九六五年，在軍眷所推展的家庭副業項目繁多，軍眷們並已自動地組織起來，從事生產。譬如陸軍方面，已有約一萬戶從事家庭副業，每戶每月收入，至少為二、三百元，亦有多至一、二千元的。在陸軍中，桃園內壢的「自立新村」正在擴大一項輔導軍眷飼鳥計畫，並由陸軍軍眷管理處從旁輔導。這部分我們在養鳥熱一節會詳細探討。[133]其他海軍、空軍、聯勤、警總等單位，也都有計畫及有組織地全力推展各項家庭副業，成績相當可觀。[134]知名作家薇薇夫人曾在她的報紙專欄中提到眷村主婦是有多忙碌在家庭副業上：「由於絕大多數的軍眷都是儉樸勤勞，他們用自己的雙手改善一家人的生活。這尤其以主婦的功勞最大，走進任何一個軍眷區，（中下級軍官）『紅中白板』不多見，刺繡啦，編織啦，養雞啦，飼鳥啦，差不多的主婦都有一份家庭副業在忙碌著。她們娛樂的機會幾乎沒有，更別說什麼休假旅行了。」[135]

眷村居民的另類副業

眷村居民的另外一種副業是到電影製片廠當臨時演員，桃園大湳的陸光四村的居民就有這樣的經驗，其原因是附近有一座聯邦公司的國際製片場。一九六八年，我在陸光四村出生的這一年，六月十五日的《聯合報》就提到，聯邦公司的新片《鐵娘子》，由宋存壽導演拍攝，韓湘琴與白鷹聯合演出。預計當月在大湳國際製片場拍攝劫法場的大場面戲，預定五個工作天拍攝，需要有臨時演員近千人參加這場戲的演出。[136]有關當時桃園眷村居民的這種動員擔任臨時演員的事情，我曾口述訪談過我母親及我那一九六三年出生的大姊，她們都有去製片廠擔任臨時演員的經驗，極有可能就是被村長動員去參加上述這場拍攝。[137]

一九六九年的四月二十四日，一群三十四人的馬來西亞華人亞洲觀光團，在桃園的大湳片廠

132 〈婦聯總會介紹　軍眷副業成果　皮以書強調爭取外匯　使軍眷生活更趨安定〉，《聯合報》，一九六五．三．七，二版。

133 參見「幫美國人養鳥：一九六〇年代的金絲雀熱潮」一節。

134 同上。

135 薇薇夫人，〈也敬軍眷〉，《聯合報》，一九六五．九．三，〇九版．聯合副刊。

136 《聯合報》，一九六八．六．十五，〇九版．聯合副刊。

137 蔣竹山口述訪談蔣佩玲、劉秀雲，二〇二三年十月二十一日。

度過了歡樂的一天。這一行觀光團，他們是一大早就搭車到桃園去，在清晨的陽光尚未消失時，他們已在國際片廠仔細而又好奇地看著該片廠的每一個搭景。在此之前，媒體正不斷地向讀者介紹國內的每一個片廠，當時曾經提及聯邦以往每一部片子的搭景都沒有拆除，這也是聯邦與其他公司的片廠不一樣，沒有租給別人的理由。因此，這一行觀光團，在大湳片廠足足看了一整天，只可惜，這幾天聯邦沒有新片在片廠拍攝。[138]

二十四日一大清早，這一群馬來西亞的觀光團員，就開始以期待的眼光，搭專車前往桃園，因為他們早已聽說，那部曾在馬來西亞相當賣座的《龍門客棧》影片，至今它的搭景還沒有拆掉，他們盼望能親眼看一看這些搭景，同時也想用手摸一下，以表示親切。大湳國際片廠的《龍門客棧》搭景，依然留在那兒，除了《龍門客棧》，同時還有《一代劍王》，這部片子也在馬來西亞上演過，他們一行隨著國際公司的總經理沙榮峰、副總經理夏吳良芳的陪同下，一面看，一面聽他們講解。[139]這一群觀光團的團員，有一部分是馬來西亞的電影院老闆，他們對電影製作已十分熟悉，不過當他們看到了《龍門客棧》的搭景或布景，再回想一下他們在馬來西亞所看的《龍門客棧》，都不約而同地讚道，這片的攝影技術實在是太好了。陪同他們一同觀看的尚有「龍」片導演胡金銓，以及該片的男女主角石雋和上官靈鳳，胡導不斷地為他們講解當時他拍這部片子的構想。[140]

除了看《龍門客棧》搭景，他們又去看《一代劍王》及《俠女》的外搭景，同時又分別在每一個景前照相，團員們都自備了照相機，鎂光燈閃個不停，頓時使得國際片廠熱鬧非凡。中午，聯邦由臺北請來了廚師，招待他們在片廠吃自助餐，他們一面欣賞片廠，一面吃午餐。下午，將近黃昏的時候，這一群觀光團人士，才返回臺北。[141]

眷村飲食

眷村味道中有一種是山東大餅。一九七七年的十月二十五日，《聯合報》作者邱傑曾寫了一篇山東大餅的文章，開頭就問：「你嘗過山東大餅嗎？喜歡這種硬得像木頭，看起來其貌不揚，咬起來愈嚼愈香的東西嗎？只要你有兩排堅固的牙齒，不妨買一塊來品嘗，或許你會從慢慢的咀嚼中，嚼出味道來。」五十一歲的「山東老鄉」王一心，是位做大餅的好手，當時在桃園，做大餅的似乎只有他這麼一家。但是他並沒有當作是獨門生意，依然是老老實實地做，中規中矩地賣。[142]王一心住在桃園大湳的眷村陸光四村，退休後便賣起大餅來。做這種硬邦邦的大餅，還不太簡單，光是麵粉和了水以後，那一道道揉麵團工夫，恐怕非「山東大漢」型的人難以勝任。大餅要越硬越能顯出特色來，怎麼弄得硬、弄得實，是做餅的最重要技巧。通常壓麵，冬天都會壓

138 織女，〈大湳片場觀光記〉，《經濟日報》，一九六九．四．二十七，〇八版．俱樂部。
139 〈大湳片場觀光記〉，《經濟日報》，一九六九．四．二十七，〇八版．俱樂部。
140 〈大湳片場觀光記〉，《經濟日報》，一九六九．四．二十七，〇八版．俱樂部。
141 〈大湳片場觀光記〉，《經濟日報》，一九六九．四．二十七，〇八版．俱樂部。
142 〈大餅硬　大餅香〉，《聯合報》，一九七七．十．二十五，〇九版．影視綜藝。

出全身汗來。壓好麵，開始烤，一個三寸厚，兩尺直徑的大餅，入爐前約十一斤左右，烤好出爐大概只剩八、九斤。裡頭的水分大部分都烤掉了，從和麵帶壓到大餅出爐，前後要花費四、五個小時。[143]王一心的餅有甜、淡兩種，內行人喜歡味道淡一點，才能嚼出真正的餅味來。王一心都在桃園街頭和市郊各地沿街賣餅，生意相當不錯，每天可以賣個一百多斤。

從眷村研究認識眷村

以下舉兩本眷村研究的專著說明眷村研究如何從早期的眷村發展史走向跨學科的研究。說到眷村歷史書寫的專書，最常被引用的當屬郭冠麟編的《從竹籬笆到高樓大廈的故事：國軍眷村發展史》。光是從國家圖書館的碩博士論文資料庫搜尋關鍵字「郭冠麟」，可以查到引用到這本書的參考資料，共有二百四十六筆，引用率相當高。郭冠麟是這本書的主編，當時的職稱是國防部史政編譯室薦任編撰，出版者是國防部史政編譯室，出版時間為二〇〇五年。本書雖然是國防部史政編譯室所出版的內部出版品，但資料扎實，內容豐富，成為許多眷村研究的重要參考著作及工具書。

根據編者序言，本書名為「國軍眷村發展史」，分兩部分，主要是針對眷村的大環境及基本概況做一闡述，再對軍種特色眷村做一口述訪問。在資料運用上，主要參考以往的眷村書籍、論文，還引用了早期國軍後勤制度的軍眷資料。此外，婦聯會也是眷村資料的重要來源，這書參考了該會許多內部出版品，獲得不少寶貴史料。[144]在口述方面，這書請各軍種就列管眷村推薦有特色之眷村二、三處，透過史政人員與眷管人員，對特色眷村進行訪談。透過《國軍眷村發展史》的引用資料，可以看出十七年前若要做眷村研究，可運用的資料有哪些。在史料部分，主要為《國軍留守業務史》、《國防部沿革史》、《聯勤年鑑》。嚴格而言，史料明顯不足。

專書方面，有許多地方政府的眷村調查計畫，像是《臺南市眷村文化館規劃案期末報告》（二〇〇四）、《中壢市眷村文化資源調查計畫》（二〇〇三）、《高雄市見證眷村歷史暨推廣計畫》（二〇〇二）、《眷村文化保存調查研究第一期》（臺北，二〇〇二）、《鳳山眷村社會文化及生活空間調查報告》（二〇〇二）、《新竹市眷村人文史料調查彙編》（二〇〇一）、《臺北眷村調查研究》、《高雄縣岡山眷村社會文化》（二〇〇〇）、《眷村田野調查報告書》（新竹市，一九九七）。從這些書可以看出兩個趨勢，大部分的眷村調查報告都大約在二〇〇〇年之後；調查區域多以縣市為調查範圍，而不是個別眷村；常見的縣市則以高雄最多。

除了調查報告，引用文獻有一些學者或地方文史工作者的研究案，像是潘美純的《竹籬笆今昔：一個眷村社區的歷史與文化》（一九九五）、楊放的《落地生根：眷村人物與經驗》（一九九六）、何思瞇的《臺北縣眷村調查研究》（二〇〇一）、張茂桂、尚道明的《社區、民族與國家：眷村的身分政治研究》（二〇〇六）。這些專門研究和上一段的調查報告比較起來，出現的

143 〈大餅硬　大餅香〉，《聯合報》，一九七七・十・二十五，〇九版，影視綜藝。

144 郭冠麟編，《從竹籬笆到高樓大廈的故事：國軍眷村發展史》（臺北：國防部史政編譯室，二〇〇五），〈編者序言〉。

時間更早。在學位論文方面，這書大量蒐集了相關論著。最早一篇是一九八〇年，夏傳宇的〈臺北市軍眷眷村重建之研究〉（政大公企碩士論文），之後有鄒雲霞的臺大考古人類所的碩論〈眷村居民我群認同感之研究〉（一九八一），一直到二〇〇三年王玲玲的〈眷村改建計畫在新竹市之形構〉，共二十六篇論文。[145]

《國軍眷村發展史》雖然在適當的時機填補了二〇〇五年前後眷村歷史研究的不足。但談到這書的缺點，由於是史政編譯局的出版項目，流通主要是在各大圖書館，在一般書市較少流通，觸及率較低；且距離現今近二十年，已經絕版，不易參考。此外，這書許多資料較為老舊，編排也相當粗糙，若有機會重出，可以考慮再版。但由於是公部門的自印書，可能性渺茫。時隔近二十年，有關眷村發展史似乎應該要有一本全新的書寫，可惜未見。但在跨領域眷村研究方面，則有長足的進步，李廣均教授的新書是其中一例。

中央大學法律與政府研究所李廣均教授《眷村保存與多元文化的社會學分析》，遠流出版社及中央大學合作，於二〇一九出版，可算是眷村文化研究的一個重要里程碑。李廣均在中大曾開設過相關課程，如「移民與社會」、「一九四九專題」。早在一九九六年，他就發表過有關外省族群的文章〈從過客到定居者——戰後臺灣「外省族群」形成與轉變的境況分析〉。他的過往研究包含有：眷村生活探究、眷村文化保存、眷村土地空間、眷村文學與藝術。這本書的關鍵字包含很廣：眷村保存、多元文化、社會學、階級、族群、國族、眷村、生命經驗、歷史地景及文化資產等等。本書提出的問題意識為：一、眷村保存的歷史脈絡與後續發展；二、理解眷村保存的文化意義。其進一步問題為：一、如何理解眷村保存，特別是列管眷村作為文化資產保存對象的起源、推力與限制？二、如何理解眷村保存的多元文化意義？

建築與文資保存

一九四九年中華民國政府播遷來臺，同時超過百萬的軍人及其眷屬也跟隨著政府來臺，如何安置這些軍眷便成為當時政府的一大課題。當時的方法是利用日治時期所遺留下來的房舍或戰備設施，改建成可居住的空間，因而形成所謂的「眷村」。[146]

中央大學客家學院李廣均教授關注眷村文化議題相當久，二〇一七年的〈文化、歷史與多元：關於國軍眷村保存的一些觀察與思考〉，這篇文章以《國軍老舊眷村改建條例》審議選定的十三

145 郭冠麟編，《從竹籬笆到高樓大廈的故事：國軍眷村發展史》（臺北：國防部史政編譯室，二〇〇五），頁二九五－二九八。

146 首先盤點近來的眷村研究成果，主要透過期刊論文來觀察研究趨勢，並歸納出十個重要研究課題。其次，從二〇〇五年郭冠麟的《從竹籬笆到高樓大廈的故事：國軍眷村發展史》談起，開始追溯此前的眷村文化研究概況，並視此書為眷村歷史研究的重要里程碑。以此為基礎，再談李廣均教授的新書《眷村保存與多元文化的社會學分析》（臺北：國立中央大學出版中心．遠流文化，二〇一九），分析這書在眷村研究的重要性，如何從一個發展史的視角，轉變到如今，形成一個眷村的地方知識學——眷村學的新領域。這不僅是歷史學的，而且是跨學科的關注。

個眷村文化保存計畫以及二十餘處有文資身分的眷村為討論對象，從文化、歷史、多元等面向提出看法，反思眷村保存的盲點與迷思。這篇論文有幾個重點，一，眷村文化並不容易在世代間延續，關鍵之一在於如何理解眷村文化的歷史性與特殊性；二，有關誰的歷史、誰的記憶的問題。在目前以日本時期遺留下來的房舍為主的眷村文化園區之中，如何保存呈現國軍來臺的生命經驗與眷村文化？作者認為，兼具日式建築與眷村文化的複合型文化資產是未來活化再利用的重要課題，如何呈現日式建築特色、如何取捨戰後雜亂繁多卻蓬勃的房舍增建，就是建築修復原則的大挑戰，兩者不能偏廢。第三個重點，作者認為是如何呈現眷村組成的多元面貌，像是差異性與多樣性的問題。[147]李廣均提出我們可以採取一種由下而上的庶民角度或大眾史學的觀點。有關這裡的大眾史學的觀點是什麼？也提供筆者在結論的進一步思考。總體來看，這篇於二〇一六年發表在桃園的眷村文化論壇的文章，提醒了我們，眷村保存不該只是以懷舊陳列、日遺房舍、中高階軍官為主，而是能鼓勵文化轉化與創新，以國軍生活為主軸，呈現眷村經驗的多元面貌為重點。

自從《國軍老舊眷村改建條例》實施後，國內眷村陸續面臨被拆除的命運；為了保留快速消失的眷村文化，政府與民間相關團體已推動眷村文化保存多年，但面臨的問題不少，許多眷村文化保存工作的推動仍困難重重。左營明德新村為南臺灣歷史最悠久、最完整之海軍眷村，還具有空間型態多樣性與景觀元素豐富等特質，因而登錄為文化景觀予以保存。這篇文章即在分析左營明德新村保存的現況，探討左營明德新村的地方文化特色與眷村文化保存的歷程。並透過專家訪談與實地調查結果，提出左營明德新村保存與再利用發展策略的建議。最後是明德新村保存再利用的四個層面：歷史保存、延續與再現、活化與再利用、永續經營。[148]

三重一村以及明德新村兩座現在仍被保存下來的眷村為研究對象，探討中華民國政府對日遺房舍與戰備設施的使用。作者文中所謂的「國民政府」用法應該是犯了一般人的錯誤，事實上，應該叫做中華民國政府，國民政府這體制在一九四八年後就已經終結，進入到憲政階段。作者提到，空軍三重一村是一九五四年，以日治時期的防砲陣地為核心，在周遭建造眷舍，並經多次改建才成為現今連棟的模樣。明德新村為接收日式官舍且是以獨棟分配給高級將領。並以建築物為核心，從日治時期這些建築物的形成及背景，到一九四九年後，海軍接收，保留給高等軍官居住，因此也被稱為將軍村。[149]

有的學者從「政策網絡」研究途徑著手，分析新竹市的眷村改建，運用政策網絡研究途徑，分析一九九八至二〇一〇年間，新竹市政府所參與的眷村改建與都市更新的動態過程。[150]作者提

147 李廣均，〈文化、歷史與多元：關於國軍眷村保存的一些觀察與思考〉，《文化資產保存學刊》，三十九期（二〇一七年三月），頁八九－一〇一。

148 王曉鴻、陳芸安，〈眷村文化保存與再利用策略之探討——以左營明德新村為例〉，《華梵藝術與設計學報》，十二期（二〇一七年七月），頁六五－八一。

149 黃嵩清，〈國民政府對戰備設施與日遺房舍之使用——以三重一村及明德新村為例〉，《新北大史學》，二十八期（二〇二一年一月），頁七六－一一二。

150 李台京，〈新竹市眷村改建：都市更新的政策網絡（一九九八－二〇一〇）〉《中華行政學報》，九期（二〇一一年十二月），頁四三－五七。

出了新竹市眷村改建／都市更新的政策網絡具有五項特性：一、眷改政策的主管機關是國防部，其他機關如內政部、財政部等也有協助的資源與能力。二、國防部與新竹市政府之間雖無隸屬關係，卻有府際互動、互賴的必要性。國防部長掌握政策執行的主導權。三、新竹市政府的資源是市民的支持，以及市政規劃、政策溝通、行政執行和管理的能力。四、眷村的眷戶握有選票的資源。雖然在政策網絡之中處於弱勢，但眷戶們努力發展出「集體行動」的團體協商和行動力。五、運作期間，受到政策執行的動態因素影響，網絡互動會出現緊密或鬆散的變動，但政策網絡仍持續存在與運作，直到政策執行的終止。[151]本文所採取的公共政策學者所倡導的理論模式，一般較少用在眷村研究上，令人耳目一新，可特別提供我們關注府際關係與市民社會的互動行為。

博物館與文資再利用

近年來在現地保存與活化再利用的原則下，各地陸續成立眷村文化保存園區。然而，在實際推動眷村文化保存園區的過程中有許多困難，例如法源、財源以及人力與專業管理上的不足，是一大難題。

有的學者則以博物館觀眾研究的功能，探討觀眾研究在眷村博物館的發展上可扮演何種角色。再藉由眷村類型博物館的觀眾研究有哪些特色，來探討哪些議題仍待發展。[152]最後作者嘗試說明未來眷村博館在各種規劃上，如何透過觀眾研究作為實務方面的參考。

作者還發現，眷村文化的再現亦呈現文本過度簡化與理想，且與昔日眷村居民生命經驗的真實性與代表性不足的現象。另外，已成立的眷村文化保存園區內有著與眷村文化不符的商業性質賣店，難以與觀眾的生活經驗相結合。[153]

眷村如何以一個博物館的方式作為展演空間，有的研究者則從「性別」的視角著手。作者認為：「為引介博物館性別議題，並探討近年來興起之眷村博物館的建構脈絡，本研究以桃園縣龜山鄉的眷村故事館為個案。運用參與觀察、訪談與展示分析方法，探討眷村故事館之建構歷程、展示敘事手法及展示之性別意象。」[154]兩位作者發現眷村故事館嘗試站在女性的立場，在展示中顛覆傳統的眷村歷史論述；她們試圖在軍事與政治領域之外，建構出眷村的家庭意象。此外，眷村故事館的自我期許與定位是把他鄉變故鄉。

在展示論述上，策展成員重視眷村日常生活，試圖顛覆從國軍遷徙史出發的眷村論述。展示主軸是大量以居民曾使用的老文物拼貼眷村家庭場景，形塑出純樸的眷村意象，也製造家務勞動

151 〈新竹市眷村改建：都市更新的政策網絡（一九九八－二〇一〇）〉，頁四三－五七。

152 陳建文，〈眷村博物館發展與觀眾實證研究之評析〉，《科技博物》，二十五卷四期（二〇二一年十二月），頁七五－九三。

153 〈眷村博物館發展與觀眾實證研究之評析〉，《科技博物》，二十五卷四期（二〇二一年十二月），頁七五－九三。

154 江濡因、陳佳利，〈眷村、博物館與性別：論龜山眷村故事館之性別展演提到〉，《博物館與文化》，二期（二〇一一年十二月），頁五三－八七。

與軍旅生活的痕跡，召喚對眷村的懷念與認同。可惜，這種展示與敘事手法，同時強化了二元的性別意象，像是「男性／軍旅、女性／家庭」，將不對等的性別關係予以忽略。[155]

生活空間

有學者提到：二〇一二年三月國防部公告十三處眷村計畫保存區，其中有九處眷村是與二戰時期，日軍建設的戰備設施有關，其中一處即為雲林虎尾建國新村。該文章的研究目的為：一、了解日軍戰備建築型態改變與眷村居住空間演變過程。二、探討虎尾飛行場兵營與眷村生活空間演變，所呈現戰爭歷史與眷村文化意義。[156]

有的則提出一九四九年中華民國政府撤守臺灣，日治時期建設的大量軍用房舍、工廠建築，成為收納大批國軍的臨時居所，之後為了安頓國軍官兵及其眷屬，而在全臺各地興建眷村。作者指出：「本海軍第六燃料廠新竹支廠閒置廠房之眷村空間，與其周邊忠貞新村共存六十年之後，在如今眷村即將面臨拆除改建之時，探討這批閒置廠房轉型成為居住空間之演變過程。」作者的研究目的有：其一，探討日本海軍燃料廠新竹支廠廠房空間，在不同歷史時期的有機演變情形。其二，彙整進住原廠房受訪者基本資料，像是家庭成員、居住範圍、使用權轉移等。其三，探討居住者如何順應原廠房空間，並突破成為較適合居住的空間。[157]

飲食文化

飲食文化是眷村研究的重點之一，需要進行跨學科的合作。隨著近年來食物史研究的興盛，如何研究眷村的飲食文化，這需要共同合作。可惜，目前這方面的學術研究不夠多。高雄餐旅大學掌慶琳教授、靜宜大學吳政和教授及高雄餐旅大學碩士林芳琦的〈竹籬芭裡的飯菜香——眷村菜初探〉，探討「眷村菜」，作者認為雖然有少數相關書籍及食譜出版，卻少見對眷村菜進行學術研究。其研究目的有：一、釐清眷村菜的內涵、形成與發展；二、分析眷村菜與外省菜的差別；三、探討眷村菜在臺灣飲食文化中的未來可能方向。

作者提出眷村菜形成於一九四九年後的眷村及周邊環境，是就地取材、隨興製作的家常料理。此外，家常飲食，以溫飽為考量。融合是眷村菜相較於外省菜最明顯的差異，眷村內常見的串門子共食分享氛圍，使飲食先產生交互作用，融合大陸各地與本土臺灣味的「眷村菜」，成為

155 〈眷村、博物館與性別：論龜山眷村故事館之性別展演提到〉，《博物館與文化》，二期（二〇一一年十二月），頁五三－八七。

156 霍鵬程、趙家麟，〈臺灣日遺兵營轉變為居住空間演變之調查研究——以虎尾海軍飛行場兵營轉變為建國眷村為例〉，《設計學研究》，十九卷一期（二〇一六年七月），頁四一－六四。

157 〈臺灣日遺兵營轉變為居住空間演變之調查研究——以虎尾海軍飛行場兵營轉變為建國眷村為例〉，頁一三三－一五六。

臺灣飲食文化的特殊現象。[158]有關這方面的研究，近來陳玉箴教授的臺灣菜研究專書有更深入的探討，可進一步參考。[159]

歷史記憶

臺南大學視覺藝術與設計系副教授董維琇的〈眷村作為文化遺址場域——回溯水交社集體記憶與離散歷史〉即討論集體記憶課題。有關歷史記憶的研究，目前也是人文社會學界關注的重點。作者以臺南水交社眷村文化園區的展演館的展覽，探討「在眷村文化保留的趨勢下，許多藝術、建築、文化工作者等專業人士的跨領域合作，及社區民眾的參與、對話，使眷村空間成為藝術家進駐點、博物館與文化園區的過程，以及眷村作為文化遺址的場域，藝術介入、展演的呈現以及具有對話性和教育性的工作坊，帶領民眾了解這個世代的集體記憶與離散的歷史的重要歷程」。作者透過「眷戀煙花燦爛的歲月」展覽，以離散的視角，環繞在因戰亂而遷徙到臺南水交社的社群故事與集體記憶。[160]策展人在活動過程中舉辦各種工作坊，創造出水交社社群民眾、大學生及觀眾共同對話的平台，帶給在地民眾的認同與理解，匯集了更多有關水交社的集體記憶與生活經驗。

三、吳新榮之子的東海大學考試：大學的在臺復校熱

一九五五年左右的臺灣年輕人，若高中畢業要進大學繼續讀書，可以選擇的學校不會太多。但會遇到一個新的現象，那就是過去民國時期的大學開始紛紛在臺申請復校，國立的大學要復校比較困難，私立的則自由多了，但還是受到教育部的一些法令的規範。臺南醫生吳新榮的次子吳南河就面臨到考大學競爭激烈的問題。[161] 一九五五年八月三日這一天，吳新榮在日記中寫道，吳南河因為在之前參加過國立大學與省立學院的聯合考試，成績不佳，只好退而求其次去考私立的東海大學或高雄醫學院。但這兩間學校日程相衝突，只好另找方法來選一間應考。吳新榮對新成立的東海大學印象似乎比較好，因為學校是四年制、校產豐富，將來比較有發展。八月十日時，

158 掌慶琳、吳政和、林芳琦，〈竹籬芭裡的飯菜香——眷村菜初探〉，《觀光休閒學報》，二十四卷一期（二〇一八年四月），頁三九－六二。

159 陳玉箴，《「臺灣菜」的文化史：食物消費中的國家體現》（新北：聯經，二〇二〇）。

160 董維琇，〈眷村作為文化遺址場域——回溯水交社集體記憶與離散歷史〉，《博物館學季刊》，三十五卷四期（二〇二一年十月），頁七五－九一。

161 《吳新榮日記全集》，一九五五．八．二十三。

吳南河選擇去臺中考東海大學，吳新榮在日記中寫說這間學校是基督教聯合會創立的，他誠心祈禱世界主宰、宇宙諸神、萬方司運，甚至五府千歲、保生大帝、觀音佛祖們能夠保佑他兒子順利。[162]

若要了解吳新榮為何會對東海大學特別有好感，這可能要先了解戰後臺灣的大學復校熱潮的概況。最早報刊釋放出來的新設立東海大學的消息是這樣寫的：「基督教在自由中國籌設的教會大學，已定名為私立東海大學，該校籌備委員會已推定抗立武、葛翰、許迪理、蔡一諤、猶卜賽夫人負責洽商建築校舍的初步工作。聞該校校舍的建築將由楊介眉工程師負責設計，他已於最近由美國來臺，並已向籌備委員會提出校舍建築的藍圖，校址決定在臺中。」[163]由美國基督教會經辦的東海大學，決定十一月破土興建，破土典禮將由美國副總統尼克森親自來主持，屆時將有十二個美國電視記者隨行，將其鏡頭播送全球。[164]

戰後政府的復校政策

戰後臺灣基本上是各種學校的實驗場，許多國民政府時期的高校，一九四九年之後都想在臺灣復校。省議會臨設會第一屆第一次大會中，曾通過省議員林頂立、王雲龍、賴森林多人籲請增設大學的提案，表示這是全省人民的公意，且事實上也有此迫切需要，相信必為教育行政當局所特別重視，而能予採納，儘速求其實現。《聯合報》隨即以社論方式報導此一議案的重要性，指出「今日僅一所大學，不能容納有志升學的高中畢業學生，亟需增設，使青年獲有深造的機會，乃公認的事實」。但當時政府主事者基本上認為臺灣大學之外，不應有再增設大學的主張。其所抱持的理由，大致可分為以下幾點：一、限於政府財力，目前光是臺大就無力擴充，設備也有待充實，所以不能再籌畫出鉅額經費，去增設其餘大學。二、有鑑於終戰前大陸上有些大學的行政管理太差，學生水準不夠，甚至變為培養社會主義的溫床，所以認為要在臺灣增設大學，應該「寧缺勿濫」。三、有些人則認為：既要另行增設大學，就有必要「辦得超過臺灣大學」。但「第一流的學者教授，十之七八淪陷大陸」，僅就人才一事而言，增設大學已屬極端困難。[165]社論還提到以上三點，都不能算是不增設大學的真正理由，因為教育乃國家的根本大計，專門人才建國幹部的培育與養成，更有賴於大學教育。

此外，社論也建議教育行政當局應該對公立大學的校長人選，遴選有聲望、實學及才幹的教育家充任，不受任何牽制，聘請一流的學者任教，一改過去最高學府成為達官顯要安插熟人，遂行派系鬥爭的作風。至於私立大學方面，無論其為國人主辦或外國教會主辦，一定符合法令標準才准許立案。[166]最後則附帶建議：第一，籌辦一所大學曠日費時，則可盡量鼓勵曾在政府立案的

162 《吳新榮日記全集》，一九五五．八．十。
163 〈教會在臺設校　定名東海大學〉，一九五三．九．四。
164 〈尼克森〉，《聯合報》，一九五三．九．四。
165 〈再論增設大學問題〉，《聯合報》，一九五二．二．三。
166 〈再論增設大學問題〉，《聯合報》，一九五二．二．三。

私立大學，早日復校，或教會及私人籌辦大學；第二由政府增設大學，如顧及到校名或人事問題，似可仿照抗戰時期的先例，設立聯合大學。[167]

儘管有政府的呼籲，在資源有限及政策不明的情況下，大學復校的聲浪雖然很高，但真正獲教育部青睞核准的不多，戰後第一所應該是政治大學。有關政治大學這名稱是中日戰爭勝利後才改名的，其前身是一九二七年（民國十六年），中國國民黨決定籌設「中央黨務學校」於南京紅紙廊。一九四五年抗戰勝利，中央政校預備遷回南京。一九四六年，國民黨決議中央政校與中央幹校合併，改制為「國立政治大學」。一九四七年，為配合國民政府施行憲政，政治大學由國民黨改隸於教育部。[168]

第一間在臺復校：政治大學

戰後在其他大學都還沒有提出復校的各種呼籲時，政治大學就已經在行政院院會中被主動提出要設立的消息。行政院於一九五四年七月八日上午九時舉行第三五一次會議，俞鴻鈞院長主席，聽取國防部副部長黃鎮球報告國防，外次沈昌煥報告外交，臺灣省主席嚴家淦報告臺灣省政後，討論要案多起，其中一項報告事項就是「恢復設置國立政治大學及中央圖書館案已由院核定並呈報總統」。當天新聞也公布了相關訊息，新聞寫道：「教育部呈擬在臺恢復設立國立政治大學案，業經行政院核准並經呈報總統，據悉：關於政治大學復校事，當局已聘定張其昀、張道藩、黃少谷、蔣經國、陶希聖、陳雪屏、嚴家淦、徐柏園、余井塘、倪文亞等為復校籌備委員，由張其昀為召集人，業經召集首次會議商定先成立研究部，今秋先設立行政，公民教育，新聞三個研究所，研究生資格須大學畢業，名額每所暫定為五十名，今年暑期即行招收新研究生。」[169]由於政治大學前身為中央黨務學校，在那個以黨領政的時代，會成為政府的首間在臺復校的選擇，甚至比民國第一高校中央大學還要前面，應該也不會太意外。在這次公告中，看出了籌備委員會名單每一個都大有來頭，都是當時或日後的政府要員。而政治大學成立後首波科系為研究所，有新聞、公民教育及行政。[170]政治大學籌備會成立之後，設校的進展相當快速。一九五四年九月十二日的新聞就公布校友會第一次理事會，理事長也是教育部長的張其昀報告該校復校籌備經過，首先恢復設立的有公民教育，行政、新聞及國際關係四研究所，預定當年內招生。[171]

一九五四年十一月一日，在政治大學復校開學的同時，教育部的私立學校規程也修正公布，先後核准私立東吳大學復校，先行設立法學院；私立高雄醫學院准開辦招生；私立淡江英專暫准立案。之後並訂定「申請設立大學院校及專科學校審核原則」，該項原則包括三點：一、私立大學（或專科）院校設立地點應在臺北市以外之縣市；二、採取漸進辦法，先設立一個獨立學院，

167 〈再論增設大學問題〉，《聯合報》，一九五二．二．三。
168 https://archive.rdw.lib.nccu.edu.tw/history/。瀏覽日期，二〇二三．十一．九。
169 〈恢復設置政治大學　政院核定聘妥籌委〉，《聯合報》，一九五四．七．九。
170 〈恢復設置政治大學　政院核定聘妥籌委〉，《聯合報》，一九五四．七．九。
171 〈政大今年復校　先設四研究所〉，《聯合報》，一九五四．九．十二。

日後再逐漸增加，以達到完全的大學。三、課程分配採取綜合兼顧制度。[172]一九五四年十月二十八日，政治大學研究所放榜，共取研究生五十六名，計行政研究所十六名，公民教育、國際關係兩研究所各十四名，新聞研究所十二名。[173]其中公民研究所的第一屆同學名單中，可以看到日後教授中國現代史的政大歷史系教授李雲漢的名字。[174]雖然十一月一日就開學，教育部到十一月十三日才公布政大校長及新所所長，其中陳大齊擔任校長，陳雪屏擔任公民教育研究所長、邱昌渭擔任行政研究所長，崔書琴擔任國際關係研究所長、陶希聖擔任新聞研究所長。教育部並定於十五日下午六時邀集該校復校籌備會全體委員及全體新任人員舉行會議，商討開學有關事宜。[175]

一九五五年五月二十一日，政治大學成立二十八周年及遷臺復校第一屆校慶。慶祝大會於木柵政大研究部，在校長陳大齊主持下舉行，全體教職員共八十餘人出席參加。[176]在政治大學慶祝第一屆校慶的這一年，臺灣的高等學校屈指可數，公立的只有臺灣大學、政治大學、省立師範大學、省立工學院、省立農學院、省立海事專科學校及省立護理專科學校這幾間，其中前面五所於一九五五年開始辦理聯合招生。[177]這幾間學校在那時也招收來自香港的僑生，申請者須先在香港參加聯合招生考試，再由教育部審查，成績及格者有八百一十七名，將分發至各院校。其中，分發國立臺灣大學的有四百二十二名，分發國立政治大學的有一百二十六名，以及省立師範大學一百二十六名。[178]很明顯地，當時政府對於香港來的僑生入學政策，是有意識地在推動，並給予僑生進入臺灣的大學許多彈性的管道，光是臺大就有四百二十二人，這名額與當時臺灣學生要擠破頭才能考進大學相較，是優惠許多。當時就有報導說名額的問題，所謂：「我們目前究竟應不應該增設大學？這是一個容易引出許多矛盾觀念的麻煩問題，無法用三言兩語來作乾脆的解答。照目前大學入學考試競爭劇烈的情形來著，似顯得入學的機會少於入學的需要，難免有不少學生，被擯於大學門外而感覺怨懟。為滿足此種需要，似乎也祇有增設學校之一法，現有學校所能擴展的名額，究竟為數有限。」[179]

至於有些大學一有籌備過程就開始啟動，但很快就被教育部的政策所否決，暨南大學就是其中一例。當時的教育部長張其昀，因報載有關國立暨南大學在臺復校事，恐滋誤會，特發表談話說：「政府對教育政策，務期質量並重，不願發展太快。先就現有大學，設法充實，逐漸擴充名額，並積極加以整頓。對增設新校或恢復原有大學，目前尚無此種計畫。」[180]當時政府比較擔心

172 〈新後核准開辦大專院校　政大研究院　下月初開學〉，《聯合報》，一九五四・十・十七。
173 〈政大各研究所　新生昨放榜　共錄取五十六名〉，《聯合報》，一九五四・十・二十九。
174 第一屆名單有：鄭瑞澤、陸珧、呂寶水、李序僧、王承書、李雲漢、黃啟炎、程運、高長明、鍾永琅、陳石貝、徐傳禮、江漢松、高明敏。
175 〈陳大齊出掌政大　陶希聖陳雪屏邱昌渭　分任新聞等研究所所長〉，《聯合報》，一九五四・十一・十四。
176 〈國立政治大學　昨慶二十八周年〉，《聯合報》，一九五五・五・二十一。
177 〈五院校新生入學試　二十八日起分區舉行〉，《聯合報》，一九五五・九・七。
178 〈港生來臺升學　八一七名及格〉，《聯合報》，一九五五・七・二十五。
179 〈大學之增設問題〉，《聯合報》，一九五六・八・十。
180 〈再論增設大學問題〉，《聯合報》，一九五二・二・三。

的是臺灣省中學的發展，不足以適應實際需要，以致國民學校畢業生須通過激烈的競爭考試，發生惡性補習之現象，影響學童的健康。因此教育部曾公布發展初級中學五年計畫，希望能先解決此一迫切問題。報紙對於暨南大學復校一事也有深入報導，一九五六年八月十日，新聞提到教育部張其昀曾為傳聞中的國立暨南大學在臺復校事發表聲明，表示暨大復校，當待中央就整個僑教政策做通盤考量後，才能決定，因此無法做任何承諾。張部長的聲明對當時政府的教育政策有所闡釋，使大家更明瞭當時的教育建設重點是在積極擴展中等教育；至於高等教育，則是針對已有的大專學校加以整頓充實，逐漸擴展容量，並尚未有多增加大學的打算。所以，不僅暨南大學之復校與華僑大學之創辦，尚談不到，就算是私立嶺南大學之請求復校，教部亦指示其可恢復中學部為當務之急。政府對大學之增設，雖沒有全然反對，但其採取消極不配合的態度，已相當明顯。[181]

民國時期學校復校的試驗場

復校學校	新聞刊出時間	新聞內容
暨南大學	(1)一九五二・六・三 (2)一九五七・四・九	(2)國立暨南大學校友會，定於九日下午六時假青島東路九號婦女之家舉行第十屆全體會員年會，討論會務，商籌復校事宜並改選理監事。

美國耶魯大學雅禮會創辦的長沙雅禮學校[182]	一九五三・四・三	
福建學院[183]	一九五三・四・六	
長沙雅禮學校[184]	一九五三・四・六	
陸軍軍官學校（一九五〇）[185]	一九五四・六・十五	
政治大學	一九五四・七・八	
私立東吳大學補習學校[186]	一九五四・七・三十	

181 〈大學之增設問題〉，《聯合報》，一九五六・八・十。

182 《聯合報》，一九五四・四・三。

183 《聯合報》，一九五三・四・六。

184 《聯合報》，一九五三・四・六。

185 《聯合報》，一九五四・六・十五。

186 《聯合報》，一九五四・七・三十。

復校學校	新聞刊出時間	新聞內容
南京東方中學[187]	一九五四・九・十六	
中央警官學校[188]	一九五四・十・十三	
南京法商學院[189]	一九五四・十一・八	
朝陽大學[190]	一九五四・十二・四	
復旦大學[191]	一九五四・十二・十七	
中國公學[192]	一九五五・八・六	
稚暉大學	一九五六・一・十	
交通大學[193]	(1)一九五六・四・九 (2)一九五七・五・十二	(1)國立交通大學創立六十周年紀念大會，於八日上午十時在實踐堂隆重舉行，該校在臺校友一千餘人，均以興奮心情歡祝母校花甲之慶。大會由同學會常務理事凌鴻勛、柳克述、王洸及校慶紀念大會主任委員陳樹人主持，總統、副總統均頒致訓詞，勗勉該校校友為復國復校而努力。 (2)國立交通大學電事研究所在臺復校籌畫，現已至決定階段，所址設新竹市聯合工業研究所，四十六學年度第一學期起招生，名額暫定十名。
輔仁大學	一九五六・七・一	

嶺南大學	
(1)一九五六・七・三十一 (2)一九五六・八・五	
(1)廣州嶺南大學擬在苗栗復校消息刊載後，本縣縣民至感興奮，大湖鄉鄉公所與鄉民代表會認為該校將來如能在山明水秀的大湖建校，對於地方的教育貢獻必大，乃自動擬將南湖村公有田地六甲餘，撥作該校校址，附近尚有私有地十數甲，足供該校發展之用 (2)嶺南大學在桃復校，已成定局。該校董事長梁寒操昨（四）日來桃，由徐縣長等陪同赴八德鄉作最後勘察，已擇定桃園至大溪公路上更寮腳附近廿餘甲土地為建校基地，其中有六甲係預定興建軍眷住宅基地，徐縣長已答應另外擇地與軍眷交換，基地購置問題如獲解決，日內將舉行破土禮，定十月間興工，先行建築教室三棟，宿舍二棟及飯廳、辦公廳、廁所等設備。該校復校後，將先辦高初中部，預定五年內恢復大學制度。現該校已募得復校基金五十餘萬元，該校復校委員陳香梅女士，尚在美國繼續勸募中。	

187《聯合報》，一九五四・九・十六。
188《聯合報》，一九五四・十・十三。
189《聯合報》，一九五四・十一・八。
190《聯合報》，一九五四・十二・四。
191《聯合報》，一九五四・十二・十七。
192《聯合報》，一九五五・八・六。
193《聯合報》，一九五六・四・九。

復校學校	新聞刊出時間	新聞內容
嶺南大學	(3)一九五六・八・十一	(3)嶺南大學在臺復校校址原擇定在桃縣八德鄉更寮腳，但該地因部分為軍眷住宅用地，不能全部撥充建校，該校董事關頌聲等乃於昨（十）日再度來桃重新勘覓校址，頃已擇定在大溪鎮埔頂建校。
同濟大學	一九五七・五・二十	國立同濟大學建校五十周年校慶於十九日下午三時在臺北賓館舉行慶祝大會。到有朱家驊、楊繼曾、徐道鄰等校友二百餘人，由朱家驊主持，並曾對建立該校校友會組織及籌備同濟中學復校等問題熱烈討論。

透過上表，大致可以看出來戰後臺灣已經成為民國時期各大學在臺復校的實驗場，但是很多僅止於籌備會的規劃而已，或者到了教育部那裡就立即被否決，所以很多名稱就再也未曾出現在戰後臺灣教育發展史中。各種學校在臺復校的模式大多為先成立臺灣同學會，再以會員大會或籌備委員會的形式進行復校的各種討論會議。以復旦大學為例，復旦大學同學會，於一九五四年十二月十六日，慶祝創校四十九周年暨該年度第二次會員大會，假鐵路局大禮堂舉行，到校友有于右任、程天放、余井塘、陳保泰、趙聚鈺、胡健中、程滄波、江一平等五百餘人，國民黨大老于右任曾在會中致詞，以在臺復校建校相勉。[194]

清華大學

清華大學的復校比較特別，當報紙還沒有刊出相關籌備復校事宜時，教育部就已經召開學審會，其模式比較像是由上而下的執行政策型。[195]一九五五年九月三日，教育部學術審議委員會第五屆第二次全體委員會議，由教育部長張其昀主持，出席委員六十餘人。會中，張其昀提出報告：恢復清華大學一案，已經獲得蔣介石總統同意先恢復研究所，等待校長梅貽琦十月返臺後，即可決定復校有關事項；關於原子能研究各項問題，亦等梅貽琦返臺後才有進一步的消息。[196]

一九五五年十一月十八日，教育部長張其昀與清華大學校長梅貽琦，在行政院新聞局每週記者招待會上答覆時稱：該校復校籌備委員會組織及委員名單業經決定計二十餘人，其中將包括若干有關政府首長，以求學術與國家需要配合，名單已呈請行政院核定中，可望於二週內正式成立，積極籌備復校，大約於一九五六年開學，該校復校後將先成立「原子能研究所」，校址將選定在郊區，地點尚須勘查。至於清華研究院教授及學生問題，教授將由國內及海外各聘一部分，研究生則由各大學畢業生中招考。梅貽琦還提到當時在國外研究有關原子能的著名學者，已有十

194 〈復旦北大等校同學　先後集會〉，《聯合報》，一九五四．十二．十七。
195 有關新竹清華大學的研究，可見王俊秀，《新竹清華園的歷史現場》（新竹：國立清華大學出版社，二〇二三）。
196 〈清華大學復校　先恢復研究所〉，《聯合報》，一九五五．九．四。

幾位與他取得聯繫，像是吳大猷、袁家騮、吳健雄、楊振寧、李政道及周長明等人，他們對在臺舉辦原子能研究均表熱切贊助，並表示盡可能回來任教，即使不能長期回國，也願回來作短期協助。關於經費問題，預計設置一座小型原子爐，將花費五、六十萬美元。復校之初就有這樣的經費的挹注相當少見，可見原子能這一項目是當時國際上相當重要的一項新科技，也對國防相當重要。[197]

清華大學已獲准復校的消息一刊出，有關校地的選擇則成為各地方政府強力競爭的對象。當梅貽琦博士在臺中為清華大學復校勘址，彰縣議員聞悉即於議會提出臨時動議，歡迎該校擇址於八卦山，並要求梅校長允其所請；臺中市長林金標及議長張啟仲也向梅貽琦表示，代表二十三萬市民歡迎該校建在臺中市郊大肚山，願將東海大學附近的三十甲土地撥供該校應用。另外臺南市也表態願意擇地建校。[198]

一九五五年十二月十六日，清華大學研究院備委員會於教育部舉行第一次會議，出席委員梅貽琦、蔣夢麟、俞大維（馬紀壯代）、錢思亮、浦薛鳳、陳雪屏、袁守謙、江杓、戴運軌、徐柏園（謝耿民代）、李熙謀，金開英、錢昌祚、洪紳（浦薛鳳代）、張其昀、吳俊升、孫宕越等，由召集人張其昀部長，先對清華大學過去的成績及復校之使命有所陳述。希望在梅校長領導下，充實設備，集中人才，對復國建國大業為切實之貢獻。隨後梅貽琦校長在會議中報告籌備要點，並討論決定研究院之計畫，擬先成立原子科學研究所，以應原子能和平需要，兼為推進原子科學之研究，與此科人才之訓練。

原子科學研究所預定於一九五六年第一學期開始成立至招收研究生及各項研究工作，均採取學術研究合作之方式，與有關研究機構密切聯繫配合，使建教合作之方針得以徹底實施，以此作為高等教育的重要新發展。清華校地的最後選擇不是在上述的中部及南部三個縣市，而是選擇新竹，地點定在聯合工業研究所旁，石油公司所有地約占五十甲，剛好在新竹通竹東大路之側，交通便捷。且工業研究所已有水電及天然煤氣之管道，將來接通後將更為方便。至於校舍之建築，短期內即將設法動工，預計隔年暑期內完工。[199]

到了一九五六年七月十四日，清華大學校長梅貽琦博士透露有關新竹修建之清華研究院房舍，需要一百二十五個工作日，預計要十月底十一月初才能完工。但研究院招生工作不會遭受影響，而依原定計畫在九月前後舉行，上課教室將暫借臺灣大學使用。這種借用臺大上課的方式，之後的中央大學案例中也可以見到。研究院復院後將再成立核子物理研究所，招考研究生大約在十名左右，投考資格以各大專學校物理系畢業生為主，但是有關原子研究之理工科系畢業生而對於原子研究深具興趣或具有成就的，也可以應考。其餘計畫中的另外三個研究所將視事實需要及經費情形再陸續成立。[200]

---

197 〈臺灣將於十年後　使用原子能發電〉，《聯合報》，一九五五・十一・十九。
198 〈彰市中市南市　爭取清華建校〉，《聯合報》，一九五五・十二・三。
199 〈清華研究院　先成立原子科學研究所〉，《聯合報》，一九五五・十二・十七。
200 〈清華研究院九月間招生　將先設核子物理研究所〉，《聯合報》，一九五六・七・十五。

然而就在這個暑假，前面提過的北平大學生董毅的母校輔仁大學，也成立校友會準備復校。新聞如是說：「輔仁大學校友會十五日舉行成立大會，教育部長張其昀宣布說：吳廷琰、麥克塞塞、張勉都是反共領袖，同時也都是虔誠的天主教徒，我們為了聯繫太平洋西區及世界各地區的反共力量，政府絕對支持輔仁大學在臺灣復校。」[201]在一九五〇年代，私立大學的在臺復校，相較於公立大學的各種世界科技發展與產業政策考量，通過的難度是低了許多。

在梅貽琦延攬回來的國外人才中，原子物理專家錢家騏博士是其中相當重要的一位。他曾說：「過去不被人重視的物理學，現在變得很重要了。我希望我國從事物理研究工作的人，不僅能在國外從事研究，在國內也要能夠從事高深的研究。我知道清華大學研究所的新設備，已在不斷地增加，將是自由中國很好的一個從事科學研究工作的所在。我這次回國，雖然時間並不多，我將盡我的力量來幫助清華大學原子研究所推展研究工作。」[202]他回國來是協助清華原子研究所裝置一部三百萬電壓的電子加速器，安裝這部機器的房屋正在修建中，不久可以完工，將於一九五八年七月中旬開始裝機。這台電子加速器所產生的射電，在工業和農業上都有很大的用處，可以用電子來為馬鈴薯、醫用的針線等消毒。當時美國正研究利用這種射出的電子來保存食物，將來研究成功後，將有很大的貢獻。所不同的是，清華原子研究所裝置這部機器則是為研究和教學而用的。

交通大學

一九五六年四月九日，交通大學舉行創立六十周年紀念大會，於八日上午十時在實踐堂隆重舉行，出席的在臺校友有一千餘人，均以興奮心情歡祝母校花甲之慶。大會由同學會常務理事凌鴻勛、柳克述、王洗及校慶紀念大會主任委員陳樹人主持，總統、副總統均頒致訓詞，勗勉該校校友為復國復校而努力。凌鴻勛的背景為「橋梁專家」，自美國留學歸國後，為京奉路局一小科員，之後表現優異轉任京漢路工程師才稍微出名，當時有「小詹天佑」（鐵路工程專家）之稱。國府定都南京之前數年，他曾以北京政府之命，掌管交通大學。[203]

交通大學復校的過程並沒有像清華大學一樣這麼順利。凌鴻勛認為電子研究雖有此需要，在國家經濟困難情況下，要設立一個新的研究所實屬十分不易。清華大學是因為既有固定的基金，又有知名的梅校長，交通大學都很難與清華相比。為求此事之能以實現，不得不仍由在美與在臺同學，共同推動，因此籌畫初步的儀器設備，與邀聘專家事情，都由在美同學推動。[204]

除了在美交通大學校友的支助與推動之外，交通大學的復校比較特別的地方在於經費是由四

201 〈輔仁大學校友　決定復校步驟〉，一九五六．七．十六。
202 〈錢家騏博士將協助安裝　遠東最大的電子加速器〉，《聯合報》，一九五八．六．三十。
203 〈凌鴻勛獨得金牌〉，《聯合報》，一九五二．十二．二。
204 凌鴻勛，〈交大電子研究所　籌備及其展望〉，《聯合報》，一九五八．四．七。

個部會共通出資。凌鴻勛認為一個學府的建立，多係出自教育當局單方的主張，建教合作口號，雖然響亮，但真正建教合作之學府並不多見。交通大學原本就是建教合作的一個榜樣，現在電子研究所的建立，亦不是單由教育部發起，而是出自教育、經濟、國防、交通四部的提議，四部呈行政院文中說：「本部等職司軍事交通與經濟建設之發展，深維電子科學之研究，實為當前之需要，而培養此項人才，尤為急切之圖，擬請准設電子研究所以宏造就……。」且在教育部未及將研究所籌備經費列入一九五七年度國家預算之前，由交通與經濟兩部在副屬事業之研究經費內，先行撥付臺幣六十萬元，將來經常經費，除教育部預算外，其他有關機構當亦有所補助。[205]為了要節省經費，設立之初曾擬借用在新竹之經濟部聯合工業研究所若干房舍整理應用。新竹地方人士對此所之設立極表歡迎，在聯合工業研究所之旁，有放領公地三甲餘由縣府設法收回，贈與交通大學，如將來經費充足，尚大有擴充之餘地。同時在臺之交通大學同學，正募集臺幣至少一百萬元，預計在該地上建築第一座校舍。

交通大學首屆招考二十人，報名資格以教育部立案之大專學校理工學院各系畢業生，獲有學士學位者為合格。入學考試科目定為：（一）國文（包括三民主義），（二）英文，（三）數學（微積分及微分方程），（四）普通大學物理學，（五）電子學原理等科。[206]一九五八年六月一日，交通大學電子研究所正式成立。所長一職，由教育部聘請李熙謀兼任。李熙謀的經歷為一九四七年當選第一屆國民大會代表，一九四九年出任聯合國文教組織駐日代表。一九五三年返臺任省立博物館館長，兼行政院原子能委員會執行祕書，及教育部科學教育委員會主任委員。一九五八年，他應教育部長梅貽琦之邀，接任教育部常務次長。是年交通大學在臺復校成立「電子研究所」，李熙謀兼任第一任所長。[207]

一九五八年六月，由於申請復校的單位實在太多，當年的教育部對於專科以上學校的擴充與增設有新的政策指示。第一、關於充實現有專科以上學校之院系方面：（一）政治大學自下年度起正式分為文法商三個學院，十一個學系，仍設置四個研究所。（二）省立師範大學夜間部已正式核准設立，內分師資專修科及補習班兩部門，師資專修科分為國文、英語、史地、數學、理化、博物等六組，招收高中畢業生，師範學校畢業生服務期滿者，及同等學力者，修業四年（在學三年，實習一年）畢業後充任初級中等學校教員。[208]

第二、關於增設專科以上學校方面：（一）籌設國立交通大學電子研究所：已設立籌備委員會積極進行，預計七月間可以正式成立。（二）核准私立專上學校之立案：實踐家政專科學校、大同工業專科學校，及華商會計專科學校（設在香港）等三校已核准立案，私立中國醫藥學院亦准予籌設。又私立淡江英語專科學校，在原則上已核准其改為私立淡江文理學院，待其經費寬裕，積極籌備，等條件具備即予正式核准改制。[209]

---

205 凌鴻勛，〈交大電子研究所　籌備及其展望〉，《聯合報》，一九五八．四．七。

206 〈交大電子研究所　定秋季招生〉，《聯合報》，一九五八．四．二十七。

207 https://museum.lib.nycu.edu.tw/?page_id=2777。瀏覽日期，二〇二三．十一．十一。

208 〈擴充增設專上院校　教部擬定具體計劃〉，《聯合報》，一九五八．四．二十七。

209 〈擴充增設專上院校　教部擬定具體計劃〉，《聯合報》，一九五八．四．二十七。

中央大學

中央大學的在臺復校晚了政大、清華及交通大學又好幾年，直到一九六二年才有第一間復校的研究所——地球物理研究所。一九五四年，中大校友張其昀出任教育部長，於立法院提出幾所大學的在臺復校計畫，當時尚不包括中央大學。同年，中央大學在臺校友會成立，開始推動復校事務。一九五六年，校友代表將復校申請文敬呈正副總統（蔣介石、陳誠）、行政院長（俞鴻鈞）、教育部長（張其昀），行政院與教育部回覆「中央財力有限，目前復校尚有困難」。一九五七年，校友會決議，敦請教育部先行設立研究所，同年因為「國際地球物理年」活動，地球物理與太空成為熱門學科，遂有「地球物理研究所」設立的構想。

國際地球物理年
復校初期大家會選中大，很多是因為這原因影響。
蘇聯人造衛星、阿波羅登月計畫、美蘇冷戰………造就了地球物理或是地球科學的熱潮，當時的第一志願是物理，不是醫學喔。

5-2　國際地球物理年

5-3　苗栗時期的地球物理研究所

5-4　地球物理研究所的籌建過程照片

國立中央大學的籌備最早預定在苗栗復校。一九五八年十一月十三日，中央大學校友會幹事會常務幹事兼召集人謝應寬、常務沙學浚、幹事孟憲僑，以及校友多人，於午前到達苗栗，目的在為中央大學復校事來苗栗勘察校址。縣長劉定國，議長魏綸洲，主委皮天澤等人陪往此鎮將軍山勘察，為歡迎中央大學在苗復校，苗栗還特別贈送土地三十餘甲，校址預定覓定中廣苗栗電台山背上，該地環境幽清，省立苗中、縣立苗中、私立建臺中學三校均在該處，被視為是苗栗縣學府地帶。最後，中央大學復校問題，經校友不斷地努力，已略顯曙光，首先要成立的是「地球物理研究所」，與清華大學之「原子物理研究所」鼎立，成為當時自由中國地球物理研究的最高學府。據劉定國縣長表示：為協助該校在苗栗復校，除贈送校土地三十餘甲外，並擬將新近創立的縣立苗栗中學，撥歸該校經營，俾能迅速穩定基礎。現該校校友會已決定成立一籌備處，並準備一百五十萬元作為開辦費及開闢校址之用。[210]

210〈國立中央大學　籌備在苗復校〉，《聯合報》，一九五八・十一・十三。

一九六〇年獲教育部經費編列，苗栗政壇人士籌組「國立中央大學在苗復校促進委員會」，推動地球物理研究所的成立。一九六一年，教育部設立國立中央大學地球物理研究所籌備委員會，主任委員由前教育部長梅貽琦擔任，歷任主委還有教育部長黃季陸、中大校友央行總裁徐柏園。[211]一九六二年，徐柏園任籌備會主委，在苗栗地方人士的支持下，校地由將軍山轉至二坪山（二平山）。校地解決後，曾為中大教授的戴運軌接受教育部任命，擔任中大地球物理研究所所長。同年八月，地球物理研究所第一屆正式招生，當年收了二十名研究生，[212]十月開學時暫借臺大物理館教室上課。[213]

在當時，二坪山不算是山，校友口述的資料中，只是一個半山腰的一塊平台地，復校後的第一個校區在苗栗，小小的一塊。復校初期大家會選中大，很多是因為這原因影響。蘇聯人造衛星、阿波羅登月計畫、美蘇冷戰……造就了地球物理或是地球科學的熱潮，當時的第一志願是物理，而不是醫學。來的學生裡，很多是師大、成大物理的同學，多半沒聽過地球物理是什麼，也有一大半是軍方的。至於老師與中油很有緣，不僅很多是來自中油，同學畢業後的第一個工作也是中油。復校初期的小小學校歷史卻與臺灣產業史有著密切的連結。

到了一九六六年，因苗栗校地狹小，僅有三甲地，實在很難發展成一所大學，因而戴運軌所長提出遷校計畫，預備提出

5-5　中央大學遷移至中壢的破土典禮

成立大學部構想。在尋找苗栗以外校地時，也衍生許多風波，苗栗議會與地方人士紛紛表示不滿並抗議。一九六八年，最終在戴運軌所長的大力奔走下，中大遷移至中壢五權里上三座地區。此後，中央大學有了五十甲的校地，得以由一個獨立所發展至今成為一所頂尖大學。

早期要遷出苗栗二坪山時，看了許多地方，臺北、中壢、新竹、彰化、高雄都有地方人士接觸，三峽、內湖、淡水、新店、士林都看了，一共探勘了十六個地方，最後落

211 〈國立中央大學 決在苗栗復校〉，《聯合報》，一九六一．一．二十。

212 〈中大研究生 錄取二十名〉，《聯合報》，一九六二．九．六。

213 〈國立中央大學 籌備在苗復校〉，《聯合報》，一九五八．十一．十三。

5-6　中央大學挑選校地的勘查照片

5-7　中央大學遷移至中壢初期的校舍工程照片

腳中壢。評估許久才選到中壢三座屋地段這塊地，當時的中壢市長邱垂周相當幫忙，提供了二十甲的土地，其餘三十甲由學校自購。早期公文都是寫徵收的是「三座屋」這塊地，後來因為進出都不是行政大樓前的正門，而是現在宵夜街這條小路，出去就是「雙連坡」，慢慢雙連坡的名稱取代了三座屋，成為中大所在位置代表。

一九六八年，中大正式由苗栗二坪山遷到中壢三座屋。透過資料，我們可以見到當年三月底，籌備委員會還在為校地是內湖還是中壢爭論不休。當時教育部長閻振興主張內湖，並願意提供國立藝專那塊地，好處是不用經費，地點離臺北近，教師授課方便不用支應交通費，可以吸引較多教授前來中大授課；但缺點是校地太小，只有不到三甲。因此有些人主張，內湖和中壢都可以取得。完全支持中壢的，則主張五十甲校地開闊，且距離臺北三十七公里，不算遠，快車四十分鐘可到達，將來高速公路通車，可二十分鐘到達。在那次會議的決議，當然是贊成中壢這派獲勝。在戴運軌所長晉見總統府祕書長張群後，很快就得到蔣介石批示決定在中壢早日興建。

俯瞰中央的空間變化

從航照圖及衛星圖可以看出中大從一九四七至二〇一〇年的地貌與建築變化。一九四七年的空照圖可看出，當時的中壢上三座與雙連坡地區還是農田一片，周圍有許多埤塘，附近有少許農家，要到中壢市區的主要道路周圍也是農地。以一九四七年與一九七四年的航照圖對比，新增了許多建築物，其中之一就是中正圖書館。此外，一九七四年的圖已經新增了科學館、理工館、行政大樓。

5-8　1947 年中央大學空照圖

5-9　1974 年中央大學空照圖

老校友的記憶中大

第二屆校友李建中提到念地球物理研究所的早期記憶時說，那個時期各大學開始復校，為了方便起見，都是先恢復研究所，因為所需要的經費較少，先把研究所恢復了，再擴充大學部，因此短時間興起好幾間研究所。在那前後，正好華裔學者楊振寧、李政道剛獲得諾貝爾物理獎，掀起一波物理熱，大家一窩蜂來考物理，所以核工、地球物理都是熱門科系。那時候的學生對於地球物理的認知相當薄弱，知道地球科學，知道物理，但什麼叫做地球物理，卻不是很清楚，很多是進來之後才比較清楚在學什麼。[214]

剛開始的學習環境並不太好，這是早期臺灣各大學在復校時候的通病，大多是借住其他學校上課。地物所的第一年是在臺大寄讀，第二年才在苗栗校區上課。剛開始的時候，有宿舍、行政大樓、圖書館及上課教室，但是設備很欠缺，實驗器材完全沒有，只能借政府機構的設備，像是到臺北氣象局來實習。在住宿方面也是相當不便，由於學校在半山腰上，離苗栗市區有段距離，所以住南部的同學坐火車回到學校時大多是半夜一、兩點，又沒有公車、計程車，因此大多用走的。同學們會選擇較便捷的方式，就是出了火車站一小段的地方，就開始上山，從山區穿越去直達二坪山校區，路程可以省三分之一，但半夜如此行走，的確需要一些膽量，特別是學校附近有許多墳墓區，這已經是當時前後幾屆中大學生的共同歷史記憶。[215]

當時地物所的課程沒有共同的，都是自由選的，十幾位同學有的偏重地質，就跟中油有關係；有的選地震，有的選氣象；初期欠缺實驗器材，大多是走理論路線，僅有一間化學實驗室。地物所的老師們大多是臺北來的，通勤的比較多。會住在學校的很像只有戴運軌所長，每週來一次，住個兩、三天，其餘老師頂多住一個晚上。學生的來源背景都不同，有幾位年紀較大的同學，他們都是流亡學生，當年是跟著學校來的，這一批流亡學生在臺灣因為沒有親人，寒暑假沒地方可去，大多待在宿舍。到了週末，大部分同學會回家，偶爾會在週日晚上提早回來，就會跟這群大陸來的學生，一起喝高粱配花生米，天南地北地聊天，這也是當時學生的共同記憶。[216]

當時這些在臺復校的學生畢業之後，去了哪些地方服務？李建中的口述訪談中也有提到，有幾位出國深造，有一、兩位去中油工作，有的去大學教書。那時候正值蔣經國在大力推動十大建設，一方面提升國防武器的自製能量，開始成立中山科學研究院，延攬國內外科技人才，所以從地物所畢業的來自軍中的同學，大多被徵召進中科院為國防的現代化而努力。[217]

關於從苗栗遷校至中壢，吳瑞智老校友的口述訪談也透露相關的細節。在一九六六年快畢業時，戴運軌院長正在準備遷校。有關中大要遷出苗栗，事關地方利益問題，地方人士反對得很厲害，由於苗栗的地方派系很多，他們透過各種關係，不放中大走，但又弄不到一塊更大的校地給中大，中大要成立大學部就會有困難。在早期學生的記憶中，為了遷校找了好幾塊地方，其中學

214 〈李建中校友口述校史訪談錄〉，賴景義、陳奇峯編，《中大在臺第一個十年：地物所 一九六二》（桃園：中央大學，二〇二二），頁六三－七一。

215 〈李建中校友口述校史訪談錄〉，頁六六－六七。

216 〈李建中校友口述校史訪談錄〉，頁六八－六九。

217 〈李建中校友口述校史訪談錄〉，頁六九－七〇。

校比較喜歡關渡那個地方，現在臺北藝術大學旁邊，據說有十甲左右，但對中大而言，還是不夠，最後學校選擇中壢附近那一塊地。幅員大，發展有利，但缺點是高地，風比較大。[218]

對於遷校至中壢的記憶，物理系地球物理組校友王錦華提到，第一年的條件很不好，因為在中壢中學上課，這也是讓很多人離開的原因。再加上當時的中壢沒有現在發展得這麼好，整個條件比較差。大部分人從火車站附近的宿舍到中壢中學上課，大多是走路，也有人騎腳踏車。當時中壢很多地方是稻田，走路大概半個小時。為什麼會借壢中上課，原因之一是壢中王宏志校長是中大老校友，是重慶沙坪壩時期的史地系畢業。[219]當時在壢中只借用一層樓的四間教室，再加上一大間辦公室和一小間院長室，就連設備也是借壢中的。到了第二年開學時，校舍都還沒完工，所以開學因此延後了一個月。[220]

四、幫美國人養鳥：一九六〇年代的金絲雀熱潮

「在臺灣二十年，常看到有些所謂『新興事業』、『新奇的玩意』，一窩風的興起，又很快一窩風的沒落，如養雞，養鵪鶉，養鳥，養兔子，養洋蟲，以及現在還在苟延殘喘的養牛蛙，養鰻，都曾經如怒潮狂風般的侵襲臺灣，但為時不久，又如冰蝕土崩的敗落了！其中尤以養鳥為最，不知害了多少人！在高潮時，一對錦靜鳥價高萬餘元，一對胡錦也值五六千，可是垮下來時，能值幾文？」[221] 一九七〇年的《聯合報》如此描述戰後臺灣的新興行業一窩蜂的現象，大都

218 〈吳瑞智校友口述校史訪談錄〉，賴景義、陳奇峯編，《中大在臺第一個十年：地物所 一九六二》（桃園：中央大學，二〇二二），頁八九－九〇。

219 〈王錦華校友口述校史訪談錄〉，賴景義、陳奇峯編，《中大在臺第一個十年：地物所 一九六二》（桃園：中央大學，二〇二二），頁二〇〇－二〇二。

220 〈王錦華校友口述校史訪談錄〉，賴景義、陳奇峯編，《中大在臺第一個十年：地物所 一九六二》（桃園：中央大學，二〇二二），頁二〇二。

221 〈臺灣的鷲〉，《聯合報》，一九七〇．五．十四，〇九版．聯合副刊。

是小動物的養殖，像是雞、鵪鶉、兔子、牛蛙、鰻魚，其中最特別的是養鳥。洋蟲則是一九五六年左右流行養的小蟲，又稱為紅蟲或九龍蟲。[222]這些新興事業主要都是家庭副業，由於一時跟風的人相當多，所以常見數量過多，很容易就供需失調，價格崩盤。所以養鳥熱時，一對錦靜要價萬元，胡錦也值五、六千元，但蛋塔效應發作時，很容易就一文不值。[223]

養鳥原本在一九五〇年代只是家裡怡情養性的休閒活動，參與者多為一九四九年後遷移到臺灣的外省人家庭。像是有兩位兄弟家住臺北舒蘭街，他們自一九五〇年跟隨父母來臺，起初就讀於中正國民學校，畢業後即就讀中興中學，父親李德延供職於美國大使館武官處，家庭環境很不錯。兩人的嗜好除了繪畫以外在家還養鳥、集郵。[224]有位《聯合報》的讀者，就提到對這樣的風氣不以為然：「這好像成了一時的風氣，親戚朋友們家家養鳥。鸚鵡對對，黃雀成雙。未幾，籠中子孫滿堂。我不喜歡養這些鳥。」[225]就連國軍退除役官兵輔導委員會在東部預計開闢一萬甲土地，安置十一萬的退除役官兵時，都考慮到：「對年老者已安置某地百壽堂，過其舒適頤養之生活。」輔導會對老年人之生活習慣皆曾細心研究，如服寬敞之長袍、養鳥以及有兒童為伴。[226]養鳥在一九六一年這時都還只是休閒生活的一部分。

養鳥形成一股熱潮的時間約在一九六三年，到一九六五年開始流行。資料顯示：「本省養鳥風氣，近兩年來發展迅速，自一九六三年，由數十位飼鳥同好組織的臺灣省飼鳥協會，經三年來的擴充，而發展到現在有四千會員的龐大組織，其擴展之快會員之多，在民間團體中可算空前。」[227]在此之前，則有一波的養雞熱與養鵪鶉熱。就連報紙副刊的投稿，都有人以養鵪鶉下蛋為故事的主題，書寫寄望下蛋卻遇到食用蛋跌價的窘境：

原來的計畫，準備生兩個月的蛋以後，想法賣種蛋，收入可以增加點。誰想到，別說種蛋沒人要，食用蛋也跌了三分之一：因為養烏兒的越來越多，供過於求，非跌價不可，同時，儘管說鵪蛋多營養，一些人卻情願吃一粒鴨蛋，而不愛吃兩粒鵪蛋，鵪蛋的個兒太小，一次吃十粒才過癮。養烏兒的熱潮，和有段日子養來亨雞的一窩風差不多；賺錢，是的，全讓那些「先知先覺」的賺了，還有啥說的。[228]

根據當時媒體的調查，一九六五年時臺灣的養烏戶已不下七萬戶，其中以軍公教人員最多，且正朝農村擴散中。[229]

---

222 琴岡，〈洋蟲的來歷和效驗〉，《聯合報》，一九五六．四．九，〇九版．聯合副刊。
223 《聯合報》，一九七〇．五．十四，〇九版．聯合副刊。
224 黃海，〈一對孿生小畫家〉，《聯合報》，一九五八．三．十，三版。
225 KFS，〈哈老哥〉，《聯合報》，一九五八．一．十三，〇六版。
226 〈開墾東部萬甲土地　預期三年完成〉，《聯合報》，一九六一．八．十三，〇六版。
227 慕陶，〈養烏事業的前途〉，《聯合報》，一九六五．十一．二十七，十一版．工商經濟。
228 碧天，〈失望〉，《聯合報》，一九五八．八．二十三．〇六版。
229 慕陶，〈養烏事業的前途〉，《聯合報》，一九六五．十一．二十七，十一版．工商經濟。

臺灣省飼鳥學會與金絲雀展覽會

一九六三年時，臺灣的飼鳥事業得以迅速發展之主要原因，在於臺灣省飼鳥協會與「美商星鳥公司」代表人斯丹恩訂定長期產銷合約，使金絲雀在外銷方面奠定可靠的基礎。根據中央社的報導，臺灣省飼鳥協會與美國紐約星鳥公司在互助互利的原則下，簽訂一項合約，由該公司貸放金絲鳥，來提高本省金絲雀的品質及繁殖，合約期間訂定兩年。美商星鳥公司所貸放四千五百對的金絲雀，分三批運臺，由協會貸放給各地飼養鳥隻的會員，可促使飼鳥事業的發展。[230]

若往前追溯，臺灣省飼鳥協會早在一九六二年就已經在推動相關計畫。飼養金絲雀是一種賺進外匯的最新家庭副業，這種家庭副業早在日本風行了十幾年，每年出口金絲雀三十萬至四十萬隻，年年賺進將近四百萬美元的外匯。當時臺灣金絲雀的出口雖然只是剛開始規劃，但已有「美國麥記商社」來函接洽，每月要求供售三千隻。當時媒體推估若一般家庭能夠普遍地飼養金絲雀，源源不斷地供應外銷的話，即可增加家庭收益，並為國家賺取外滙。臺灣省飼鳥協會為鼓勵發展這項家庭副業，則禮聘兩位日本金絲雀飼養專家來臺實地巡迴指導，並自一九六二年十一月十二日起於新竹市第二信用合作社禮堂舉辦金絲雀及其他各種小鳥品評比賽會，會期二天，有全省各地來參加比賽的各種名貴小鳥三千餘隻。[231]

臺灣省飼鳥學會在養鳥熱潮初期扮演相當重要的角色。[232] 臺灣省飼鳥學會為發展金絲雀飼養事業，在「美援會投資小組」、農復會及農林廳的協助下，才能於新竹舉行臺灣有史以來的第一次金絲雀展覽會。美援會投資小組是美援時代輔導民營企業發展及改善投資環境的重要組織，[233]

曾居中與美國麥唐飼鳥公司（美國麥記商社）取得聯絡。麥唐公司當時認為只要臺灣能確定大量供應金絲雀，該公司願意來臺採運進口，因金絲雀在美國有廣大市場，許多商店會以金絲雀為裝飾品，老年人退休家居亦多喜飼養金絲雀自娛，以往向日本購買時，最高每年達二千萬隻以上，每隻售價約二美元，總價達四千萬美元以上。但由於日本自一九六〇年代以來，工業逐漸發達，導致代工者人數下降，以致於飼養數量減少，所以美方改為向臺灣購買。[234]

當時臺灣已經有許多人在飼養金絲雀，但因沒有貿易公司負責收購販賣出口，所以未能外銷，臺灣省飼鳥學會舉辦金絲雀展覽會的目的，即是想喚起一般飼鳥人士的注意，共同組織起來，進口優良品種，擴大繁殖數量，運銷國外爭取外匯。據飼鳥學會人士表示：金絲雀很少傳染病，比雞鴨易於飼養，若政府有關機關能善予協助、獎勵，應該是一般家庭的理想副業。由於日

230 〈大批金絲雀自美運台繁殖〉，《聯合報》，一九六三．十一．十九，二版。
231 〈飼養金絲雀　可以換外匯：鼓勵民間作為副業　新竹今有雀鳥賽會〉，《聯合報》，一九六二．十一．十二，二版。
232 〈飼養金絲雀　外銷有前途　飼鳥學會訂下月十一日　在新竹舉行首次展覽會〉，《聯合報》，一九六二．十．二十六，二版。
233 〈輔導民企　健全會計制度〉，《聯合報》，一九六〇．五．六，五版。
234 〈飼養金絲雀　外銷有前途　飼鳥學會訂下月十一日　在新竹舉行首次展覽會〉，《聯合報》，一九六二．十．二十六，二版。

本在金絲雀飼養方面已經有相當豐富的經驗，所以一九六二年十一月十一日的金絲雀展覽會，學會還邀請到日本金絲雀品種評判專家木村千代女士及鳥獸時事新聞社社長加藤氏來臺，參加評判工作，並指導飼養方法及改良品種的技術問題。[235]

此外，我們也可以見到一九六二年時，日本鳥獸時事新聞社社長加藤及木村千代女士前來苗栗公館鄉採訪養鳥的過程，大家聚在會議室彼此交換心得。[236]根據國家文化記憶庫的資料，剛開始養鳥熱是起於苗栗，當時民間興起一股養鳥風潮，許多人在自家後院，簡單地用鐵絲網就蓋起一座鳥園。像是公館民眾劉日燕，一九六四年在自家後院所蓋的鳥園，養了數十隻的鳥，分別有白文鳥、十姊妹以及小鸚鵡等幾種，牠們都會唱歌叫人起床，唯一麻煩的是需要經常清鳥糞。[237]

除了品評會，臺灣省飼鳥協會也會舉辦名鳥展。一九六四年時，全省三百多種名貴飼鳥，自二月一日起，集中在華南銀行總行四樓禮堂，進行為期兩天的展出，每天展覽的時間是自上午九時起，至下午五時止。當時媒體形容這項展覽會是政府遷臺後的創舉。主辦此項展覽的單位為「臺灣省飼鳥協會臺北區辦事處」。會場上還特地準備了數十盆名蘭，與每隻百元以上的名鳥一起展出。這項展覽，引起國外同好的注意，美國飼鳥公司董事長斯丹恩，還專程來此參觀。[238]除了飼鳥協會臺北區辦事處外，還有新竹、苗栗、臺中、南投、雲林、嘉義、臺南、高雄等地鳥類的愛好者。[239]這次展覽，共分四大部分展出，第一部分為金絲雀，包括捲毛金絲雀、約克夏種、平金絲雀、細金絲雀、鳴金絲雀等；第二部分為鶯類，包括紅冠鳥、小町雀、美女雀、小紋雀、胡錦鳥、白文鳥、灰鳥、花色十姊妹、白十姊妹等；第三部分為鶯哥類，包括五色青海、小青、片幅面、紅牡丹、黑牡丹、藍牡丹、山吹牡丹、高級背黃青、綠色背黃青、水色背黃、青藍色背黃青；第四部分為野鳥類，包括九官鳥、八哥、五色鳥、黃鶯、畫眉、紅點殼、敦雀等。[240]這檔展覽的時間不長，僅有兩天，但每日吸引了萬餘人參觀。

此外，報紙還記載「美國星鳥公司」以進口鳥類為主要業務，其董事長斯丹恩於一九六四年二月二日，搭機抵達臺北時受到經合會投資業務處官員及臺灣省飼鳥協會理事長蔡勝三等數十人在機場歡迎，斯氏下機後即趕赴華南銀行總行參觀臺灣省飼鳥協會舉辦之臺北區鳥類展覽會，當日下午二時由飼鳥協會理事長蔡勝三及總幹事郭秀岩等陪同搭專機赴南部參觀。

235 〈飼養金絲雀　外銷有前途　飼鳥學會訂下月十一日在新竹舉行首次展覽會〉，《聯合報》，一九六二・十・二十六，二版。

236 〈日本採訪養鳥新聞〉，https://memory.culture.tw/Home/Detail?Id=57420&IndexCode=online_metadata。瀏覽日期，二〇二三・十・十四。

237 〈家裡的鳥園〉，https://memory.culture.tw/Home/Detail?Id=57339&IndexCode=online_metadata。瀏覽日期，二〇二三・十・十四。

238 〈三百多種名鳥　明在華銀展出〉，《聯合報》，一九六四・一・三十一，二版。

239 〈鳥：一片鳥語花香　春到華南銀行　展覽三百多種　還有非洲金剛〉，《聯合報》，一九六四・一・三十一，三版。

240 〈鳥：一片鳥語花香　春到華南銀行　展覽三百多種　還有非洲金剛〉，《聯合報》，一九六四・一・三十一，三版。

美商飼鳥公司

一九六二年底，新聞中多了許多有關美商飼鳥公司要來臺灣採購金絲雀的新聞，這也讓臺灣民眾見識到養鳥是可以賣錢，帶來一筆不小的收益。當時的「中國生產力及貿易中心」也不時會釋放消息，說美國一大飼鳥供應商向「駐美中國投資貿易服務處」接洽，對臺灣的飼鳥事業很感興趣，有意大量採購，並擬來臺投資，協助發展此一新興事業。該美商經銷飼鳥數額居全球之冠，曾協助荷、比、德、日等國發展飼鳥事業，頗具有規模。此外這家公司也兼營鳥籠及犬、貓、鳥類玩具，也計畫擬在臺採購一至二英寸之小活龜。駐美中國投資貿易服務處已將犬及鳥類玩具樣品寄交中國生產力及貿易中心，凡有關飼鳥及製造上述玩具之廠商，可前往該中心貿易推廣部洽談並參閱樣品。[241]一九六二這一年的美國飼鳥公司，出現在新聞中的還是麥唐飼鳥公司。但到了一九六三年，「星鳥公司」就成了此後常出現在養鳥新聞中的美國飼鳥公司。

一九六三年六月，美援會投資小組及經濟部工礦組為促進工業起飛，擬訂了許多新的工業計畫及工業更新計畫等項，正在積極推動的新工業計畫。其中一項就是飼鳥計畫，當時的說法是飼鳥協會所飼雛鳥已長成。[242]一九六三年十一月，農林廳接獲報告，臺灣省飼鳥協會已與美國紐約「星鳥公司」在互助互利的原則下，簽訂一項合約，由該公司貸放金絲鳥四千五百對，來提高本省金絲鳥的品質及繁殖，合約期間訂定兩年。[243]

據經合會當時的調查資料，推估金絲雀銷美很有前途，預計至一九六六年外銷可達二十五萬隻，每年可爭取外匯四十萬美元。臺灣氣候溫和，飼料充足，人工低廉，宜於金絲雀的飼養。臺灣原有金絲雀三千四百二十隻，自臺灣飼鳥協會在一九六二年與美國星鳥公司訂約由該公司貸予一萬一千九百八十隻種鳥以來，快速成長，沒幾年已繁殖到四萬五千隻，到了一九六四年底可達九萬一千六百四十隻，一九六五年可達二十八萬隻，除了償還星鳥公司所借種鳥自然淘汰之外，預估可有二十五萬隻出口外銷。美商星鳥公司所貸放的金絲鳥，分三批運臺，由臺鳥協會貸放給各地飼養鳥隻的會員，以促使本省飼鳥事業的發展。[244]

養鳥熱潮時的專家看法

一九六五年十一月，有位名為慕陶的作者在《聯合報》發表有關養鳥熱的看法時，就深入探討了養鳥在臺灣會不會有前途的問題。根據他的分析，相當肯定當時的發展。就他而言，養鳥熱成功與失敗還是操在自己手裡，因為有關單位如能善加輔導，養鳥同好如能有正確觀念、團結合作、精進技術，以養鳥作為一種事業去發展則成功的機會多。若是政府完全漠視，養戶盲目投

241 〈本省飼鳥業　美商感興趣　有意大量採購　且欲來台投資〉，《聯合報》，一九六二．十一．二十五，五版。

242 〈美援會為促進工業起飛　擬定多項新的計畫　著手推動的有嫘縈絲及ＰＶＣ研究中者有大煉鋼廠等28項〉，《聯合報》，一九六三．六．十，二版。

243 〈美援會為促進工業起飛　擬定多項新的計畫　著手推動的有嫘縈絲及ＰＶＣ研究中者有大煉鋼廠等28項〉，《聯合報》，一九六三．六．十，二版。

244 〈臺灣金絲雀　銷美有前途〉，《聯合報》，一九六四．三．三十一，五版。

機，則失敗的機會就相對地多。[245]今後的飼鳥事業，可能會跟過去的刺繡及目前的手工藝品，在國際鳥市場占一席之地，為國家賺取外匯；也能為中等家庭開創一項新的副業。[246]

他認為本省地窄人稠，加上經濟發展生活安定，流動資金充斥，以至於只要有任何一種新興行業出現，常因利益所趨，造成一窩風現象。尤其對家庭副業小規模生產者更是如此，一九六五年前幾年的養雞、飼熱帶魚、種植洋菇，大多如此。到頭來使盲目的投資者，導致無謂的捐失。養鳥事業亦不例外，受到臺灣鳥市經鳥販的哄抬、大戶的操縱及新戶的盲目跟進，使僅能作褓姆鳥的十姊妹，售價暴漲暴落，弄得養戶惶惶不安。如再惡化下去，可能會斷送臺灣養鳥事業的前途。慕陶認為一九六五年時的臺灣養鳥是有前途的，且具備了很多優點，其看法如下：[247]

（一）環境適宜：本省地處亞熱帶，四面環海，終年溫暖，冬無冰霜覆蓋之嚴寒，夏有海風吹拂，氣溫最適宜於外銷鳥類，亦即本省之所謂高級鳥——如金絲雀、胡錦、錦靜、小紋、文鳥、牡丹鸚哥等——之繁殖。[248]

（二）占地小：養鳥所占空間比任何農牧事業為小，因種菜種樹需要大批土地；養魚養鱉需要池塘；牧牛牧羊需要廣寬牧地；養豬飼雞需要建築畜舍，決非一般家庭可以達成。但養鳥所占之空間最小，每養鳥一對，僅需一尺五寸立體的籠箱即可，一間六席之鳥舍可養八十箱，適合家庭副業。若是專業養戶，養到五百箱以上亦不過六十席的鳥舍即可。若僅養個五箱十籠則任何家庭任何房舍均可，所以適合在本省大量推廣作為家庭副業。

（三）成本低：一般農牧生產事業需要龐大之資金，養鳥則所需成本不多。若以試驗性質飼養，五百元至一千即可；但以專方式經營，投資十萬廿萬也不算多。以目前各類鳥每對售價而言：十姊妹約五元，金絲雀、文鳥約一百六十元，小紋、胡錦約三百元，錦靜約五百元。當時推廣時期內銷價格略高於外銷價，將來繁殖較多，售價應該會漸趨合理。以十姊妹為例，年初養一對，到年底應有五十對以上。

（四）食料省：養鳥最大的一項優點就是消耗少，而且其消耗的食料全都是本土有的。一對成鳥每日所需之主食約二至四台兩，約在三至五元之間。其中以金絲雀消耗最大，而以小紋、十姊妹、錦靜、胡錦消耗食料最少，每月約二至五元。

（五）管理簡便可利用剩餘勞力；飼鳥工作管理簡單照顧容易，日常工作，就是加水加食料換青菜，籠箱糞板每週或十天清潔一次即可，養個五十箱，只需一位四、五十歲之中年人照料即可。

（六）無重大傳染病：養鳥雖然多少也有疾病，但決無重大的疫病。有病亦不過最普通的傷風、腸炎、便祕、氣喘等病，此種疾病本省已有有效的抗生素可供治療。

245 慕陶，〈養鳥事業的前途〉，《聯合報》，一九六五．十一．二十七，十一版．工商經濟。
246 慕陶，〈養鳥事業的前途〉，《聯合報》，一九六五．十一．二十七，十一版．工商經濟。
247 慕陶，〈養鳥事業的前途〉，《聯合報》，一九六五．十一．二十七，十一版．工商經濟。
248 慕陶，〈養鳥事業的前途〉，《聯合報》，一九六五．十一．二十七，十一版．工商經濟。

有關開拓外銷市場方面：本省為海島經濟，一種事業在本省是否有前途，當視能否外銷而定，農牧生產要達到外銷目的必須要具備很多條件。以鳥隻而言，其中比較重要的是市場、產量成本等問題。本省養鳥在先天上已具備了上列幾個優點，如政府能大力輔導，養戶能全力增產，自可達成外銷目的。

本省養鳥最使人關心的問題，莫過如外銷市場問題了。不論什麼人一談到養鳥就會問：「將來鳥養多了誰要？養雞平時可生蛋大了可加餐。小鳥既不能吃價錢比雞還貴，到頭來甚麼人要？」其實養鳥決不可同養雞比，因為飼鳥屬娛樂。商業發達的歐美國家，國民收人高，工餘之假，需要娛樂以調劑心身，其中玩鳥也是娛樂節目之一。以二、三十元買對鳥玩玩不算什麼大事，世界高級鳥消費市場正是工商業發達的英、美、法、德、丹麥等國家，據統計美國全國擁有二千萬隻鳥，西德有一千萬隻，此二國每年均需進口各種觀賞用鳥一百萬隻以上，故只要有廉價的鳥，決不要愁市場。[249]

一種商品能否打開外銷市場，產量是最主要的關鍵，如果產量不多，就是物美價廉也無法推展外銷。本省農產品如糖、香蕉、鳳梨、洋菇都是有大量生產，才打開外銷市場。養鳥亦然，並不是十對百對就可外銷，應該是上千對上萬對才能供應外銷需要。因為數量過少，人家不會來買，縱使來買也不夠利潤，那要怎樣才可以達到產量多呢？那就應該處處聞啼鳥，家家養錦雀，政府應予大力輔導推廣，養戶應予計畫增產，先安定內銷價格，以建立外銷基礎。[250]

在成本的考量上，慕陶也給了建議。其實售價與成本是二而一的事情，成本低售價才合理，售價合理外銷市場才可打開，當時省內高級鳥價略高於國際價格是事實，這不過是推廣初期一時的現象。[251]當時候每對飼鳥價格如下（臺幣）。所列鳥隻係指中鳥，所列價格是指在機場碼頭交貨而言，因世界鳥市價格有定，上列定價應可保持相當長之時期。當時許多人相信，若依以下的價格計算，本省飼養鳥隻外銷確是利益優厚。花鸚哥六十元、金絲雀約一百六十元、白文鳥約一百六十元、胡錦三百六十元、小紋二百元、十姊妹五十元。最後這位作者的看法是，本省飼鳥因氣候良好、環境適宜、飼料豐富、人工便宜，且因外銷市場廣大、對外交通便利，故為一極有前途之事業，如政府有關單位能全力推廣輔導，養戶能盡量增產，減低成本、改良技術，不但可以自副業發展為專業，且可取代日比荷諸國在世界鳥市之地位，而為國家爭取鉅額外匯，為軍公教人員及農工大眾開創優良之家庭副業。

養鳥的物種特性

養鳥熱的常見鳥種有：金絲雀、胡錦、錦靜、小紋、文鳥、牡丹鸚哥。金絲雀原產於非洲西岸之康納利群島；胡錦、錦靜原產於澳洲之北部及西部；文鳥原產於印尼、印度及婆羅洲；小紋原產於澳洲之東部，上列地區在緯度十五度至三十五度之間，均近亞熱帶，其氣候與本省大致相

249 慕陶，〈養鳥事業的前途〉，《聯合報》，一九六五．十一．二十七，十一版．工商經濟。
250 慕陶，〈養鳥事業的前途〉，《聯合報》，一九六五．十一．二十七，十一版．工商經濟。
251 慕陶，〈養鳥事業的前途〉，《聯合報》，一九六五．十一．二十七，十一版．工商經濟。

同，此種鳥類在本省因環境適宜氣候適合，故繁殖力強生長快。當時世界鳥類輸出地區為亞洲之日本及北歐之荷蘭、比利時，此三地區靠近寒帶，每屆冬季，飼戶必須加溫以防凍斃，鳥隻一如人類，生長在寒帶生殖力不強；飼育於亞熱帶繁殖即迅速增多。鳥隻在日本分春秋二季生殖，一年中約有六個月可繁殖，而在臺灣除七、八月換毛停產外，幾乎整年都生殖。日本與荷蘭、比利時地近寒帶，既能大量繁殖熱帶鳥類，而臺灣環境適合氣候良好。慕陶這位作者認為如能善加經營，必可取代荷比日諸國在世界鳥市場的地位。[252]

一、文鳥、小鸚哥——文鳥與鸚哥所需食料種類相同，消耗量亦大致相似：兩者主食皆為糙米、粟、白菜；輔助飼料為蛋黃、歐羅肥、貝殼粉及治療用藥品。文鳥每對每月需碎米半臺斤，白菜一斤，鴨蛋二個，歐羅肥、貝殼粉及少量藥品。以時價計算每對每月約消耗六至八元，一年平均約九十元，每對成鳥每年可目育五窩，約可得小鳥二十隻以上，如以外銷計算應可獲一千四百元以上。小鳥需四個月始可外銷，故小鳥十對之飼料費亦需三百元，二者合計需消耗四百元。[253]

二、小紋、胡錦——小紋、胡錦所消耗之食量大致相同，二者所需之主食為粟、碎米、稗、白菜、貝殼粉，輔助飼料為蛋黃、歐羅肥、酵母及少量藥劑，胡錦每對每月需粟約五台兩，白菜半斤，蛋黃二個，其他歐羅肥、貝粉、酵母及藥品少量，以時價每對每月約需八元，年需一百元。每對成鳥每年可作成小鳥約三十至八十隻，惟需十姊妹幫忙撫養，每對胡錦需配十姊妹六對，鳥隻需養四個月待換毛成中鳥後始可外銷，如以每對成鳥年出十六對中鳥計算亦可獲毛利四千餘元。[254]

三、十姊妹——主食為碎米、白菜、貝殼粉。輔助飼料亦為歐羅肥、蛋黃。惟十姊妹體健能耐粗食，且食量較少，每對每月約需飼料費三元，其特性為就窩性強可作胡錦、錦靜、小紋、白十姊妹之褓姆鳥。如以花十姊妹代育日十姊妹，因死亡少生產多，其成本少經濟價值高。[255]

監察院陳情

一九六五年十二月十一日，臺灣部分養鳥人家向監察院請願，呼籲監院轉知有關機關禁止洋鳥進口，保護養鳥事業，開拓市場，安定民生。監察院經濟委員會在第二三〇次會議中曾予討論。養鳥人家的代表曾安富等三十餘人在請願書中說：他們大部分是收入微薄的市民與待遇低的軍公教人員，為了增加家庭副業，並參觀臺灣飼鳥協會主辦的鳥展，才開始飼養洋鳥如錦靜、胡錦、小紋、白紋、十姊妹鳥等。[256]這項飼鳥開始未久，飼鳥協會的理事長蔡勝三即倡言飼養金絲雀，

---

252 慕陶，〈養鳥事業的前途〉，《聯合報》，一九六五．十一．二十七，十一版．工商經濟。
253 慕陶，〈養鳥事業的前途〉，《聯合報》，一九六五．十一．二十七，十一版．工商經濟。
254 慕陶，〈養鳥事業的前途〉，《聯合報》，一九六五．十一．二十七，十一版．工商經濟。
255 慕陶，〈養鳥事業的前途〉，《聯合報》，一九六五．十一．二十七，十一版．工商經濟。
256 〈「雀」戰　養鳥者請願　鬧到監察院〉，《聯合報》，一九六五．十．十二，三版。

竟分成「金絲雀派」與「洋鳥派」，把洋鳥的飼戶棄之於輔導不顧，且強調洋鳥將來出口無人問市，而事實上金絲鳥推廣迄今並未能引起飼戶的興趣，因為大家都明白「白金絲鳥」不易飼養。

請願書中又說：在省飼鳥協會推介飼養鳥類時，從未分作「金絲雀」或「洋鳥」之別，但當許多人飼養「洋鳥」時，飼鳥協會竟變調子，他們說這是因為飼鳥協會與美國星鳥公司訂了約，飼鳥協會怕無法履行這項合同，因此才不擇手段地打擊他們。養鳥人家希望當局，對這項生產事業不要忽視，因為全省已近七十萬戶的養鳥人家，每戶投資以兩萬元計，總資本額在一億四千萬元以上，如果蒙受不白的損失，不但使他們個人的經濟狀況備受打擊，也使國家經濟受到影響，希望政府予以輔導、保護，並打開國際市場。[257]但這樣的陳情並未獲得太多的回應，有關養鳥熱，政府相關部門並未有實際的管理規範或輔導機制。

由盛而衰的臺灣養鳥業

臺灣的養鳥業在一九六三年和一九六九年兩度出現高潮後，開始走下坡，但出口鳥價卻一直看漲，業者每年賺取的外匯收入較往年都高。根據海關的統計資料，一九七六年，金絲雀的外匯收入是臺幣九百四十多萬；一九七五年是六百多萬元。十姊妹一九七六年的外匯收入也只有九百多萬元。一九七七年我國的出口金絲雀賺取了臺幣一千零五十七萬元的外匯；十姊妹賺取了臺幣一千二百五十四萬九千元的外匯。這只是我國出口到日本、美國、中東、歐洲等國的十九種飼鳥種類中的兩種。從統計看來，有逐年增漲的趨勢。那時期的其中一間重要廠商「中國鳥獸公司」

負責人認為，一九七八年的情況將更好。以金絲雀為例，一九七六年每隻出口售價六、七元；一九七七年是七、八元；一九七八年提高到八、九元。外銷價格單價提高，出口數量卻逐年減少。金絲雀一九七六年出口了五千餘公斤，一九七七年只出口三千餘公斤；十姊妹一九七六年出口了九千餘公斤；一九七七年只出口八千餘公斤。[258]隨著工業化的發展，許多發展中國家的工資正逐年提高，飼鳥的收益相對下降，飼鳥數量遞減是一個世界性的現象。一九七〇年代以來，荷蘭、日本這兩個早年出口飼鳥最多的國家，搖身一變成為主要的飼鳥進口國。臺灣地區民間過去以養鳥為副業的養殖戶，之後多走進附近的工廠，不願在家養鳥。養鳥業的沒落，促使鳥價抬頭。當時臺灣地區五、六家出口飼鳥的公司大多親自派人到民間去收購，若加進口中間商抽成，出口的利益就要大打折扣。反而是韓國、泰國等工資低廉的國家，其養鳥風氣已轉盛。[259]

一九七八年九月的《民生報》還提到，近年來歐美家庭盛行養大型鳥，各國商人想盡辦法在各地大肆捕捉野生鳥類，導致保護野生動物組織大為驚恐，紛紛促請政府立法禁獵，我國在此之前也明令禁止捕獵野生鳥類。據估計，當時世界上每年捕捉到的野生鳥有一億隻之多，使得好幾種鸚鵡及八哥等大型鳥幾近絕種。由於鳥類的進口國已不再偏好飼鳥，臺灣的飼鳥將不可能再出現熱潮，這是一個好現象。過去每出現一次熱潮，就會有業者蒙受損失，民間的養鳥人也損失慘

257 〈「雀」戰　養鳥者請願　鬧到監察院〉，《聯合報》，一九六五・十・十二，三版。
258 〈臺灣養鳥業由盛而衰　雖然有利可圖但飼鳥人家已不多〉，《民生報》，一九七八・九・六，六版。
259 〈臺灣養鳥業由盛而衰　雖然有利可圖但飼鳥人家已不多〉，《民生報》，一九七八・九・六，六版。

重。以一九六九年臺灣地區的養鳥熱潮為例，當時美國星鳥公司在臺灣設立分公司，希望利用臺灣的低工資，促成養鳥熱，再運到美國出售。這家公司提出了許多保證收購的條件，確實引起一陣養鳥熱，甚至有人投資數十萬元來養鳥。但這家公司後來並未做到保證收購，價錢也比本地公司的收購價錢還低，使得許多訂約的養殖戶虧累連連。業者認為經過這兩次養鳥熱的教訓，這些軍公教養鳥戶將不再會輕易受騙。[260]

金絲雀之後的栗鼠熱

一九六五年，自美國某牧場向臺灣推廣養殖栗鼠消息刊出後，前往經合會投資業務處洽詢養殖方法者已達一千餘人，該處已向美商索取飼養方法、養殖規模、毛皮處理、美國海關進口規定及市場情況等更詳細的資料。據悉，美國栗鼠養殖業者，每年的總收入約為二億美元，利潤極為優厚。當時本省進口種鼠，每組約需一千美元（一雄三雌）。經合會投資處表示，栗鼠養殖在本省頗有發展之價值，該處並根據美國 Beatty Chinchilla 牧場分析栗鼠資料。

像是飼養方法：由於栗鼠之個性，喜歡能得到飼育者之細心飼育，故並不適於採取大量生產方式，而由各村落及各家庭個別飼養較合適。需要保持乾燥。飼養者普通多數為栗鼠蓋一小房。使冬天飲水不致結冰，夏天能防暑，盡量利用通風與陽光，並需備沙箱供栗鼠洗澡，保持乾淨的皮毛。飼料方面：栗鼠為吃草動物，其消化器官很發達且強健，例如枯葉、樹皮、野生草莓等植物均可充為飼料。栗鼠皮的毛質細嫩，每一毛孔生有八十根毛，而每一根毛係由三種顏色相調和，極其美麗。皮毛一張之重量僅一盎司。栗鼠皮毛之消費曾達五十萬張，但品質最優者其中僅不到一萬張。當時上等栗鼠皮毛之價格為美金四十至四十五元，甚至高達五十五元。[261]

由於利潤不錯，臺灣軍公教的家庭副業，繼養雞、養鵪鶉、養鱉、養安格拉兔及養金絲雀之後，養殖栗鼠為臺灣的家庭副業，掀起另一波高潮。[262]

---

260 〈臺灣養鳥業由盛而衰　雖然有利可圖但飼鳥人家已不多〉，《民生報》，一九七八．九．六，六版。

261 〈發展栗鼠養殖事業　我正向美索取資料　一雄三雌價約一千美元〉，《聯合報》，一九六五．六．十一，五版。

262 〈發展栗鼠養殖事業　我正向美索取資料　一雄三雌價約一千美元〉，《聯合報》，一九六五．六．十一，五版。

結語

國家、制度與日常生活：近代世界中的臺灣

一、一九六五年的吳新榮

我們的動物園近來愈飼愈多種。最初夏平養蜜蜂已有九箱之多；次夏統飼金絲鳥及九姊妹，朝夕聞其啼鳴甚為快樂；後英良開始飼蛋雞，現已有三百多隻，不久就可生蛋。又我所飼的非洲王及鳳冠鳥，都是玩賞的雞類，最近牠們孵出六〔八〕隻小雞，四隻白的、二隻黑的、二隻花的，都青銅色的皮骨，聞此雞甚為補的。其他我們的小花狗也生了五匹的子狗，花的三匹，褐的二匹，孫（子）回來看都甚為愛惜。預定我們留花的及褐的各一匹，新莊給二匹，白河給一匹。新莊可顧雞園，白河可顧醫院。[1]

一九六五年當養鳥熱開始崩盤時，本書一再出現的主角臺南地方菁英吳新榮醫生，此時五十九歲，經歷兩個不同政權的他的日常生活是怎樣的樣貌？當年十二月六日的日記可見一端。這一天的日記中，他提到他們在家裡的住所中，所飼養的動物越來越多，這習慣在戰前就有，也延續到戰後。他提到他們家的動物園增添了許多新成員。六子夏平所養的蜜蜂已經有九箱之多，五子的夏統則養當時最熱門的金絲雀及九姊妹（十姊妹），第二任妻子英良則養了許多蛋雞，數量不少有三百多隻，吳新榮自己則飼養可能是金剛鸚鵡的非洲王及中南美洲的鳳冠鳥。

一九六五年的元旦沒什麼大事，才剛過完平淡的一天，隔天下午四時，吳新榮回到臺南為文獻關係訪友不在。又拜訪榮宗叔，沒想到妻子英良、五子夏統均在此，就接受榮宗叔招待到夜市吃牛肉爐及壽喜燒，這飲食仍然是戰前的日式習慣。餐後他們到南都戲院看邵氏出品、有千面小生之稱的嚴俊導演的國語片《萬古留芳》，主演的是李麗華與凌波，故事是春秋戰國時代的趙氏孤兒歷史劇。在此之前吳新榮才和妻子英良在佳里看同一位導演的水滸傳故事《閻惜姣》，同樣也是李麗華主演。吳新榮對嚴俊與李麗華夫婦的影片，都相當有好感。之後又到戰後由日本時代宮古座改名的延平戲院看李行導演於一九六五年完成的《養鴨人家》。《萬古留芳》是古典色的，《養鴨人家》就是鄉土色的，吳新榮對古典不排斥，但就對鄉土更加贊同。《養鴨人家》的背景完全是在地的，雖然是國語發音，但他很欣賞片中的本地風光。於一九六四年獲亞洲影展最佳劇情片大賞的《蚵女》也大致使用同樣手法，也讓吳新榮深感興趣。很明顯地，看電影的這個習慣也是戰前延續到戰後，只是影片類型轉變成邵氏製作的國語片，但他更喜歡鄉土主題的影片。[2]

吳新榮之所以會有上述的感觸，若放在大環境的轉變與國家制度的規範，就會比較清楚日常生活的變化背後的結構性因素。像是一九六〇年代，臺語片開始沒落，最主要是當時政府推行國

1 《吳新榮日記全集》，一九六五．十二．六。
2 《吳新榮日記全集》，一九六五．一．二。

語政策，產生了大量的國語人口，連帶培養出看國語片的觀眾，相對壓縮方言電影的生存空間。此外，一九六二年由國家所主導設立的金馬獎，創立之初就明文規範獎勵對象為國語片，這項規定再次拉大了國語片與臺語片在市場聲望及歷史定位上的競爭基礎。[3]

一九六五年一月二十三日，下午七時，吳新榮和妻子英良前往臺南參加教育會主辦的自由日晚會，他提到這是林某來賣入場券的。吳新榮的目的不是為什麼「自由日」，只要爭取自己的自由往臺南鬆一口氣。他們到會場博愛堂時表演剛開始。博愛堂是盲啞學校建設的，是第一次來。可是節目是一種跳舞演習會，他看不下去，看到一半就出來，可能這不太能習慣，對吳新榮而言，被強制參加的人情債已經達成。[4]吳新榮所參加的自由日就是「一二三自由日」。這紀念日定於一月二十三日，源於中華民國紀念一九五四年一月二十三日，韓戰戰俘中的一萬四千二百餘名華籍戰士獲釋，不願返回中國大陸，要求送往臺灣，因而選在基隆登陸的這一天為紀念日。

這樣的活動剛成立之初或許不會像是吳新榮所遇到的這麼流於形式，這可是經過層層關卡才爭取而來的。若把時光上溯至這些「反共義士」來臺的前一年，可以發現，當時臺灣有許多團體在聲援這批困在韓國的戰俘。像是中華民國各界援助留韓中國反共義士委員會就是其中一個例子。這組織在一九五三年十二月的第三次全體委員會議席上，共通過重要議決案六件：（一）擴大聲援反共義士，使能於明年一月二十三日如期恢復自由，特定是日為反共義士自由日，並發起「反共義士自由日運動」，擬具宣言，公告全國和全世界，籲請一致支持和聲援。（二）發動全國各界，熱烈響應「反共義士自由日運動」，以加強支援反共義士的正義力量。（三）通電全世界各宗教團體，籲請全力支持，以維人權，而伸正義。（四）籲請自由中國文化教育學術界，擴大響應「反共義士自由日運動」。（五）呼籲發動海外僑胞，展開反共義士自由日運動。（六）以大會名義，向聯合國、聯軍統帥、中立國遣返委員會、美國參眾兩院轉全國人民、大韓民國國會轉全韓人民等通電，籲請擴大聲援反共義士，並致電反共義士慰問。[5]其宣言部分內容如下：

> 今天是十二月二十三日，即韓境反共義士解釋工作終止之日，再過三十天至一九五四年一月廿三日，凡拒絕遣返的中韓反共義士，依照停戰協定規定，均應獲得釋放恢復為平民身分，我們中華民國四百四十八個人民團體。為保障人權，爭取自由，今日特於台北舉行大會，經一致決議定一九五四年一月二十三日為「反共義士自由日」。並自即日起，敬向全世界愛好民主自由人士呼籲，發起反共義士自由日運動，期以全世界正義力量，支援中韓反共義士，粉碎共匪阻撓釋俘陰謀，使中韓二萬二千餘反共義士，到了那天就成為自由人。

3 陳逸達等著，《看得見的記憶：二十二部電影裡的百年臺灣電影史》（臺北：春山，二〇二〇），頁一九五—一九七。

4 《吳新榮日記全集》，一九六五．一．二十七。

5 《聯合報》，一九五三．十二．二十四。

這樣的宣言及活動，在那個韓戰剛結束不久的一九五四年代，也帶來許多影響。就連當時電影界也伸出援手。一九五四年一月二十一日的報刊提到，留韓反共義士定於本月二十三日釋放，恢復平民身分，本省各界定本月二十三日為「自由日」，紛紛響應。臺北市影片商愛國不甘落後，經影片公開通知全體會員及西片商，響應「自由日」運動，決定在本月二十三日本市放映各影片收入，除開支外全部捐贈慰勞留韓反共義士。[6]

二、物質打造的近代臺灣史

本書所探討的五種視角（日常／觀看／製作／感官／移動）下的物與物產，透過這些細微的例子或許可以說明近代臺灣的都市化過程與消費社會的誕生，這可以和導論提到的日本消費社會的誕生相連結。特別是從一九二〇至一九四〇年代是高峰，說這個時期是個物質打造的近代臺灣史也不為過。到了一九四一年之後，因為太平洋戰爭的關係及國際局勢的影響，原先的榮景逐漸走下波。到了一九四九年中華民國政府到臺灣之後，又有新一波的變化，許多物品因為大陸外銷市場的消失，以至於產品銷售不出去，整體受到影響，許多以往的外銷商品進而受到影響，也影響到許多人家的生計。[7]

---

6 《聯合報》，一九五四．一．二十一。

7 有關近代日本的消費革命，請見 Penelope Francks, Janet Hunter，《歴史のなか消費者：日本における消費と暮らし，1850-2000》（東京都：法政大學出版社，二〇一六）；ジョルダン．サンド（Jordon Sand）著，天內大樹譯，《帝国日本の生活空間》（東京：岩波書店，二〇一五）；山本武利，《百貨店の文化史：日本の消費革命》（京都：世界思想社，一九九九）。日常生活的誕生，請見佐藤バーバラ，《日常生活の誕生－戦間期日本の文化変容》（東京都：柏書房，二〇〇七）。

臺灣自大航海時代以來就是東亞航運路線上的重要轉運站。一六四〇年十一月六日的《熱蘭遮城日記》記載：〔本季〕第一班派往巴達維亞的船隻，大船 Ackersloot 號與戎克船 Uytrecht 號從此地出航，所載貨物合計總值十五萬三千八百零九・一四・一一荷盾，這些貨物如下：大船 Ackersloot 號載有：一千二百四十六匹廣東的花緞、八百九十一匹捲起來的海黃、二百七十四匹上色的茶苧、一百七十五匹雙面有光澤的海黃、一千八百四十八雙絲襪、五十七匹有兩三種顏色的花緞、四十一匹羅紗、七十五匹縐紗（floers）、四百五十匹有光澤的海黃、七百七十一兩黑色的麝香、五百一十二匹花緞、一百四十一匹有光澤的寬紋布（gourons）、九十匹有圖樣的和素色的緞、一百四十三斤絞捻的絲、十三又四分之三斤粉狀的麝香、一百五十匹縮緬、三十三萬個鈕扣、兩百捆絲帶、三十九擔 lankiens、二千零七十三匹 cangan 布、三十一萬三千三百八十一斤砂糖；戎克船 Uytrecht 號載有：一千八百六十張金絲、二百九十九斤珊瑚、一百二十斤 loyangh、四十斤木賊（paerdestaerten）、四百斤茴香、二百三十一萬根中國的針、二萬一千六百八十個小鏡子、二萬九千九百四十個兩面的木梳子、一千四百九十八斤黃色顏料、三千六百五十二個粗大的盤子、九萬三千九百二十斤砂糖、兩百斤硫磺。[8]這些物品除了日常生活所需之外，有些是奢侈品。到了二十世紀，這些東西有很多已經不再是熱門商品，少部分還是，像是珊瑚。

本書所提到的各種物與物產，大多是二十世紀才浮上世界商品的交易網，像是蓪草、林投帽、大甲帽、苧麻絲。有些像是珊瑚雖然不是新物，但卻是由日本的漁場轉向至臺灣新發現的漁場。這些商品到了戰後，仍然受到媒體的關注。像是一九五二年十月十七日的《聯合報》就提到：臺灣位於熱帶圈內，因此所有的產品總帶著幾分熱帶風味，而這些產品也就最合於夏季的消費，例如水果、大甲帽蓆、竹製品等。日本夏季較短，但盛夏時的悶熱並不減於臺灣，因此對消暑納涼的臺灣產品亦為他們所歡迎的。在這個中國商品展覽會場中，除水果等種類之外，許多手工藝品都屬於這一部門。如大甲蓆、大甲帽。藤竹製品的傢俱，在日人心目中，確是具有異國情調，在日式房子的庭園，兩、三隻藤竹製椅子桌子可以形成一個夏夜的臨時涼亭。

記者還提到日人俗稱「高山族」手藝品為「番產物」，當時凡每一個來臺日人，當其返國的時候，總要蒐集一些「番產物」帶回日本贈送親戚朋友，以表示其來過臺灣的紀念。尤其是在每年服役期滿的日本士兵遣回日本時節，即為全省各地所謂「番產物」店鋪生意最佳的時期。這些原住民手藝品，也有利用山地天然物資由原住民予以雕刻加工，或利用水牛角、鹿角、蛇皮等特殊產品加工出來的。以日治時期的銷費數量來預計，記者預測等戰後日人生活水準復原以後，其對日出口數量是相當可觀的。又珊瑚製品及白銀手工藝品，也會為日人家庭所歡迎。尤其日人之視珊瑚為寶物的觀念較為濃厚。這些都是屬於未來發展對日貿易的有希望的商品。[9]

以珊瑚為例，到了戰後臺灣各項基礎設施開始復原之際，珊瑚開採才得以恢復。一九五二年十月十八日的《聯合報》提到，基隆近海向產珊瑚甚多，其品質優良，馳名國外，因戰爭期內遭受盟軍轟炸，大部採集珊瑚設備被毀，以致該項採集工作迄未能進行。有鑑於此，基隆市政府研

8 《熱蘭遮城日記》，一六四〇．十一．六。

9 《聯合報》，一九五二．十．十八。

擬後認為此項產物如能大量採集，必能實行外銷爭取外匯，經與有關方面洽談結果，決於一九五三年開始採集，所採集勘測設備工具，陸續到位。至於人力方面，除聘請有關專家從事設計指導外，其餘採珊瑚技術工人決向民間聘請有經驗者擔任。由於基隆近海珊瑚產地，距基隆市僅六十餘里，所用交通工具僅需十匹馬力的船隻即可進行，預料此項工作展開後，將會有大批珍貴的珊瑚在臺問世。[10]

三、全球網絡中的臺灣

透過一張表可以看出來本書所談到的近代臺灣的各種物與物產，都與當時的世界各國有各種連結。

物／物產	**連結的國家**
林投帽	巴拿馬、美國、中國、印度、泰國、菲律賓、日本、非洲
報紙	日本、中國
購物	歐美、日本
書店	日本
藥	香港、上海、美國、日本、新加坡

10 《聯合報》，一九五二·十二·十七。

物／物產	連結的國家
資生堂	日、法
傳書鳩	比利時、日本
巴黎博覽會	巴黎、日本、德義奧匈、英、美
大連博覽會	朝鮮、日本
珊瑚	日本、義大利、印度
蒲草	中國、日本、美國、俄國、英、法
鳥瞰圖	日本
國立公園	歐洲、美國、日本
奉安庫	日本
南京蟲	美、日、中國、歐洲、澳洲
自轉車	日本、英
味素	日、滿洲、上海
人參	朝鮮、日本、中國（上海、福建、廣東）

戰爭	北京、貴州、俄國
大學	美國、中國
養鳥	美國、日本、比利時、荷蘭、英法德丹麥

這種全球連結可以看出幾種模式：

（一）國外風潮模式：受巴拿馬帽熱潮影響而找到臺灣特色的林投帽。

（二）博覽會模式：因為博覽會展出而爆紅的臺灣物產，有珊瑚、蓪草、林投帽、大甲帽、烏龍茶。

（三）仿冒模式：味素傳到臺灣發展出各種味素的仿冒品，弔詭的是仿冒品大多是天然的物品混合而成。

（四）代工模式：臺灣工資低廉，成為歐美國家的代工廠，家庭副業的經營方式取代了歐美及日本，一九六〇年代的養鳥熱就是一個明顯例子。

（五）技術移轉模式：臺灣的珊瑚業如何成為世界第一，從義大利及日本學習到加工技術，省去原料至義大利加工，再外銷到印度的模式。

四、國家與日常生活

透過本書的研究，我們看到近代臺灣的日常生活史中，國家的制度與規範角色無所不在。例如，日本政府如何透過各種博覽會的機會，一方面宣傳臺灣的物產，同時也讓臺灣民眾觀看帝國的治理成績；作為島都的臺北市如何進行各種基礎建設，讓城市中的文青能夠進行各種消費與休閒生活；獄政機關如何與業者合作，讓受刑人能夠在獄中進行林投帽的製作，進而帶動產量的提升；以專家來規劃國立公園預定地，帶動地方旅遊發展，不僅打造出國民的休閒新地景，也養成國民的健全體魄；遇到南京蟲影響公共衛生時，透過集體撲滅運動來降低害蟲造成的日常生活不便；透過公學校及小學校的奉安庫設置，培養國民的忠君精神；透過腳踏車的牌照制度進行收稅及失竊預防管理；戰爭時的大學生被動員遷徙到後方；眷村的設置讓來臺的軍人與軍眷有了安身之所；教育部管制戰後大學的在臺復校數量，以進行資源的控管；最後的養鳥熱雖然沒有政府介入的例證，但仍有適度的輔導。

戰後政府對日常生活的控管可以從收音機使用執照來看，圖6-1、6-2、6-3中的執照使用者是一位來自湖南東安之後落腳桃園八德的陸光四村的憲兵軍官蔣熙文，他曾隨著黃杰部隊一路從湖南－廣西－越南富國島，在越南待了四年接受法國人的控管，最後因為韓戰的關係，政府才把這批人接到臺灣。[11]他有一張珍藏已久的物件，是一張收音機使用執照，我看了內容才知道一九六二年時，當時使用收音機要繳稅並登記，以便控管。當時軍人半價，只要十五元。上頭寫有使用者的姓名、裝機地點、廠牌、型號、有效日期。當時這項措施是依據行政院核准修正公布之《廣播收音機登記規則》第十六條及《臺灣省戒嚴期間無線電收音機管制辦法》第十三條處分。

交通部換發四十二年度廣播收音機執照，經廣播聯誼會要求延期兩月，本月三十一日限期即將屆滿，逾期將按照本年行政院核准修正公布之「廣播收音機登記規則」第十六條及「臺灣省戒嚴期間無線電收音機管制辦法」第十三條處分。臺北電信局為便利換照起見，除該局博愛路一六八號，火車站內，迪化街一段三八號，中正西路一〇六號，及陽明山、松山、汐止、新店、新莊、木柵、鶯歌、三峽等各營業處同時換發外，現並委託者合作金庫，一、館前路七五號總庫營業部，二、重慶北路二段九九號大稻埕辦事處，三、衡陽街八七號總代理處，四、延平北路二段一三三號大稻埕代理處，五、西昌街一三四號萬華代理處，六、長安西路四一號代理處，七、南昌街一段一二四號代理處，八、信義路二段四七號城內代理處，代為辦理，憑四十二年以前登記證向上列各地均可換領新照。至於新登記，外埠遷入，封閉

11 蔣熙文為筆者的父親，身分證上的出生是二十一年次，今年（二〇二四）九十三歲，但有可能不只九十三歲。那時來臺要從軍的青年常會謊報年紀，將自己減個幾歲，據蔣熙文的口述，他那時有謊報年紀。

註銷事手續，仍在中正西路辦理，臺北以外各縣市仍在各地電信局辦理登記等手續。[12]

臺北電信局當時為了便利換照起見，特別加開了好幾處換照的地點。一九五三年以前登記證向上列各地均可換領新照。至於新登記、外埠遷入、封閉註銷事手續，仍在中正西路辦理。臺北以外各縣市則在各地電信局辦理登記等手續。

國立臺灣歷史博物館也珍藏了這一類的文物，並做了文物詮釋。其中一件對臺北市的徐鳳鳴的物件所做的說明是，廣播在電視機出現前，是一般人生活中獲取最新消息及收聽音樂的重要管道，也正因為如此，這項媒體受到政府的高度控制，特別是二二八事件後。一九五一年交通部公布《廣播無線電收音機登記規則》，規定使用收音機者應向臺灣電信管理局申請登記，每年並需繳交執照費新臺幣三十元。一

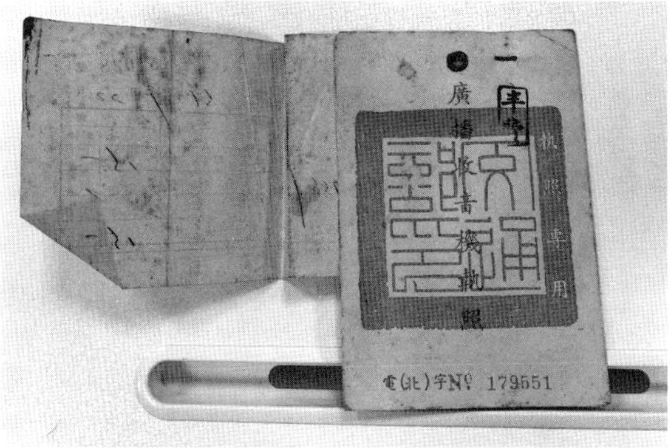

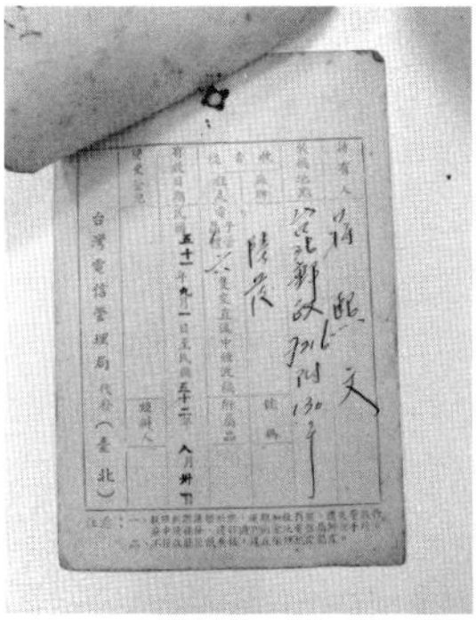

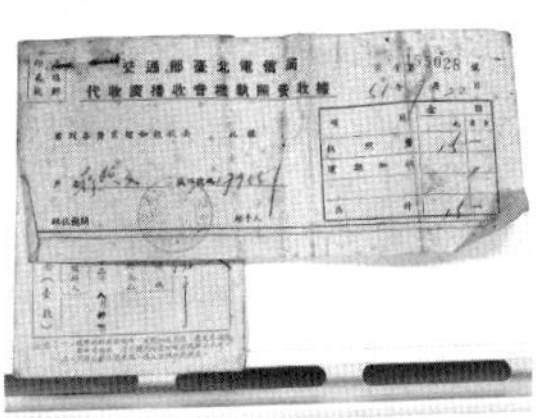

6-1、6-2、6-3　蔣竹山收藏的收音機使用執照。

九五五年，行政院更公布了《動員時期無線電廣播收音機管制辦法》，立法明定「禁止收聽匪方廣播」，收聽匪俄廣播者將依《懲治叛亂條例》第六條處罰。最下方列有兩條「注意」事項，其中第二條為「不得收聽匪俄廣播，違反依照規定懲處」。[13]這個收音機使用執照物件雖然看起來不怎麼起眼，好在有些實物保留下來，可以驗證那個戒嚴時期政府對民眾日常生活的保密防諜措施的管控。

12 〈收音機執照　限月內換領〉，《聯合報》，一九五三．三．二十八，三版。

13 https://collections.nmth.gov.tw/CollectionContent.aspx?a=132&rno=2004.028.3914，瀏覽日期，二〇二三．十一．十五。

五、歷史變動中的能動者

儘管近來的史學趨勢已經越來越標榜要朝人之外的動物去研究，因此有了動物史學或動物轉向的說法，但人還是歷史研究中的重要對象。從一九六〇年代的菁英研究轉變到研究大眾或底層；或文化史研究中的他者；抑或是全球史研究中的中間人。其中，後面二者是都比較重視人物的能動性或者能動者對自己行為的認識與直接控制。像是「日常」這章，可見一九四一年三月，由於戰時體制的關係，為了符合「住宅空地利用」的口號，吳新榮改在家裡空地種植了芋頭、金瓜，連傳書鳩因為屬於非生產性的養殖，最後也遭到撤除，改為雞舍，以自給自足。到了戰後，大量的中國大陸外省人來到臺灣，對於新的環境的適應與否，都值得進一步研究。而臺灣人對於新政權的各種措施，我們也能看到如何發展出上有政策，下有對策的應對方式。

像是一九五二年，臺北市政府為轉移社會不良習俗、防止浪費、實現社會改造，決定循例禁止農歷五月十三日（國歷六月五日）霞海城隍誕辰舉行迎神賽會，市警察局也奉命決將取締當日出動遊街的鑼鼓音樂隊或舞獅隊。吳三連市長為徹底執行此項措施，三日下午四時半，在市府邀集市議會正副議長、議員及各區區長舉行座談會，要求各議員勸導民眾停止迎神賽會，節省無謂的浪費，吳市長說：「政府決不干涉民眾的信仰自由，但是無謂的浪費現象，應該要加以糾正，過去盲目的敬神態度應該要改變過來，敬神只要精神上虔敬，禁止無謂的浪費，可將所節省的金錢捐作寺廟基金移作對社會或宗教有益之用，這才是真正的敬神之道。」吳市長鄭重宣布說：市府決定循光復以來的前例，禁止城隍誕辰的迎神賽會。[14]

對於這樣的新政策，延平區及大同區選出的部分市議員曾起立反對市府的此一決定，他們認為這個決定似欠公平，市政府既然准許本市松山、萬華的迎神賽會，為何只禁止大稻埕區（延平建成及大同三區的總稱）的迎神賽會，他們請求市府在不妨礙市區交通原則下准許地方民眾舉行小規模的迎神賽會。[15]警察局已奉命取締六月五日的迎神賽會，但對於民眾其他敬神行動，則暫不加以任何干涉，李局長認為迎神賽會太浪費，與國計民生毫無利益，而且擾民傷財，中央早已明令禁止，市警局對於違背法令的行為，只有奉命禁止。李局長又說：「現在是民權的時代，我們的歷史是由神權，君權而進入民權。現在有一部分人又想實現神權時代，這豈不是違背時代的潮流？落伍的思想？」接著與會的人又紛紛發表意見後，吳市長及李局長仍一再聲明，市政府決將堅持既定立場，並希望各位市議員勸導民眾禁止迎神賽會，節省浪費。[16]

最後民眾採取了變通方式，總算得以繼續將遊行踩街進行下去。一九五二年六月六日的報刊如此報導：六月五日為農曆五月十三日，為本市大稻埕霞海城隍誕辰，該處居民舉行大拜拜，市警局曾禁止迎神賽會，後經該處市議員數人受民眾委託向市警局請求抬著神輿繞境遊行，於下午

14 《聯合報》，一九五二．六．四。
15 《聯合報》，一九五二．六．四。
16 《聯合報》，一九五二．六．四。

四時許集隊出發，隊伍前頭的三輛吉普車由市議員數人分乘，作開路先鋒。繼為一幅寫著「擁護蔣總統」的斗大橫軸。國旗隊，西樂隊，謝范二將軍神像，金龍陣，另有「反共抗俄打回大陸」、「軍民合作打回大陸」的橫軸兩幅。最後為城隍爺神輿。神輿過處鞭砲鳴放，觀眾夾道而立。一般估計光是五日一天的開銷，以大稻埕為四萬戶，每戶開銷四百元，則將達一千六百萬元，的確是花費不小。[17]

近來楊孟軒教授的一本新書《逃離中國：現代臺灣的創傷、記憶與認同》，研究一九四九年來到臺灣的外省人。他所談的不是外省人在臺灣的歷史；而是外省人在臺灣記憶的歷史。其次，這本書並非引述個人記憶來呈現外省人的生命史；而是了解外省人集體記憶／社會記憶，在歷史時空中的形成與轉變，及其意義。[18]其中的創傷記憶的觀點，很值得作為我們繼續挖掘戰後的日常生活史的重要指引。

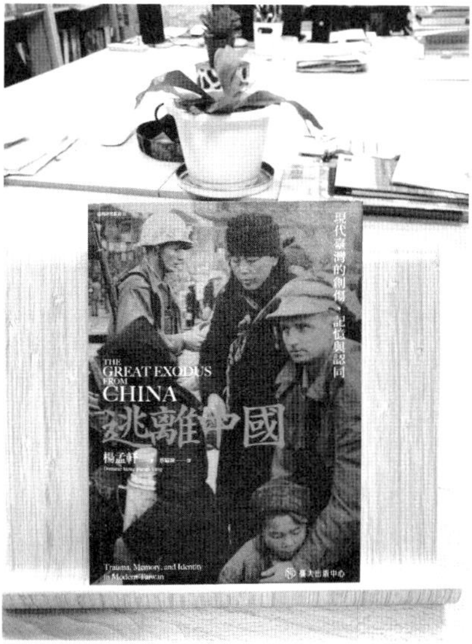

6-4　蔣竹山研究室中的《逃離中國》書影

17《聯合報》，一九五二・六・六。

18 楊孟軒，《逃離中國：現代臺灣的創傷、記憶與認同》（臺北：國立臺灣大學出版中心，二〇二三）。

參考書目

一、史料

〈臺東廳水產會珊瑚漁產探查試驗費ニ對シ廳費補助認可指令案，指令第七二六號，一九四〇．一．二〉《臺灣總督府檔案．國庫補助永久保存書類》（國史館臺灣文獻館）。

〈佛國大博覽會出品物蒐集復命書〉，《臺灣總督府檔案．總督府公文類纂》，國史館臺灣文獻館，一八九八年五月十一日。

「新聞號外」（一九三五．四．二十一），〈昭和十年臺灣總督府專賣局公文類纂新竹、臺中州下大震災關係〉，《臺灣總督府專賣局》，國史館臺灣文獻館，典藏號：00103506001。

「雙福印人參規那鐵葡萄酒輸入命令（昭和二年四月三十日附）」，《臺灣總督府專賣局》（一九二七．四．二十），國史館臺灣文獻館，典藏號：00100630006。

「史蹟名勝天然紀念物指定（一九三三．十一．二十六）」，《臺灣總督府報》，第一九六六期，國史館臺灣文獻館，典藏號：0071031966a003。

《臺灣日日新報》

《大阪朝日新聞臺灣版》
《聯合報》
《經濟日報》
《民生報》
《水竹居主人日記》
《田健治郎日記》
《竺可楨日記》
《葉盛吉日記》
《熱蘭遮城日記》
《簡吉獄中日記》
蓮娜・穆希娜（Lena Mukhina）著，江杰翰譯，《留下我悲傷的故事：蓮娜・穆希納圍城日記》（臺北：網路與書，二〇一四）。
上海市檔案館編，《吳蘊初企業史料・天廚味精廠卷》（上海：檔案出版社，一九九二）。
毛利之俊著，陳阿昭編，葉冰婷譯，《東臺灣展望》（臺北：原民文化，二〇〇三）。
生活科學研究委員會編，《家庭の三害蟲》，一九四六。
佐藤春夫著，邱若山譯，《佐藤春夫：殖民地之旅》（臺北，草根出版，二〇〇二）。
吳新榮著，張良澤編，《吳新榮日記全集》（臺南：國立臺灣文學館，二〇〇七）。
呂赫若著，鍾瑞芳譯，《呂赫若日記》（臺南：國家臺灣文學館，二〇〇四）。

坂本悠一監修，《朝日新聞臺灣版》（東京都：ゆまに書房，一九三五－一九四二）。
李文茹編，和田博文等監修，《コレクション・台湾のモダニズム》第四卷（東京都：ゆまに書房，二〇二〇）。
味の素沿革史編纂會編纂，《味の素沿革史》（東京都：味の素株式會社，一九五一）。
味の素株式會社社史編纂室，《味の素株式會社史》（東京都：味の素株式會社，一九七一）
花蓮港廳編，《花蓮港廳管內概況及事務概要》第三冊（臺北：成文出版社，昭和三年影印版，一九八五）。
昭和女子大學食物學研究室編，《近代日本食物史》（東京都：近代文化研究所，一九七一）。
宮崎健三，《鶴駕奉迎之記》（臺中：臺灣新聞社，一九二三）。
栗原純，鍾淑敏監修、解說，《臺灣鐵道旅行案內》，「近代台湾都市案內集成」（東京都：ゆまに書房，二〇一三）。
財團法人臺灣教育會編，《臺灣教育沿革誌》（南投：國史館臺灣文獻館，二〇一〇）。
許雪姬等訪問，《一輩子針線，一甲子教學：施素筠訪問紀錄》（臺北：中央研究院臺灣史研究所，二〇一四），頁一〇六－一一二。
許雪姬編注，《灌園先生日記》（臺北：中央研究院臺灣史研究所，二〇〇七）。
鹿又光雄編，《始政四十周年記念臺灣博覽會誌》（東京：始政四十周年記念臺灣博覽會，一九三九）。
黃旺成著，許雪姬編注，《黃旺成先生日記》（臺北：中央研究院臺灣史研究所，二〇一二）。

新竹州編，《昭和十年新竹州震災誌》（新竹州，一九三八）。
董毅著，王金昌整理，《北平日記（一九三九年－一九四三年）》（北京：人民出版社，二〇一五）。
臺中州編，《昭和十年臺中州震災誌》（臺中：臺灣新聞社，一九三六）。
臺灣日記知識庫，http://taco.ith.sinica.edu.tw/tdk/%E9%A6%96%E9%A0%81。
臺灣博覽會協贊會編，《始政四十周年記念：臺灣博覽會協贊會誌》（臺北：臺灣日日新報社，一九三九）。
臺灣總督府殖產局，《臺灣水產要覽》（臺北：臺灣總督府殖產局，一九二五）。
〈名人趣史：丁文江與南京蟲攻防戰〉，《上海灘》，二十期（一九四六年）。
小園龍次，〈臺灣の珊瑚漁業〉，《臺灣水產雜誌》，二三九期（一九三四年五月十日）。
青木大勇，〈「黑死病」和南京蟲之傳染關係〉，《臺灣醫事雜誌》，第三篇四－五號（一九〇一年）。
宮上龜七，〈臺灣珊瑚に對する私見〉，《臺灣水產雜誌》，一一〇期（一九三四年五月十日）。
增田信，〈海南島の話（四）〉，《臺灣鐵道》（一九三九年六月十二日）。

二、當代研究

（一）中文

專書

William H. McNeill、Robert McNeill 著，張俊盛、林翠芬譯，《文明之網：無國界的人類進化史》（臺北：書林，二〇〇七）。

（日）羽田正著，孫若聖譯，《全球化與世界史》（上海：復旦大學出版社，二〇二一）。

（法）弗雷德里克．赫蘭，《自行車的回歸（1817-2050）》（北京：中國社會科學出版社，二〇一八）。

（英）托尼．哈德蘭德、（德）漢斯．埃哈德，《自行車設計 200 年》（北京：北京聯合出版，二〇〇二）。

（英）漢娜．羅斯，《自行車改變的世界：女性騎行的歷史》（北京：社會科學文獻出版社，二〇二三）。

阿蘭．柯爾本（Alain Corbin）著，蔡孟貞譯，《惡臭與芬芳：感官、衛生與實踐，近代法國氣味的想像與社會空間》（新北：臺灣商務印書館，二〇二一）。

莉琪．科林漢（Lizzie Collingham）著，張馨芳譯，《戰爭的滋味：為食物而戰，重整國際秩序的第二次世界大戰》（臺北：麥田，二〇二一）。

塞巴斯蒂安．康拉德（Sebastian Conrad）著，馮奕達譯，《全球史的再思考》（臺北：八旗文化，二〇一六）。
小牟田哲彥著，李彥樺譯，《大日本帝國時期的海外鐵道：從臺灣、朝鮮、滿洲、樺太到南洋群島》（新北：臺灣商務印書館，二〇二〇）。
文可璽，《菊元百貨：漫步臺北島都》（臺北：前衛，二〇二二）。
方秋停，《書店滄桑：中央書局的興衰與風華》（臺中：臺中市政府文化局，二〇一七）。
比·威爾遜，《美味欺詐：食品造假與打假的歷史》（北京：生活·讀書·新知三聯書店，二〇一六）。
王俊秀，《新竹清華園的歷史現場》（新竹：國立清華大學出版社，二〇二三）。
王淑民、羅維前編，《形象中醫：中醫歷史圖像研究》（北京：人民衛生出版社，二〇〇七）。
王嵩山，《博物館蒐藏學：探索物、秩序與意義的新思惟》（臺北，原點，二〇一二）。
末光欣也，《臺灣歷史：日本統治時代的臺灣》（臺北：致良出版社，二〇一二）。
吉見俊哉，《博覽會的政治學》（臺北，群學，二〇一〇）。
吉見俊哉著，蘇碩斌、李衣雲、林文凱、陳韻如譯，《博覽會的政治學》（臺北：群學，二〇一〇）。
竹中信子著，熊凱弟譯，《日本女人在臺灣：日治臺灣生活史·昭和篇上（1926-1945）》（臺北：時報文化，二〇〇九）。
竹村民郎，《大正文化：帝國日本的烏托邦時代》（上海：上海三聯書店，二〇一五）。
西達爾·基恩，《寵物之死：「二戰」陰霾下的動物與人》（北京：中國工人出版社，二〇二三）。
吳永華，《臺灣歷史紀念物：日治時期臺灣史蹟名勝與天然紀念物的故事》（臺北：晨星，二〇〇〇）。
吳翎君，《美國人未竟的中國夢：企業、技術與關係網》（新北：聯經，二〇二〇）
呂紹理，《水螺響起：日治時期臺灣社會的生活作息》（臺北：遠流，一九九八）。
呂紹理，《展示臺灣：權力、空間與殖民統治的形象表述》（臺北：麥田，二〇〇五）。
李力庸、張素玢、陳鴻圖、林蘭芳編，《新眼光：臺灣史研究面面觀》（新北：稻鄉，二〇一三）。
李志銘，《單聲道：城市的聲音與記憶》（新北：聯經，二〇一三）。
李尚仁編，《帝國與現代醫學》（新北：聯經，二〇〇八）。
李明璁策畫，《百年＋1：延續臺灣新文化運動的當代推手》（臺北：臺北市政府，二〇〇二）。
李欽賢，《臺灣的古地圖：日治時期》（新北：遠足文化，二〇〇二）。
李廣均，《眷村保存與多元文化的社會學分析》（臺北：國立中央大學出版中心．遠流，二〇一九）。
周湘雲，《日治時期臺灣熱帶景象之型塑》（臺北：國史館，二〇一二）。
和田博文著，廖怡錚譯，《資生堂的文化裝置：引發時尚革命的美學教主》（臺北：蔚藍文化，二〇一七）。

彼得・伯克，《什麼是新文化史（第三版）》（北京：北京大學出版社，二〇二〇）。
林玉茹，《向海立生：清代臺灣的港口、人群與社會》（新北：聯經，二〇二二）。
林玫君，《從探險到休閒：日治時期臺灣登山活動之歷史圖像》（臺北：博揚文化，二〇〇六）。
林玫君，《臺灣登山一百年》（臺北：玉山社，二〇〇八）。
林芬郁、沈佳姍、蔡蕙頻，《沒有電視的年代：阿公阿嬤的生活娛樂史》（臺北：貓頭鷹，二〇一二）。
林美香，《身體的身體：歐洲近代早期服飾觀念史》（新北：聯經，二〇一七）。
近藤正已著，林詩庭譯，《總力戰與臺灣：日本殖民地的崩潰》（臺北：國立臺灣大學出版中心，二〇一四）。
侯嘉星編，《物種與人類世：20世紀的動植物知識》（臺北：前衛，二〇二三）。
柯浩德著，徐曉東譯，《交換之物：大航海時代的商業與科學革命》（北京：中信出版社，二〇二二）。
柳書琴編，《戰爭與分界：總力戰下臺灣、韓國的主體重塑與文化政治》（新北：聯經，二〇一一）。
洪郁如，《近代臺灣女性史：日治時期新女性的誕生》（臺北：國立臺灣大學出版中心，二〇一七）。
洪紹洋，《商人、企業與外資：戰後臺灣經濟史考察（1945-1960）》（新北：左岸文化，二〇二一）。
洪德仁，《戀戀北投溫泉》（臺北：玉山社，一九九七）。
范燕秋，《疾病、醫學與殖民現代性》（臺北：稻鄉，二〇一〇）。
徐佑驊、林雅慧、齊藤啟介，《日治臺灣生活事情：寫真、修學、案內》（臺北：翰蘆，二〇一六）。
徐逸鴻，《圖說日治臺北城》（臺北：貓頭鷹，二〇一三）。
翁純敏，《吉野移民村與慶修院》（臺北：花蓮縣青少年公益組織協會，二〇〇七）。
馬克辛．伯格著，孫超譯，《奢侈與逸樂：18世紀英國的物質世界》（北京：中國工人出版社，二〇一九）。
高晞、（荷）何安娜編，《本草環球記：5世紀以來全球市場上的藥物、貿易與健康知識生產》（北京：中華書局，二〇二三）。
國立臺灣博物館編，《世紀臺博．近代臺灣》（臺北：國立臺灣博物館，二〇〇八）。
堀田典裕，《吉田初三郎の鳥瞰圖を読あむ》（東京都：河出書房新社，二〇〇九）。
常建華，《日常生活的歷史學：中國社會史研究三探》（北京：北京師範大學出版社，二〇二一）。
張世倫，《現實的探求——臺灣攝影史形構考》（臺北：影言社，二〇二一）。
張隆志編，《島史的求索》（臺北：國立臺灣大學出版中心，二〇二〇）。
張雅綿，《失序的森林：日治末期太魯閣林業開發》（花蓮：花蓮縣文化局，二〇一二）。

張蒼松，〈光影如鏡——玻璃乾版影像的盛衰榮枯〉，《臺灣博物季刊》，三十七卷三期（二〇一八年九月），頁三四－四三。
莊永明編，《臺灣鳥瞰圖：一九三〇年代臺灣地誌繪集》（臺北：遠流，一九九六）。
莎拉．瑪札（Sarah Maza）著，陳建元譯，《想想歷史》（臺北：時報文化，二〇一八）。
許佩賢，《太陽旗下的魔法學校：日治臺灣新式教育的誕生》（新北：遠足文化，二〇一二）。
許佩賢，《殖民地臺灣近代教育的鏡像：一九三〇年代臺灣的教育與社會》（新北：衛城，二〇一五）。
許雪姬編，《日記與臺灣史研究：林獻堂先生逝世50周年紀念論文集》（臺北：中央研究院臺灣史研究所，二〇〇八）。
郭冠麟編，《從竹籬笆到高樓大廈的故事：國軍眷村發展史》（臺北：國防部史政編譯室，二〇〇五）。
郭忠豪，《品饌東亞：食物研究中的權力滋味、醫學食補與知識傳說》（臺北：允晨文化，二〇二二）。
陳文松，《來去府城透透氣：一九三〇－一九六〇年代文青醫生吳新榮的日常娛樂三部曲》（新北：蔚藍文化，二〇一九）。
陳玉箴，《「臺灣菜」的文化史：食物消費中的國家體現》（新北：聯經，二〇二〇）。
陳芳明，《殖民地摩登：現代性與臺灣史觀》（臺北：麥田，二〇〇四）。
陳柔縉，《臺灣西方文明初體驗》，（臺北：麥田，二〇〇五）。

陳皇志、陳家豪、許志成，《水路興替 交通大溪》（桃園：桃園市立大溪木藝生態博物館，二〇二一）。
陳逸達等著，《看得見的記憶：二十二部電影裡的百年臺灣電影史》（臺北：春山，二〇二〇）。
陳煒翰，《日本皇族的臺灣行旅：蓬萊仙島菊花香》（臺北：玉山社，二〇一一）。
傅琪貽（藤井志津枝），《大嵙崁事件：1900-1910》（臺北：原住民委員會，二〇一九）。
喬治・索爾特（George Solt）著，李昕彥譯，《拉麵：一麵入魂的國民料理發展史》（新北：八旗文化，二〇一六）。
彭啟原，《從前從前，有家金淼寫真館》（臺北：遠流，二〇二三）。
彭慕蘭（Kenneth Pomeranz）著，黃中憲譯，《大分流：現代世界經濟的形成，中國與歐洲為何走上不同道路？》（新北：衛城，二〇一九）。
彭慕蘭（Kenneth Pomeranz）、史蒂夫・托皮克（Steven Topik）著，黃中憲譯，《貿易打造的世界：社會、文化、世界經濟，從1400年到現在》(最新增修版）》（臺北：如果，二〇一九）。
森宣雄、吳瑞雲，《臺灣大地震：1935年中部大地震紀實》（臺北：遠流，一九九六）。
游鑑明，《日據時期臺灣的女子教育》（臺北：國立臺灣師範大學歷史研究所，一九九八）。
程佳惠，《臺灣史上第一大博覽會》（臺北，遠流，二〇〇三）。
黃昭堂著，黃英哲譯，《臺灣總督府》（二版）（臺北：前衛，二〇一三）。

黃裕元，《臺灣阿哥哥：歌唱王國的心情點播》（臺北：遠足文化，二〇〇五）。
楊孟軒，《逃離中國：現代臺灣的創傷、記憶與認同》（臺北：國立臺灣大學出版中心，二〇二三）。
楊燁，《北投行進曲：浪漫溫泉鄉歷史寫真散策》（臺北：前衛，二〇二三）。
董宜秋，《帝國與便所：日治時期臺灣便所興建及汙物處理》（臺北：臺灣書房，二〇一一）。
廖怡錚，《女給時代：1930 年代臺灣的珈琲店文化》（新北市：東村，二〇一二）。
熊一蘋，《華美的跫音：1960 年代美軍文化影響下的臺中生活》（臺北：蔚藍文化，二〇二二）。
臺灣文學工作室，《百年不退流行的臺北文青生活案內帖》（臺北：本事，二〇一五）。
趙祐志，《日據時期臺灣商工會的發展，1895-1937》（臺北：稻鄉，一九九八）。
劉志偉，《美援年代的鳥事並不如煙》（臺北：啟動文化，二〇一二）。
劉麗卿，《清代臺灣八景與八景詩》（臺北：文津出版，二〇〇二），頁七八－八二。
蔡蕙頻，《不純情羅曼史：日治時期臺灣人的婚戀愛欲》（臺北：博雅書屋，二〇一一）。
蔡蕙頻，《好美麗株式會社：趣談日治時代粉領族》（臺北：貓頭鷹，二〇一三）。
蔡龍保，《推動時代的巨輪：日治中期的臺灣國有鐵路，1910-1936）》（臺北：臺灣書房，二〇一〇）。
蔣竹山，《人參帝國：清代人參的生產、消費與醫療》（杭州：浙江大學出版社，二〇一五）。
蔣竹山，《行旅者的世界史》（臺北：時報文化，二〇二二）。

蔣竹山，《島嶼浮世繪：日治臺灣的大眾生活》（臺北：蔚藍文化，二〇一四年初版，二〇二一年二版）。
蔣竹山編，《當代史學研究的趨勢、方法與實踐》（臺北：五南，二〇一二年初版，二〇一八年二版）。
蔣竹山編，《當代歷史學新趨勢：理論、方法與實踐》（新北：聯經，二〇一九）。
鄭力軒，《陳紹馨的學術生命與臺灣研究》（臺北：國立臺灣大學出版中心，二〇二二）。
鄭麗玲，《阮ê青春夢：日治時期的摩登新女性》（臺北：玉山社，二〇一八）。
鄭麗玲，《躍動的青春：日治臺灣的學生生活》（臺北：蔚藍文化，二〇一五）。
駒込武，《殖民地帝國日本的文化統合》（臺北：國立臺灣大學出版中心，二〇一四）。
盧淑櫻，《母乳與牛奶：近代中國母親角色的重塑，1895-1937》（上海：華東師範大學出版社，二〇二〇）。
賴景義、陳奇峯編，《中大在臺第一個十年：地物所 1962》（桃園：中央大學，二〇二二）。
戴寶村、李進億、沈佳姍、陳慧先、游智勝、蔡昇璋、蔡蕙頻等著，《小的與大人》（臺北：玉山社，二〇二〇）。
謝仕淵，《國球誕生前記：日治時期臺灣棒球史》（臺南：國立歷史博物館，二〇一二）。
謝仕淵、謝佳芬，《臺灣棒球一百年》（臺北：果實，二〇〇三）。
簡永彬、高志尊、林壽鎰、徐佑驊、吳奇浩、連克、郭立婷、郭怡棻、賴品蓉、凌宗魁，《凝視時代：日治時期臺灣的寫真館》（新北：左岸文化，二〇一九）。

顏娟英等譯著，《風景心境——台灣近代美術文獻導讀（上）》（臺北：雄獅美術，二〇〇一）。
蘇碩斌、江昺崙、吳嘉浤、馬翊航、楊美紅、蔡旻軒、張琬琳、周聖凱、蕭智帆、盛浩偉等著，《終戰那一天：臺灣戰爭世代的故事》（新北：衛城，二〇一七）。

期刊與專書論文

Natalie Zemon Davis，〈去中心化歷史：全球化時代的地方故事與文化交流〉，《江海學刊》（二〇一三年三月），頁二五－三三。
丁芮，〈隱忍的反抗：董毅《北平日記》中的北平淪陷區生活〉，《天津師範大學學報（社會科學版）》，二〇一九年一期。
毛章清，〈日本在華報紙《閩報》（1897-1945）考略〉，《福建論壇．人文社會科學版》，二〇一〇年二期，頁一二一－一二七。
王怡茹，〈日治時期臺南海濱觀光遊憩空間之發展與重構〉，《國史館館刊》，六十八期（二〇二一年六月），頁一－四一。
王俊昌，〈日治時期社寮島的漁業發展與漁民生活〉《海洋文化學刊》，二十六期（二〇一九年六月），頁五五－九九。
王俊昌，〈日治時期臺灣水產關聯產業的發展——以製冰冷藏業為例〉，《海洋文化學刊》，二十一期（二〇一六年十二月），頁一九三－二二二。
王梅香、王宏仁、巴清雄，〈「原味」的建構：國家治理、資本主義與臺灣愛玉的文化消費〉，《中國飲食文化》，十九卷一期（二〇二三年四月），頁一二五－一七一。
王曉鴻、陳芸安，〈眷村文化保存與再利用策略之探討——以左營明德新村為例〉，《華梵藝術與設計學報》，十二期（二〇一七年七月），頁六五－八一。
王麗蕉，〈數位人文系統的建置與加值應用：以臺灣日記知識庫為探討中心〉，《漢學研究通訊》，三十四卷四期（二〇一五年十一月），頁三〇－三九。
王櫻芬，〈聽見臺灣：試論古倫美亞唱片在臺灣音樂史上的意義〉，《民俗曲藝》，一六〇期（二〇〇八年六月）。
江濡因、陳佳利，〈眷村、博物館與性別：論龜山眷村故事館之性別展演博物館與文化〉，《博物館與文化》，二期（二〇一一年十二月），頁五三－八七。
何方昱，〈資源分配與權力之爭：以戰時浙江大學內遷貴州為中心〉，《近代史研究》，二〇一六年一期，頁一〇六－一二三。
何方昱，〈戰時浙江大學校園中的三民主義青年團〉，《史林》，二〇一五年三期，頁一五二－一五九。
吳奇浩，〈洋服、和服、臺灣服——日治時期台灣多元的服裝文化〉，《新史學》，二十六卷三期（二〇一五年九月），頁七七－一四四。
吳奇浩，〈時勢所趨：日治時期臺灣洋服的引進流行〉，收入李力庸、張素玢、陳鴻圖、林蘭芳編，《新眼光：臺灣史研究面面觀》（臺北：稻鄉，二〇一三）。
吳明勇，〈田代安定與近代臺灣行道樹理論之建立〉，《淡江史學》，十九期（二〇〇八年九月），頁二七五－二八九。
呂紹理，〈日治時期臺灣旅遊活動與地理景象的建構〉，收入蘇碩斌主編，《旅行的視線：近代中國與臺灣的觀光文化》（臺北：群學，二〇一二），頁二三一－二七六。
李力庸，〈食物與維他命：日記史料中的臺灣人營養知識與運用〉，收入李力庸、張素玢、陳鴻圖、林蘭芳主編，《新眼光：臺灣史研究面面觀》（臺北：稻鄉，二〇一三）。
李台京，〈新竹市眷村改建：都市更新的政策網絡（1998-2010）〉，《中華行政學報》，九期（二〇一一年十二月），頁四三－五七。
李衣雲，〈日治時期日本百貨公司在台灣的發展：以出張販賣為中心〉，《國立政治大學歷史學報》，三十三期（二〇一〇年五月），頁一五五－二〇〇。
李尚仁，〈帝國、殖民與西方醫學〉，收入王文基、劉士永編，《東亞醫療史：殖民、性別與現代性》（新北：聯經，二〇一七）。
李尚仁，〈健康的道德經濟：德貞論中國人的生活習慣和衛生〉，收入李尚仁編，《帝國與現代醫學》（新北：聯經，二〇〇八），頁二二三－二六九。
李若文，〈牛的符號世界：牛肉在臺灣的廣告、消費和生產問題（1895-1937）〉，《成大歷史學報》，五十八期（二〇二〇年六月），頁一一一－一六三。
李毓嵐，〈丈夫日記中的妻子與情人——以楊水心、林玉盞、李招治為例〉，《興大人文學報》，六十五期（二〇二〇年九月），頁八七－一二五。
李毓嵐，〈日記中關於地震的敘述：以1935年新竹－臺中大地震為例〉，《逢甲人文社會學報》，四十四期（二〇二二年六月），頁八三－一二二頁。
李廣均，〈文化、歷史與多元：關於國軍眷村保存的一些觀察與思考〉，《文化資產保存學刊》，三十九期（二〇一七年三月），頁八九－一〇一。
沈佳姍，〈日治時期臺灣「洋式旅館」之研究——以鐵道旅館為核心的探討〉，《臺灣文獻季刊》，七十三卷四期（二〇二二年十二月）。
卓克華，〈艋舺行郊初探〉，《臺灣文獻》，二十九卷一期（一九七八年三月），頁一八八－一九二。
林丁國，〈林獻堂遊臺灣——從《灌園先生日記》看日治時期的島內旅遊〉，《運動文化研究》，十七期（二〇一一年六月），頁五七－一一一。
林丁國，〈從「嘉農」看日治時期臺灣棒球運動的發展〉，《臺灣史料研究》，二十八期（二〇〇六年十二月）。
林丁國，〈從日記資料析論日治時期臺日人士的體育活動〉，《運動文化研究》，二十二期（二〇一三年六月），頁七三－一一八。
林太崴，〈日治時期臺語流行歌的商業操作：以古倫美亞及勝利唱片公司為例〉，《臺灣音樂研究》，八期（二〇〇九年四月）。
林玉茹，〈2009年度臺灣產業史研究的回顧與展望〉，《成大歷史學報》，四十一期（二〇一一年十二月），頁二三七－二六二。
林玫君，〈日治時期臺灣女學生的登山活動：以攀登「新高山」為例〉，《國立臺中技術學院人文社會學報》，三期（二〇〇三年十二月）。
林玫君、余智生，〈日治時期的「臺灣八景」與休閒登山〉，《嶺東體育暨休閒學刊》，五期（二〇〇七年五月），頁一二七－一四一。
林芬郁，〈公園．浴場：新北投之文化地景詮釋〉，《地理研究》，六十二期（二〇一五年五月），頁二五－五三。
林淑慧，〈觀景察變：台灣日治時期日記的旅行敘事〉，《臺灣文學學報》，三十二期（二〇一八年六月），頁二三－五二。
洪秋芬，〈日治時期殖民政府和地方宗教信仰中心關係之探討：豐原慈濟宮的個案研究〉，《思與言》，四十二卷二期（二〇〇四年六月）。
洪郁如，〈戰爭記憶與殖民地經驗：開原綠的臺灣日記〉，《近代中國婦女史研究》，二十四期（二〇一四年十二月），頁四七－八二。
洪廣冀、張嘉顯，〈林政與林產分合不定：戰後初期臺灣環境秩序的重整與爭議〉，《國史館館刊》，七十六期（二〇二三年六月），頁五一－一〇三。
洪麗雯，〈日治時期臺灣蓪草紙會社的出現及發展〉，《臺灣文獻》，五十八卷四期（二〇〇七年十二月）。
胡洁娜，〈天時地利人和：淺析遵義對浙大西遷的促進作用〉，《教育文化論壇》，二〇一〇年六期（二〇一〇年六月），頁一一六－一一九。
范碧惠，〈從北平日記（1942-1946）論鍾理和戰爭時期社會觀察與自我定位〉，《問學》，二十五期（二〇二一年八月），頁二五－五二。
范燕秋，〈「衛生」看得見：1910年代臺灣的衛生展覽會〉，《科技醫療與社會》，七期（二〇〇八年十月），頁六五－一二四。
范燕秋，〈癩病療養所與患者身分的建構：日治時代臺灣的癩病社會史〉，《臺灣史研究》，十五卷四期（二〇〇八年十二月），頁八七－一二〇。
徐聖凱，〈日治時期都市公園的設施組成、休閒機能和活動變化〉，《臺灣史研究》，二十七卷二期（二〇二〇年六月）。
張仲民，〈補腦的政治學：「艾羅補腦汁」與晚清消費文化的建構〉，《學術月刊》，二〇一一年九期。
張素玢，〈蟲蟲戰爭：海人草與臺灣的寄生蟲防治（1921-1945）〉，《多元鑲嵌與創造轉化：臺灣公共衛生百年史》（臺北：遠流，二〇一一）。
張隆志，〈後殖民觀點與臺灣史研究：關於臺灣本土史學的方法論反思〉，收入柳書琴、邱貴芬主編，《後殖民的東亞在地化思考：臺灣文學場域》（臺南：國家臺灣文學館籌備處，二〇〇六），頁三五八－三八三。
曹心寶，〈浙江大學在遵義的倒孔運動探究〉，《廣角鏡》，二〇一四年十二期（二〇一四年十二月），頁二五六－二五八。
梁秋虹，〈臺灣犯罪攝影前史：日本殖民凝視下之身分證照、犯罪指認與「土匪」影像敘事〉，《現代美術學報》，三十三期（二〇一七年五月）。

許佩賢，〈作為機關裝置的收音機體操與殖民地台灣〉，《文化研究》，十二期（二〇一一年九月）。

許俊雅，〈知識養成與文學傳播：《黃旺成先生日記》（1912-1924）呈現的閱讀經驗〉，《東吳中文學報》，二十七期（二〇一四年五月），頁二六七－三〇七。

許雪姬，〈介於傳統與現代之間的女性日記——由陳岺、楊水心日記談起〉，《近代中國婦女史研究》，十六期（二〇〇八年十二月），頁二二七－二五〇。

許雪姬，〈台灣史上一九四五年八月十五日前後——日記如是說「終戰」〉，《臺灣文學學報》，十三期（二〇〇八年十二月），頁一五一－一七八。

許雪姬，〈台灣史研究三部曲：由鮮學經顯學到險學〉，《思想》，十六期（二〇一〇年七月），頁七一－一〇〇。

許毓良，〈戰後臺灣史研究的開啟：以 1945-1949 年臺灣各類型雜誌刊載的內容為例（上）〉，《輔仁歷史學報》，二十一期（二〇〇八年七月），頁一九一－二五一。

許瓊丰，〈知識推廣與殖民教化：以台中州立圖書館的運作為中心（1931-1939）〉，《文史台灣學報》，九期（二〇一五年六月），頁九－四一。

連玲玲，〈從自我書寫到公眾展演：艾佩琪（Peggy Abkhazi）的戰時日記〉，《近代史研究所集刊》，八十六期（二〇一四年十二月），頁四九－九三。

郭忠豪，〈滋血液，養神氣：日治到戰後臺灣的養鱉知識、養殖環境與食療文化〉，《中國飲食文化》，十五卷一期（二〇一九年四月），頁三五－七七。

郭婷玉，〈一九三〇年代葡萄酒廣告的健康訴求與臺灣社會〉，收入范燕秋編，《多元鑲嵌與創造轉化：臺灣公共衛生百年史》（臺北：遠流，二〇一一）。
陳元朋，〈「生不可得見」的「有形之物」——中藥材龍骨的認知變遷與使用歷史〉，《中央研究院歷史語言研究所集刊》，八十八本三分（二〇一七年九月），頁三九七－四五一。
陳元朋，〈傳統博物知識裡的「真實」與「想像」：以犀角與犀牛為主體的個案研究〉，《國立政治大學歷史學報》，三十三期（二〇一〇年五月），頁一－八一。
陳元朋，〈導論：當代臺灣學界飲食史研究的創新與守成〉，《中國飲食文化》，十九卷二期（二〇二三年十月），頁一－一二。
陳文松，〈一套日記庫、一本「趣味帳」領風騷：日治時期日常生活史研究回顧與展望〉，《漢學研究通訊》，三十六卷三期（二〇一七年八月），頁一－一〇。
陳文松，〈日治臺灣大西南沿海鹽業囑託醫與地域社會〉，《歷史臺灣》，九期（二〇一五年五月）。
陳文松，〈日治臺灣麻雀的流行、「流毒」及其對應〉，《臺灣史研究》，二十一卷一期（二〇一四年三月），頁四五－九三。
陳玉箴，〈日本化的西洋味：日治時期臺灣的西洋料理及臺人的消費實踐〉，《臺灣史研究》，二十卷一期（二〇一三年三月），頁七九－一二五。
陳玉箴，〈食物消費中的國家、階級與文化展演：日治與戰後初期的「臺灣菜」〉，十五卷三期（二〇〇八年九月）

陳玉箴，〈營養論述與殖民統治：日治時期臺灣的乳品生產與消費〉，《臺灣師大歷史學報》，五十四期（二〇一五年十二月），頁九五－一四八。

陳建文，〈眷村博物館發展與觀眾實證研究之評析〉，《科技博物》，二十五卷四期（二〇二一年十二月），頁七五－九三。

陳美惠，〈鹽水公學校內奉安庫之歷史意涵〉，《臺灣風物》，五十七卷三期（二〇〇七年九月），頁六九－一〇一。

陳偉智，〈自然史、人類學與臺灣近代「種族」知識的建構：一個全球概念的地方歷史分析〉，《臺灣史研究》，十六卷四期（二〇〇九年十二月），頁一－三五。

陳凱雯，〈日治時期基隆公會堂之研究：兼論基隆地方社會的發展〉，《海洋文化學刊》，三期（二〇〇七年十二月）。

陳熙遠，〈從馬吊到馬將：小玩意與大傳統交織的一段歷史姻緣〉，《中央研究院歷史語言研究所集刊》，八十卷一期（二〇〇九年三月）。

陳慧宏，〈「文化相遇的方法論」：評析中歐文化交流研究的新視野〉，《臺大歷史學報》，四十期（二〇〇七年十二月），頁二三九－二七八。

陳艷紅，〈《民俗臺灣》刊行的時代背景〉，《臺灣日本語文學報》，八期（一九九五年七月），頁一九－五三。

掌慶琳、吳政和、林芳琦，〈竹籬笆裡的飯菜香——眷村菜初探〉，《觀光休閒學報》，二十四卷一期（二〇一八年四月），頁三九－六二。

曾士榮，〈一九二〇年代台灣國族意識的形成：以《黃旺成日記》為中心的討論（1912-1930）〉，《臺灣文學學報》，十三期（二〇〇八年十二月），頁一－六三。
曾立維，〈傳播訊息的聲音——電話在黃旺成日常生活中的角色（1912-1930年）〉，《師大臺灣史學報》，十二期（二〇一九年十二月），頁一〇九－一四五。
曾品滄，〈日式料理在臺灣：鋤燒（スキヤキ）與臺灣智識階層的社群生活（1895-1960年代）〉，《臺灣史研究》，二十二卷四期（二〇一五年十二月），頁一－三四。
曾品滄，〈從花廳到酒樓：清末至日治初期臺灣公共空間的形成與擴展（1895-1911）〉，《中國飲食文化》，七卷一期（二〇一一年一月），頁八九－一四二。
曾品滄，〈鄉土食和山水亭：戰爭期間「臺灣料理」的發展（1937-1945）〉，《中國飲食文化》，九卷一期（二〇一三年四月），頁一一三－一五六。
曾齡儀，〈近代臺灣柴魚的生產與消費：以臺東為核心〉，《民俗曲藝》，二一九期（二〇二三年三月），頁一九三－二三〇。
閔廷均、黃群，〈浙大西遷遵義的歷史地理思考〉，《遵義師範學院學報》，十二卷五期（二〇一〇年十月），頁六一－六二。
飯島涉，〈作為歷史指標的傳染病〉，收入余新忠編，《清以來的疾病、醫療和衛生》（北京：生活．讀書．新知三聯書店，二〇〇九）。
黃偉，〈北平淪陷時期大學生的電影生活——以《北平日記》為中心考察〉，《電影文學》，二〇二〇年十九期。

黃嵩清，〈國民政府對戰備設施與日遺房舍之使用——以三重一村及明德新村為例〉，《新北大史學》，二十八期（二〇二一年一月），頁七六－一一二。
黃群，〈抗戰時期浙江大學西遷與遵義社會文化之發展〉，《思想理論雙月刊》，一〇九期（二〇〇七年三月），頁七八－八〇。
黃蘭翔，〈日據初期台北市的市區改正〉，《台灣社會研究季刊》，十八期（一九九五年二月）。
黃蘭翔，〈台南十字街空間結構與其在日據初期的轉化〉，《台灣社會研究季刊》，十九期（一九九五年六月）。
塩川太郎，〈1935 年新竹－臺中地震之慰靈祭典：有關於臺中州地震紀念碑及慰靈祭典〉，《修平學報》，三十期（二〇一五年三月），頁九一－一一六。
楊思信，〈戰時浙江大學的訓育與風波：以竺可楨日記為考察中心〉，《甘肅社會科學》，二〇一六年五期，頁一五六－一六〇。
溫秀嬌，〈百年歷史的花式賽鴿〉，《拾穗》，四九三期（一九九二年）。
葉盛琦，〈日治時期臺灣的中文圖書出版業〉，《國家圖書館館刊》，九十一卷二期（二〇〇二年十二月），頁六五－九二。
董維琇，〈眷村作為文化遺址場域——回溯水交社集體記憶與離散歷史〉，《博物館學季刊》，三十五卷四期（二〇二一年十月），頁七五－九一。
廖貽柔，〈追尋剉冰的旅程〉，《鄉間小路》，四十九卷七期（二〇二三年七月），頁八－一一。
榮世明，〈臺灣總督府醫學校醫學生 1903 年的日本修學旅行〉，《臺灣醫界》，五十五卷十一期（二〇一二年十一月）。
裴恆濤，〈抗戰時期浙江大學西遷辦學及其啟示〉，《溫州大學學報・自然科學報》，三十一卷三期（二〇一〇年六月），頁四九－五四。
劉士永，〈「清潔」、「衛生」與「保健」：日治時期臺灣社會公共衛生觀念之轉變〉，《臺灣史研究》，八卷一期（二〇〇一年十月）。
劉士永，〈醫學、商業與社會想像：日治臺灣的漢藥科學化與科學中藥〉，《科技、醫療與社會》，十一期（二〇一〇年十一月），頁一四九－一九七。
劉本森，〈英國學術界中國抗戰史研究的過去、現狀與趨勢〉，《國際漢學》，二〇一九年三期，頁一九二－一九九。
横路啓子，〈食の異郷－高級台湾料理店江山楼を中心に〉，輔仁大學日本語文學系主編，《輔仁大學日本語文學系研討會論文集》，二〇一三，頁三三二－三四二。
潘宗億，〈臺北「歷史記憶區」之建構與意義變遷研究之一：從「公會堂」到「中山堂」〉，https://www.grb.gov.tw/search/planDetail?id=8125476。瀏覽日期，二〇二三・九・二十三。
潘繼道，〈花蓮港廳壽小學校奉安殿遺跡〉，《臺灣文獻別冊》，十九冊（二〇〇六年十二月）。
蔡佩蓉，〈失落的臺灣八景——壽山公園〉，《高雄文獻》，一卷三&四期（二〇一一年十二月），頁一八四－一九〇。
蔡承叡，〈清代臺灣八景的演變〉，《北市教大社教學報》，十一期（二〇一二年十二月），頁一－三〇。

蔡明志，〈臺灣公眾飲酒場所初探：1895-1980s〉，《中國飲食文化》，七卷二期（二〇一一年七月），頁一二一－一六七。
蔡龍保，〈日本殖民地下的臺灣人企業——以桃崁輕便鐵道會社為例〉，《國史館學術集刊》，十一期（二〇〇七年三月），頁一－四六。
蔣竹山，〈文化轉向與全球視野：近代臺灣醫療史研究的再思考〉，《漢學研究通訊》，三十六卷四期（二〇一七年十一月），頁一四－二五。
蔣竹山，〈食物史新趨勢：近代東亞味素研究的幾種視角〉，收入皮國立編，《華人大補史：吃出一段近代東亞補養與科技的歷史》（臺北：時報文化，二〇二三）。
蔣竹山，〈移動、感官與城市文化——關於「物」的臺灣文化史的幾點思考〉，《史匯》，二十二期（二〇一九年十二月），頁一四九－一九一。
鄭文棟，〈日治時期公學校臺籍男性教師的薪資變動研究〉，《史匯》，十九期（二〇一六年六月），頁六三－九二。
鄭安晞，〈日治時期臺灣總督府壁畫下的「蕃地」觀光想像與實踐：以桃園角板山城為例〉，《桃園文獻》，十四期（二〇二二年九月），頁三一－六〇。
鄭政誠，〈從《灌園先生日記》看林獻堂的讀書生活〉，《兩岸發展史研究》，七期（二〇〇九年六月），頁四五－七二。
鄭會欣，〈戰時後方高級知識分子的生活貧困化：以幾位著名教授的日記為中心〉，《抗日戰爭研究》，二〇一八年一期，頁五九－七七。

鄭麗榕，〈臺灣動物史書寫的回顧與展望：以近二十年來為主的探討〉，《成大歷史學報》，五十八期（二〇二〇年六月），頁二三三－二五一。
鄭麗榕，〈戰爭與動物：臺北圓山動物園的社會文化史〉，《師大臺灣史學報》，七期（二〇一四年十二月），頁七七－一一二。
蕭瓊瑞，〈認同與懷鄉——臺灣方志八景圖中的文人意識（以大八景為例）〉，《臺灣美術》，六十期（二〇〇六年七月），頁四－一五。
霍鵬程、趙家麟，〈臺灣日遺兵營轉變為居住空間演變之調查研究——以虎尾海軍飛行場兵營轉變為建國眷村為例〉，《設計學研究》，十九卷一期（二〇一六年七月），頁四一－六四。
謝仕淵，〈「嘉農」棒球與「三民族」的運動競合〉，《國球誕生前記：日治時期臺灣棒球史》（臺南：國立臺灣歷史博物館，二〇一二），頁一五〇－一八七。
謝竹雯，〈誰家紅腳鬥鳴苓：由大埔賽紅腳為例看個人、群體與權力〉，《人類與文化》，三十九期（二〇〇九年六月）。
顏杏如，〈與帝國的腳步俱進——高橋鏡子的跨界、外地經驗與國家意識〉，《臺大歷史學報》，五十二期（二〇一三年十二月），頁二四三－二九四。
魏坡，〈淪陷區青年學生的日常生活與民族主義——以董毅《北平日記》為例〉，《民國研究》，二〇一九年一期。

碩博士論文

王文昕，〈日治時期台灣媒體中的營養知識——以蛋白質為中心〉，國立臺灣大學歷史學研究所碩士論文，二〇一七。
王俊昌，〈日治時期臺灣水產業之研究〉，國立中正大學歷史所博士論文，二〇〇五。
王慧瑜，〈日治時期臺北地區日本人的物質生活（1895-1937）〉，國立臺灣師範大學臺灣史研究所碩士論文，二〇一〇。
何姿香，〈從茶箍到雪文：日治時期臺灣肥皂之研究〉，國立中央大學歷史研究所碩士論文，二〇一〇。
吳奇浩，〈洋風、和風、臺灣風：多元雜揉的臺灣漢人服裝文化〉，國立暨南國際大學歷史學系博士論文，二〇一二。
李品寬，〈日治時期臺灣近代紀念雕塑人像之研究〉，國立臺灣師範大學臺灣史研究所碩士論文，二〇〇九。
岩口敬子，〈國家儀典與國民統合：日治時期臺灣官方節日與儀式之研究〉，國立政治大學臺灣史研究所碩士論文，二〇〇八。
林安琪，〈臺灣的少女：日治時期的少女作家及其時代〉，國立臺灣大學臺灣文學研究所碩士論文，二〇一六。
林佩宜，〈大稻埕飲食文化研究〉，國立臺灣師範大學國文學系碩士論文，二〇二〇。
林雅慧，〈「修」臺灣「學」日本：日治時期臺灣修學旅行之研究〉，國立政治大學臺灣史研究究所碩士論文，二〇〇九。
林裕勳，〈日治時期花蓮港廳吉野村清水部落之研究〉，國立東華大學臺灣文化學系碩士論文，二〇一三。
邱于芳，〈中央書局的歷史記憶與文化意涵〉，國立中興大學臺灣文學與跨文化研究所碩士論文，二〇一八。
柯勝釗，〈日治時期臺南社會活動之研究：以臺南公會堂為例〉，國立臺南師範學院鄉土文化研究所碩士論文，二〇〇二。
洪淑清，〈日治時期基隆漁業史之研究〉，國立臺灣海洋大學環境生物與漁業科學學系碩士論文，二〇〇九。
徐聖凱，〈日治時期臺灣的公共休閒與休閒近代化〉，國立臺灣師範大學歷史系博士論文，二〇一九。
莊勝全，〈《臺灣民報》的生命史：日治時期臺灣媒體的報導、出版與流通〉，國立政治大學臺灣史研究所博士論文，二〇一六。
許惠敏，〈飢餓、疾病與生存：從《蓮娜．穆希娜日記》看列寧格勒圍城〉，國立中央大學歷史研究所碩士論文，二〇二一。
郭立婷，〈味覺新滋味：日治時期菓子業在臺灣的發展〉，國立政治大學臺灣史研究所碩士論文，二〇一〇。
陳允芳，〈北投傳統人文景點研究〉，國立臺灣師範大學歷史學系碩士論文，二〇〇三。

陳佳鑫，〈從日本到臺灣——新北投溫泉的在地化〉，國立政治大學民族學系碩士論文，二〇〇七。

陳偉智，〈田代安定：博物學、田野技藝與殖民發展論〉，國立臺灣大學歷史所博士論文，二〇二〇。

陳毓婷，〈日治時期臺灣的納涼會：以《臺灣日日新報》為主之探討（1902-1940）〉，國立暨南國際大學歷史學系研究所碩士論文，二〇一一。

陳煒翰，〈日本皇族的殖民地臺灣視察〉，國立臺灣師範大學臺灣史研究所碩士論文，二〇一一。

黃玉惠，〈日治時期休閒景點北投溫泉的開發與利用〉，國立中央大學歷史研究所碩士論文，二〇〇五。

黃俊融，〈日治時期鐵道餐旅文化之研究（1908-1945）——以「鐵道餐飲」與「鐵道旅館」為例〉，國立成功大學歷史學系碩士論文，二〇一三。

黃裕元，〈日治時期臺灣唱片流行歌之研究：兼論一九三〇年代流行文化與社會〉，國立臺灣大學歷史研究所博士論文，二〇一一。

黃馨儀，〈日治時期臺灣紅茶文化研究：以三井合名會社為例〉，國立臺北大學民俗藝術研究所碩士論文，二〇〇七。

蔡宛蓉，〈日治時期臺北榮町商業活動之研究〉，國立臺北藝術大學碩士論文，二〇一六。

蔡承叡，〈臺灣八景演變與旅遊發展〉，臺北市立教育大學歷史與地理學系碩士論文，二〇一二。
鄭麗榕，〈近代動物的政治文化史：以臺北圓山動物園為主的探討〉，國立政治大學歷史研究所博士論文，二〇一三。
謝欣廷，〈金錢世界、秀異身體、游移女性——從報紙刊物考察1930年代臺灣「心靈都市化」之現象〉，國立高雄師範大學臺灣歷史文化及語言研究所碩士論文，二〇一九。
羅慧芬，〈日治時期鳥瞰圖之研究：從日本繪師之眼見臺灣〉，國立屏東教育大學視覺藝術系碩士論文，二〇一一。
關口大樹，〈日治時期北投溫泉的發展－以納涼會為中心之探討－（1902-1945）〉，國立臺灣師範大學臺灣史研究所碩士論文，二〇一八。

（二）英文

Buchet, Martine. John Doherty (Translator), Bernard Hœpffner (Translator), *Panama: A Legendary Hat* (Assouline Publishing, 2004).
Cook, Harold J. and Walker, Timothy D. “Circulation of Medicine in the Early Modern Atlantic World,” *Social History of Medicine*, 26:3 (August 2013), pp.337-351.
Gerritsen, Anne & Riello, Giorgio, eds, *The Global Lives of Things: The Material Culture of Connections in the Early Modern World* (Routledge, 2015).
Mills, James H. “Drugs, Consumption, and Supply in Asia: The Case of Cocaine in Colonial India”, in

The Journal of Asian Studies, 66:2 (2007), pp. 345-362.

Pols, Hans. "European Physicians and Botanists, Indigenous Herbal Medicine in the Dutch East Indies, and Colonial Networks of Mediation", in *East Asia Science, Technology and Society: an International Journal*, 2009: 3, pp. 173-208.

Pordie, Laurent. ed., *Tibetan Medicine in the Contemporary World: Global Politics of Medical Knowledge and Practice* (London and New York: Routledge, 2008).

Schiebinger, Londa. "Medical Experimentation and Race in the Eighteenth-century Atlantic World"; Pablo Gomez, "The Circulation of Bodily Knowledge in the Seventeenth-century Black Spanish Caribbean" *Social History of Medicine*, 26:3 (August 2013).

Walker, Timothy D. "The Medicines Trade in the Portuguese Atlantic World: Acquisition and Dissemination of Healing Knowledge from Brazil (c. 1580–1800) ". *Social History of Medicine*, 26:3 (August 2013).

Weaver, Karol Kovalovich. *Medical Revolutions: The Enslaved Healers of Eighteenth-Century Saint Domingue* (Champaign, University of Illinois Press, 2006).

Wilson, Renate. "Trading in Drugs through Philadelphia in the Eighteenth Century: A Transatlantic Enterprise" *Social History of Medicine*, 26:3 (August 2013).

（三）日文
《吉田初三郎のパノラマ地図―大正・昭和の鳥瞰図絵師（別冊太陽）ムック―》（東京都：平凡社，二〇二二）。
《吉田初三郎鳥瞰図集》（東京都：昭文社，二〇二一）。
Penelope Francks, Janet Hunter，《歴史のなか消費者：日本における消費と暮らし，1850-2000》（東京都：法政大學出版社，二〇一六）。
ジェニファー・ワイゼンフェルド著，篠儀直子譯，《関東大震災の想像力》（東京都：青土社，二〇一四）。
ジョルダン・サンド（Jordon Sand）著，天內大樹譯，《帝国日本の生活空間》（東京：岩波書店，二〇一五）。
小牟田哲彥，《大日本帝國の海外鐵道》（東京都：東京堂，二〇一六）。
小野雅章，《御真影と學校：「奉護の變容」》（東京都：東京大學出版會，二〇一四）。
山口政治，《東臺灣開發史：花蓮港とタロコ》（東京都：中央產經資訊，一九九九）。
山本武利，《百貨店の文化史：日本の消費革命》（京都：世界思想社，一九九九）。
山路勝彥，《地方都市の覚醒－大正昭和戦前史　博覧会篇》（大阪：関西学院大学出版会，二〇一七）。
山路勝彥，《近代日本の殖民地博覽會》（東京都：風響社，二〇〇八）。
川端美季，《近代日本の公共浴場運動》（東京都：法政大學出版社，二〇一六）。

田中祐介編，《日記文化から近代日本を問う　人々はいかに書き、書かされ、書き遺してきたか》（東京都：笠間書院，二〇一七）。
中東源著，任正爀譯，《コレラ、朝鮮を襲う：身体と医学の朝鮮史》（東京都：法政大學出版社，二〇一五）。
石井正己編，《博物館という装置－帝国・植民地・アイデンティティ》（東京都：勉誠出版，二〇一六）。
伊藤るり、坂元ひろ子等編，《モダンガルと殖民地的近代》（東京都：岩波書店，二〇一〇）。
伊藤真実子、村松弘一編，《世界の蒐集－アジアをめぐる博物館・博覧会・海外旅行》（東京都：山川出版社，二〇一四）。
吉田和明，《戦争と伝書鳩－1870-1945》（東京都：社會評論社，二〇一一）。
佐藤バーバラ，《日常生活の誕生－戦間期日本の文化変容》（東京都：柏書房，二〇〇七）。
岩間一弘，《中国料理と近現代日本－食と嗜好の文化交流史》（東京都：慶應義塾大学出版会，二〇一九）。
松田京子，《帝国の視線－博覧会と異文化表象》（東京都：吉川弘文館，二〇〇三）。
阿部純一郎，《〈移動〉と〈比較〉の日本帝国史：統治技術としての観光・博覧会・フィールドワーク》（東京都：新曜社，二〇一四）。
昭和女子大學食物學研究室編，《近代日本食物史》（東京都：近代文化研究所，一九七一）。

若林正丈、家永真幸，《臺灣研究入門》（東京都：東京大學出版社，二〇二〇）。
堀田典裕，《吉田初三郎の鳥瞰図を読む　大型本－》（東京都：河出書房新社，二〇〇九）。
貴志俊彥、川島真、孫安石編，《戰爭・ラジオ・記憶》（東京都：勉城出版，二〇一五）。
滿薗勇，《日本行大眾消費への社會胎動：戰前期日本の通信販售と月賦販售》（東京都：東京大學出版社，二〇一四）。

歷史與現場 353

黃旺成的林投帽：近代臺灣的物、日常生活與世界

作者　蔣竹山
資深編輯　張擎
責任企劃　林欣梅
封面設計　吳郁嫻
內頁排版　張靜怡
人文線主編　王育涵
總編輯　胡金倫
董事長　趙政岷
出版者　時報文化出版企業股份有限公司
108019 臺北市和平西路三段 240 號 7 樓
發行專線｜02-2306-6842
讀者服務專線｜0800-231-705｜02-2304-7103
讀者服務傳真｜02-2302-7844
郵撥｜1934-4724 時報文化出版公司
信箱｜10899 臺北華江橋郵政第 99 信箱
時報悅讀網　www.readingtimes.com.tw
人文科學線臉書　http://www.facebook.com/humanities.science
法律顧問　理律法律事務所｜陳長文律師、李念祖律師
印刷　家佑印刷有限公司
初版一刷　2024 年 4 月 19 日
定價　新臺幣 700 元

ISBN 978-626-374-986-3｜Printed in Taiwan

時報文化出版公司成立於一九七五年，並於一九九九年股票上櫃公開發行，於二〇〇八年脫離中時集團非屬旺中，以「尊重智慧與創意的文化事業」為信念。

黃旺成的林投帽：近代臺灣的物、日常生活與世界／蔣竹山著
-- 初版 . -- 臺北市：時報文化出版企業股份有限公司，2024.04｜576 面；14.8×21 公分 .
ISBN 978-626-374-986-3（平裝）｜1. CST：臺灣史　2. CST：臺灣文化　3. CST：社會生活
733.4｜113002049